FRACTURED TIMES

CULTURE AND SOCIETY IN THE TWENTIETH CENTURY

破断の時代

【20世紀の文化と社会】

エリック・ホブズボーム

木畑洋一・後藤春美・菅靖子・原田真見 訳

慶應義塾大学出版会

目次

凡例

1 本書はE. J. Hobsbawm, *Fractured Times: Culture and Society in the Twentieth Century*, Little, Brown, 2013. の全訳である。著者と本書の意味については、巻末の訳者によるあとがきでの簡単な紹介を参照されたい。

2 専門用語の日本語表記については、原則として日本で一般的に用いられていると思われる表記を採用した。また人名など固有名詞については、できる限り原語に近い表記とした。

3 頻出する単語のうち、art は芸術／アート、artist は芸術家／アーティストと両様に訳しており、統一はしていない。

4 本文中の（　）と——　——は、原著者による語句説明や挿入文を示している。

5 本文中の〔　〕は訳者による補足説明や注釈である。

6 原注は、本文脇に1、2といった数字で示し、各章末に置いた。

7 訳注は、本文脇に†1、†2といった形で示し、各章末（原注がある場合はその後）に置いた。

8 各章の初出データについては、各章末の説明を参照されたい。原著に存在していた初出データに関する誤りは訂正した。

9 初出時の文章に著者がその後手を加えたことが明らかな章については、初出データに続く形でその旨を記しておいた。

謝辞

感謝の意を表したい対象は、ザルツブルク音楽祭、特にその理事長であるヘルガ・ラブル＝シュタットラーさん、ザルツブルク大学のハインリヒ・フィッシャー教授、数章の初出の場である*London Review of Books*、資料調査と編集を助けていただいたロザリンド・ケリー、ルーシイ・ダウ、ゾエ・サザランドというみなさん、さらにすばらしい翻訳作業をして下さったクリスティーヌ・シャトルワースさんである。また、この本のための作業に必要以上に激しく集中してしまったことに対し、妻マーレーンに謝りたいと思う。

序文 Preface

われわれは、今、夜陰に乗じて激突する無知の軍勢があげる、
闘争と壊走の阿鼻叫喚の声に呑まれ、なすすべもなく、
暮れなずむ荒野に佇んでいるのだ……。

マシュー・アーノルド「ドーヴァー海岸」より（平井正穂訳[†1]）

これは、一九一四年を経てそれまでのブルジョワ社会が二度と元の形に戻らなくなってしまった後、その社会の芸術と文化に生じたことについて書かれた本である。人類が中世以来経験してきた幅広く

激しい変化は地球上の八〇パーセントでは一九五〇年代に突如終わりを告げ、一九六〇年代には地球上の残る部分でもそれまで人間関係を律してきた決まりや慣習が明らかに崩れていったが、この本はそうした変化の一側面を扱う。その結果、本書はまた、自らの位置を見失った時代をめぐる本ともなっている。その時代とは、新たな千年紀の初めにあって、道案内も行く手を示す地図も持たないまま得体のしれない未来に直面している時代であり、私の長い人生においても、先を見据えるのにこれほど困惑する時代は思い出すことができない。私は歴史家として社会的現実と芸術の間の奇妙な絡まり合いについて折に触れて考え筆をとってきたが、前世紀〔二〇世紀〕が終わる頃になって、毎年開かれるザルツブルク音楽祭の主催者から、その問題について（懐疑的な形で）講演するように頼まれる回り合わせとなった。この音楽祭は、自身それに深く関係していたシュテファン・ツヴァイクのいう「昨日の世界」が生き残っている顕著な例である。そこでの講演が、一九六四年から二〇一二年のあいだに書かれたものから成る本書の出発点となっている。なお、本書の中身の半分以上は、これまで少くとも英語では発表されていない。

本書は、二〇世紀に出されたさまざまなマニフェストについての懐疑をこめたファンファーレで幕を開ける。第2章から第5章までは、新世紀の初頭における芸術の状況に関する現実的な考察である。この状況を理解しようと思えば、失われた昨日の世界に立ち戻らなければならない。第6章から第12章までは、そのような世界を対象とする。この世界は基本的に一九世紀のヨーロッパで形作られ、特に音楽、オペラ、バレエ、演劇の「古典」の規範が創出されたのに加え、多くの国々では近代文学の基礎となる言語も生み出された。私が具体例として取り上げるのは主として私自身の文化的背景となった地域——地理的にいえば中央ヨーロッパ、言語的にはドイツ語圏——であり、一九一四年に先立つ数十年のあいだのその文化の「小春日和」とも「ベル・エポック」とも呼びうる重要な側面に注目していく。本書のこの部分は、この文化の遺産についての考察で締めくくられる。

今日、西欧の資本主義的産業化の経済的・社会的結果についてのカール・マルクスの予言的な言葉ほどよく知られている議論は、あまりない。しかし、一九世紀にヨーロッパ資本主義が、征服、技術的優位、世界に広がる経済力によって地球を変容させ、支配権を確立した時、それは、当然のことながらヨーロッパが他者よりもすぐれているという力強く重みのある信念や価値観を伴っていた。これを「ヨーロッパ・ブルジョワ文明」と呼ぶことにしよう。この「ヨーロッパ・ブルジョワ文明」は、第一次世界大戦で崩れ去り、二度と回復することがなかった。この自信に満ちた世界観にとって、芸術と科学は、進歩についての信念および教育とならぶ中心的な要素であり、伝統的な宗教に取って代わる精神的な核心となった。私は、中世の昔からハプスブルク帝国時代にかけてのウィーン中心部を取り囲む形で一九世紀中葉に建てられた公共建築物から成る大きな環が劇的な形で象徴していたこの「ブルジョワ文明」の中で生まれ、育てられた。そのウィーンの中心部に存在していたのは、株式取引所、大学、劇場、荘厳なシティ・ホール、古典的な議事堂、互いに向き合った美術史博物館と自然史博物館の大きな建物、そしていうまでもなく、一九世紀の誇りに満ちたブルジョワ都市すべての中心となっていたオペラ劇場、グランド・オペラ〔ウィーン帝立・王立宮廷歌劇場、現在のウィーン国立歌劇場〕であった。「文化人」たちは、こうした場所で文化と芸術の祭壇に祈りをささげたのである。

一九世紀には一つの教会がこの中心部の背後につけ加わったが、それは教会と皇帝の間の結びつきを遅ればせながら示すためであった。

この文化的情景は新しいものではあったが、フランス革命前の古い王侯・教会中心の文化に深く根ざしていた。言い換えれば、権力と桁外れの富に、高級芸術・展示物の真のパトロンたちの世界に、根ざしていたのである。こうした文化は、公開の催し物で示される伝統的な権威と財力の結合を通して今日でもなお存続しているものの、それが生まれや精神的な権威から発して社会的に認められたオーラによって守られるということは、もはやない。おそらくこの点が一つの理由となって、こうした文化はヨーロッパの相対的な衰退にもかかわらず生き延び、世界のいたるところで、権力と金離れの良さが高い社会的威信と結びつくような文化として、純粋な形を取り続けている。その限りにおいて高級芸術は、シャンパンにも似て、グローバル化した地球上でヨーロッパ中心主義的性質を維持しているのである。

本書のこの部分〔第2部〕は、この時代の遺産と、それが直面する問題についての考察によって閉じられる。

二〇世紀は、伝統的なブルジョワ社会とその社会をまとめあげていた価値観の瓦解に、どのように対処したのであろうか。これが本書の第3部におさめた八つの章〔第13～20章〕の課題であり、そこでは一つの時代の終わりに対する、一連の知性的対応および反知性的な対応とが扱われる。なかでも、二〇世紀の科学が文明にもたらした衝撃を考察するが、この文明は進歩に傾倒していたにもかかわらず科学を理解することができず、科学によって揺るがされていったのである。さらに考察の対象となるのは、世俗化が加速する時代に公的宗教が直面した興味深い弁証法的ともいえる変化の過程や、芸術が経験した同じような変化の過程である。芸術はそれまでの立脚点を失うなかで、科学技術と競合したり、権力と結びついたりしながら、あるいは最終的に夢破れて不満の内に市場に屈従しながら、「近代的」もしくは「前衛的」姿勢をとって進歩を追求していったものの、結局新たな立脚点を見出しえなかったのである。

いったい何がブルジョワ文明にとってうまくいかなかったのだろうか。ブルジョワ文明は、すべてを破壊し、すべてを変革していく生産様式に基礎を置いていたが、その現実の動きや制度、政治システムや価値体系は、少数者によって、また少数者のために、デザインされていた。この少数者は拡大することができ、また実際に拡大していった。ブルジョワ文明は、エリート的な実力主義であった（今日でもなおそうである）。すなわち、平等主義的、民主的なものではなかったのである。一九世紀末に至るまで、「ブルジョワ」言い換えれば上流中産階級は、まだきわめて少数の人びとの集団を意味していた。教育制度が発達していたドイツにおいても一八七五年に人文学のギムナジウム（グラマー・スクールやセカンダリー・スクールといった〔イギリスの〕学校にあたる）に通っていた生徒の数は約一〇万人に過ぎず、最終試験のアビトゥアを受ける人数は、彼らの内でもさらに限られていた。大学で学んでいた学生の数は一万六〇〇〇人程度のものだったのである。第二次世界大戦の直前期をとってみても、ドイツ、フランス、イギリスという発展して教育程度も高い三つの大国で、大学生の数は一五万人、すなわち総人口一億五〇〇〇万人の〇・一パーセントにとどまっていた。一九四五年以降における中等教育の拡大、さらに特に大学教育の目覚ましい拡大によって、教育を受ける人びとの数は増大した。これは一九世紀的文化を学校で教わって訓練される者の増加を意味したが、こうした文化を心地よく感じる人びとが増したことは必ずしも意味しなかった。

この体制への脅威は、明らかにこうしたエリート以外の多数の人びとによってもたらされるはずであった。社会主義者たちのように、彼らは、資本主義なしの、もしくは資本主義の後にくる進歩的で平等な民主的社会を展望していたが、その彼らもブルジョワ「近代」の価値観の多くを取り入れていたのであり、その限りにおいて、ブルジョワ「近代」にとって代わる特定の選択肢を示してはいなかった。実際のところ、「政治的意識」を持った戦闘的な社会民主主義者が文化面で目指したのは、労働者がこうしたブルジョワ的価値を自由に抱けるようにすることであり、社会主義者の地方当局がその手段を提供することになったのである。逆説的な話であるが、当時の民衆文化の純粋な発展を示したもの、たとえばプロ・サッカーとその観衆の世界は、政治的にとるに足らない未成熟の脇道であると見られがちであった。私の知る限りでは、私の子ども時代、ウィーンのプロレタリアートがサッカーに異常な情熱を注ぐことは当然視されていたものの、そのことと、彼らが投票者として社会民主党に同様の情熱をもって惹きつけられていることとは、何ら関連づけられていなかった。

本書にまとめた論稿の基本的な主張は、資本主義的発展の論理とブルジョワ文明それ自体の論理とが、その基礎の破壊につながらざるをえない、というものである。その基礎とは進歩的なエリート少数派が動かす社会や制度であり、これは、その体制が安定と平和、公共の秩序を保障し、貧しい人びととのつつましやかな期待に応える限りは、多数者によって許容され、おそらくは承認されさえしていた。しかしそれは三重の打撃に抗することはできなかった。打撃の一つは、二〇世紀の科学技術革命であり、生活の糧を稼ぐ古いやり方はまず変革を迫られた末に破壊されていった。第二は西欧経済の潜在力が一気に解放されたことから生じた大衆消費社会であり、第三は大衆が消費者および投票者として政治の場に決定的な形で登場してきたことである。二〇世紀、より正確には二〇世紀の後半は、欧米の庶民男性の時代であり、それほどではなかったものの庶民女性の時代でもあった。二一世紀にはこの現象がグローバルに広がってきた。二一世紀にはまた、政治や統治の構造が、グローバリゼーションに耐え、主権を持った「国民国家」の集合へと地球の姿がほぼ普遍的に変わってくるなかでむしろ強化されているという現実のもと、実効的な普通選挙制と代議政治こそが民主主義であるとする政治体制の欠陥が明らかになってきた。さらに、支配的エリートたち、少なくともヘゲモニーを握ったエリートたちは、古くからのエリートであれ新参者であれ、何をなすべきか分らず途方にくれているし、なすべきことを心得ているとする人びとも、それに必要な力を欠いた状態に陥っている。

男女庶民の世紀は、文化面ではるかに積極的な様相を帯びており、そこでは古典的なブルジョワ高級文化の受け手は、年かさの、見栄っ張りであったり威信にこだわる金持ちたちの狭い世界に押し込められた形となっている。一九六〇年頃には、製作されるレコードの内クラシック音楽はわずか二パーセントになり、それも二〇世紀より前に作られた曲が中心となっていた。クラシックの前衛音楽が、大きな聴き手を持つことはなかったのである。新たな技術と大量消費が結びついたところから、私たちが暮らす文化的光景全般が生まれてきたが、その中でもっとも偉大でもっともオリジナルな芸術的達成物として作りだされたのは、映画である。二〇世紀のグローバルなメディアの場における民主主義国アメリカ合衆国のヘゲモニーの淵源はそれである。アメリカは、教養ある人びとの伝統と庶民の伝統とを混ぜ合わせ、文章スタイルやミュージカル、演劇など芸術作品の新たな形式で独創性を発揮してきたが、同時に腐敗を生む力においても群を抜いている。技術産業化した経済のもとで、情報や文化的生産物──音、イメージ、言葉、記憶、シンボルなど──がいたるところで常に私たちの生活を覆うという社会発展の形は、歴史的にみて先例のないものである。私たちが現実と芸術作品とを理解する仕方はそれによって完全に変化してきた。その際特に、かつてのブルジョワ社会において「芸術」が占めていた伝統的な特権的地位が終わりを迎えたこと、言い換えれば、善悪の尺度としての、真実や美しさ、心の浄化といった価値の担い手としての「芸術」の機能が終わりを迎えた、という要因は大きかった。

ウィグモア・ホール〔ロンドンにある音楽ホール〕の観客には、こうした「芸術」の地位が意味を持ち続けているかもしれないが、それは、いかなる形で達成されたものであれ「私の満足」だけが経験の目的となるような、たがのはずれた市場社会の基本的前提とはあいいれないものとなっている。ジェレミー・ベンサム（というよりもジョン・スチュアート・ミル）は、「プッシュピン遊びは詩と同じ位善いものである」と述べたが[†2]、明らかにそれは間違っている。それは、消費社会の唯我論的性格が、ショー・ビジネスに支配される私たちの国家や市民社会を特徴づけるようになった公式、非公式の集合的参加や自己顕示の儀礼に融合してきた度合いを過小評価するものとなっているためである。ブルジョワ社会は文化が何たるかを心得ていると考えていたが（T・S・エリオットはそれを、『J・アルフレッド・プルフロックの恋歌』の中で「部屋の中では女たちが行ったり来たり／ミケランジェロの話をしている」[†3]（岩崎宗治訳）と表現した）、私たちは自分たちの経験のこの次元が持つきわめて異なった性格を表す言葉や概念を持ち合わせていない。「これは芸術か？」という問いかけを行うのは、「芸術」に関する古典的なブルジョワ概念が、霊廟には注意深く保存されているとしても、もはや生きながらえていない、ということを受け入れられない人びとだけである。「芸術」についてのブルジョワ的概念は、すでに第一次世界大戦頃、ダダや、マルセル・デュシャンの便器を使った作品、[†4]マレーヴィチの絵の[†5]黒い四角などによって、その道の終わりに達していた。「芸術」は終わりを告げるかもしれないと考えられたこともあったが、そうなることは、もちろんなかった。また、「芸術」がその不可欠の部分となっていた社会も、終わりはしなかった。ただ、イメージや音、言葉で地球を水没させている現在の創造的な洪水、物理的空間でもサイバー空間でも制御不能となることがほぼ確実なこの洪水に対処する術を、私たちがもはや知らないだけなのである。

私としては、この問題をめぐる議論をより明確なものにしていく上で、本書が助けとなることを願ってやまない。

訳註

†1　平井正穂編『イギリス名詩選』（岩波文庫）岩波書店、一九九〇年。

†2　ミルは一八三八年に発表した「ベンサム」という論考の中で、次のようにベンサムの考えを紹介している。「彼（ベンサム）が創造の喜びや芸術を軽蔑していたことについては多くのことが言われてきているが、それらは何の根拠のないものであった。音楽は生涯を通じて彼のお気に入りの娯楽であった。絵画や彫刻やその他視覚に訴える芸術については、（中略）軽蔑するどころか、重要な社会的目的のために用いることのできる手段として折に触れて認めていた。しかし、言葉を用いる狭い意味での詩に対しては、彼はまったく好意を示さなかった。彼の考えでは、言葉は正確な論理的真理以外のものを表すために用いられているときには、その本来の任務から逸脱していた。彼はその著作のどこかで「快の量が同じならば、プッシュピン遊びは詩と同じくらい善いものである」と述べている」。川名雄一郎・山本圭一郎訳『J・S・ミル功利主義論集』（近代社会思想コレクション〇五）京都大学学術出版会、二〇一〇年、一五六～一五七頁。

†3　T・Sエリオット著、岩崎宗治訳『荒地』（岩波文庫）岩波書店、二〇一〇年。

†4　マルセル・デュシャンが一九一七年に制作した、通常の男子用便器に「泉」というタイトルをつけた作品。

†5　キュビスムや未来派の影響を受けた後、一九一〇年代半ばから純粋抽象画を手掛けたロシア・ソ連の画家。

破断の時代——20世紀の文化と社会

第1章 マニフェスト Manifestos

ここにお集まりの方々のほとんどは、マニフェストを書いたことがおありだろう。私自身はと言えば、提起すべきマニフェストは持ちあわせず、似たようなテクストを書いたことこそあるものの、マニフェストという名の文書を起草した経験はない。とはいえ、私は一世紀近くもマニフェストと呼ばれる文書を読んできており、マニフェスト・マラソン[†1]でのコメンテーターになる資格はあるものと考える。私の知的人生の出発点には、一五歳の時にベルリンの学校で読んだ一つのマニフェスト――マルクスとエンゲルスの『共産党宣言』――がある。また八〇歳代になった私がイタリアの日刊紙『イル・マニフェスト』を読んでいる新聞写真を持っているが、思うに、この新聞は共産主義紙であると自称している最後のヨーロッパの新聞である。私の両親は、レーニンやキャバレー・ヴォルテールのダダイストたちがいた第一次世界大戦期のチューリヒで結婚したから、母が私を身ごもった瞬間にダダイスト・マニフェストが大きな放屁をしたと思いたいところだが、残念なことに、最初のダダイスト・マニフェストが発せられたのは、それが起こりえた時よりも三ヶ月も前のことであった。

実際のところ、マニフェストの系統的読者は二〇世紀が生んだ種族である。それ以前にも、宗教的、政治的なものを主とするまとまった声明は数多く存在したが、それらは請願、憲章、アピールなどといった別の名前で呼ばれていた。また、アメリカの独立宣言やフランス革命時の人権宣言など偉大な宣言もあったものの、そうした典型的な宣言は、一九四八年の世界人権宣言にみられるように、きわめて公的な政府や組織が発する声明であった。それらと異なるマニフェストはほとんどが二〇世紀のものなのである。

マニフェストは二一世紀をどのようにして生き延びていくであろうか。政党や政治運動は前世紀の姿から変わってきているが、結局これらがマニフェストの二大生産者の内の一つであった。いま一つは芸術である。そして、ビジネス社会が興隆しMBA〔経営学修士〕の隠語が広がるなかで、マニフェストは、あのぞっとする新造語「ミッション・ステートメント」に広く取って代わられてしまった。できの悪い陳腐な言葉が好きだというなら話は別だが、私が遭遇したミッション・ステートメントは、一つとして言うに値することを言っていない。地面に印刷物が生えているとすれば、そこを一、二ヤードも歩けば、そういったミッション・ステートメントの例につま先をぶつけることになるが、それはまず間違いなく気の抜けたものであり、「よい一日を」とか「あなたのお電話が大切なのです」とかいった、中身のないことを告げてくるのである。

とはいえ、マニフェストはいまもミッション・ステートメントと遜色なく競いあっている。グーグルでマニフェストと入れてみると、二〇〇〇万にのぼるほどのクリック対象が出てくるのである。これからロサンゼルスに本社のあるマニフェスト・レコーズ社とそのさまざまな製品を除いたとしても、まだ多くのマニフェストが残る。これらすべてが、「特に政治的性格を持った原則、政策、意図を公に表明したもの」というマニフェストの辞書的意味に合致するとは言えない。また政治以外の性格を持ったものに拡げてみたとしても、あてはまらないものが多い。出てくるのは、母乳での授乳についてのマニフェスト、野生生物が好むガーデニングのマニフェスト、スコットランド・ハイランドの家畜を飼育する丘のためのマニフェスト、ライツ・アンド・サイツ[†2]による新たなウォーキング文化をめざす魅惑的なマニフェストなどである。この最後のマニフェストには、ダダイスト、状況主義者[†3]、アンドレ・ブルトン[†4]、ブレヒトといった名前が豊富にあげられているが、驚いたことに都市ウォーカーのあのチャンピオン、ヴァルター・ベンヤミン[†5]の名前はない。グーグルにこのマニフェスト・マラソンのすべてのマニフェストが出てくるのは、当然のことである。

私はこの週末に出されたマニフェストをまだあまり耳にする機会を持っていない。しかし一つ私が印象的に思ったのは、その多くが個人的な意思表示であって、過去のマニフェストのほとんどすべてがそうであったような、公的に組織されているにせよそうでないにせよ集合的な形をとる「私たち」を代表する集団としての意思表示ではない、という点である。私が思いつく限り、政治的なマニフェストはすべてたしかにその形をとっていた。そうしたマニフェストは常に複数を主語として語り、支持者（これまた複数である）の獲得をめざすのである。マニフェストという言葉は、マリネッティのイタリア人的な弁舌の才のおかげで未来派によって一九〇九年に芸術の世界に導入されて広まったが、芸術におけるマニフェストの場合も、その伝統的な姿は集団としての意思表示であった。マニフェストという言葉の導入において、イタリア人はフランス人よりも数年先んじたのである。キュビストたちがこのマニフェストという言葉の発明者になりたがったであろうことに疑いはないが、当時彼らはさほど政治的でなく、言葉で考えるよりも絵画で考える方が得意であった。ここで私の念頭にあるのは、その時代に自らを前衛と考えていた人びとのことであり、「後期印象派」のように後から作られたり、「抽象的表現主義」のように批評家や役割の増していったディーラーによって発明されたレッテルや流派のことではない。私が考えているのは、人びとの純粋な集団、自分たちが共有すると思うものと自分たちが反抗する対象とをよく自覚して、たとえ短期間であれ、ある個人や雑誌のまわりに結集した人びとの集団のことである。ダダイスト、シュルレアリスト、デ・ステイル[†6]、LEF[†7]、一九五〇年代のイギリスでポップ・アートを回りに生み出した独立集団などがそれにあたる。その点では、独創的な写真家集団マグナムもあげられよう。これらはすべて運動体であるといってよい。

一人の人間の現在についての恐れと将来への希望を他の人びとが共有することは、望まれる場合もあれば望まれない場合もあるが、そうした希望以外に、純粋に個人的なマニフェストというものがどのような目的を持つのか、私にはよくわからない。この目的はいかにして実現されるのだろうか。それは主として、ヴィヴィアン・ウェストウッド[†8]が彼女の魅惑的なマニフェストで教えてくれるように、自己研鑽と経験の共有によって実現されるのだろうか。他にはどのような道があるのだろうか。未来派の人びとは、大衆的な自己宣伝というものを発明した。今日マニフェストを出そうとする人の頭にまず浮かぶのが、伝統的なやり方の集団行動ではなく、メディアによる宣伝であるということは、私たちの社会が解体し混沌状態にあることの徴である。もちろん、人によっては、個人的なイノヴェーションを宣伝し、それについての優先権を主張するために、マニフェストを利用する場合があるかもしれない。たとえば、二〇〇一年におけるジェフ・ヌーンの文学的マニフェスト[†9]（『ガーディアン』二〇〇一年一月一〇日〔原著では二〇〇〇年となっているが誤り〕）がそれにあたる。一九九五年のユナボマー[†10]によるものを嚆矢とするテロリストのマニフェストもまた該当する。これは社会を変えようとする個人的な試みを宣伝するものであり、ユナボマーの場合は特定の敵に爆弾を送りつけるという方法がとられたわけであるが、これが政治の領域に属するものなのか、コンセプチュアル・アート[†11]の領域のものなのか、私には判然としない。また、それを発する唯我論者とでもいうべき人自身以外誰も気にとめないような純粋に個人的なマニフェスト、独りよがりといってもいいようなものもある。そのもっとも極端な例が、あのきわめて変わった文書、イヴ・クラインの「一九六一年のチェルシー・ホテル・マニフェスト」である。思い出していただければよいのだが、クラインは、すぐにそれとわかるダークブルーという一色で絵を描くことによって名を成した。他には何もなく、それを彼は四角や楕円のキャンバスや、何であれ三次元のものに描いたのである。その三次元のものは、多くの場合はスポンジであったが、絵の具の中を転がしたモデルの場合もあった。このマニフェストにある説明では、彼が青空に取りつかれていたことをその理由としていたが、クラインの青は、私の見たことがある青のなかで、空の青からもっとも遠い青である。彼は次のようにいう。ニースの浜辺に寝そべっていた時、「雲一つない私の青空をあちこち飛び回っている鳥たちに、私は敵意を覚え始めた。鳥たちは私のもっとも偉大でもっとも美しい作品に穴をあけようとしていたのだ。鳥は絶滅しなければならない」。

クラインが、彼の深遠さを説明してくれる批評家や彼を顧客に売り込んでくれる美術商を見つけたことについて改めて述べる必要はない。彼は、そのマニフェストの著作権者となったガゴシアン・ギャラリー[†12]によって、彼にふさわしい一種の不滅の地位を与えられたのである。

ここで、私が一生のあいだで遭遇してきたマニフェストの内容に移っていこう。それらを振り返ってみて何よりもまず印象的なのは、こうした文書で本当に興味深いのが、その文書が実際に求めている内容ではない、という点である。求められている内容は、はっきりしており陳腐であるとさえ言ってよいかもしれない。その中身は、広い埋立地をいくつも溢れかえらせることができるほどの量であり、すぐに忘れ去られてしまう運命にある。このことは、あの偉大で人を刺激してやまない『共産党宣言』についてさえ言うことができる。『共産党宣言』は、いまでも生き生きとしており、ここ一〇年ほどのあいだに、重要な政治的意味を持った左翼がいなくなった欧米世界で、資本家自身によって再発見されてきている。今日私たちがそれを読む理由は、私が一五歳だった時にそれを読むようになった理由と変わりない。つまり、そのテクストが持つ、すばらしく抗いがたい文体と活力のゆえであり、特に、最初の数頁にある世界の変化についての高邁な分析的ヴィジョンのゆえである。一方このマニフェストが実際に提言する内容のほとんどは、純粋に歴史的な関心を呼ぶのみであり、ほとんどの読者は最後のところにある、労働者は自らをつないでいる鎖以外に失うべき何物も持たず、得るものは世界である、という朗々たる呼びかけを除いて、飛ばし読みをしてしまう。万国の労働者よ団結せよという呼びかけも、不幸なことに、ずっと以前に賞味期限切れとなってしまっている。

もちろん、このことは未来に関わるどんな著作物にも言える困った問題である。未来を知ることなどできないのだ。しかし、いまという時点については何が好ましくないかはよく分かる。マニフェストなるものが、非難するという点でもっともすぐれている所以である。未来について確かなことと言えば、私たちの行為が意図せぬ結果につながるということだけなのだ。

こういった点がすべて、共産党宣言のような永続的テクストにあてはまるとすれば、創造的芸術のマニフェストには、さらによくあてはまる。あるアメリカのジャズ演奏家がかつてナイトクラブで私に言ったように、多くの芸術家にとって「言葉というものは自分の楽器ではない」のである。詩人、それもきわめてすぐれた詩人のように、言葉を楽器とする場合でも、創造が「私は思う。それがゆえに私は書く」といった道をたどることはなく、もっと統御困難な道をたどることになる。言わせてもらえばこれこそがコンセプチュアル・アートの難点である。デュシャンの便器や、私にはもっと面白いパウル・クレーの作品のように、それをジョークとして読むことができる場合を除いて、通例ではコンセプチュアル・アートのコンセプトなるものは知的面白味がない。

したがって、芸術のマニフェストをその意図された意味に沿って読んでいくことは、パフォーマンスとしてはともかく、いらだたしい経験となる。パフォーマンスの場合でも、弁舌としてよりは、機智やジョークとしての方がおさまりがよい。独演型のコメディーのスタイルといえるダダが、今日でもなお多くのマニフェストに頼られているのは、おそらくそのためである。ダダのユーモアは滑稽であるとともにブラック・ユーモアでもあり、シュルレアリスムと同様、解釈は求めず想像力を働かせることを求める。そして、つまるところ想像力の発揮ということこそ、あらゆる創造的な仕事の基盤である。いずれにせよ、デザートのプディングが試されるのは、それがいかに華麗な説明であれレストランのメニューでの説明によってではなく、食べてみることによってなのである。

この点において、芸術の創造家たちは彼らのマニフェストよりも成功してきた。『極端な時代』のなかで、私は次のように記した。「まったく分析的でないことで知られているすぐれたファッションデザイナーたちが、未来を予言することを専門にしている人びとよりも将来の物事の姿を予見する上で成功する場合があることは、歴史においてもっともよくわからない問題の一つであり、芸術史家にとっては中心的問題の一つである」。これについての答えを、私はいまもって知らない。一九一四年以前の一〇年間に生み出された芸術を振り返ってみると、多くがその時以降のブルジョワ文明の解体の前触れとなっていたことがわかる。また一九五〇年代、六〇年代のポップ・アートは、フォーディズム[†13]の経済と大衆消費社会とが意味することをよくわかっており、そうすることによって、古くからの視覚的な芸術作品の地位が瓦解していくこともよくわかっていた。ひょっとすると、いまから五〇年後に執筆する歴史家は、資本主義の危機の時代に芸術で生じていることや芸術という名で通っていることについて同じようなことを言い、欧米の豊かな文明に退避していくかもしれない。あの注目すべきセミドキュメンタリー映画『マン・オン・ワイヤー』[†14]に似て、しかしずっと不安げに、芸術は魂と市場の間、個人的創造と集団的創造の間にはられた綱を渡っていく。この綱はさらに、はっきりと認識できて出自のたしかな人間の創造的生産物と、それらを飲み込んでしまう技術や、すべてを包み込むノイズとも言えるインターネットとの間にも、はられている。概して、後期資本主義は創造力を持つ人びとにこれまでにないよい暮らしを提供してきているが、幸いなことに、彼らは自分たちの置かれた状況にも社会にも満足していない。二〇六〇年の歴史家は、それに先立つ三〇年間の文化の産物からどのような未来への展望を読み取るだろうか。それは私にはいまわからないし、これからも知りえないだろう。ただ、その過程では、いくつかのマニフェストが出されていくことであろう。

＊本章は、ハンス・ウルリッヒ・オブリストの発案で二〇〇八年に開催されたサーパンタイン・ギャラリーにおけるマニフェスト・マラソンでの報告である。

訳註

†1　野外演説で有名なロンドンのハイドパーク・コーナーの近くにあるサーパンタイン・ギャラリーで、芸術家たちがそれぞれのマニフェストを発表した集いであり、二〇〇八年一〇月一八日と一九日の二日間にわたって開催された。オノ・ヨーコも参加している。

†2　景観やウォーキングに関わる芸術家グループ。

†3　一九五〇年代に生まれた、現代消費社会の姿を打破する「状況」の構築をめざす運動の推進者。

†4　フランスの詩人でシュルレアリスムの創始者の一人。巖谷國士訳『シュルレアリスム宣言・溶ける魚』（岩波文庫）岩波書店、一九九二年。

†5　彼の代表作『パサージュ論』（全五巻）（岩波現代文庫）岩波書店、二〇〇三年、は「都市の遊歩者」を含む。

†6　テオ・ファン・ドースブルフがオランダで一九一七年に創刊した雑誌およびグループ名。

†7　一九二〇年代にソ連で発行された、前衛的芸術家たちの雑誌名。

†8　イギリスのファッションデザイナー。

†9　イギリスの作家ヌーンが、二一世紀の始まりにあたり、イギリスの小説界に新たな実験が必要であることを強く説いたマニフェスト。

†10　アメリカ人数学者セオドア・カジンスキーが名乗った名前で、彼は一九七八年から大学教授などに爆弾を送りつけたり航空機の爆破を試みたりした末に、九五年に産業社会を批判する「ユナボマー・マニフェスト」を有力新聞に掲載させた。

†11　完成された状態でなく創作の理念や過程を重視する芸術活動。

†12　一九七九年にロサンゼルスで始まった現代絵画を専門とする画廊でその後ニューヨークを中心として各地に広がった。

†13　工場での生産過程のシステム化による大量生産の仕組みと理念で、アメリカの自動車王ヘンリー・フォードが提唱した。

†14　二〇〇八年のイギリス映画で、一九七四年にニューヨークの世界貿易センターのツインタワーの間での綱渡りに成功したフランスの大道芸人フィリップ・プティを描いた。

第1部
Part I

「高級文化」窮状の今
The Predicament of 'High Culture' today

第2章　芸術はどこへ行く？

Where Are the Arts Going?

新たな千年紀の文化がどのような姿をとるかを歴史家に尋ねるのは、実際のところ適当でない。私たち歴史家は過去についての専門家であり、未来には関わっていない。芸術はその長い歴史のなかでもっとも革命的な時代をいま体験しているが、そうした芸術の未来に、どうみても私たちは関わっているわけではないのである。とはいえ政府や実業界によって巨額の金をつぎこまれているプロの予言者たちに依存することもできないので、歴史家が未来予測の現場に打って出ることもありうるだろう。結局のところ、いろいろな起伏があるにせよ、過去、現在、未来は、分かちがたくつながっているのである。

今世紀〔二〇世紀〕の芸術を特徴づけているものは、芸術が、歴史的に見てユニークな技術革命、とりわけ通信と再生産の技術に依存するとともに、それらによって変貌させられている、という点である。文化を革命化した第二の力、すなわち大衆消費社会の力は、技術革命、たとえば映画、ラジオ、テレビ、シャツのポケットで持ち運べる音源などを抜きにしては考えられない。しかしまたそれゆえにこそ、芸術なるものの将来について全般的な予測をすることはほとんどできないのである。絵画や彫刻といった古くからのヴィジュアル・アートは、つい最近に至るまで純粋な手作業による作品であり続け、工業化には巻き込まれなかった。付言しておけば、それゆえにこそ絵画や彫刻は今日危機に直面しているのである。それに対し文学の方は、五〇〇年も前グーテンベルクの時代に、機械的な再生産に適応していった。現在、詩は人びとの前で朗唱されるもの（かつての叙事詩はそうであったが、そのため叙事詩は印刷術の発明後に絶滅していった）としては書かれていないし、中国の古典文学の例におけるように書道の作品であることもなくなっている。文学はアルファベットのシンボルを機械的に寄せ集めた単位にすぎないものとなり、どこで、いつ、いかなる形で――紙の上、コンピュータ画面上、さらに他の形もある――私たちがそれを受け取るかは、まったくとるに足らない問題というわけではないものの、副次的な問題となっている。

一方、音楽は二〇世紀になって歴史上初めて、楽器と耳との間の純粋に物理的なコミュニケーションという壁を突破した。今日文化的な経験として私たちが耳にする音や騒音の圧倒的な大部分は、機械的に生みだされたり遠距離から伝えられたりする形で、間接的に私たちのもとに届いてくる。このように、文学や芸術を司るミューズ神のそれぞれが、ヴァルター・ベンヤミンのいう複製技術の時代において異なる経験をしてきているのであり、異なるやり方で将来に向かいあっているのである。

そこで私としては、文化の個々の領域を簡単に概観することから始めてみたい。著作家として、まず文学から検討することも許されるだろう。

二一世紀の人類は（二〇世紀初頭と異なり）、識字力をもたない人が大部分であるという状況にはない、という点を理解することが、出発点となる。人口の過半数が字を読めない地域は今日では南アジア（インド、パキスタンおよびその周辺地域）とアフリカしかない。正式の教育が普及することは書籍と読者の増大を意味する。識字率が五パーセントあがっただけで、潜在的な読者は、少なくとも教科書に関する限り五〇〇〇万人増えるのである。さらに二〇世紀の中葉以降、いわゆる「先進」国の大部分の人びとは中等教育を受けることが期待できるようになり、二〇世紀の最後の三分の一には当該年齢層のかなりの部分（現在のイギリスでは約三分の一）が高等教育をも受けている。それによって、あらゆる種類の書き物の読み手が増大した。さらにそれに付随する形で、一八世紀以降欧米の高級文化のあらゆる芸術が対象としてきた「教養ある公衆」も全体として増えてきた。書き物のこの新たな読み手の絶対数はいちじるしく増加し続けている。そしてマスメディアもその読み手を狙っているのである。たとえば、映画『イングリッシュ・ペイシェント』で主人公がヘロドトスを読む情景があると、イギリス人やアメリカ人はすぐに大挙して、それまでは名前しか知らなかったこのいにしえのギリシアの歴史家の作品を買い求めた。

著作物の民主化ともいえるこのような事態は、一九世紀におけると同様、新旧の俗語文学の興隆による断片化ともいうべき状況を必然的に招くし、やはり一九世紀同様翻訳家の黄金時代をも招くことになる。シェークスピアやディケンズ、バルザック、さらに偉大なロシアの作家たちの著作は、翻訳を通さなかった場合でも国際的なブルジョワ文化の共有財産になりえただろうか。このことは私たちの時代においてもなお、部分的にはいうことができる。ジョン・ル・カレ[†1]のような作家の作品がベストセラーになるのは、三〇から五〇もの言語に常に翻訳されるからなのである。ただし、この問題には、今日では二つの点で根本的な違いが出てきている。

第一に、私たちの知る限りでは、ここしばらくの間に、言葉はイメージに押されて後退しており、書かれたり印刷されたりした言葉はスクリーンで話される言葉の前に、後退してきている。いまや、書かれたテクストを最小限にしか含まない漫画や絵本の対象は、綴りを覚えようとしている初心者にとどまらないのである。さらに重大なのは、印刷されたニュースが、話されたり描かれたりしたニュースの前に、後退していることである。一九世紀に、また二〇世紀になってもかなりの期間、新聞はハーバーマスのいう「公共圏」の主要な媒体であったが、二一世紀に新聞がその位置を保つことはまずできそうにない。しかし第二に、今日のグローバルな経済と文化は、地域的に限定された言語を補うグローバルな言語を必要とする。しかもそれは数の上で取るに足らないエリートにとってだけでなく、人口のより広い層にとっても必要なのである。現在では英語がこのグローバル言語となっており、そのことは二一世紀にもおそらく変わらないであろう。英語による国際的な専門的書き物がすでに発展しつつあるが、この新たな英語エスペラントとも呼べるものは、中世の教会ラテン語がウェルギリウスやキケロとは関係がなかったように、文学の英語とほとんど関係を持っていない。

ただしそれは書き物——活字に組まれた言葉——の量的な増大を止めることはできない。純文学の量的増大でさえ止めることはできないのである。実際私としては、インターネットにぴったりの大きな参考書や事典、辞書などの例外を除いて、書き物の主たる伝統的形態である印刷された書籍は――悲観的な予測の広がりとは逆に――、あまり苦もなくその位置を保っていくであろうと、主張したいところである。

それは第一に、一六世紀のヴェネチアでアルドゥス・マヌティウスによって発明された、小さくて持ち運びができ、はっきりと印刷されたポケットブックほど、読むのに容易で実用的なものはないからである。コンピュータの画面でちらちらするテクストを読むより、コンピュータのプリントアウトを読む方がはるかに読むのに容易だが、ポケットブックはそのプリントアウトよりも容易で実用的なのである。このことは、同じテクストを、まず印刷された形で、次いでコンピュータのスクリーンで一時間かけて読んでみれば、誰もが確言する点である。電子ブックでも、長所とされているのは読みやすさではなく、貯蔵量の多さと頁をめくらなくてすむことの方なのである。

第二に、印刷された紙は、いまのところ、技術的にさらに進歩したメディアよりも耐久性がある。『若きヴェルテルの悩み』の初版本はいまでも十分読むことができるが、三〇年たったコンピュータのテクストは必ずしもそういう具合にはいかない。古い写真や映画フィルムのように、そもそも寿命が限られていたり、技術がすぐに時代遅れになってしまい最新のコンピュータがもうそれを読めなかったりするためである。映画やラジオ、テレビなどの技術革新が書籍を滅ぼさなかったように、コンピュータのめざましい進歩も、書物を滅ぼすことはないであろう。

今日うまくいっている芸術の第二の分野は建築であり、その傾向は二一世紀にも継続するであろう。それは、人間というものが住まいなしには生きていけないからである。絵画が贅沢品であるのに対し、家は必需品である。建築の場、方法、素材、スタイルは変わり、建築家、技術者、コンピュータなど、建物を設計し建築する主体もおそらく変化していくであろうが、建物を建てる必要性が変わることはない。実際のところ、二〇世紀のあいだに、建築家、特に巨大な公共建築の建築家は芸術界の支配者になったとすら言うことができる。彼――建築家は普通まだ男性である――は、富と権力の拡大欲や、ナショナリズムの拡張欲にもっとも適した表現、つまりもっとも高価で印象的な表現を見出すのである。（たとえばバスク地方は、ナショナルなシンボルを生むために国際的なスターに依頼し、ビルバオに特異な形の美術館を作った。[†2]この美術館はいま一つのナショナル・シンボルであるピカソの『ゲルニカ』を収蔵することになるだろうが、ピカソはそれをバスクの地域芸術の例として描いたわけではなかった[†3]）。

この傾向が次の世紀（二一世紀）まで続いていくことはかなり確実である。今日、クアラルンプールや上海は、経済面で世界的な地位を占める見込みがあることを記録破りの高さの超高層ビル建設によってすでに示しているし、再統一したドイツは、その新首都を巨大な建築現場に変容させている。だが、いったいどのような建築物が二一世紀のシンボルになるのだろうか。一つだけ確かなのは、それが大きな建築物だということである。大衆の時代にあっては、そうした建築物が政府の所在場所になったり、国際的な大企業の根拠地になったりする可能性は少ない。ただし、超高層ビルに相変わらずそうした企業の名が冠せられることはあるかもしれない。そしてほぼ確実に言えるのは、それらが公衆に開かれた建物や建物群になるだろうということである。ブルジョワの時代が到来する前、少なくとも欧米では、そうした場は教会であった。一九世紀にその典型であったのは、少なくとも都市においては、ブルジョワジーの大聖堂とも言えるオペラハウスであり、また技術進歩の大聖堂とも言える鉄道の駅であった（二〇世紀の後半に、鉄道の駅やその後を継いだ空港が記念碑的性格を持たなくなったのはなぜか、という問題はいつか検討してみるに値する。ただしその性格はおそらく明日にでも戻ってくるだろう）。私たちの千年紀の終わりにあたって公共圏の新たなシンボルにふさわしい建物や建物群として、三つのタイプが存在する。第一は、スポーツやパフォーマンスのための大きな競技場やスタジアムである。第二は国際ホテルである。そして第三は、一番新しく育ってきたもので、新たなショッピング・センターや娯楽センターの巨大で閉じられた建物である。私がこれらを競馬馬に見立てて賭けなければならないとしたら、競技場やスタジアムに賭けるだろう。一方、シドニーのオペラハウスが作られてから広がった流れ、すなわち予期せぬ奇抜な形での建物のデザインという風潮がいつまで続くかと尋ねられたら、私は答えに窮する。

音楽の方はどうだろうか。二〇世紀の終わりに、私たちが住んでいる世界は音楽で飽和しており、音はどこにいってもつきまとってくる。特に電話をかけたり、飛行機に乗ったり、美容院に行ったりして、閉じられた空間で待っている時には、それが激しい。消費社会は、沈黙を罪と見ているようにも思われる。したがって、二一世紀にも音楽が恐れることは何もないが、二〇世紀と比べて音楽の響きがまったく異なってくることは確かであろう。音楽は電子機器によってすでに革命化されてきている。すなわち、音楽は芸術性を持った個人の創造的才能やすぐれた技術から相当独立したものにすでになっているのである。二一世紀の音楽は、人の手がかからないまま生み出されることが主となり、その形で私たちの耳に届くであろう。

それでは、私たちは実際何に耳を傾けることになるのだろうか。クラシック音楽は基本的に死んだ過去のレパートリーに頼っている。一九九六年から九七年にかけてのシーズンにウィーン国立歌劇団が演じた六〇ほどの曲目の内、二〇世紀生まれの作曲家の作品は一つだけだった。オーケストラなどのコンサートホールでも、事情はあまり変わらない。おまけに、一〇〇万人以上が住んでいる都会でもせいぜいのところ二万人ほどの年かさの紳士淑女になってしまっているコンサートに足を運ぶ可能性のある人びとが、自分のあとを補充するということはまず考えられない。とすると、現在の状況がいつまでも続くことはありえない。実際、レパートリーが時代的に凍結しているという状況が変わらぬ限り、音楽をコンサートホールに行かずに間接的に聴く人びとが新たに数多く出てきたとしても、クラシック音楽業界を救うことはできないのである。モーツァルトの『ジュピター交響曲』、シューベルトの『冬の旅』、ベートーヴェンの『荘厳ミサ曲』などの録音には、いったい何枚売れる市場があるだろうか。第二次世界大戦以降、この市場は技術革新によって三度救われてきた。すなわち、LPレコード、カセット、CDへと続けざまに移行していったのである。技術的革命はいまも続いているが、コンピュータやインターネットは生産者の独占権とともに著作権も壊しているに等しく、したがって販売にはおそらくマイナスの影響しか与えないであろう。こういったからといってクラシック音楽が終わりを迎えるわけではないが、文化生活におけるその役割が変化することはかなり確実であり、その社会的構造が変化することは完全に確かである。

今日では、今世紀にあれほど生き生きとし、ダイナミックで創造的な領域であった商業的な大衆音楽にすら、一定の疲弊をみてとることができる。

それを示す事例を一つだけあげてみよう。〔二〇〇〇年?〕七月にロックのファンと専門を対象として行われた調査によると、「全時代を通じて最善のロック・レコード」としてあげられた一〇〇枚のほとんどすべてが一九六〇年代のものであり、過去二〇年間のものはほとんどなかったのである。ただしいままでのところ、ポップ・ミュージックは繰り返しうまく自己革新をしてきており、新しい世紀においても、そうしていけるだろう。

　したがって、二〇世紀同様二一世紀にも歌が歌われ演奏がなされるだろうが、その形は時として予期せぬものになるかもしれない。

　ヴィジュアル・アートでは、状況が違うように見える。彫刻は文化の縁辺で惨めな生き様をさらしている。今世紀の間に、公私いずれの生活を問わず、現実を記録する手段としても、人間の形をとったシンボルとしても、彫刻は見放されてしまった。現在の墓地を、記念碑で飾られた一九世紀の墓地と比べてみるだけで十分である。フランス第三共和政時代の七〇年間[†4]には、二一〇以上の記念碑がパリで作られた。ということは年に平均三つである。これらの記念碑の三分の一が第二次世界大戦中に姿を消した。そしてよく知られているように、記念碑のこうした破壊は、ド＝ゴール政権下で文化相をつとめたアンドレ・マルローのもとでも、美学的理由にかこつけて陽気に続けられていったのである。さらに第二次世界大戦後には、少なくともソ連圏の外においては、戦争記念碑が新たに作られることはほとんどなかった。その理由の一つは、新たに死んだ人びとの名前を、第一次世界大戦の記念碑の礎石に刻むことができたことである。古くからの寓意的な表現や象徴的表現もまた消えていった。つまるところ、彫刻はその主な市場を失ったのである。彫刻は、おそらく建築に倣う形で、公共のスペースのための巨大な作品によって――形がどうであれ、大きいものは印象的であるため――自己救済を図ってきた。その試みを少数の才能ある人びとが助けてきたのである。それがどのように成功するかは、私たちではなく二〇五〇年が判断することになろう。

欧米のヴィジュアル・アートの基礎は、イスラム芸術などとは対照的に、現実の表象である。そのため、一九世紀中葉以降、造形芸術は写真との競合で真底苦しんできた。写真は、ヴィジュアル・アートの伝統的な主目的であった人間の眼に映る感覚の印象を表現する作業を、より簡単に、より安価に、そしてより正確に成し遂げることができたからである。私が思うに、このことから、印象派以降の前衛絵画、すなわちカメラの力を超える絵画の興隆を説明できる。それは新たな表象技術、表現主義、夢想や幻想、さらに究極的には現実の表象の否定としての抽象、といった形をとった。現実の表象に代わるものをこのように追求することは、流行のサイクルによって、よりよく、より進歩的で、より近代的と当然考えられる新たなものの絶えざる追求へと形を変えていったが、この追求姿勢は科学技術の様相になぞらえることができる。この「新たなるものの衝撃」（ロバート・ヒューズ）[†5]は、一九五〇年代にその芸術的な正統性を失っていったが、その理由についてここで詳しく検討する余裕はない。さらに、今日の近代技術は、人間の手になる作品に匹敵するような、抽象的な、少なくとも純粋に装飾的な芸術作品をも生み出している。そのため絵画は、深刻な危機と思われる状態に見舞われている。そのことは、すぐれた画家、卓越した画家がもう出てこないだろうということを意味するわけではないが、各年のもっともすぐれたイギリスの若手芸術家に与えられるターナー賞の候補者の間で、画家がここ一〇年ほど少なくなってきているのは、おそらく偶然ではない。今年（一九九七年）[†6]には、このコンペの最終ラウンドに残った四人の候補者の中に画家は一人もいなかったのである。絵画はまたヴェネチア・ビエンナーレでも無視されている。

それでは芸術家はいったい何をしているのだろうか。いわゆる「インスタレーション（装置）」やビデオをこしらえているわけだが、そうした仕事には舞台デザイナーや広告専門家の仕事ほどの面白みはない。彼らはまたしばしば問題含みのオブジェ・トゥルーヴェ[†7]をもてあそんだりもする。彼らはアイデアを持ってはいるが、ひどいアイデアであることも多い。一九九〇年代のヴィジュアル・アートは、技からアイデアへと戻ってきている。レンズやコンピュータと違い、アイデアを持てるのは人間だけなのである。芸術は、自分が創造的に行ったり生み出したりするものではもはやなくなり、自分が考えるものとなっている。「コンセプチュアル・アート」なるものは、もともとマルセル・デュシャンに端を発するが、公衆用の便器を「レディメードの芸術」とするという画期的な展示を行ったデュシャン同様、このはやりの流れは芸術の場の拡張は目指さず、むしろその破壊を目論んでいる。こうした流行は芸術に対する宣戦布告である。というよりも「芸術作品」、すなわち個々の芸術家の創造物であり、見る者によって賞賛され崇拝され、美に関する美学的な基準にしたがって批評家の判断対象となることを意図したイコンともいうべき作品への宣戦布告である。現に、芸術批評家はいま何をやっているのだろうか。いったい誰がいま、「美」という言葉について、批判的な言説の中で皮肉まじりに使う以外の用い方をしているだろうか。そうした用い方をしているのは、数学者やチェスのプレーヤー、スポーツキャスター、外見であれ声であれ人間の美を賞賛する人びとだけであり、彼らは「美」について、あるいは美の欠如について、難なく合意に達することができる。しかし、それは芸術批評家にはできないのだ。

いま私にとって重要だと思われるのは、ヴィジュアル・アーティストが、約四分の三世紀を経た後にダダイストの時代の雰囲気に戻っていることである。その時代というのは、一九一七年から二三年頃の終末論的前衛の時代であり、そこで欲せられていたのは芸術の近代化ではなくその破壊であった。私が思うに、ヴィジュアル・アーティストたちは、芸術についての私たちの伝統的な観念がいままさに消え去ろうとしていることを、ともかくも認識している。芸術についての伝統的観念がまだあてはまるのは、人間の手で作りだされる古くからの芸術であるが、それはすでに古典主義的代物へと化石化している。今日人類を包み込んでいる感覚的な印象や感情の世界には、その観念はもはやあてはまらないのである。

それには、二つの理由がある。第一に、人類を包み込むこの様相を、相互につながりを持たない個人的な芸術創造物に分節化することが、たんにもはや不可能であることがあげられる。今日ではオートクチュールでさえバレンシアガ、ディオール、ジャンニ・ヴェルサーチのようなすばらしい創造的個人の活動の場とはみなされなくなっている。裕福なパトロンの依頼によって個別の作品として製作される彼らの偉大な作品は、大衆のファッションを刺激し支配しており、このようなビッグネームは、人間の肉体を全体として飾る産業の世界企業の宣伝名となってしまっているのである。ディオール社は、金持ちの女性向けの製品を作って営業しているわけではなく、ディオールという名前によって箔付けされた化粧品やレディメードの服を大量に販売することによって会社を成り立たせている。物理的に生存できるかできないかというレベルの圧迫を脱した人びとの役に立っている産業の例にもれず、ファッション産業も創造的要素を持ってはいる。しかしそれは、天才たらんとする自立的な芸術的個人について言われたような、かつての意味における創造性ではないし、またそうしたものではありえなくなっている。実際のところ、求人に際して用いられる新しい用語としての「創造性」が、ルーティーンの仕事に限られるわけではない、ということ以上の意味を持つことは、いまやほとんどないのである。

第二に、私たちが生きている消費文明の社会においては、人間のあらゆる願望を（望むらくは即時に）実現することが人生の仕組みを決めていく、と考えられている。この願望の実現可能性には、ヒエラルヒー的な優先順位があるのだろうか。あるとすればそれは一つだけだろうか。この喜びの源をあれこれと取り出して、それを個々に検討することに、いったいどのような意味があるのだろうか。よく知られているように、一九六〇年代以降、ドラッグとロックは手を携えてきた。レイヴと呼ばれる乱痴気《らんちき》パーティでのイギリスの若者たちの経験は、音楽、ダンス、酒、ドラッグ、セックス、自分の服装――時代の流行の先端で肉体を飾る行為――、さらにこうした秘儀的なお祭り騒ぎでの他の人びとの服装、そういった個々の要素から成るのではなく、それらがみな一緒になって他ならぬその瞬間に存在しているという点から成り立っている。まさにこのようなつながり合いこそが、今日大多数の人びとの典型的な文化的経験となっているのである。

かつてのブルジョワ社会は、芸術や高級文化における個別性の時代であった。以前の宗教がそうであったように、芸術は「より高い何か」であるか、より高い何かへのステップであった。すなわち「文化」だったのである。芸術を享受することは、精神的向上につながったのであり、読書のような私的な形であれ、劇場、コンサートホール、博物館、ピラミッドやパンテオンのように広く認められた世界的な文化の場など公的な形であれ、一種の心身を捧げる行為であった。芸術は、日常生活や単なる「娯楽」とははっきりと区別されていたのである。少なくともある時点で「娯楽」が文化に昇格し、たとえば、ヨハン・シュトラウスの作品がウィーンの酒場で演奏されるのでなくカルロス・クライバーによって指揮されたり、ハリウッドのＢ級映画がパリの映画評論家によって芸術に昇格させられたりするまでは、区別されていた。こういった類の芸術的経験というものは、他ならぬ私たち自身のザルツブルク音楽祭への参加が証明しているように、もちろんいまなお存在している。しかし第一に、誰もが文化的にそうした経験をできるというわけではないし、第二に、少なくとも若い世代にとってはそうした経験は文化的経験の典型ではなくなっている。文化と生活の間、畏敬と消費の間、労働とレジャーの間、身体と精神の間の壁は、打ち崩されてきている。言葉を換えて言えば、ブルジョワ的な批判的価値観を伴う言葉としての「文化」は、たんに叙述的な人類学的意味あいの「文化」に取ってかわられているのである。

二〇世紀の末葉にあって芸術作品は、かつてなら「芸術」と呼ばれたであろうような普遍的環境のもとで、言葉、音、イメージの氾濫の中に埋没してしまったばかりでなく、私たちの内側で育つ感覚と外部からもちこまれた感覚とを見分けることが不可能な空間の中で、美的な経験の解体によって消失してしまった。このような状況のもとで芸術について語ることは、いかにして可能になるだろうか。

今日音楽の一作品や一枚の絵に注がれる情熱の度合いは、その作品からの連想、すなわち、その歌が美しいかどうかではなく、それが「私たちの歌」であるかどうかということに、どれほど左右されているだろうか。それは私たちにはわからない。生きている芸術の役割や、二一世紀にそれが存続していくかどうかという問題がはっきりしない状態は、そのことがわかるようになるまで続いていくことになるであろう。

＊本章は、二〇〇〇年にザルツブルクで開かれた「フェスティヴァル対話」でドイツ語で行われた講演である。（英訳、クリスティーヌ・シャトルワース）。原著の説明には一九九六年の講演とあるが、「フェスティヴァル対話」の記録では、二〇〇〇年八月二三日に「将来の予測」(Erwartungen an die Zukunft) というタイトルでなされた講演である。

訳註

†1　イギリスの作家でスパイ小説を得意とした。『寒い国から帰ってきたスパイ』他多数の作品がある。

†2　アメリカの建築家フランク・ゲーリーの設計になり、平らな面がなくチタニウムの板がうねった外観をしている。

†3　現在『ゲルニカ』はマドリードのソフィア王妃美術館に所蔵されているが、ビルバオ美術館との間で正当な所蔵場所をめぐる論争が起こっている。

†4　原著では一八七〇年代となっているが、作られた記念碑総数が二一〇で年平均三つという数字から、第三共和政が続いた一八七〇年から一九四〇年までの七〇年間の誤記であると考え、七〇年間と訳した。

†5　オーストラリアの美術評論家で、一九八〇年にこのタイトルのテレビ・ドキュメンタリーを製作した。

†6　たしかに一九九七年のターナー賞受賞者には画家は含まれていなかった。ただし、初出説明での註に記したようにこの講演は二〇〇〇年に行われており、今年（ドイツ語原文でも同じ）という表現は、それとずれている。ちなみに二〇〇〇年の同賞受賞者は、四人の内二人画家を含んでいた。

†7　拾得物という意味。自然のままであったり日常につかわれていたりするもので、芸術の素材にされたもの。

第3章 文化共生の世紀？

A Century of Cultural Symbiosis?

歴史家は、未来学についてはは他者にゆだねている。しかし、歴史家には未来学者より有利な点がある。歴史は未来の予測には役立たないかもしれないが、現在において歴史的に新しいものに気づかせてくれ、そうやって未来に光を投げかけてくれるのだ。だから私はまず過去に目を遣ることによって、フェスティヴァルの対話に対する私の貢献を始めることとしよう。

今日、「人が旅を続ける時、その旅人は語るべき物語を持っている」という古い諺を覚えている人はいるだろうか。これは、旅がまだ極めて珍しかった時代の諺である。一九三五年、当時二〇歳だったわが友人であり偉大なフランス人ヘレニズム文化学者であるジャン゠ピエール・ヴェルナンがリュックサックを肩に二人の同行人とともに初めてギリシャを見出した際、ギリシャ人の村民たちは訪問客たちが視界に入るや否や鐘を鳴らし、われ先にと彼らを歓待した。見知らぬ訪問客の到着とは、村人たちに何か新しいものをもたらしてくれるもの――つまるところ、それ以外新しいものなんてほぼ皆無に等しかったのだし――であり、村に栄誉をもたらしてくれたからだ。[1] 今日の様相はどうだろうか。一九九〇年代半ばには九〇〇〇万から一〇〇〇〇万の外国人がギリシャを訪れた。これは、休暇シーズンにはギリシャ人とほぼ同数の外国人が滞在していたということを意味する。公式な統計によれば、一九九九年一〇月以来、地球上には六〇億以上の人間が住んでいる。国内・海外を旅する全旅行者数は一九九八年までに五〇億を優に超えたと見積もってよいだろう。むろんこの数には、年に二回以上旅行した多くの人びとが含まれているが、その事実すら、現在の私たちが生きる、これまでに例を見ないほどの地理的流動性をたんに強調するに過ぎない。そして人類の流動性を示す数字をもう一つ挙げておこう。今年のアメリカ合衆国の国勢調査では、カリフォルニア州の住人三四〇〇万人のうち、半数以上の出身地はアメリカ合衆国ではなく、ラテン・アメリカやアジア、アフリカであるという事実がはっきりする可能性が否めない。仮に現在そうならなくとも、数年以内には確実にこの状況に至るだろう。

この流動性は二一世紀の世界、とりわけ文化にとって何を意味するのだろうか。これが今日の私のテーマである。みなさんにはこのことを考えていただきたい。あいにくこれは研究者や文化の創り手、その文化の消費者のみの問題ではなく、政治家にとっても議論の余地のある、一触即発の状態とさえいっていい問題なのである。とりわけ、この美しい国〔オーストリア〕の政治家たちにとって。しかし、他国の政治家たちにとっても然りである。なぜなら、数十億人の旅行者たちとともに、流行病――エイズから外国人嫌悪症まで――もありとあらゆる場所に伝播するからである。

人間の流動性には明確に区分される三つの形態がある。第一に、通常の国内および国際交通、すなわちビジネスや楽しみのための旅行——毎日の通勤・通学は別にして——がある。第二は、計画的か強制的かを問わず、移出入民である。しかし第三の形態として、二〇世紀後期以降、まったく新しい、トランスナショナリティとでも呼びうる現象が見られる。すなわち、その存在が特定の場所や国に縛られていないために越境ということがさして重要な意味を持たない人びとのことである。二、三〇年前にはこのようなトランスナショナルな人びとというのはせいぜい十余名程度であり、おそらくそのすべての人びとがザルツブルクではよく知られていた。なぜならそのほとんどが、あらゆる芸術のなかでもっとも国際的な音楽界のスターたちだったからだ。今日、トランスナショナルな人びとは少なくとも数万の単位で存在し、新しい世紀〔二一世紀〕には数百万になることだろう。ビジネス旅行のかなりの割合はおそらくすでにトランスナショナリティの区分に入る。

多くの人びと、ことによると大方の観光客にとってさえ、文化的経験は旅の重要な動機である——というのも、ディズニーランドや熱帯地方の異国情緒ですら文化の一部なのだから——が、この領域は私のトピックからするとあまり検討し甲斐があるとは言えない。観光産業はグローバル経済においてますます重要になりつつある——二〇世紀末までにすでに職業全体の一二パーセントを占めるに至った——が、文化的に言ってそれほど新しいものを生み出してきてはいない。ヨーロッパではもうずいぶん長いあいだマス・ツーリズムが当たり前になっている。実際、二〇世紀末までにこの流行があまりに進んだため、重要な文化所在地やイベントへのアクセスを監視・制限する措置が取られるようになった。現在この措置は、たとえば重要な国際美術博覧会ですでに一般的となっている。

たとえフィレンツェであれヴェネチアであれ、はたまたスキー場やどこかの山頂であれ、そうした目的地にとっては大量の訪問者がたんに物理的に手に負えないだけであるにしても、新しい世紀は必然的にさらなる監視と規制に向かうだろう。世界規模の環境問題とは対照的に、このような局地的な汚染は比較的対処しやすい。また地域住民は大挙して押し寄せる観光客には長年慣れてきている。たとえ私たちの経済が観光客頼みであるにしても、彼らは集団として私たちの実生活に属しているわけではない。ここに長く居つくわけでもない。私たちが観光客たちについて不満をこぼすことがあっても、それは道路にトラックが多すぎる、駐車スペースを見つけるのが大変だ、地下鉄が混んでいる、といったたぐいの、大衆社会の日常にありがちな厄介事に対する愚痴としての文句にすぎない。もちろん、イングランドのサッカー・フーリガンのような、誰も歓迎しないタイプの観光客もいる。また、長距離にまたがる短期旅行が日々手頃なものになりつつあるため、残念ながら今世紀にはますます多くのイビサ島のような特定の目的地が〔おもに若者の〕野蛮人たちに探し出されてしまうことだろう。しかしこれも基本的にはなんら目新しいことではない。主だった港湾都市は、何世紀にもわたってそのような侵略に備え、レーパーバーン〔ハンブルクの歓楽街〕にあたる場所やその他の船乗り向けの界隈を用意してきたのだ。

他方で、地域住民に金銭だけでなくその他のメリットももたらし、それゆえ特に文化的に辺鄙な地域で熱心に奨励されるツーリズムが少なくとも一種類ある。それも殊に、これらの地域には中産階級のセカンドハウスが入植しつつあるからである。こうしてここ数十年、とりわけ文化ツーリズムが飛躍的に成長している。この状況は次の世紀においても確実に続いていくことだろう。今日すでに少なくとも一三〇〇の文化フェスティヴァルがヨーロッパにはある。私の家族はイングランドとウェールズの境界地域に小さな家を持っているのだが、夏のあいだ、その家から四方数十キロメートルの私たちが訪れることのできる範囲で小規模のクラシック音楽祭が一つ、重要な文芸フェスティヴァルが一つ、有名なジャズ・フェスティヴァルが一つ催され、国際的な大衆、もしくは少なくともイギリス系アメリカ人の大衆をこの地に引き寄せている。これらの訪問者たちは、近隣の歴史ある小さな町に、他のもろもろの物に加えてミシュランの星付きのレストランを何軒か発見するのだ。おそらくこのパターンは新しい世紀においてさらに進むのであろうが、予期せぬものを私たちにもたらすことはそれほどないだろう。したがって、二一世紀においてツーリズムがもたらす文化上の効果についてさほど語るべきものはない。

新種のグローバルなビジネス旅行者はおそらくもっと興味深い。私たちを新しいグローバリゼーションの世界へと誘ってくれるのだ。ここで問題にしているのは数十万単位の人びとであるから、この新種の旅行者はかなり独創的な二つの文化的方向性をすでに生み出している。その二つとはすなわち、世界規模の（そしてほぼ英語のみの）日刊新聞――ここでは『ヘラルド・トリビューン』（『インターナショナル・ヘラルド・トリビューン』のこと）紙を想定している――と、国際ホテルで見ることのできるテレビ番組の特異な影響力である。これらのメディアの興味深い点は、たんにそれらがグローバルなオーディエンス、あるいはグローバルと言えないまでも少なくとも今日モスクワにいると思ったら明日はメキシコにいるような、世界の天気予報を必要とし、世界中で提供される文化にたとえば『フィナンシャル・タイムズ』紙上で毎週目配りできるようなオーディエンスに向けられたものである、ということに留まらない。ホテルの客だったら誰でも知っているように、これらのメディアはグローバルな情報、全国の情報、地域の情報の混在したものである。たとえば個人的に選んだエンターテイメント・ショー、とは、とりわけ映画を意味するのだが、それらの付随したテレビ番組のように。実質的にそこに文学は不在である。その他のヴィジュアル・アートはきわめて傍流的なものとしてのみ存在する。そして、映画に伴うものを除くと、国際ホテル内で耳にする音楽とは、たとえあったにしても、主としてバックグラウンド・ミュージックとして存在するに過ぎない。人が音楽を聴いたり作ったりするのに専念する——つまりコンサートに行ったり湯につかりながら歌ったりする——機会は、私たちが日常に吸収する音楽のほんのわずかな部分を占めるに過ぎない、という状況がすでに今日の音楽経験の典型になっている。その上、今日、大方の人びとの音楽経験は現代的なテクノロジーを使ったものであり、まもなく確実にインターネット経由になる。そうした音楽経験はほぼ一〇〇パーセント個人的に入手可能で、公共のメディアに依存することはない。

　グローバルなホテルに宿泊する客の世界文化はおそらく強い興味を抱く根拠とはなりえない。しかし、だからといってそれが二一世紀の世界文化を先取りしているとは私は思わない。一方では、ＣＮＮを見れば今日いまだにその主たる情報発信先が非典型的な大衆、すなわち、一人で旅をする、いまだほぼ男性のみの大人のビジネス幹部であることがわかる。今日彼は、ビジネス、文化、そして言語の点においてさえ、単一のアメリカナイズされた、グローバルでプロフェッショナルな様式の一部である。したがってＣＮＮの文化は新たな世界文化のほんのわずかな部分を代表しているに過ぎない。

　他方で、当該メディアは技術的な途上段階にあるため、ちょうどヘンリー・フォード時代（そしてこれは偶然にもマクドナルドの時代とも重なるのだが）の産業のように、いまだ標準化の時代にあるともいえる。標準化とはつまり、ますます数を減らしつつあるグローバルな――すなわち文化的にアメリカナイズされたということだが――企業によって定められるごく限られた選択のことだ。現在私たちに提示されているものはたとえそれがたんに技術的な理由によるにせよ、あまた存在する文化の共通項に過ぎない。そしてこれは文化的生活のごく限られた、時には極端に小さな一部に過ぎない。デジタル技術とインターネットのおかげで、数年のうちにこの状況は目に見えて変わってくるだろう。

というのも、グローバリゼーションはたんに地域的あるいは国ごとの文化やその他の文化を一掃するのではなく、それらを独特の方法で結合させるということがいまやすでに明白だからである。二つ例を挙げよう。エクアドルの片隅に、ある先住民のコミュニティがある。彼らは織物の作り手やその取引商人として現代のグローバル経済にどうにか取り込まれている。数十年前にはすでにラテン・アメリカの都市のいたるところで荷物を背負ったこの先住民たちに遭遇することができた。彼らは時には遠くニューヨークまでたどり着いた。オタバロの先住民を見分けるのはいまも昔もたやすいことだ。女性は濃紺のスカート、男性はポンチョを身にまとい、長く編んだ下げ髪を垂らしている。

ここ数十年のあいだにオタバロ人は豊かになった。彼らはエクアドルのなかで指折りの金持ちだ。ということは、現代の欧米消費社会で提供される商品に手が届くことを意味する。しかしながら驚くべきは、彼らがアメリカナイズされていないことだ。それどころか、彼らはアメリカ合衆国の影響をいわば「オタバロ化」しているのである。オタバロ人の若者たちはカリフォルニアの若者同様にジーンズやリーボックのシューズを履いているが、同時に先祖の帽子を被り、髪も伝統的な長い下げ髪にしている。女性はジープ・チェロキーを乗り回しつつも、伝統的な衣装に身を包んでいる。ここではグローバリゼーションは同化をもたらしてきたのではなく、少なくともこの新興の先住民ブルジョワジーにおいては、風習や言語といった古くからの文化に特有のものを際立たせる新たな機会をもたらしてきたのだ。

この手の文化混交を示す二つ目の例は、オランダ生まれのイギリスの作家イアン・ブルーマがはるか遠くチベットの首都ラサから寄せたレポートに見出すことができる。ブルーマによれば、ラサの町にはインドや中国のポップ・ミュージックと、ゲームセンターで若者たちが目を見張って観ているアメリカのビデオから轟くマシンガンの音が鳴り響いている。ブルーマがチベットのとあるナイト・スポットについて描写している一節を引用してみよう。

> その内装はどことなくチベット風で、カーテンには白地に赤、青、緑の縞模様が入っている。音楽にはチベットと中国が混在している……なかには伝統的なチベットの衣装をまとった歌手もいる……ビデオ・スクリーンにはハリウッド映画の抜粋が映し出され、『タイタニック』の映像や『風と共に去りぬ』のアトランタ炎上シーンなどが流れている。そうかと思えばおそらくは観光客向けのプロモーション・ビデオから取った、チベットのお決まりのシーンも放映されている。民族舞踊、草を食むヤク、角笛を吹く僧侶の姿［他、そのたぐいのもの］、といった光景だ。壁には『モナ・リザ』が掛けられ、その隣にはプラスチック製の菩薩の頭が飾られている。[2]

グローバリゼーションによって、世界はある一つの支配的なパターン、実質的には欧米の、いや、より厳密に言えばアメリカのパターンに同化していくものだとみなされがちである。これはおそらくは生活のなかで技術に支配されている側面――空港だとか、現代的なオフィス・デザイン、サッカー・スタジアムといったもの――については当てはまるだろう。しかし私たちはすでにこう規定することができる。文化の点で言えば、グローバリゼーションは、文化が混沌と入り交じり共存する複雑な世界、あるいはことによると文化的重層構造の世界に帰着するのだ、と。はたしてエクアドルの小さな町やラサのナイト・スポットに未来の輪郭を読み取ることができるだろうか。しかし、できない、という根拠はありはしない。

こうして考えていくと次に行きあたるのは、現在世界のいたるところに押し寄せている途方もない規模の大量移民の問題である。移民を同化しようと試みる北アメリカやオーストラリアのような国々だけでなく、移民を拒むEU（ヨーロッパ連合）や中国、日本のような国々にも移民は押し寄せる。想像を絶するほどの富と平和に恵まれた地と貧困の地との差が大きければ大きいほど、一方から他方へと向かう人の流れは巨大になる。そして、二〇世紀に地球規模の激変が起こる前の時代、すなわち伝えられるところによれば世界のどこかに道が金で舗装されている国があるといったことを知っていたのが、ほんの一握りの、それもほぼヨーロッパ人のみだった時代とは対照的に、今日は、この事実が知られていないほど辺鄙な場所など存在しない。この人間の再配置は文化的にどのような結果をもたらすのだろうか。

現在の大量移民はある点では非常に新しい現象である。というのも、人類がもはや時間と距離の制約を受けずに生活する時代に生じているからである。換言すれば、二〇世紀に至るごく最近の時代までと違い、二者択一の、長期にわたる、あるいは一生涯にわたることとさえあった故郷との別れに直面する必要はいまの移民にはない。私たちのこの時代においては、もっとも長い旅でさえ、日単位やまして週単位、月単位で計られることはなく、時間で示される。電話、つまり口頭のコミュニケーションは分単位であり、Eメールを使った文字のコミュニケーションに至っては秒単位である。移民者はこうして絶えず故郷と連絡を保ち、定期的に帰郷するなどして、出身国でも新しい国でも同様に活動的で、ますます実質的な二重生活を送るようになっている。私たちはみなそのような例を知っている。むろん、そのような国際的な二重生活と、一国内における同様の二重生活——たとえば、トリノに居を構え、ナポリで働いているイタリア人の教授の生活——の間には原理的に何の違いもない。しかしここで私が興味深く思うのは、今日そのような生活が国境、国家、言語、文化——さらに階級をもまたいで少なくとも二つの場において展開しているということだ。では、最小でも二つの文化においてそのように同時に成り立つ生活とはどのような重要性を持つのだろうか。

まず、このような二重生活は、覇権的もしくは支配的な文化の地位を弱める——これは、特に文字の読めないことが一般的だった時代の終焉に伴い、覇権的な文化が、公的に記された言語に対する独占状態を失いつつあるからだ。古いタイプの大量移民が実質的に意味したのは、移民一世における最低限の同化と、（二世において現実的になるのだが）移民先の国の覇権的文化にやがては完全に同化することが期待される中での二つの文化の実質的共存である。この点を除けば、二つの文化が互いに影響をおよぼし合うことは滅多になかった。その典型的な例がハリウッドである。周知のように、ハリウッドはほぼ一〇〇パーセント、中央・東ヨーロッパからのユダヤ系移民の産物である。彼らはついでに自らの躍動的な高級文化をニューヨークで発展させた――アメリカで最初に上演されたイプセンの作品はイディッシュによるものである。しかし顕著なユダヤの影響やあるいは、おそらくアイルランド系移民を除いて大量移民のいかなる影響もハリウッド黄金時代の映画に見つけることはできない。ハリウッド映画が提供するアメリカのイメージは一〇〇パーセント、アングロ・サクソン的である。俳優の名前ですら、異国情緒を謳った特別な場合を除いて、可能な限り整然と英語風にされていた。反対に、アメリカ合衆国に居住したりあるいはその後祖国に帰っていった数百万ものイタリア人たちは、イタリアの文化にほとんどなんら影響をおよぼしはしなかった。その上、移民の文化は二重に孤立していた。なぜなら、祖国と恒久的に切り離された結果として、古い世界との活発なやり取りが皆無だったからだ。こうして、現代の民族ディアスポラのいわゆる「長距離ナショナリズム」は、主として、もはやそこに存在しない過去のなかに存在している。イギリスからの独立を求めるアイルランド共和国の闘争は八〇年前に終結したが、アイルランド系アメリカ人は最後の最後まで加担し、熱烈にＩＲＡ（アイルランド共和軍）を支持した。そして、長きにわたって祖国との連絡を許されなかったクロアチアやウクライナ、ラトヴィア等からの亡命者に至っては状況はさらに明確である。

しかし今日、移民者は三つの世界に住んでいる。すなわち、自国、移民先の国、そして技術と現代の資本主義消費・メディア社会によって人類共通の財産となっているグローバルな世界である。が、移民の二世・三世を含めた受け入れ国側の人びともやはり、無限に多種多様な世界に生きている。つまり、ロンドンの小学校では英語以外の他の九〇もの言語の話者が見かけられるが、いまやそうした存在がとりわけ大都会においては日常生活の一部となっているような国々に生きているということだ。

この非対称性が、今日、特に英語を使用している社会において大きな政治的争点となっているいわゆる多文化性の問題――自分たちを文化的な集団として知らしめようとしているあらゆる集団を、幅広く認知するという問題――の根底にある。というのも、実際には各々の集団にとって重要なのは自らの関心事のみだからである。国家がイスラムのやり方を邪魔しない限り、イギリスのムスリムにとってイギリスのユダヤ人やヒンドゥー教徒、カトリック教徒、仏教徒の状況は無関係である。だが、ナイジェリア、カリブ海諸国、インド、ギリシャ、トルコ系キプロス共和国[†1]、バングラデシュ、コソボ、ベトナムといった国々からやってきた子どもたちのいるイングランドの学校の教師にとっては、それは無関係とは言えないし、ＢＢＣの番組制作者にとっても同様である。しかし、私は文化的アイデンティティを巡る議論の藪のなかにこれ以上踏み込むことはしないでおこう。これらすべての文化が英語文化の影響を受けているという事実はなんら新しいことではない。新しいのは、大量移民のおかげであらゆる国に存在するさまざまな文化もまた受け入れ国の文化に影響をおよぼし刺激を与えているということ、そしてグローバルな文化の要素が他のすべての文化に浸透しているということだ。

これがもっともたやすく観察できるのはポップ・ミュージックとダンス・ミュージックにおいてである。なぜならクラシック音楽と違ってこの分野には非伝統的な要素や未知の要素の同化を妨げるものがないからだ。ここで私が念頭に置いているのは、アメリカ合衆国に移民したラテン・アメリカ人――つまりおもにカリブ人のことだが――の貢献である。が、それと同じくらい興味深いのは、移民者という市場の隙間向けではなく一般の映画視聴者向けに作られたアメリカの大ヒット映画において古い移民文化が新たに受容されていることである。一つだけ例を挙げておこう。マフィアを美化する映画のジャンルが真に存在するようになったと言えるのは一九七〇年代以降に限られ、それ以前は想像もつかなかったことだろう（ついでながら、イタリア系アメリカ人自身もマフィア映画を中傷的であるとして憤然と拒絶したことだろう）。イギリス映画においては、南アジアからの移民が同様の役割を果たしている。無論明らかに、少なくともここまではおもに知識人向けの映画について話をしているのであるが。

このような組み合わせは伝統的な高級文化においても見受けられるだろうか。文学、それも特に小説においてはたしかに当てはまる。例によって古い移民たちがまずその声を反映させている。今日北アメリカ文学の重要な構成要素となっているのは自覚的なユダヤ系アメリカ人の小説ジャンル（ソール・ベロー、フィリップ・ロス〔ともにユダヤ系移民の子で、現代アメリカ文学を代表する作家〕）である。しかし、より最近のアジア移民や二一世紀のユダヤ人たちのアメリカン・ライフもすでに合衆国の文学に登場し始めている。

しかしそのような諸世界の共存と混合の最たる現行の例は、各国で国際化が進みつつある料理である。ブルーマによれば、遠いラサのレストランでもピザさえ注文できるという。何もその土地固有の料理がなくなるわけではない――たしかにときには宗教上の理由から存続せざるをえないのだ――が、移民も、いたるところで広がっている休暇旅行も、料理の多様性を日常の経験へと変化させる。実際それらは料理としての存在をかけた世界規模のダーウィン主義的淘汰を可能にする。この淘汰のなかからいまのところ二つの勝者が現れつつあるようだ。グローバル化した形態の中華料理とイタリア料理である。文化の点で言えば、エスプレッソとエビの助けを借りたピザの躍進に匹敵するのはイタリアのバロック・オペラの覇権のみである。さらに、現代技術があらゆるスーパーマーケットにマンゴーやパパイヤを届ける。生産のグローバル化によって、スーパーマーケットではそうした果物が日常的に見かけられるようになるのだ。そしてアメリカ合衆国の経済的覇権のおかげで世界中がコカ・コーラとハンバーガーとフライドチキンを消費するのだ。

だが、私たちの時代――ゆえに新しい世紀を想定するのであるが――にとりわけ特徴的なのは、受け入れ国における特定の移民グループの特定の影響力である。ここにいるみなさんの中には、おそらくドイツにおけるトルコ人やフランスにおける北アフリカ人のことを思い浮かべる人もいるだろう。イングランド人である私は南アジアを思い浮かべる。料理の観点から言えば、イギリス帝国の終焉以降インドは南アジア人移民を通じてイングランドを征服してしまった。インド料理店（ついでながら付け加えると、これらはおもにバングラデシュの特定の州からの移民で独占されている）の数は数百から六〜八万店に増えている。ということはつまり、イングランド人自身が改宗したということだ。南アジアでは知られていない新しいメニューがイングランド人の好みに合わせて生み出されている。たとえどんなに外国人嫌いであったとしても、フィッシュ・アンド・チップス同様にサモサ〔インドの軽食〕やチキン・ティカ・マサラ〔カレーの一種、次も同〕、ヴィンダルーといった言葉に馴染みのないイギリス人は事実上皆無である――いや、魚は贅沢な一品となってしまったから、おそらくはフィッシュ・アンド・チップス以上に馴染みのある言葉かもしれない。似たようなケースとしてはアメリカ合衆国におけるいわゆるメキシコ料理が挙げられる。その荒っぽい変化形であるテックス・メックス

〔テキサス風メキシコ料理〕が南西部諸州に登場してからすでにしばらく経つ。

したがって料理の点でも私たちは一つの世界ではなく同時に複数の世界に暮らし続けているというわけである。どうやらバベルの塔の呪いによって、現在に至るまで単一の世界文化の達成は不可能であるらしい。それどころか、富と公教育の進展は、現在の英語による世界的な独占状態に異議を唱えるようになるだろう。今日、インターネット上の全テクストのおそらく九〇パーセントは英語で書かれている――そしてそれはたんにインターネット・ユーザーたちの間でアメリカ人やイギリス人が圧倒的に際立っているからというだけではない。しかしアメリカ合衆国外にいる一一億人の中国人と五億人のヒンディー語話者、そして三億五〇〇〇万人のスペイン語話者の半数だけでも彼らの言語でインターネットを使えば、英語だけでなく、西側ヨーロッパ諸国のアルファベットの実質的独占状態が終焉を迎えるだろう。

そしてそれでも文化は私たちが個人の好みに応じて必要なものを調達するスーパーマーケット以上のものであり続けるだろう。まず、現代消費社会と娯楽産業の混合的グローバル文化はおそらく私たちすべての生活の一部である。が、第二に、産業化後の情報化時代に学校――すなわち中等・高等教育あるいはそれ以上の教育機関――はこれまでのどの時代とも比べ物にならないほど将来を左右する重要性をもち、国内的にも全世界的にも、技術面だけでなく階級の形成においても統一的な要素となっている。インターネットというボーダーレスな市場においては、特定の集団特有のサブカルチャーは、もっとも小規模のものであってもなんらかの文化的活動の場や媒体を形成しうるが、それは部外者の誰の興味も引かない――たとえば、トランスセクシュアル[†2]のネオ・ナチやカスパー・ダーヴィト・フリードリヒ〔ドイツの風景画家〕を崇拝するムスリムを思い浮かべればいいかもしれない。しかし、社会の中で誰が富や市民としての力を握るのかを決める教育システムは、そのようなポストモダンのジョークのような存在によって判断することはできない。必要とされているのは、たんに一国内や特定の文化サークル内にとどまらず、世界規模で、教育を吸収できる若者集団に向けた有用な教育プログラムである。そうすれば少なくとも特定の知識人文化の範囲内においては情報と文化価値の両方についてある程度の普遍性、つまり「教養ある人」が知っておくべき物事の基礎的蓄えといえるようなものを保証することができる。ベートーヴェンやピカソ、『モナ・リザ』といった名前が二一世紀の一般的知識のリストから消えてしまうなどということはまずありえないだろう。もちろん、この「一般的知識」の基礎的蓄えは五〇年前のように地域限定的というわけにはもはやいかないだろう。マチュ・ピチュやアンコール・ワット、かつてのペルシャの首都イスファハン、南インドの寺院町への旅は、ヴェネチアやフィレンツェを訪れるのと同じように、教育の一環といえるだろう。しかし、ここでは踏み込みたくはないが、古典的芸術——つまり文学、絵画、音楽——の分野において新たな世界的古典が数多く登場するかどうかは疑問である。

ともあれこの新しい、複雑かつ多面的な世界は、絶えず動きさまざまに組み合わさりながら、外国人嫌いが蔓延する私たちの時代には縁遠くなってしまったように思われる人類友愛の希望をもたらすのだろうか。私にはわからない。しかし、ことによるとこの答えは世界のサッカー・スタジアムに見出すことができるのではないだろうか。世界でもっともグローバルなこのスポーツは同時にもっとも国家主義的でもあるからだ。今日、人類の大半にとって、「国家」、国、「同胞」を体現するのはサッカー場に立つ一一人の若者たちであって、政治家や憲法、軍隊ではない。外見上、これらのナショナル・チームはそれぞれの国の市民から成り立っている。しかし、こうしたスポーツ富豪たちがナショナルな文脈で登場するのは毎年ほんの数日間に限られていることを私たちはみな知っている。本業の方では彼らは多額の報酬を受けるトランスナショナルな傭兵で、ほぼ全員が他国で雇われているのだ。国の人びとが日々賞賛しているチームはさまざまな国や人種からの寄せ集めであり、いったいそれが何ヶ国にわたるのかは見当もつかない。要するに世界中から集まった誰もが認めるベスト・プレーヤーたちなのだ。もっとも成功したクラブ・チームには自国の選手がせいぜい二、三人しかいない、という場合さえある。そしてこの状態は、たとえ人種差別主義者のサッカー・ファンであっても、ともかくファンにとっては理にかなっているのだ。もはや人種的に純血ではなくても強いクラブ・チームを求めているのだから。

フランスのように移民に門戸を開き、その市民のエスニシティを問わない国は幸いである。そのナショナル・チームのメンバーをアフリカ人やアフリカ系カリブ人、ベルベル人、ケルト人、バスク人、そして東欧やイベリア人移民の子孫から選べることを誇りとする国は幸いである。そうすることによってワールドカップで勝利できるから幸いであるのみならず、今日のフランス人――知識人や主だった反人種差別主義者ではなく、つまるところ「ショーヴィニズム」という言葉を生み出し、いまもそれを体現している大衆のことを指しているのだが――が、彼らのベスト・プレーヤーである、アルジェリアからのムスリム移民の子、ジネディーヌ・ジダンを実に率直に「もっとも偉大なフランス人」だと言明しているからこそ幸いなのだ。これはあらゆる国家を結ぶ友愛関係という古《いにしえ》の理想とそう隔たりはないのだが、ドイツのネオ・ナチの暴徒やオーストリアのケルンテン州の知事[†3]の立場からははるかに隔たっている。そしてもし人びとが肌の色や言語、宗教といったものではなく、才能や業績で評価されるのであれば、希望を抱くことができるだろう。そして実際希望を抱く理由はある。歴史の流れはイェルク・ハイダーではなくジダンに向かっているのだから。[3]

＊本章は、一九九七年のザルツブルク音楽祭にてドイツ語で行われた講演に基づく。（英訳、クリスティーヌ・シャトルワース）。本文中には一九九九年のデータや、同年ケルンテン州知事に就任したイェルク・ハイダーに関する言及などもあり、初出の文章が加筆されている。

原註

1 Jean-Pierre Vernant, *La volonté de comprendre* (La Tour d'Aigues: Éditions de l'Aube, 1999), pp. 37-8. 参照。
2 Ian Buruma, 'Tibet disenchanted', *New York Review of Books* (July 2000), p.24.
3 二〇一二年のオリンピックにおけるイギリスの経験がこの点をより強く立証するだろう。

訳註

†1 一九七四年のトルコ共和国による介入で結成された北キプロス・トルコ共和国。
†2 性転換者あるいは性転換願望を持つ者を指す。ユダヤ人のみならずセクシュアル・マイノリティを排除していたヒトラー指導下のナチズムを考えれば、トランスセクシュアルとナチスの組み合わせはきわめて現代的な現象例と言える。
†3 一九九九〜二〇〇八年に在職だった、イェルク・ハイダーを指す。移民への厳しい態度やナチス賞賛の姿勢で知られた。

第4章　なぜ二一世紀にフェスティヴァルを開催するのか

Why Hold Festivals in the Twenty-First Century?

「なぜ二一世紀にフェスティヴァルを開催するのか」という問いと、「フェスティヴァルは二一世紀において将来があるのか」という問いを混同してはならない。将来はあるに決まっている。フェスティヴァルはうさぎのように増殖している。開催数は一九七〇年代以降うなぎ上りであり、この成長が止まる可能性を示唆するものは何もない。北アメリカだけでも、二五〇〇件ものフェスティヴァルがあるようだ。三三ヶ国において、少なくとも二五〇ものジャズ・フェスティヴァルが開催されている。開催数は年々増える一方である。わたしが他の国よりは詳しく知っているイギリスでは、三年前はたったの一二〇件であったが、今年（二〇〇六年現在）は二二一件もの音楽祭が開催される。そして、同様のことが音楽関係のフェスティヴァルだけではなく、他の文化、芸術に関する催しについてもいえるのだ。たとえば映画祭や文学もしくはブック・フェスティヴァルなど、文化、芸術関連の催しはすでに一九三〇年代から開催されており、その傾向は近年とみに強まっている。そして偶然にも、たいていは音楽がなんらかの形で関係している。フェスティヴァルは今日、サッカーのチャンピオンシップのようにグローバル化している。

それ自体は、さして驚くことではない。フェスティヴァルは、ますます経済的に重要性を増す娯楽産業複合体の一部として確固たる位置をしめるようになった。とりわけ文化ツーリズムの一部としての重要性を増している。今日、文化ツーリズムは、少なくともいわゆる「先進」諸国の富裕な社会において、急速に広がっている。今日、長期旅行ほど簡単なものはない。ザルツブルク音楽祭の始まりから五〇年間にくらべれば、お金はたっぷりあるのだ。また、高等教育を受けた文化的な聴衆も急速に膨張している。今年、文化ツーリズムを扱うあるイングランドの旅行代理店が、こうした観衆に三六ヶ国約一五〇ものツアーを供給した。そのうち、二七のツアーは音楽祭に参加するコースが目玉であった。つまりは文化ビジネスでおおいに金儲けができる時代なのである。

しかし、そうした統計が意味するところは決して明らかではない。なぜなら、芸術的創造は利潤の追求に頼っていないからだ。フェスティヴァルは、より広大な経済システムのなかにくくられてはいるものの、オペラがそうであるように、経済的にみれば基本的には採算の合う事業ではない。どんなに高値をつけたとしても、オリンピックゲームやサッカーのワールドカップと同じかたちでチケットの売り上げに純粋に頼って存在することはできない。オペラと同様に、フェスティヴァルは、とりわけお金がかかる場合には、公的・私的な金銭的援助や商業界からの支援なしではほぼ実現不可能なのである。またこれらは、今日の大規模なスポーツ・フェスティヴァルとも原理的に異なっている。今日のスポーツ・フェスティヴァルがシラーの詩「イビュクスの鶴」の「歌とチャリオットの競技」とは異なり、意識的に文化的な側面を持たないという理由からだけではなく、勝者や敗者を生む競争ではないからである。

したがって、経済的な分析をしたところで、あまり多くのことはわからない。この問題についてはまったく別のアプローチをとるべきだと私は信じている。たとえば、地理的アプローチはどうだろう。このように定期的に開催される文化的なフェスティヴァルが、ますますあからさまにローカル化していく様を見ることから始めてみよう。これらはいまのところ、後期資本主義の文化生産における実質的な中心地の外側で開催されている。つまり、大都市や首都では開催されていないのだ。もっともよく知られる近代的なフェスティヴァルは、ロンドンやニューヨーク、ワシントン、ロサンジェルス、パリ、ローマ、あるいはモスクワなどには見られない。私の知り合いで非常に活動的な企業人がいるが、彼はイギリスの僻地へイ・オン・ワイの地で文芸関連のフェスティヴァルを始めて、大成功した。今日では、そうした一連のフェスティヴァルをイタリアのマントヴァ、スペインのセゴヴィアからブラジルのパラティ、コロンビアのカルタヘナに至る地域で広く開催している。しかし、彼は同じことをロンドンで行おうとしたときには失敗したのだ。フェスティヴァルというものは、中くらいか小規模な町、あるいは開けた田園地帯のようなところでとりわけ盛り上がるものだ。成功しているポップ音楽祭や、グリマーグラス・オペラ祭［ニューヨーク州のクーパーズタウンで開催される］が好い例だ。というのも、文化的なイニシアティヴは、そしてとりわけフェスティヴァルというものは、ある種の共同体的精神を要するのである。つまり、共通の関心あるいは感情というだけでなく、ポップ音楽祭の時のように、公衆の集団的な自己表現を必要とするのである。こうしたものは、大都市の超人的な様相においてはめったに勃興するものではない。

なぜなら、アートの享受はたんに純粋な個人的経験ではなく、社会的、ときに政治的なものですらあるからだ。とりわけ劇場のように、その目的に合わせて創られた環境で計画的に公共のパフォーマンスが行われる場合はそうである。この理由から、文化は貴族的君主制における新しい文化・公民エリートたちの教育プロセスの実質的な現場であった。それは、ハーバーマスのいう意味だけではなく、文字通り「公共圏」だった。その「公共圏」には、たとえブルジョワ諸国におけるようにまだ憲法に従って容認されたものではないにしても、まず統治者や生得権を持つ人と政治的に対決するのではなく、彼らのオーソリティを内部から蝕んだ、という点から単純に考えても、やはり効力があった。一九世紀において演劇やオペラのパフォーマンスが政治的デモへと発展したことも、一八三〇年のベルギーのように革命へと発展したことも、あるいは意識的に国家的な――つまり政治的に愛国的な――性質を持つ流派が音楽において発展したことも、偶然ではない。

今日のフェスティヴァルの起源は、自己肯定感にあふれたブルジョワの、あるいは氏より育ちの結果選ばれた新しいエリートの文化的政治的、そして社会的表現の舞台としてこれが発見されたことにある。イタリアはおそらく古典的な例で、この国ほどそれが明確に現れている国はない。ヴェルディは「劇場がイタリアの音楽の本拠地である」と述べたのであるし、六一三棟もの新しい劇場が一八一五年から五〇年間のうちに建てられた。これはつまり、毎年一二、三棟もの劇場が建てられたということだ。これほどの建築フィーヴァーのなかでは、個人の起業家たるものはほとんど何の役割も果たしえない。この劇場の洪水は、当局から統制を受けてはいたものの——ロンバルディとヴェネトがハプスブルク王家の後ろ盾を得たように——さまざまな理由から支援も受けていたし、劇場建築においてすら宮廷の伝統が組み込まれていたとはいえ、潜在的には急進的であった。その理由は、ドイツの王宮（たまたま数も多かった）が文化に与えたほどの支援をイタリアの王宮が与えなかったからだけではない。イタリアではほとんどの場合、同じ地域の他の都市と競争していた都市の市民や貴族のサークル、グループによって劇場建築のイニシアティヴが取られていたからである。新しい都市イメージのなかで、意図的に豪奢に作られた建造物は、知識人にとっての俗世の寺院であった。それらはたいていてい、神のための寺院である教会と対抗していた。そして、それにより繁栄した文化は、まったくもって国家的だった。一八四八年の革命の前に、ほぼ八〇〇曲のオペラがイタリア全土で上演されている。これらの作品はみな、実質的に若い作曲家によるイタリア最新のレパートリーであった。その数は、それ以前の二五年間と比較すれば二倍である。ヴィテルボ、セニガッリア、アンコナ、そしてパルマの市民は、舞台を通じてイタリア人となったのである。そしてイタリアにおいて、舞台と言えばオペラのことであった。

歴史家カルロッタ・ソルバから拝借した歴史にまつわるこの余談は、フェスティヴァルの将来とどのように関わっているのだろうか。今日のフェスティヴァルもまた、似たようなイニシアティヴから生まれている。今日においてはおそらく経済的な動機からであろうが、たとえばペーザロにおけるロッシーニのオペラ[†1]、あるいは、まだベンジャミン・ブリテンの旗印のもとにあるオールドバラ音楽祭[†2]

のように、地元の愛国心が存在しないわけではない。しかし多くのフェスティヴァルは、とりわけザルツブルク音楽祭のように世界的に知られている場合には、地元の常連の観衆は少数であり、せいぜい大半が新しく訪れる観客で、それに古くからの夏の保養地にいるような常連客に頼っている。ここでは、地域性や景観が一定の役割を果たしている。ザルツブルグ音楽祭も当初から、その景観とモーツァルトクーゲル〔チョコレート菓子〕から素晴らしい利潤を上げてきた。しかし多くのフェスティヴァルは、とりわけ若者文化の興隆後は、今日ではたとえばヘビーメタルやギターのような特定の楽器あるいは電子音楽祭の場合には特定のテクノロジーといった、特定の音楽スタイルのファンにより組織された地域限定のフェスティヴァルである。そうした催しは、力強く世界中に広がっている関心と嗜好で結ばれた共同体であり、そこに属する人びとは時どき顔を合わせたいのだ。

この点は、とりわけロックのような若者文化に根ざすアートにとっては重要である。ここでは、経験は大部分が参加者の集団的な自己表現により成立する。そして、フェスティヴァルにおける相互作用、すなわちアーティストと大衆との間の相互作用は決定的な要素である。これは新旧のエリート文化が生み出すフェスティヴァルにおいてはさほど重要ではない。クラシックやジャズの曲では室内楽がありうるが、パンクロックやヘビーメタルではそれは存在しえないのだ。

もう一つ、こうした新しいタイプのフェスティヴァルを一九世紀のイタリアオペラの大ブームと結びつけているものがある。いまだクラシックと呼ばれるものを持たない点である。今日の映画や商業的な舞台におけるように、かつての劇場やコンサート会場でも、有名で尊敬されるアーティストの出演いかんに関わらず何か新規なものが期待された。たしかにあらゆる現存の芸術のなかから古典作品または古典的なアーティストが次第に抜きん出てくることは間違いない。そして、そうした古典的アーティストは習慣的レパートリー、たとえばドニゼッティの全七五曲ほどのオペラのうちいまでも演奏される数曲、あるいはDVD化されたクラシック映画、を形成する。これはロック音楽に関してもいえる。しかしスタイルもしくはジャンルが枯渇するか、より広い範囲の市民との接触を失うとき、事態は深刻になる。そして、残るのはただ、死せる古典のレパートリー、あるいは大多数にとっては馴染みのないアヴァンギャルドとなってしまうのだ。第一次世界大戦以来の西洋のクラシック音楽の状況がそうであったし、一九六〇年代以降のジャズの状況も然りである。伝統から革命的に逸脱することによって両方とも復活させようとする試みは、不発に終わった。市民は、刺激は欲したとしても変化は欲さなかった。ヴェルビエ音楽祭[†3]の今年のプログラムには、ジャズのコンサートを除いて、他界した五六人の作曲家とせいぜい五、六名の現存の作曲家による作品が含まれているが、後者のものは必ずしも全曲の上演ではない。そして、ロシアのものを除いては二〇世紀後半以降の作品はほとんどない。世界に名高い音楽祭には、何の冒険的要素もないのである。

他方で、今年、デンマークのロスキレ・フェスティヴァル――おもにロックとポップスの音楽祭――の四日間に出席した一〇万近い人びとは、有名無名とりあわせて世界中から集まった一七〇ものバンドによる演奏を聴くことができたが、そのほとんどが新しく、予想外で独創的なものだった。これは発見の旅路だ。好奇心が強い人は誰でも「フランク・ザッパ[†4]、ヴィヴァルディ、そしてジョン・コルトレーン[†5]に何か共通点があるかどうか」を発見することさえできるのだ――この文句はアナキスト・イヴニング・エンタテイメントと名乗るバンドからの引用である。クラシック音楽の形態が沈滞している一方で、古典的でないものは新たな道を進み出している。

　このようなグローバル化時代において、WOMAD（音楽と舞踏の世界）基金（当初二人の若いイギリス人が主唱）は、いわゆるワールドミュージックに（つまり世界のさまざまな音楽の伝統の関連づけに）組織的に専念している。今年、WOMAD音楽祭は、イングランド、オーストラリア、ニュージーランド、シチリア、スペイン、カナリア諸島、韓国とスリランカで開催されている。そして――タオルミーナの古代の円形劇場で開催されるプログラムに限ってみても――ブルンジ、ジャマイカ、南アフリカ、韓国、シチリア、中国、カボ・ヴェルデ諸島、グレートブリテン、そしてアイルランドからのアーティストが出演予定である。よくあるように、文化的な、あるいは急進的な、政治的ですらある衝動が、これらの発見の旅路の裏に隠れている。いまではもちろん世界的に有名になったブラジル音楽の一九六〇年代からの興隆をみれば、それは容易に納得できるだろう。もっともこれは本日の本題ではない。

　この種の先導があるから、「なぜ」という疑問にはおのずと答えが出せる。われわれは、文化の拡大と変化の時代に生きている。新しいフェスティヴァルの特徴は、革新と過去との決別というよりも、何よりも芸術的なコミュニケーションと美的経験の発展的な形式を、しばしば新しい自己組織化された公衆の出現を通して、開発することである。これらが一般的な教養ある観衆の文化財の一定の構成要素になるかどうかは、まだ予測不可能だ。重要なのは、公認された――いわゆる「オフィシャル」な――高級文化（ちなみにほとんどがヨーロッパのモデルの上に作られている）は、諸芸術や諸国で発展しつつあるいまだ未確認の文化動向から、制度上孤立してしまってはいけない、ということだ。二一世紀には、新旧のフェスティヴァルが新たな道を切り開く可能性がある。フェスティヴァルは、激変を続けるわれわれのグローバル化世界における文化生活のなかで、二〇世紀にそれが担ってきたよりもより重要な役割を担うだろう。ようやく第二次世界大戦以降に実際的にフェスティヴァルが栄え始めたことを考えれば、二一世紀はこの文化的経験の形態が実質的にもっとも盛り上がる時代なのかもしれない。たしかにこの点ではフェスティヴァルはインターネットよりも控えめではあるだろう。しかしインターネットはまだまだ若い――せいぜい十数歳といったところだ――それにインターネットが二一世紀のアートの成長に与える影響は未知数である。

しかし芸術的経験は、あらゆる人間のコミュニケーションと同様に、「バーチャル」以上のものである。だから、共同体とアートとその土地の雰囲気が溶け合うことを、そして観衆とアーティストが溶け合うことを人がなんとかして夢見続けることのできる、実在の場所で行われる実際の催し物を存続させ続ける余地は、確実にあるだろう。そのとき夢は、一瞬のあいだ、現実となるだろう。

しかし、伝統的なクラシック音楽祭や演劇祭はどうだろう。まだ必要なのだろうか。つまり、西洋の一七世紀から二〇世紀の古典音楽の存続にとってそのようなフェスティヴァルは必須であろうか。このすばらしい遺産《ヘリテージ》は保存されなければならない。もしも大々的に失われるようなことがあれば、あるいは叙事詩の偉大な伝統のように少数の大学学部にのみ保管されたりするならば、それは悲劇だ。これら二つの領域の存続の仕方は明らかによくない。ここで問題にしている類のアートにおいては、成長は必ずしもブームを意味しない。音楽祭の興隆は、クラシック音楽の危機が広がっているということでもあるのだ。クラシック音楽の化石化したレパートリーも、老いつつある聴衆も、レコード産業の技術的な進歩をもって維持し続けることはもはや困難である。ジャズに関しても、ミュージシャンは定期的に開催されるジャズ・フェスティヴァルに長らく頼ってきたために、状況は似かよっていると言える。こうした分野はどうやって収入減を乗り切るのか。大都市に住み定期的に出向いてくれる聴衆や、通常のコンサートツアーだけでは、もはや赤字なのである。新しい世代のなかのごく少数、しかも文化的な若者のなかのほんの少数しか、交響曲に対して情熱を感じてはいない。世界中に点在するこの少数派たちをなんとかしてまとめ、金銭的な見返りがとれるだけの大衆にする方程式が必要だ。グローバル化の時代において、フェスティヴァルは、その方程式なのである。クラシック音楽に関係する限り、これがおそらく、「なぜ二一世紀にフェスティヴァルを開催するのか」という問いに対するもっとも優れた答えであろう。

しかし、問いかけてみたい。そうしたフェスティヴァルがクラシック音楽の救済措置にどれだけの貢献をするだろうか。これはいままったく明確ではない。インターネットの可能性に比べれば、おそらく控えめなものだろう。そして、正直に言おう。もしも、たとえばこれから続く五年間に『椿姫』や『アイーダ』、『トスカ』や『ボエーム』、『フィガロの結婚』や『魔笛』ですら、世界中でこれまでの半分しか上演されなかったとしても、グローバル文化は破綻しないのではないだろうか。

むろん、特に知られているフェスティヴァルは、威信と富とを顕示するツーリズムとして繁栄し続けるだろう。なぜならありがたいことに、古典的な西洋文化の伝統は、西洋以外の地域においては、いまだに近代化の兆候としてみなされているからだ。そして今日のビジネスライフにおいてすら、とりわけそれが排他的である場合には、女性のダイヤモンドのようにステータスシンボルとして作用するからだ。大企業家はかつての王族のようにアートのパトロンとなっている。そうした企業家の多くはもちろん、メディチ家のように銀行家として始まったのである。

たしかに、共産主義の終焉はおそらくこの傾向を強化したのであろう。なぜなら、共産主義の終焉が西側へ向かって、クラシック音楽の最後の繁栄の生息地であった社会主義国家を開放したからだ。そこから、国際的なドル換算で考えれば安価に、重要な才能が溢れ出た。西側で地位を築きたいと望むロシアの新興富裕層のなかに、西側に向かうロシアのアーティストと文化を華々しく促進させるために経済的援助を惜しまない大富豪が存在することを望みたい。モスクワの大富豪がみなサッカー選手の買収に専心しているわけではない。また富裕なインド人、中国人たちが、すでに日本人によって歩まれた道を歩まないとも言えないではないか。

だからわれわれは、ザルツブルク音楽祭や類似のフェスティヴァルの物理的な将来について、あまり心配しすぎる必要はない。しかし西洋音楽の伝統がしぼみつつあるなかで、もしわれわれが新たな株を継ぎ足す接ぎ木に成功しなければ、文化的な場としてのこれらのフェスティヴァルの将来はどうなってしまうのだろうか。ザルツブルク音楽祭は一種のスペイン乗馬学校†6のようになってしまうのだろうか。そこでは、今日ほとんど誰にも理解されず、ほんの少数にしか関心を持たれていない訓練が、いまだに異国情緒あふれる歴史的風習として公開されている。おそらくそんなことはこちらが考えうる将来においては起こらないだろう。しかしディレクターと大道具のデザイナーがいま以上に懸命かつ気まぐれに仕事をこなしたとして、今後どれだけ長い間、何度となく繰り返し上演されているわずかな数の、評判が保証されたオペラを維持することができるだろうか。当面この疑問に対しては答えは出ないが、どんな答えが出るにせよ喜ばしいものではないだろう。

このフェスティヴァルの前奏曲としてこのような懐疑的なことばを述べるのを許していただきたい。そして、こうした将来についての不安は少なくとも数日間、フェスティヴァルの会場の中では忘れていただきたい。私も忘れよう。続く数週間は、二〇〇六年のザルツブルク音楽祭がもたらす素晴らしい贈り物があれば私たちには十分である。

＊本章は、二〇〇六年のザルツブルク音楽祭でドイツ語で行われた講演である。（英訳、クリスティーヌ・シャトルワース）。原題は「二一世紀にフェスティヴァルはどこへ行く」（Wozu Festspiele im 21 Jahrhundert）。

訳註

†1 毎年八月にロッシーニの生誕地でペーザロ・ロッシーニ音楽祭が開催される。
†2 オールドバラはイギリスの東海岸の町で一九四八年からクラシック音楽を中心とする芸術祭が開かれている。
†3 スイスのヴェルビエで夏に開催されるクラシック音楽祭。
†4 アメリカの作曲家、ミュージシャン。音楽を通して社会批判を行った。
†5 アメリカのモダン・ジャズのサックス演奏家。
†6 ウィーンにある古典馬術を伝える組織。

第5章　新世紀の政治と文化

Politics and Culture in the New Century

現在政治と文化の間で恒常的に続いている、しばしば輪郭のはっきりしない関係をよく示す事例から、話を始めてみたい。二〇〇二年四月のある日、水道関係の業者から変身した野心的なフランスの大会社で映画、音楽、メディア関連の、ヴィヴェンディということさら無意味な名前を持つ国際的巨大企業のボスが、彼の傘下の有料テレビチャネル、カナルプリュスの社長の首を切った。フランス大統領選が近づいていたので、有力候補は声をそろえて彼のことを痛罵し、かなりの数の著名なフランスの俳優やプロデューサー、演出家たちもまた彼を批判した。このボス、メシエ氏は、論理的に考える実業家で帳尻を合わせることを大切にしており、カナルプリュス社は損失を出していたのである。ところが彼にとって不運であったことに、カナルプリュス社がフランスで営業していくにあたっては、その収益の一定部分がフランスの映画製作への補助金にあてられるという条件がつけられており、フランスでは、この補助金なしでは映画がほとんど作れなくなる状態になっていた。フランス文化についての特定の見地からすると、少なくともフランス語による文化生産という見地からすると、これはかなり重大な問題である。言い換えれば、市場――今日ではグローバル化した市場ということになるが――の基準に照らしてやっていける文化のみが生み出されるという事態を避けようとすれば、市場で競合していくことができないものの生産を確保していくための、他の方法が存在しなければならないのである。政治がそうした再配分の動力になることは、それが唯一の動力とはいえないにせよ明らかである。

二一世紀初頭での「文化」と政治をめぐるここでのゲームには、二人のプレーヤーがいる。政治と市場である。その二つが、文化に関わる財とサービスにいかに資金が投下されるか、基本的に市場によるのか補助金によるのかを、決定するのである。政治が入り込んでくるのは、補助金の明確な源として、もしくは補助金支給を阻むものとしてである。さらに、何が生み出されうるか、何を生み出すべきか生み出すべきでないかを決める第三のプレーヤーも存在する。それを「道徳的メカニズム」とでも呼んでおこう。許容されがたいものを定義して押しとどめるという消極的な意味と、望ましいものを推していくという積極的な意味の両方の意味を持つ言葉である。これは本質的に政治（すなわち政治権力）の問題である。市場が決めるのは、儲けがでるものとでないものとの区別だけであって、売るべきものと売るべきでないものは、市場には決められない。ただ私としては、政治的もしくは道徳的な正しさの基準についてはほとんど何も言うつもりはない。そうした基準の力を持つものは、厳格で排他的な正統性をおしつける権威主義的な国家や教会などの組織に限られないが、幸いなことに、今日では前世紀のほとんどの時期に比べてこうした組織の姿は一般的ではなくなっている。正統性をおしつける組織のもっとも狂気じみた一例と考えられるのは、図像や世俗音楽を禁止し、可能な場合は破壊したアフガニスタンのタリバンであり、それが姿を消したのはつい先頃のことであるが、そうした極端な組織はおそらく過去のものとなってしまったと思われる。とはいえ、多くの身近な問題や政治的な争点について「政治的に不適切な」見解を表明することはリスクを伴うことがあり、きわめて民主的な国の多くでも、人びとが公然と議論できない主題が、いまなお存在したり、再生したりしているのである。

私たちのゲームにおけるプレーヤーは、したがって、市場、政治権力、道徳的規範という三つになる。自分の発言が誤って引用されたと主張する際の政治家の常套句にならって、「それらを考慮に入れる」ことにしよう。

そのための最善の方法は、政治と文化――（この講演の目的からすれば）芸術・人文学ということになる――の間の関係を、政治と自然科学の間の関係と比べてみることである。そこには違いが二つある。第一に、自然科学の基礎研究の場合、営利目当てでない資金投下に市場が実効性をもって取って代わったことはこれまでないし、今日でもそういった事態はない。その一つの理由は、二〇世紀の科学研究の中心的分野が――たとえば核物理学のように――きわめて金をくうものであり、利益を生む可能性があると考える私的投資者がいないという点に求められるが、それればかりではなく、進歩の基本的な動因が応用研究ではなく純粋な基礎研究であることも理由となっている。純粋な基礎研究の結果は、あらかじめはっきり知ることはできない。ましてやその財政的結果は、予知しえないのである。まったく非営利の動機のもとに取り組まれる純粋基礎研究がきわめて大規模の稼ぎ手を生み出す可能性などない、というわけではないものの、そのことはまた別問題である。

第二に、自然科学は、検閲や政治的適切さの基準なしに作動しなければならず、そうでない場合には自然科学は作動しない。核問題の研究に資金を投下する政府は、どこの政府であれ、コーランやマハーバーラタあるいはマルクス＝レーニン主義が物質の性質について述べていることや、アメリカ合衆国の有権者の三割が世界は七日間で創造されたと信じていることなどを気にかける余地はまったくないのである。それはなぜだろうか。その訳は、二〇世紀初頭以来、自然科学における基礎研究が、芸術や人文学には考えられないような形で政治権力の保持者にとって必須のものとなった点に求められる。それは戦争をする上で必須となったのである。ごく単純に言ってみれば次のようになろう。ヒトラーは、ユダヤ人の音楽家や役者を追い出したところで失うものはほとんどないということをしっかり学んだが、ユダヤ人の数学者や物理学者を追い出したことは致命的な結果を招いたのである。

これに一つささいな補足的説明を加えておこう。それは、不可欠な存在であることが、自然科学者に政治における特別の力を与えるわけではない、ということである。権力は核科学者に報酬を支払うことを拒めないし、ソ連でさえ核科学者には自分の研究を行う自由を他の人びとに対するよりも多く与えなければならなかったが、米国においてもソ連においても、彼らは、政府が自分たちの願いをきいてくれる度合いが指揮者や画家の場合と変わらないことに気づいたのである。

それでは現在、文化と芸術は政治と市場との関係でどのような位置にあるのだろうか。今日少なくとも民主的な国々で、その関係についてもっとも問題になっているのは資金である。すなわち、きわめて安上がりでできるため資金をなんら必要としない活動と、儲かることがはっきりしているため市場での営業計算に任せておけば良い活動とを除く、それ以外の活動に対する資金援助の問題である。補助金を必要としないこうした二つのグループ、すなわち紙を必要とするだけで自分の作品を売ったりレンタルしたりして生計をたてようなどとは思っていない詩人たちと、莫大な稼ぎのある大衆音楽家たちの中間に問題は存在する。製作費用がかかってもその対象からの商業的儲けが少ない場合——大きな博物館や美術館を新しく作る時など——や、真面目な演劇やオペラのように金のかかる製品であって市場の需要が限られているものの場合、問題は非常にはっきりとしている。たまたま欧米世界がここ数十年のあいだにすこぶる豊かさを増したため、公私を問わず補助金の源は拡大してきている。籤《くじ》の収益金〔による補助金〕を考えてみただけで、それはわかるであろう。一方市場からの報酬もまた大きく増大してきた。繁栄が広がったことで、文化のごく特殊な分野の市場も、少数者の関心——たとえば歴史的にみて正しいバロック音楽演奏に対する欲望——に基礎を置く形で、地味な伸びを示すことが可能になっている。

　他方、期待が現実を上回る場合や、現実に合うように期待を削りこんだりしなければならない場合は、問題がより喫緊のものとなる。三つの大きなオペラハウスをもち、半世紀にわたって東西両陣営間での補助金競争が行なわれてきたベルリンの場合、ドイツ再統一以前にボンの西ドイツ政府がそこにつぎ込んだ文化関係費用の額は、年々五億五〇〇〇万マルクにのぼった。またあらゆるところのクラシック音楽をめぐる状況を見てみると、何十年にもわたってそれが活動を続けてきた要因は、まずは全般的な繁栄の広がりに求められるが、なかでも技術の進歩によるところが大きかった。自動車の車内での娯楽設備とかウォークマンのような新たなメディアが育ってきたことや、私的に集めた「SP」レコードをLP、カセットテープ、さらにはCDに取り換えていく必要性が、時間をおいて生じてきたことがあげられる。録音業界が現在直面している危機は、生でクラシック音楽を聴こうとする核となる人びとの数が少ないということを、私たちに思い起こさせる。ニューヨークでもその人数は約二万人位にとどまると推定されているのである。

それでは、文化と政治、市場はどのように相互に関わり合うのだろうか。政治的な政策決定者に関する限り、少なくとも民主的な国家では、文化は国内問題としてさほど重要なものとされない。そのことは、アメリカ合衆国の連邦政府が自然科学に費やす金額と、芸術、人文学に費やす金額との違いによく示されている。しかし国際的にみた場合、とりわけ文化が民族や国のアイデンティティのシンボルとなる場合には、文化は重大な問題となる。それだからこそ、エルギン・マーブル[†1]のイギリスからギリシャへの返還の是非をめぐり、また国の財宝と位置づけられる文書や工芸品の国外への販売をめぐって、当事者双方の間で激しい争いが繰り広げられることになるのである。フランスの例は、文化伝達の手段がおそらくもっとも政治的爆発力を備えたものになることを示している。特に言語とアルファベットであるが、評価の定まった芸術についての知識を大部分の市民が獲得する媒介となる教育制度も、もちろんそれに含まれる。芸術の問題が生起した場合に政治的考慮が市場の力に対峙する可能性が強くある領域は、いくつも存在するのである。

文化は、国内政治でたいした地位を占めないとしても、なんらかの重要性は有している。政治家が趣向や道義の問題をめぐる投票者の強い意見に敏感な場合も存在する。とはいえ、国内的にみた場合、その度合いはかつてに比べて低下している。もちろん、芸術と高級文化は伝統的に高い威信を持っている。芸術や高級文化は社会的にも国際的にも高い位置を示すものであり、国のエリートたちによって大切にされる。国家によって階位を持った公の勲章が与えられる制度を欠くアメリカ合衆国では、伝統的に、教育への寄付以上に文化に対する寄付が、大金持ちにとって社会という樹木の頂点に到達するための手段となってきた。ニューヨークの億万長者たちは、メトロポリタン・オペラもしくはメトロポリタン美術館の理事会に連なることで、社会的地位が真に認められるのである。他の先進国のほとんどでは、芸術は公の援助を求める歴史的権利を保持している。文化を求めるツーリズムが爆発的に広がっている状況のもと、芸術はいま、財政のひもを緩める国家的・地域的資産として政治家に自らを売り込むこともできるようになっている。最近、スペインのバルセロナとビルバオはこうした試みに劇的な形で成功をおさめた。こうして、文化は、政府や政治家が見識を持つ対象、公の名誉を与える対象、お金——納税者のお金ではないことが望まれるが——をつぎ込む用意がある対象であり続けているのである。

　市場の観点から興味を引く文化と言えば、金になる生産物やサービスだけである。しかしここで時代錯誤に陥ってはならない。現在の「市場」という概念——最大限の利益を、無差別的に地球大で追求していくこと——は、文化の領域ではきわめて新しい概念なのである。数十年前までは、投資家や企業家として芸術から利益をえていた人びとにとってさえ、芸術は他の生産物とは異なるものであった。美術品の取引、本の出版、新しい芝居への資金投下、大オーケストラの国際的ツアーの組織などは、女性用下着を売るよりも儲かるという理由だけで行われることはなかったのである。そのような業界の代表的企業であるデュヴィーンやカーンヴァイラー、クノップフやガリマールは、たとえハードウェアの仕事が美術品取引や書籍出版より儲かったとしても、ハードウェア業に入っていくことはなかったであろう。さらに、あらゆる企業が足並みをそろえなければならない単一の普遍的利益率といった考え方は、選択肢は廃業と無限の成長のいずれかしかないという考え方同様、グローバル化された自由市場が最近生み出した考え方なのである。

本を書くということは私の無知の度合いが一番少ない問題なので、例を文学からとってくることをお許し願いたい。いまに先立つ四半世紀は、会社の集中や乗っ取りが大々的に起こった時代であり、メディア企業などの企業に所有されていない出版社はほとんどない状況となっている。バイロンの本を出版した現存する最古の民間出版社のジョン・マレー社もついに乗っ取られてしまった。長大な出版物リストに支えられていることを理想とし、ささやかな出費でささやかな利益――大企業の会計担当者たちが今日固執するよりもはるかに少ない利益である――をあげられれば満足するような商業出版社は、もはや存在しない。あるアメリカの出版業者は、かつてフランクフルト書籍見本市から帰ってきた時、私に「外国のタイトルを供給するために一年間で私が費やすお金は、贅沢な自動車二、三台分の値段位でしかない」と言った。また違った例だが、別の友人で、ヒット作を書こうと試みたこともなく、小説が映画化された経験は一度だけで、数千人の固定読者のために知的な小説を規則正しく次々に書くという歳月を重ね、つつましい生活を送ってきた人物が、ある日出版社に次の小説は出さないと言われたことがある。出版社はその理由として、もっと大きな利得を約束してくれるものが必要だ、と言ったのである。ただ、こうしたことが文学全体にとって必ずしも悪いことでないのも、はっきりしている。この国で出版される書籍の数は増加し続けているし、その中で、良い書籍の割合が低下していると考えるにはおよばない。典型的というわけではないものの、イギリスも含む何ヶ国かでは、本の販売は伸び続けているのである。

私の友人の経験は不幸なものであったが、新たな状況下で企業家たちは、かつてならハリウッドの大物でなければ考えもしなかったようなお金が文化から得られることを、発見したのである。芸術の本質的要素、すなわち情報・イメージ・音の伝達における革命が、経済進歩の真の動力となってきたことが、その変化を促した。一方、芸術関係の企業家だけでなく、芸術の直接生産者たちも、儲けを最大にするゲームの規則を学んできている。プロスポーツの場合と同様、芸術のいくつかの分野のごく少数の人びとは、本当に多くの、巨額といっても良い金を儲けることができるのだと、ここ二、三〇年のあいだにわかってきた。そこで、出版社や映画会社、レコード会社とは区別される存在としてのエージェントが興隆してきたし、またもっと慎ましやかな人びと向けには、上演権協会が音楽家を対象に長いあいだやってきたように、著作家のためにコピー複写権を獲得してくれる作家著作権協会が現れてきたのである。

一九七〇年代以降のここ数十年間、先進国の富は飛躍的に増大し、それによって文化、芸術に費やせる財源も爆発的に増えたものの、その分配の方はいっそう不平等になってきている。この新たな世界的富のほとんどは私的部門に入っていったが、その成長が公的収入を助けたこともまた明らかである。私的な富の巨大な増分の多くは、少数の億万長者の懐に入ったが、その中にはジョージ・ソロス、ビル・ゲイツ、テッド・ターナーのように、良い目的のためにまさに宇宙的規模の寄付を行う姿勢を示す人びとも含まれている。ただ、個人によるものであれ、企業や基金によるものであれ、こういった個人の気前よさはアメリカ合衆国以外ではあまり見られないし、きわめて富裕な人びとが購入する美術品の市場価格のいちじるしい高騰という形を除いて、芸術がこうした気前よさの恩恵に浴する度合いは、ごく慎ましやかなものである。結局のところ少なくともアメリカ合衆国以外では、貢献を必ずしも意図していない他の部門による芸術への貢献度の方が金持ちたちの貢献度より高いことは、確かである。たとえばそれはイギリスにおける籤《くじ》収益の分配にみることができる。

実際そのことは、意識的な寄付が行われる他の分野についてもあてはまる。イギリスのヴォランタリ活動部門は、その収益の三分の一以上を一般の人びとから集めており、企業からの寄付は五パーセント以下である。また経済界や慈善目的の基金からの寄付を合わせた額の二倍以上を、政府との契約から得ているのである。私が推測するに、ほとんどの国においては、いまなお芸術に対する公的な補助金が私的な補助金よりもはるかに重要な位置を占めている。私的部門について言えば、芸術に特別の関心を抱いている少数の個人を別にすると、芸術を潤すために直接間接に私的利益を配分する主要な手段は、宣伝活動が大規模に、かつ（経済不況の時期を除けば）継続的に伸びていくことである。今日最大のマエケナス[†2]（ジャーゴンで言えば「スポンサー」）とおそらく呼べる存在は、世界や各国の著名な巨大企業による広告費である。もちろんこれは、それ自体文化産業の中に位置しているとみるのが適切な娯楽産業やメディア・コミュニケーション関連の産業の広告費に加えての話である。また市場には、芸術のために使うことができる使途の決まっていない多額の資金が出回っており、大学のようにそうしたお金の一部をかき集めることを学ぶ芸術関係者も出てきている。

したがって現在芸術はお金に飢えているという状態ではなく、むしろその反対といってよい。資金配分枠の下の方では、文化に関わる賞金の数や額がいちじるしく増え続けている。また上の方では一九世紀にみられた大建設ブーム以降のどの時代よりも数多くの博物館やオペラハウスその他の文化施設が、過去三〇年のあいだに欧米世界で建設されたり再建されたりしている。ここでの問題はそういった施設に誰を、何を入れるかということであり、それは二重の、おそらくは三重の問題となる。そこで行われる活動の中には、消滅してきているものもある。依然として健在なジャンルと言えるバレエや舞台音楽とは区別されるオペラの場合をとってみよう。ここ八〇年以内に書かれたものや一九一四年以降に生まれた作曲家による作品は、定期的に演目に入るオペラ作品には、まず含まれていない。一九世紀のオペラ作家にみられたように、また今日でもプロの劇作家にみられるように、オペラ作品を書くことによって暮している人間はもはや存在しないのである。圧倒的に多くの場合オペラ作品の公演は、シェイクスピア劇の公演同様、違った花を供えることで名高い墓を新しくするという風な試みから成っている。ある種の創造的芸術――モダニズムが勢いを失ってしまったいま、特に視覚的な芸術のいくつかであるが――の場合には、そうした墓にまつわる亡霊をもほぼ捨て去ってしまっている。「コンセプチュアル・アート」と呼ばれるものについて言えば、一世紀半にわたる画家たちのマニフェストが示しているのは、偉大な創造的芸術家でさえ、概念という知的分野では必ずしも卓越していないという点である。いずれにせよ、公衆に挑戦しようとする創造家たちは、自分たちの作品への需要を限定してしまっている。荒っぽく言ってみれば、きわめて多くの人びとが見たり聞いたりしたいと思う高級芸術、とりわけ現代作品は、不十分にしか存在しないのである。

ロンドンのテート・モダン美術館のことを考えてみよう。ニューヨークの近代美術館(MoMA)のような真の近代芸術美術館を満たすに足るだけのイギリス以外の近代美術品がないという歴史的理由から、実際のところテート・モダンは概して空っぽのスペースになってしまっている。ただ幸運なことに、美術館が本当に収益をあげる部門は、巡回する一時的な展覧会での展示、とりわけ国際的な大物展示であり、テート・モダンはそうした展示の重要な場としての地位を固めている。とはいえ、これは展覧会の場を新たに作るやり方としては費用のかかる方法である。また(西欧の)クラシック音楽の生演奏の例をとってみてもよい。いずれにせよクラシック音楽が引きつけているのは、ごくわずかの数の人びとであり、レコードの売り上げの二パーセント分――市場にかりたてられているレコード産業がクラシック音楽に向ける力の割合はこの位のものである――を買う人びとのさらに一部分にすぎない。この人びとでさえ、慣れ親しんだ一九一四年以前のクラシック音楽とは似ても似つかぬ音を聞くために大きなコンサートホールを一杯にする姿勢がないことは、よく知られている。聴衆の受け入れるクラシック音楽のレパートリーは限られているのである。巨大で労働集約的な交響楽団は、オペラ伴奏との二役を兼ねることがない他のオーケストラ同様、交響曲や協奏曲を演奏して命脈を保っている。しかし、ショスタコーヴィチやヴォーン゠ウィリアムズ、マルティヌーなどの努力にもかかわらず、第一次世界大戦以降、交響曲は作曲家の主たる関心の対象ではなくなってきた。過去二世紀半にわたって作曲されたせいぜい一〇〇から二〇〇の間と推定される交響曲作品から成る、広い大衆を引きつける音楽作品の在庫がなかった場合、大きなオーケストラがどうなるか、想像することさえ困難である。

もちろん、現代の革新的音楽市場のような特定分野の市場が、第二次世界大戦以降、とりわけ一九六〇年代以降、分野に特化した音楽祭の巡回といった形で、クラシック音楽生き残りのための代替的もしくは補完的メカニズムを発展させてきた、ということはできる。その点は、クラシック音楽愛好者よりも数がさらに少ないジャズ愛好者にとっての市場に似ている。いずれの市場も、それぞれの音の愛好者の羽振りがよくなってきたことによる恩恵を当然受けているのである。しかしながら――おそらく商業演劇は例外として――一九世紀以降に芸術のために作られてきた大規模な伝統的インフラが、かなりの額の公的補助金もしくは私的な金銭支援、あるいはその両方の組み合わせなくしては絶対に維持されえないであろうと断言しても、まず間違いない。ロンドンのミュージックホールに起こったこととか、両大戦間期のイギリスで完全に市場法則に支配される形で存在していた芸術のために建てられた、数多くの、しばしば巨大な規模を持った映画館や「映画宮」に起こったことを、想起されたい。そのほとんどは、需要がなくなると、ただ消えてしまうかビンゴ場のような他の施設に変えられていったのである。（礼拝堂とは違うものとしての）教会や博物館を維持しながら郵便局をなくしていくということと同じく、ホルボーン演芸場[†3]は消えるに任せておいて地方に公立の劇場を建てることも、政治的決断によるのである。

私が強調したいのは、これが全般的な問題ではなく、ヴィジュアル・アートや音楽のいくつかの分野に関わる特別の問題だ、という点である。別のところで述べたことがある理由から（特に本書第20章において論じている）、この問題は古くからの芸術の中でも文学や建築にはあてはまらないし、前世紀に発展した基本的な大衆芸術、すなわち音の機械的生成や動画に基礎を置く芸術にもあてはまらない。ただこうした芸術にとっても、補助金や特別待遇はかならず必要になると思われる。そのことは建築の場合にははっきりしており、建築に権威を与え記憶されるものとしていくのは、主として、営利目的なしに建築作品に金銭を注ぐ支援活動なのである。それはまた、ハリウッドによる世界独占の動きに直面した各国の映画産業についてもあてはまる。その例外は、インドと、おそらく日本ということになろう。

文学では大量のもの、とりわけ古典が印刷されているし、決して会計士の利益基準をクリアしないと思われる良質の新しい著作も多く発行されているが、そういった活動は市場外の決定に基づいている。共産主義崩壊後の東欧で真面目な学問的著作が生きながらえてきたのは、ジョージ・ソロスの基金によるすばらしい努力に負うところが大きい。西欧では、学校や大学での試験学習のための本として選ばれるかどうかが、幸運な著作家とその出版社の在庫リストとの運命を決めることになる。実際のところ少なくとも英語世界では、いちじるしく拡大した高等教育機関が、偶然的にではあれ、市場でのアピール力を十分持っていない創造的な芸術家にとっての一種の隠れた補助金の源になってきている。その恩恵に浴しているのは、生活の主な糧を芸術大学での教師としての仕事に依存している画家や、文学とか「創造的ライティング」を教えて給料をかせいでいる作家や、一、二学期のあいだだけ「大学付き芸術家」[†4]になるといった形で渡り歩いている詩人、作家、音楽家などの文化人である。一九五〇年代以降イギリスやアメリカ合衆国でまったく新しい分野のフィクションである「キャンパス小説」が、学生ではなく教師の人生を対象として生れてきたのは、不思議でない。このジャンルでの最初の、そして確実にもっとも愉快な作品は、キングズリー・エイミスの『ラッキー・ジム』であろう。

これは大変結構なことである。公的補助金に加え、あるいはそれに代わって私的な援助があるということが文化の場にとって必須の要素となっており、その状態はこれからも続いていくであろう。欧米世界で資金が不足することはないし、複数主義は、一つの国の中で単一の団体が補助対象を決めていくことはないという意味であるから、この問題についてこれ以上何か言う必要があるだろうか。私は、あると考える。それは三つの理由による。第一に、私たちが東ヨーロッパで目撃した問題がある。すなわち、芸術や文化に資金補助する大掛かりな仕組みが崩壊して、市場社会に取って代わられたり、最善のケースでも、それまでの支援対象のごく一部しか維持できないくらいに貧しい国家によって取って代わられたりした場合に、何が起こるかという問題である。それについてはロシアのオペラやバレエの大きな団体やエルミタージュ美術館に尋ねてみればよい。こうした事態はイギリスでは生じないであろうが、繁栄している国で、政府、とりわけ減税に熱心な政府が文化に割り当てる資金は限られている。デヴィッド・ホックニーとデイミアン・ハーストが美術館の増設を求めたのは最近のことであるが、いったいどのような根拠に基づいて、美術館建設を他の公共施設の建設よりも優先して要求できるのだろうか。ビルバオ美術館〔二九頁†2参照〕とリベスキンド[†5]の作品によって、新しい美術館の魅力がその収蔵物よりも建物それ自体にあることが示されたいま、この問いは特に重要である。

第二に、私たちが今日眼にしているのは、自由貿易が強制される形をとっている世界経済のもとで、グローバルに力を確立した産業による支配が強化され、他の国々の文化がそれと競合できなくなっている状況である。ヨーロッパの映画産業は、そのはっきりした例であるが、私がこう語っている現在、英語で書かれた文学も同様の争いに直面しているのである。イギリスの代表的な文学賞であるブッカー賞は、これまで競合の対象となっていなかったアメリカ合衆国の作家にも今後は門戸を開くべきであるとする企業の傘下に入れられてしまった。アメリカの作家の背後に存在するのは、アメリカの出版業とメディアの力である。これは、アメリカの映画産業の場合と同様に、ブッカー賞が今後北米の国内市場におもに眼を向けて、イギリスやコモンウェルスのより小規模な英語社会が生む作家たちや、そうした社会のために執筆する作家たちが犠牲にされていくことを意味するのだろうか。これまでこのような作家たちは、アメリカ合衆国の人びとほど視野が狭くないイギリスの公衆が彼らの作品を積極的に歓迎してくれることによって、利益を受けてきた。過去にブッカー賞の審査員をつとめたことのある人や現在の審査員の中には、こうした事態を懸念している人びとがいる。その懸念を共有しない人たちも、懸念の理由は理解できる。さらに、古くからの国であれ新興国であれ、また国の大小を問わず、国家の意向を代弁する人びとが自国の文化のためのスペースを求める世界にあっては、補助金が持つ政治的危険性は現実のものとなっている。私自身の分野である歴史学においても、過去三〇年間は、歴史博物館や歴史遺産の記念の場、歴史的テーマパークや歴史ショーにとっての黄金時代であったが、同時に国や集団についての作為的な歴史が公の形で作りあげられた時代でもあった。

　さらに考慮すべき三番目の要因がある。前世紀の終わりまでは、技術の進歩は概して芸術のために有益であった。少なくとも、個々の作品として販売され再生産ができないために価値をもち、一回限りで反復不可能なものを生産する、前資本主義的な職人的経済にこだわった絵画などを別にすれば、芸術にとっては有益だったのである。私たちの文明にとって中心的存在となり、現在でも中心的存在である新しい芸術――動画や音の再生産による芸術――を、技術進歩は創造し可能にした。技術が、物理的にその場にいなければならないという拘束から実演を解放したことによって、何億という数の人びとに芸術がもたらされることになった。悲観論者の懸念にかかわらず、新旧いずれの芸術も破壊されることはなかった。映画やテレビが発明されても書籍は生き延びてきたし、繁栄を続けている。またビデオやＤＶＤが導入されて映画産業の財政的な柱となった現在でも、フィルム映画は生きながらえている。写真ができてきたことによって技術に挑戦される最初のジャンルとなった伝統的な油絵肖像画も生き延び、二一世紀の企業の役員室や個人のしゃれた家を飾っているのである。

とはいえ、私たちが足を踏み入れたばかりのサイバー文明の時代にあっては、こうしたことはもう言えないのかもしれない。はっきりしている点をあげてみれば、(他の文化にはあてはまらないかもしれないが) 欧米文化の継続性にとって何よりもまず必要な要素である物的産品の保存という要件が崩されているように見えるのである。印刷物の量の指数関数的増大に直面して、所蔵スペースをとらないメディアによってそれを最大限置きかえていこうとする人びとへの賛否の争いが、図書館員の世界でいま巻き起こっていることをご存知の方もいらっしゃるだろう。しかし、そうしたメディアのいくつか――写真メディアやおそらくはディスクもそうであろうが――は、紙に比べて保存可能期間がはるかに短い上、いまや急速な技術進歩の結果それ自体時代遅れになってきているのである。コンピュータのディスクに十年前に収録された材料は、二〇〇二年のコンピュータではほとんど読めなくなっているかもしれないし、それが書かれたコンピュータ言語やそれを読むことができるデバイスが生産されなくなって久しいという状態になっているかもしれない。このことは、限定された特定の集団のための書き物の出版に影響を与えることになる。少なくとも私の分野では、モノグラフは現在オンラインでの出版が増えているのである。もっと困っているのが音楽業界で利益をあげようとしている人びとであり、彼らは録音産業の基盤が崩れていっていることに気づいている。技術の進歩と工夫により、どんな子どもでもコンピュータを使って録音された音楽をいくらでも無償でダウンロードすることが、現在では可能である。インターネットは、他の文化活動に付加されるものになると同時に、それらに取って代わるものにもなってきている。普通の読者がインターネットに使う時間が本や雑誌に使う時間よりも多いということを示す調査結果もある。ここで私が言いたいのは、こうした問題の克服が不可能であるということではないし、みなさんをいやな気分にさせたいわけでもない。私はただ、サイバー時代の展開が、文化への資金投下を見る古くからの決まったやり方に比べて、あまりに早く劇的であり、将来の見通しが難しいという点を指摘したいだけである。

こういった問題は芸術への資金配分を決定する人びとだけでなく、私たちすべてにとって重要である。私たちが住んでいる社会の変化があまりに急速で先が見通せなくなっているため、私たちが受け継いできたものはほぼすべて、もはや当たり前と考えられなくなっている。私たちの内、年長の者は、一九世紀のブルジョワジーによって彼ら自身のために作られた文化の枠組みのなかで育てられてきた。このブルジョワジーは、伝統的な芸術のために制度を樹立し、建物、その建物のなかでなされることについての観念、「芸術」を前にして人びとが何を感じるかについての伝統、さらには公衆というもののの性格それ自体といった公私にわたる基準を設定した。文化についてのこのモデルは明らかにいまなお健在であり、文化ツーリズムのいちじるしい量的拡大によって強化されているようにさえ思われる。オールドバラ音楽祭〔六〇頁†2参照〕のような催しにやってくる私たちは、いずれにせよそうしたモデルを体現し続けている。しかし今日ではこれは文化的経験のごく一部分——それもどんどん縮小している部分——であるにすぎない。私たちすべては半世紀にわたってテレビやロック音楽の経験を経てきたわけだが、このモデルはすばらしいウィグモア・ホール[†6]の年かさの聴衆の多くを含んでいるに違いない。とはいえ、それは解体しつつある。いったいそのどれだけが維持されていくだろうか。また誰のために維持されるのだろうか。公の救命ベルトなしで、そのどれほどが沈みゆくままにされ、どれほどが泳ぎ続けることを許容されるべきなのだろうか。

　これらの疑問への答えを私は持ちあわせていない。私がただはっきりと言えることは、社会の利害を市場に委ねておけないように文化の利害も市場には任せられない、という点だけである。ただ、問いが発せられなければ答えもでないわけであり、私としては、問いを発する手助けはしえたものと願っている。

＊本章は、二〇〇二年のオールドバラ音楽祭における「ヘッセ講演」である。「ヘッセ講演」は、正式には「ヘッセおよびライン公記念講演」と呼ばれる。ヘッセおよびライン公と同公妃（The Prince and Princess of Hesse and The Rhine、ヴィクトリア女王の曾孫）は、一九五二年以降オールドバラ音楽祭の常連ゲストであり、公の死後一九八四年に公妃による寄付でこの講演が開始された。

訳註

†1 オスマン帝国駐在のイギリス大使第七代エルギン伯爵が一九世紀初めにギリシャのアテネのパルテノン神殿から持ち帰った大理石の彫刻群のことで、ギリシャ政府はイギリス政府に対してその返還を請求し続けている。

†2 文学・芸術の保護者として知られる古代ローマの政治家。

†3 ホルボーンはロンドンの中心地域の地名。

†4 芸術家たちを大学に招聘し自由な活動の場を与える仕組み。

†5 ポーランド系アメリカ人の建築家でベルリンのユダヤ博物館、デンヴァー美術館別館などを設計した。

†6 一九〇一年に作られた、ロンドンにある音楽ホール。

第2部
Part II

ブルジョア世界の文化
The Culture of the Bourgeois World

第6章 啓蒙と成果——一八〇〇年以降のユダヤ人才能の解放

Enlightenment and Achivement

今夜のテーマは、ユダヤ史分野のほとんどの歴史研究とは異なり、すなわち、（かならずと言っていいほど大きい）外の世界が（かならずと言っていいほど人口の少数派である）ユダヤ人に対してどのような影響をおよぼしたかではなく、逆のこと、すなわち、ユダヤ人が非ユダヤ人にどのような影響をおよぼしたかである。そして、特に、一九世紀から二〇世紀において、すなわち一八世紀後半にユダヤ人の解放[†1]、さらに付け加えるならば自己解放が始まって以来、ユダヤ人のおよぼす影響が爆発的に変わったことである。

私の基本的主張は単純で古風なものだ。それは、アーノルド・パウケル[†2]の『経験と思い出』の最後にうまく述べられている。彼が書いているように、「私は、啓蒙主義にすら疑いをはさむのが流行となった時代にこれらの言葉を書いている。啓蒙主義とはつまりそれだけが人間にふさわしい生活を私たちユダヤ人に与えた、あの進歩のことである」（著者による英訳）。さらに、その進歩によってユダヤ人は世界文明に対し、普遍主義の思想をキリスト教やイスラム教の始祖に与えた部族的一神教の発明という第一の貢献に続く、第二の主要な貢献ができたことも付け加えたい。あるいはこう言い換えればよいだろうか。ユダヤ人がパレスチナから追放された一世紀から一九世紀までの世界の歴史は、ユダヤ人が隔離を強いられたと同時に、ユダヤ人が自らを隔離した歴史であったと。ユダヤ人はより広い異教徒の社会のなかに住み、彼らの言語を自分たちのものとして取り入れ、その料理も自分たちの儀式の必要に合うようにして取り入れた。だが周囲の社会の文化・知的生活に参加が可能であったこと――可能であったのと同様に重要な点だが、自らの意志で参加したこと――は稀にしかなく、しかも断続的だった。結果として、多様な思想文化、とりわけ（ヨーロッパ）中世のイスラム世界と西欧キリスト教世界との仲介者としての役割は非常に重要であったが、周囲の社会の文化・知的生活に対するユダヤ人の貢献は当初は限られていた。解放以降はユダヤ人が圧倒的に大きな貢献をした分野においてさえ、解放までの貢献は限られていたのである。

ユダヤ人が目覚ましい成果を挙げた分野、数学について考えてみよう。私が知っている限りでは、近代数学における重要な進歩に、一九世紀までは特にユダヤ人が関わることはなかった。さらに――これもまた素人としての発言であり、いつでも訂正する用意があるのだが――一四紀から一六世紀にかけてのインドの数学上の業績がマラヤーラム語で書かれていたために二〇世紀後半まで知られていなかったように、ユダヤ人の数学者がユダヤ世界の知的環境において大きな成果を挙げていたのがずっと後になってより広い数学界で発見された、という事実もなかったと承知している。ついでに言えばチェスも考えてみたら良い。ユダヤの宗教的権威者一般、特にマイモーン〔スペインのユダヤ教徒のラビ。マイモニデスともいう〕は、法の勉強の妨げになるのでチェスをやりすぎることは抑えるべきだと考えていた。ユダヤ人でチェスプレーヤーとして初めて有名になったのが、解放の時代に人生を送ったフランス人のアーロン・アレクサンドル（一七六六～一八五〇年）であるのも納得がいくだろう。

強制的でもあり自発的でもある隔離またはゲットー化がピークに達したのは、西ヨーロッパの暦によれば一四世紀から一八世紀で、一四九二年以降は改宗を拒否したユダヤ人がスペインの領土から、もちろんイタリアその他の地域にいた人びとも追放されたことでさらに強まった。そのために、ユダヤ人を非ユダヤ人の世界に結びつけていた仕事上の付き合いを除くと、非ユダヤ人と社会的・知的に交流する機会も減った。実際、この時期に、主としてセファルディ〔スペイン、ポルトガル系ユダヤ人〕が多く移り住み、西ヨーロッパに残った唯一の都市ユダヤ人コミュニティが形成されたアムステルダム以外に、教育を受けた非ユダヤ人と日常生活で知的な交流を持つユダヤ人がいたとは考えにくい。一九世紀のかなり遅くまで、ほとんどのユダヤ人がゲットーに閉じ込められていたか、大都市の市街地から締め出されていたことを忘れてはならない。

当時、「ユダヤ人はあまり外の世界に関心を持たなかった」[1]と考えられてきた。実際、当時の心得集とりわけ『シュルハーン・アールーフ』〔ユダヤ法典〕において綿密に成文化されたユダヤ教の正統派的慣習はユダヤ人の隔離を強化していた。ユダヤ人の伝統的な知的活動、聖書やタルムード〔ユダヤ教の聖典〕の説教論、そしてそれらがユダヤ人の生活のさまざまな出来事に適用されることで、ユダヤ人たちがそれ以外に目を向ける余裕はほとんどなかった。さらにラビたちは、ユダヤ起源ではない哲学、科学その他の学問を禁止した。[2]暗黒時代のヴォリニア〔地名、ウクライナ西部。ウクライナ語の発音ではヴォルィーニ〕では外国語すら禁止された。[3]知的世界どうしの間にギャップが存在したことは、東方ユダヤ人のなかでも（数少ない）解放のパイオニアが、教育ある異教徒であれば誰でも出版物を通じて知ることができる地理や民族学の本だけでなくユークリッド幾何学や三角法の研究をヘブライ語に翻訳する必要がある、と考えていたことにもっとも良く示されている。[4]

解放の前と後での状況の対比には驚かされる。世界は何世紀ものあいだ、その政治史は言うまでもなく思想・文化史も、おそらくマイモーンは例外としてだが、正統派にユダヤ人の貢献だと認められることについてほとんど言及することなく記すことができた。その後ほとんど即座に、ユダヤ人の名前が不釣り合いに多く登場する近代に入る。あたかも才能の圧力鍋の蓋が取り除かれたかのようにである。しかし、すぐに以下のような名前――ハイネ、メンデルスゾーン、リカード、マルクス、ディズレーリ――の著名人が輩出したこと、あるいは恵まれた数都市、特にベルリンでは裕福で教養あるユダヤ人の解放された環境が栄えていたことなどに欺かれてはならない。大部分のアシュケナージ系〔ヨーロッパ中部および北部の〕ユダヤ人は、ナポレオン戦争が終結した時にも異教徒の社会のなかに統合されずに暮らしていた。ドイツですらおそらくそうだった。ただし――その頃の新しい動きとしては――行政上は一般市民の名字を持つ臣民として暮らすようになっていた。[†3]ユダヤ人最上層の家族も完全にドイツ化したわけではなかった。カール・マルクスの母親は生涯、高地ドイツ語には不慣れだった。ロスチャイルド家の最初の二世代は互いにヘブライ文字を用いた「ユダヤドイツ語」〔イデイッシュの一種）で書簡をやり取りしていた。ハプスブルク帝国のなかでも中央ヨーロッパの奥地に住むユダヤ人は、早くても一八四〇年代、すなわち都市への移住が可能となった頃まで解放の影響を受けなかった。そしてガリツィアやロシアのシュテットル[†4]に住む者にとってはもっと後になるまで影響はおよばなかった。アメリカへのユダヤ系移民に関しては「二〇世紀になってずっとたってからも、移民の大半はハラーハー（halacha　ユダヤの宗教法）が課す規律」に支配された「伝統的なユダヤ社会を思い起こすことができるか、あるいはそこの出身者であった」と言われてきた。[5] 大部分のセファルディ系ユダヤ人も伝統的な隔離状況に置かれていた。実際、フランスとオランダの難民コミュニティのような小さな居留地、あるいは北イタリアや南部フランスの古くからのコミュニティを除くと、フランス革命以前に、エリートだけでなくユダヤ人全体が周囲の社会に統合されていた場所、たとえばユダヤ人同士の間でも地元の異教徒の方言が日常語とされていたような場所があったか疑問だ。

　したがってユダヤ人解放の過程は、突然水を吹き出す泉ではなく、小川が激しい勢いで大河となるようなものだった。それを証明するために私は、『ユダヤ百科事典』（*Encyclopaedia Judaica*）に掲載されたそれぞれの項目記事に登場した数学者、物理学者、化学者を、生年月日ごとに分類してみた。そのうち一八〇〇年以前に生まれた人はわずか一人、一九世紀前半が三一人、一九世紀後半が一六二人だった（解放以前にすでにユダヤ人が広い世界で活躍していた知的領域である医学分野の似た分布はそれほど極端ではなかった）。この時点でわれわれが対象としているのは圧倒的に、世界のユダヤ人口の多数派で増え続けており、ことに次第に大都市に住むようになっていたアシュケナージ系ユダヤ人であったことは、付け加える必要はないだろう。たとえばウィーンのユダヤ人人口は、一八四八年の四〇〇〇人未満から第一次世界大戦前夜には一七万五〇〇〇人に急増した。

ただ一九世紀初頭ベルリンのユダヤ人四〇五家族のような、裕福で教養のある少数エリートのデモンストレーション効果、あるいはその実際の影響を過小評価してはならない。[6] 民主主義以前の自由社会は、そのような集団のために構築されていた。したがって全人口のわずか〇・一パーセントしかいないイタリアのユダヤ人は、イタリアの制限的な選挙法のもとでは選挙民の一〇パーセントを占めていた。一八五一年にカヴールがサヴォイア公国で選出されたのは、トリノのユダヤ人コミュニティの投票があってのことだった。西・中央ヨーロッパの公共の場に、ユダヤ人が急速に登場してきたのもこれによって説明できるかもしれない。私が知る限り、フランス革命やそれに共鳴したヨーロッパ各地の革命支持者のなかにユダヤ人はほとんど登場してこなかった。その例外は、みなさんの想像どおり、オランダのブルジョワ社会だ。それとは対照的に、一八三〇年の革命の頃までには、フランス（特に南部）、ドイツ、北イタリアの政治においてユダヤ人は無視できない存在となっていた。北イタリア、特にマッツィーニの周りは、秘書も仲間の活動家や資金提供者もユダヤ人だった。一八四八年までにはユダヤ人の存在感はかなり驚くべきものになっていた。一人は新しいフランス革命政府の大臣（クレミュー）となり、もう一人は革命ヴェネチアの指導者（ダニエーレ・マニン）となった。三人のユダヤ人がプロイセン憲法制定会議の著名メンバー、四人がフランクフルト議会議員となった。後者が解散に追い込まれた際に国璽を救いだしたのもユダヤ人であった。その国璽は数年前、イギリスにいる彼の子孫からドイツ連邦共和国に返還された。ウィーンで三月革命を呼びかけたのはユダヤ人の大学生で、ウィーン学団[†5]のマニフェストに署名した二九人のうち八人はユダヤ人だった。ポーランドでは、メッテルニヒによるオーストリア領ポーランドの危険分子リストには明らかにユダヤ人とわかる名前は載っていなかったが、そのわずか数年後にはユダヤ人はポーランドの自由を熱心に叫ぶようになり、帝国議会に選出された一人のラビは、ポーランド人グループと協同した。民主主義以前のヨーロッパでは、政治は、革命政治ですら、教育ある少数派の手に握られていたのである。

解放をさらに推し進めるためには二つの変化が不可欠だ、と解放の推進者たちは疑いもなく考えていた。すなわちある程度の世俗化と、国語の日常的な使用と国語による教育である。この国語というのは、絶対にというのではないが書く際に受け入れられている言葉を使用することが望ましい。ハンガリーにおいてマジャール化の進んだユダヤ人を例として考えて欲しい。（解放された人びとのなかには、心からのものであれ現実的な理由からであれ、改宗を急ぐ動きがあったが）私は世俗化ということで必ずしもユダヤ教の信仰を捨てることを意味せず、宗教を、生活の絶え間なく遍在し、すべてを包み込む枠組みから、重要ではあっても生活の一部を占めるだけに減じることを意味する。この種の世俗化には、教養のあるユダヤ人女性と異教徒との通婚やパートナーシップも含まれ、それは文化において、さらに後には（左翼）政治においても比較的大きな役割を果たすことになった。女性の解放とユダヤ人の解放との関連は実に重要な問題だが、残念ながら今晩はそれを論じる時間はないし、また正直に言えば私にはその資格もない。

土地の言葉で行われなければならない初等教育は一八七〇年代ごろまで普及しなかったが、ドイツの多くの地域では一九世紀半ばまでにほぼ全員が読み書きできるようになっていたと考えられる。一八一一年以降、ドイツのユダヤ人少年が公教育を受けずに済むのは規則上難しくなっていた。また東ヨーロッパでは引き続き宗教機関でヘブライ文字を学んでいたものの、ドイツではもはやそれも事実上義務ではなくなっていた。ロシアとオーストリア領ポーランド境界の西側では、ユダヤの初等教育施設（cheder）はもはや世俗的な学校の競争相手ではなかった。中等教育はいたるところで非常に限られたものに留まり、一九世紀半ば、もっとも低いところ（イタリア）で該当年齢（一〇歳から一九歳）人口の〇・一パーセント未満、もっとも高いところ（プロイセン）でも二パーセント未満だった。大学教育を受ける人はさらに限られていた。そこで、ユダヤ人のように、不釣り合いに裕福な人の割合が高い小さなコミュニティの子どもたちは、特に学問がもともと高い地位を占めたため、教育を受ける機会が最大となった。そのような理由で、プロイセンの高等教育に占めるユダヤ人の比率は一八七〇年代には最高となった。その後、高等教育の一般的な拡大に伴い、ユダヤ人の占める比率は下がった。[7]

教育を受けた非ユダヤ人と同じ言語を話し、読み、書くのは、近代文明に参加するための前提条件であり、隔離から抜け出すためのもっとも手近な手段だった。しかし、解放されたユダヤ人の、異教徒の国の国語や文化に対する熱情はもっと強いものだった。なぜならば、非常に多くの場合、彼らはいわば伝統あるクラブに新参者として参加するのではなく、自らが創立メンバーとして新しいクラブ作りに関わるようなものだったからだ。彼らはドイツ、ハンガリー、ポーランドの古典文学や、音楽の種々の国民楽派が創造された頃に解放された。一九世紀初頭ベルリンのラヘル・ファルンハーゲン[†6]の文化的環境ほど、ドイツ文学の最先端を行っている所はあっただろうか。テオドール・フォンターネ〔ドイツの作家。詩的リアリズムを代表〕は、ある熱意あふれるユダヤ人解放者についてこう記している。「ドイツ文学に真の関心を抱いているのはカール・エーミール・フランツォース〔作家、出版者。

ウクライナ生まれ、オーストリアで活動〕の周辺の人びとだけである」。[8] 二～三世代後、これと同じように、解放されたロシア系ユダヤ知識人は、ヤボチンスキー〔シオニストの指導者。作家、詩人〕の言葉によると「狂ったように、恥辱的にもロシアの文化を愛した」。民族言語文化の不在が、言語の変化をそれほど重要なものとしなかった地域は、多言語のレヴァント地方のみだった。[†7] レヴァントでは、一八六〇年のアリアンス・イスラエリット・ユニヴェルセールの設立により、近代的なユダヤ人は、ユダヤ系スペイン語、アラビア語、トルコ語を話し続けながら、ただし、もはやこれらの言語を書き言葉としては使わず、フランス語で教育を受けた。

しかし、すべての解放言語のなかで、次の二つの理由からドイツ語がもっとも重要だった。ヨーロッパの半分の地域、すなわちベルリンから大ロシアの奥地まで、スカンジナビアからアドリア海まで、そしてバルカン奥地までにおいて、後進から進歩へ、地方主義から広い世界への道は、ドイツ語によって舗装された。私たちはかつてそうだったということを忘れがちであるが、ドイツ語とは近代への通路だった。この点は、一九世紀の一般のドイツ語読者にとって道徳的、政治的自由の古典的代弁者だった詩人シラーの生誕一〇〇年目に、カール・エーミール・フランツォースが書いた「〔日本語訳〕バルノフのシラー」という物語に見事に表現されている。この物語においては、シラーの詩が不鮮明に印刷された一冊の小さな本が、ドミニコ会の修道士、若いルテニア人[†8]の村の教師、作者が「半アジア」と苦々しく称するもののなかにあるシュテットル出身の貧しいユダヤ人少年にとって、一九世紀版教育と近代文化によって提供される解放を見出すための媒介となる。[9] 物語は「歓喜の歌」を読むところでクライマックスに達する。もっとも奥地の東方でシラーはヘブライ語にすら翻訳された。このようにドイツ語が解放において果たした役割を考えれば、ガリツィアのもっともユダヤ的な中心地、すなわちブローディという、人口の七六パーセントをユダヤ人が占めていた町の有力者たちが学校の授業にドイツ語を用いるべきだと述べたことも合点がいく。一八八〇年、彼らはウィーンの帝国裁判所に対して、ドイツ語はガリツィアの（日常）語であるという信じがたい理由を根拠に申し立てすらし、そして勝訴した。

だが実際はそうではなかった。東方ユダヤ人はほとんどすべて、ドイツ語の一方言であり、より広い社会との過去の絆の遺物であるが、いまや――一四九二年以降のセファルディ・ユダヤ系スペイン語のように――言語的分離の印であるイディッシュを話した。イディッシュは、他のドイツ語系方言が以前そうであり、スイス系ドイツ語が今もそうであるように、話し言葉として、書く場合の国語と併存すると直感的に予想されたかもしれない。だがこれらの言葉とは異なり、イディッシュは現代世界に参入するために言語上、そしてもっとも反啓蒙主義的な共同体の言語として思想上においても、障壁として取り除かれるべきものだった。「ドイツのジャケット」を着ることは、ポーランド語やドイツ語を話すことと同様、ワルシャワでは初期の解放のパイオニア少数集団の特徴だった。[10] とにかく、ドイツの学校に通うイディッシュを話す移民の子どもたちは、ドイツ語を書く際に、イディッシュとしては十分正しくてもドイツ語の書き言葉としては間違いになってしまうような文法的用法によって不利な立場に置かれた。支配層の社会への新参者であったユダヤ人富裕層は、見た目や話し言葉でわかる出自の痕跡を捨て去る可能性がもっと高かった。アルトゥール・シュニッツラー（オーストリアの医師、小説家、劇作家。ユダヤ系だがキリスト教徒）の小説『広野の道』[†9]は、世紀末ウィーンにユダヤ人がどのように同化していったかのニュアンスを洞察力鋭く表現している。この小説のなかで裕福な実業家であるエーレンベルク老人は、特徴的にも、ウィーンのユダヤ人のドイツ的自由主義にそった、同化するという昔ながらの希望を、妻のサロンにおいて異教徒たちの面前で意図的に半ばイディッシュの表現を使うことで捨て去るのである。「エーレンベルクの家にお客さんが来る日の前は、おらぁ、うんざりじゃ[11]」。

このように、同化せずイディッシュを話す東方ユダヤ人と、同化した西方ユダヤ人との隔たりは根本的なものとなり、双方ともに同じホロコーストによって消え去るまで続いた。[12]教養ある人びととの間ではよく知られているはずだが、この隔たりが最初に公式に生じたのは一八七〇年代以降のブコヴィナであるように思われる。[13]そこでは、誇り高く、非常に優秀で教養のある中産階級の人びとが、彼ら自身の言葉すなわちイディッシュを通じてユダヤ人に国民としての地位を与えるという〔ドイツ化に懐疑的な人びとによる〕最初の活動に直面した。中欧の解放されたユダヤ人にとって「東方ユダヤ人」とは、彼らではない存在、彼らがなりたくなかった存在、すなわち見た目がまったく異なって、ほとんど生物上のちがう種に属するような人びとであった。ウィーンでの子ども時代、大人の会話を聞いていた私は、ある年配の親類に向かって「その東方ユダヤ人という人たちにはどんな名前があるの」と尋ねた。親類のおばあさんは明らかに狼狽した。なぜならば彼女はグリューン家とコリッチョナー家という私たちの家族がオーストリア領ポーランドから直接ウィーンに来たことを知っていたからだ。ちょうど、ドイツの有名なユダヤ人、ルドルフ・モッセ〔ドイツの出版者、慈善事業家〕、ハインリヒ・グレーツ〔ドイツの歴史家、ユダヤ学者〕、エマヌエル・ラスカー〔数学者、チェスプレーヤー〕やアルトゥール・ルッピン〔シオニストの指導者〕がプロイセン領ポーランドから直接来たのと同じように、だ。

それでも、現代世界へのユダヤ人の影響を決定的なものとし、その変容を助けたのは一九世紀末以降の東方ユダヤ人の大量移住だった。†10 連続的であるのは明らかであるものの、二〇世紀の異教徒の世界に対するユダヤ人の影響は、一九世紀のそれとは比較にならない。自由主義ブルジョアの世紀が二〇世紀を招き入れた時、それは『ユダヤ人の世紀』[14]（*The Jewish Century*）という重要な新しい書物の題名を反映するであろう。アメリカのユダヤ人コミュニティは、西洋のディアスポラのなかで圧倒的に最大となった。そのコミュニティは先進国の他のディアスポラとは異なり、圧倒的に貧しい東方ユダヤ人で占められ、アメリカにすでに同化していた既存のドイツ系ユダヤ人の枠組みに収まるには多すぎた。また第二次世界大戦後まで、おそらく法曹界を除けば、文化的にもかなり周辺的存在だった。[15] ポーランドとロシアにおけるユダヤ人の近代化は、ロシア革命によって強められた高い政治意識を通じて進み、ユダヤ人解放の性格を、シオニスト版解放を含め、変えた。また特に二〇世紀後半に、高等教育において、教育を必要とする非肉体労働が激増したことも同様に解放の意味を変えた。ファシズムも、イスラエルの建国も、一九四五年以降の西洋の反ユダヤ差別のいちじるしい後退も同様だ。文化におけるユダヤ人の存在の大きさは、第一次世界大戦以前、あるいは第二次世界大戦以前においてすらも、想像できなかったであろう。そして、アイデンティティにこだわり、不釣り合いに多くの本を買うユダヤ人公衆の大きさも明らかに想像できなかったであろう。このユダヤ人公衆は、最初はワイマール共和国で、その後はその他の場所で、ユダヤ的テーマ著作の大規模市場形態に明らかに影響をおよぼした。したがって二つの時期は区別されねばならない。

当初から、解放されたユダヤ人の居住社会への貢献は不釣り合いに大きかったが、まさに解放の性格上、文化的に明確にされたわけではなかった。彼らはたんにユダヤ系という但し書きがつかないフランス人、イタリア人、ドイツ人やイギリス人になりたかったのだ。反対にこれらの社会も、広範な反ユダヤ感情を割引しつつも、リベラルな局面では自分たちの政治的、文化的、国民的価値を強化する、裕福で教養のあるマイノリティを歓迎した。[16] 第二次世界大戦前まで、ユダヤ人が本当に支配的だった大衆向けショービジネスの分野を考えてみよう。オペレッタとミュージカルはヨーロッパとアメリカの双方で、演劇そして後には映画、ついでに言えば商業的ポピュラーソングも大西洋の両側でユダヤ人が支配していた。一九世紀、オッフェンバックはフランス人で、シュトラウスはオーストリア人だった。二〇世紀になってからも、アーヴィング・バーリン〔作曲家、作詞家。著名な作品に「ホワイト・クリスマス」、「ゴッド・ブレス・アメリカ」など〕はアメリカ人だった。ユダヤ人がすべてを支配していた黄金期のハリウッドにも、ズーカー〔ハンガリー出身、パラマウント映画の創始者〕、ロウ〔MGMの創始者の一人〕、メイヤー〔MGMの創始者の一人〕がアメリカ白人の価値に一〇〇パーセント則るとみなしたもの以外を探すこと、移民の出身であることがわかるスターの名前をさがすことすら無駄な努力であろう。統一イタリアの公的世界では、〇・一パーセントしかいないユダヤ人がどの国においてよりも大きな役割を果たした。一七人が上院議員となり、なかには首相や大臣、将軍にまで登りつめた者もいる。[17] だが彼らは他のイタリア人とほとんど区別がつかなかったので、その数がユダヤ人人口に比して多すぎることに歴史学者が注目したのは一九四五年以降になってからだった。

高級芸術も同様だった。ユダヤ人作曲家はドイツやフランスの音楽を作曲した。ある意味では、ユダヤ人の音楽家や名演奏家についてはいまでもそうだ。彼らがオーケストラピットやコンサートホールを征服したことは、まだ暗い東方の解放の最初の象徴であった。二〇世紀の偉大なユダヤ人バイオリニストやピアニストは、西洋クラシック音楽のレパートリーを強化したのである。それは、地味なロマのバイオリン弾き、黒人のジャズミュージシャンやラテンアメリカのミュージシャンが音楽の届く範囲を広げたのとは異なっていた。一九世紀ロンドンのアイルランド人作家数人（ワイルド、ショー、イェーツ）は、ユダヤ人作家が一九世紀ヨーロッパのどの文学に残したよりも大きな「アイルランド」の痕跡を英文学に残した。一方で「モダニスト」の時代、俗語文学やヴィジュアル・アートに対するユダヤ人の貢献は大きな影響をおよぼしたが、それはまた以前よりすぐに認識できるものとなった。これはおそらく、これらの分野におけるモダニストの改革が、解放された、特に東から来た新参者同様、世界での状況がよくわからない人びとにとってより魅力的だったからだろう。それと同時に、一九世紀の社会が危機的状況に陥ったために、異教徒にとってユダヤ民族の不安定な境遇が前より身近に感じられるようになったからかもしれない。精神分析学の父[†11]は非常にはっきりとユダヤ人意識を持っていたが、その思想が西欧文化に植え付けられたのは二〇世紀になってからだった。ユダヤ人はジェームズ・ジョイスの『ユリシーズ』の主人公となり、トーマス・マンはユダヤという主題に没頭し、カフカは死後、二〇世紀に大きな影響をおよぼした。しかし、アーサー・ミラーの『セールスマンの死』の概してアメリカ的だが、ひょっとしたらグローバルでもある意味に心を動かされる時、デヴィッド・マメット〔現代アメリカを代表する劇作家の一人〕が指摘したように、物語が明確にユダヤ的とわかる体験に基づいていることに、私たちはほとんど気づかない。

ヴィジュアル・アートの分野では、たまたまユダヤ人であった巨匠二人〔リーバーマン〔ドイツの画家。ドイツ分離派創始者の一人〕、ピサロ〔フランス印象派の画家〕〕に続き、コスモポリタン的二〇世紀のディアスポラが登場した。そのなかでユダヤ人は数が多いだけではなく——一九〇〇～一九〇五年のベルリン・モスクワ展カタログに掲載されていた「アーティストの経歴」のうち約二〇パーセントがユダヤ人のものであるように思われる——もっと有名で〔モディリアーニ、パスキン〔ブルガリア人の画家〕、マルクーシ〔ポーランド出身、パリで活動した画家、彫刻家〕、シャガール、スーティン〔ロシア生まれ、フランスの画家〕、エプスタイン〔彫刻家〕、リプシッツ〔キュビスムの彫刻家〕、リシツキー〔デザイナー、建築家、写真家〕、ツァトキン〔ベラルーシ出身の彫刻家、画家〕〕、時にはユダヤ人であるとよりはっきりとわかった。近年、アメリカナイズされたマスメディア文化は、異教徒のジャーナリストの英語に、イディッシュの言い回しや慣用句を持ち込んですらいる。四〇年前、「chutzpah〔厚かましさ・ずうずうしさ〕」という単語を知っているのはユダヤ人だけだったが、今日では英語を母語とする異教徒の大部分がその意味を知っている。

現代の自然科学では民族的、文化的な影響がおよぶ余地がほとんどないので、状況は異なっていた。二〇世紀の自然科学は、一般人には理解不可能であるとともに常識からますます遠くなったが、一九一四年以降、自然科学に対するユダヤ人の貢献度は、関連するノーベル各賞の記録を見てもわかるように、劇的に増大した。ただし、その二つを「ユダヤ人の科学」として結びつけることができるのは、極右のイデオロギーだけだろう。社会・人文科学へのユダヤ人の貢献度はもっと高かった。実際、疑う余地のない理由により、根本的な歴史的変化の時代における社会の性質、構造、変容は、実際上も理論上も、最初のサン・シモン主義者からマルクスに至るまで、ほとんど最初から不釣り合いに多くのユダヤ人を惹きつけた。これは、革命的な世界変革の運動を、理解しうることであるがユダヤ人が支持したこととも一致し、マルクスの影響を受けた社会主義・共産主義の運動の時代に顕著であった。実際、一九世紀初期の西方ユダヤ人が、自分たちに関わりのないイデオロギーによって解放されたのに対し、東方のアシュケナージ系ユダヤ人たちはおおむね彼らと深く関わっている普遍主義的な革命イデオロギーを通じて自らを解放したと言えるだろう。これは、マルクス主義から大きな影響を受けた元来のシオニズムにすら当てはまり、実際に新しいイスラエルが建国された。それに応じて二〇世紀、（ヨーロッパの一部地域では社会学、そして特に精神分析学のような）いくつかの分野が発達し、そこでは、たとえばバイオリンの名演奏家の国際クラブと同様に時にユダヤ人が不釣り合いに多く占めているように思われた。しかし、ユダヤ人が大きく貢献した他の分野と同様これらの科学を特徴づけたのは、出自による連合ではなく、固定的ではなかったこと、したがってイノベーションが起こったことだった。たとえば、イギリスにおいて「（中央ヨーロッパからの）亡命者がもっとも大きな影響をおよぼしたのは、長い伝統のある分野ではなく、比較的新しく、学際的な分野（美術史、心理学、社会学、犯罪学、核物理学、生化学）や、もっとも変化が激しい職業分野（映画、写真、建築、放送）ではないだろうか」という、正しい指摘がなされている。[18] アインシュタインが二〇世紀でもっとも有名な科学者となったのは、彼がユダヤ人だからではなく、知的変動が絶えなかった世紀における科学革命の象徴となりえたからである。

西洋文化と知識というより広い世界に対するユダヤ人の貢献を俯瞰するにあたっての最後の問題を

考えてみよう。ユダヤ人の貢献が、ある特定の地域で他よりも目立つのはなぜか。重要な科学系のノーベル賞の受賞者が、イギリス、ロシア、イスラエル、南アフリカでどう異なるかを見てみよう。イギリス人の受賞者七四人のうち一一人はユダヤ人だが、一人はもしかしたら例外かもしれないが、イギリスで生まれた者はいない。一九一七年以降のロシア人受賞者一一人のうち六～七人はユダヤ人で、おそらく全員がロシア生まれである。イスラエルは科学系論文の一人あたり発表数では世界最上位国の一つであるが、二〇〇四年までイスラエル在住またはイスラエル生まれの科学者は誰も科学系のノーベル賞を受賞していなかった。しかし、二〇〇四年には、イスラエル生まれとハンガリー生まれのイスラエル人とが初めて受賞した。一方、イスラエル独立以降、受賞当時全員がアフリカ大陸を離れていたとはいえ、人口比では少ない南アフリカのリトアニア系ユダヤ人（約一五万人）のなかから二人、ひょっとしたら三人が受賞している。なぜこのような大きな差が生まれたのか、どのように説明できるだろう。

もはや推測するしかない。科学においては、明らかに研究職の数が圧倒的に増えたことが重要だろう。一九一三年になっても、プロイセン全体の大学教員数は二〇〇〇人に満たず、ドイツの公立中等学校の教員数は四二〇〇人強だった[19]。伝統的経済理論分野の教員職が少ないことが、第二次世界大戦以前にこの学問分野の著名学者のリストにユダヤ人が驚くべきことにほとんどいないこと（注目すべき例外はリカードだが）を説明する上で役立つのではないだろうか。逆に、一九一八年以前、主として化学がユダヤ人のノーベル賞受賞分野だったことは、たしかに、化学分野が学問的に訓練を受けた専門家を初めて多数雇用した分野だったことと関係がある。当時、ドイツの大手化学メーカー三社だけでも約一〇〇〇人が働いていた。[20] 私の父方の伯父・叔父七人のうち、一九一四年以前に専門職に就いたのは一人だけだが、働いていたのはまさにその化学の分野だった。

しかし、これらは、無視できるほど意味がないとは言えないが表面的な分類である。一九四八年以降、アメリカ合衆国の大学がユダヤ人に門戸を開き、ユダヤ人が非常に増えたという事実がなければ、アメリカで教育を受けた者が一九七〇年以降、続々とノーベル賞を受賞するのは不可能だったことは明らかだ。[21] さらに重要なのは、解放以前のような種類であれ、領土的・遺伝的ナショナリズムによるものであれ、隔離という要因である。これは、ユダヤ人人口が比較的多いイスラエルがそれほど貢献していないことを説明するかもしれない。異教徒のなかで生活し、異教徒と対応するのは、ジョークや映画、ポピュラーミュージックにとって刺激になるのと同様に、さらに高度な創造の努力を刺激するように思われる。その意味で、ブルックリン出身者の方がテルアビブ出身者よりはるかに有利なのである。

他方、ユダヤ人が、少なくとも理論上であっても同等の権利を与えられると、ユダヤ人と非ユダヤ人との関係がある程度不安定であることも役に立つことが歴史上証明されてきた。ドイツ、ハプスブルク帝国、そしてアメリカ合衆国でも第二次世界大戦後まで明らかにそうだった。二〇世紀前半のロシア・ソヴィエト連邦[22]や海を越えて南アフリカやアルゼンチンでもたしかにそうだった。南アフリカやアメリカ合衆国でのように、公式に人種差別を受けている他の集団にユダヤ人が多大な支援をするのは、当然そのような不安定さの現れである。これはユダヤ人コミュニティすべてに見られる現象ではない。もっとも寛容だった国々——第三共和政時代のフランス、フランツ・ヨーゼフ統治下の西オーストリア、大量のマジャール人が同化したハンガリー——においてすら、ユダヤ人の才能が最大の刺激を受けたのは、ユダヤ人が同化の限界を認識したとき、すなわちドレフュス事件〔一八九四〜一九〇六年〕の一〇余年間に成熟したプルースト[†12]の世紀末、シェーンベルク、マーラー、フロイト、シュニッツラー、カール・クラウスの時代であったと私は指摘したい。ディアスポラのユダヤ人が、そうした刺激が失われるほどに統合されてしまうということは可能だろうか。一九世紀のイギリスに確立したイギリス系ユダヤ人コミュニティがそうだ、と時折論じられてきた。たしかにイギリスでは、ユダヤ人は、社会主義や社会革命運動の指導的、知的シーンではほとんどまったく目立たず、他の地域でよりも反抗的でなかった。たしかにライン川の東側、あるいはアルプスの北側のユダヤ人ほどそうではなかった。しかし、私にはなんらかの結論を出す資格はない。ヒトラーとホロコーストの時代までがどうだったにせよ、もはやそうではない。

だが未来についてはどうだろう。一九四五年以降の時代の逆説とは、ユダヤ人の歴史上最大の悲劇が二つのまったく異なる結果となったことだ。一方で、世界のユダヤ人の中の少数派ではあるがかなりの数をイスラエルという一つの国民国家に結集した。イスラエルはかつてユダヤ人解放の産物であり、他の人びとと同じ世界に生きるという力によって動かされていた。イスラエルの建国により、ディアスポラは、イスラム地域においていちじるしく縮小した。他方で、世界の大部分の地域でユダヤ人がほぼ無制限に公的に受け入れられる時代が到来した。私が若い頃に経験した反ユダヤ主義とユダヤ人差別もほぼ解消し、そして文化的、知的、公的分野においてユダヤ人がかつてないほど大きな成果を挙げることとなった。ホロコースト後のディアスポラ状況において啓蒙主義は歴史的に例をみない勝利をおさめたのである。それにもかかわらず、そこから退いて、昔のように超正統派の宗教世界にこもる人や、新たなる民族や出自による別個の国家共同体を形成してそこにこもろうとする人がいる。彼らが成功するなら、それはユダヤ人にとっても世界にとっても好ましいことではないと私は思う。

＊本章は、二〇〇五年五月一〇日にレオ・ベック研究所の五〇周年記念で行われた講演である。本書ではその際のタイトルを用いているが、最初に活字になった際には「ディアスポラの利点」（Benefits of Diaspora）という題で、*London Review of Books*, vol. 27 no. 20（20 October 2005）に掲載された。

原註

1 Jacob Katz, *Out of the Ghetto: The Social Background of Jewish Emancipation 1770-1870*（Cambridge, MA: Harvard University Press, 1973）, p. 26.
2 Ibid., p. 34.
3 Simon Dubnow, *Die neueste Geschichte des jüdischen Volkes: das Zeitalter der ersten Reaktion und der zweiten Emanzipation (1815-1880)*（Weltgeschichte des jüdischen Volkes, vol. IX）（Berlin: Jüdischer Verlag, 1929）, pp. 253ff.
4 Simon Dubnow, *Die neueste Geschichte des jüdischen Volkes: das Zeitalter der ersten Emanzipation (1789-1815)*（Weltgeschichte des jüdischen Volkes, vol. VIII）（Berlin: Jüdischer Verlag, 1930）, p. 402; vol. IX, pp. 170ff.
5 Stephan Thernstrom（ed.）, *Harvard Encyclopaedia of American Ethnic Groups*, 'Jews'（Cambridge, MA: Belknap Press, 1980）, p. 573ii.
6 Dubnow, *Die neueste Geschichte des jüdischen Volkes*, vol. VIII, pp. 263-4.
7 Peter Pulzer, 'What about the Jewish non-intellectuals in Germany?', in S. Feiner（ed.）, *Braun Lectures in the History of the Jews in Prussia*（Ramat Gan: Bar-Ilan University Press, 2001）, no. 7, p. 10.

8 Oskar Ansull, *Ossietzky*, Zweiwochenschrift, 24 (2004) はテオドール・フォンターネを引用している。

9 Karl Emil Franzos, *Vom Don zur Donau* (Berlin: Rütten & Loening, 1970), pp. 383-95.

10 Dubnow, *Die neueste Geschichte des jüdischen Volkes*, vol. VIII, p. 405.

11 Arthur Schnitzler, *Gesammelte Werke*, Erzählende Schriften, Band III (Berlin, 1918), p. 82.

12 Shulamit Volkov, 'The dynamics of dissimilation: Ostjuden and German Jews', in J. Reinharz and W. Schatzberg (eds), *The Jewish Response to German Culture from the Enlightenment to the Second World War* (Hanover, NH and London: University Press of New England, 1985).〔ドイツの亡命者とハリウッドとの関係の良い例として〕Michael Kater, 'Die vertriebenen Musen', in H.Lehmann and O. G. Oexle (eds), *Nationalsozialismus in den Kulturwissenschaften Bd 2* (Göttingen: Vandenhoeck & Ruprecht, 2004), pp. 505-6 を参照。

13 Gerald Stourzh, 'Galten die Juden als Nationalität Altösterreichs?', *Studia Judaica Austriaca X* (Eisenstadt, 1984), 83-5, esp. 84. 94 の n. 29 も参照。

14 Yuri Slezkine, *The Jewish Century* (Princeton: Princeton University Press, 2004).

15 一九五三年にリチャード・B・モリス『アメリカ史百科事典』(Richard B. Morris, *Encyclopedia of American History*, New York: Harper) の中に並べられている三〇〇人の著名アメリカ人のリストには、一二人のユダヤ人が含まれており、これは四パーセントに当たる。ただし、これらのうち三人(＊印)の他は皆一八八〇年代より以前の移民に属する。この一二人のうち、四人は科学者(フランツ・ボアズ〔人類学者〕、エドウィン・ジョゼフ・コーン＊〔一八九二年、ニューヨーク市生まれ。タンパク質研究〕、アルバート・マイケルソン〔物理学者〕、イジドール・イザーク・ラビ＊〔物理学者、一八九九年にガリシアから移民〕)、二人は法律家(ルイス・ブランダイス、ベンジャミン・N・カルドソ)、二人は新聞の編集者(アドルフ・オックス、ジョセフ・ピュリッツァー)、一人は「教育者」(エイブラハム・フレクスナー)、一人は労働界の指導者(サミュエル・ゴンパース)、一人は経済界の大物(ソロモン・R・グッゲンハイム)そして一人は作曲家(ジョージ・ガーシュウィン＊)である。そのようなリストが五〇年後に作られたとしたら、政治家、公務員、作家や芸術家のリストからすべてのユダヤ人を省いただろうか。

16 Cf. Dr A. v. Guttry, *Galizien, Land und Leute* (Munich and Leipzig: G. Müller, 1916), p. 93.「ユダヤ人インテリは完全にポーランド人になり、ポーランド社会にとりこまれていて、今日ではその大部分が社会の尊敬される成員となっている。」〔ドイツ語原文での引用〕

17 Corrado Vivanti (ed.), *Einaudi Storia d'Italia, Annali 11, Gli ebrei in Italia* (Turin: Grandi Opere, 1997), pp. 1190, 1625.

18 Daniel Snowman, *The Hitler Emigrés: The Cultural Impact on Britain of Refugees from Nazism* (London: Pimlico, 2002), p. 326.

19 Gerd Hohorst, Jürgen Kocka and Gerhard A. Ritter, *Sozialgeschichtliches Arbeitsbuch: Materialien zur Statistik des Kaiserreichs 1870-1914* (Munich:

Beck, 1975), p. 164; H. U. Wehler, *Deutsche Sozialgeschichte Bd 3 1849-1914* (Munich: Beck, 1995), p. 419.

20　Wehler, *Deutsche Sozialgeschichte Bd 3 1849-1914*, p. 615.

21　それ以前には物理学と化学の分野に七人しかいなかったのに対し、続く三〇年間には二五人から三〇人ぐらいがいた。

22　教育上の差別（無数の条項）は、一九〇五年の革命後実際上廃止されたが、それ以前でもキエフ大学の学生の一三・四パーセントとオデッサ大学の学生の一四・五パーセントがユダヤ人だった。G. L. Shetilina in *Istoriya SSSR* (1979), vol. 5, p. 114.

訳註

†1　フランス革命によってフランスのユダヤ人は建前上ではあっても平等なフランス人となり、ナポレオンに占領されたドイツにおいてもユダヤ人は解放された。

†2　ベルリン生まれの歴史家、イギリスで活動。ドイツのユダヤ人の歴史を研究し、一九六〇年から二〇〇一年までロンドンのレオ・ベック研究所の所長を務めた。

†3　元来ユダヤ人に姓はなかったのだが、一七八七年の勅令はユダヤ人にドイツ語の姓を付することを命じた。

†4　イディッシュで小さな町。中央・東ヨーロッパに点在し、ユダヤ人の商人や職人が集まり住んだ小規模な町。

†5　ウィーン大学の科学者、哲学者のグループ。論理実証主義を掲げた。

†6　文芸批評家カール・アウグスト・ファルンハーゲン・フォン・エンゼの妻で、サロンを主催したことで有名。

†7　東部地中海沿岸地方。

†8　カルパチア山脈南部のルテニア地方のスラヴ系住民で、ウクライナ人と自称することが多い。

†9　Arthur Schnitzler, *Der Weg ins Freie*.　楠山正雄訳『広野の道』博文館、一九一三年。

†10　ロシアでのユダヤ人迫害（ポグロム）に起因する。

†11　ジグムント・フロイトのこと。オーストリアのアシュケナージ系ユダヤ人の家に生まれた。

†12　一八七一～一九二二年。一九〇八年から『失われた時を求めて』を書いたが、そのなかでドレフュス事件は中心的話題の一つである。

第7章　ユダヤ人とドイツ

The Jews and Germany

一八世紀末までの世界史の大部分については、一神教の世界宗教の先駆者である少数の人びととしての言及を例外として、ユダヤ人についての言及は周辺的なものでよかった。もっともイスラムも認めるこの点がキリスト教にとって、あるいはむしろキリスト教の統治者のもとで生きる不幸なユダヤ人にとって、はてしない問題を作り上げたのだが。実際のところ、あらゆる西洋の思想史、そして東洋の偉大な文化の歴史は、ユダヤ人の直接的な貢献にかんしては数個の注釈をつけるだけで書くことができる。もちろん、たとえば古代の地中海の遺産とイスラム、そして中世の西洋をつなげたように、媒介者や文化的ブローカーとしてのユダヤ人の役割には多大な注意を向ける必要はある。人口がホロコースト前のピーク時でさえ世界人口の一パーセントにも満たなかったにもかかわらず、二〇世紀における文化的、知的そして公的生活においてユダヤ人が極端なまでに頭角を現したことを思えば、これは驚くべきことである。

公的な生活がユダヤ人に対してほぼ閉ざされていたのだから、フランス革命前の時代に彼らが世界史の表舞台に登場しないからといってもおかしいことではない。しかしその一方で、過去二〇〇〇年のあいだの彼らの知的な活動が、おそらくはヘレニズム期を除いて、圧倒的に内向きであったということもまた明らかである。ユダヤ人フィロン[†1]とスピノザの間に横たわる長い時の流れのなかで、ほんの時たまユダヤ人に関係しないことに真剣に携わる賢者があらわれたが、マイモーンのようなこうした個々の人びとは、偶然というわけではないが往々にしてイスラム・スペインの開けた文明のなかに生れ落ちた。偉大なラビたちはユダヤ教を信じない人びとのものの見方に関心がなかった。彼らはバビロン風の繊細さを持って神聖な書に注釈を加えるが、それがいまだにユダヤ教の聖典タルムードを教える教区付属学校では主たる科目なのだ。おそらくは著名なユダヤ人のエキスパートが共同体のフロンティアを超えた医学の分野を除いて、ユダヤ人の学び、および知的努力は宗教上の問題に照準が定められていた。ユダヤ語で礼拝の場を意味するシナゴーグは、古ゲルマン語では学校を意味する言葉であったではないか。

人類の活動においてもっとも尊敬すべきことであった動き、すなわち一八世紀の啓蒙思想によって、才能の巨大な油田からの採掘を待っていた才能が解放されていったが、そのさまざまな恩恵のなかでもユダヤ人が解放されたことが大きかったのは明らかである。ヨーゼフ二世の時代一七八一年から二年にかけて施行された寛容勅令が、実質的に西ヨーロッパおよび西部中央ヨーロッパの少数のユダヤ人共同体に限られており、またユダヤ人は自分たちの知的業績の主要な分野においてもまだほとんど何の実績も上げはじめていなかったことを考えれば、それからほぼ一世紀の間、一九世紀の歴史にユダヤ人が残した功績はまったくもって桁はずれだ。解放されてから最初の半世紀に出てきた二人、すなわちリカードやマルクスに言及せずして世界史を書くことなど誰もできないのだから。

ユダヤ人の歴史を書く執筆者の大半は、ユダヤ人である。彼らは、ユダヤ人の外界に対する影響についてではなく、外の世界からいかに自分たちが影響を受けたかについて集中して書く傾向がある。この点は十分に理解できる。ピーター・パルザーの見事な「ある少数派の政治史」[†2]ですら、そうした内向性をまぬがれてはいない。ドイツの政治にもっとも影響を与えた二人のユダヤ人、ドイツ労働運動の祖であるマルクスとラサールはほとんど登場しないし（ラサールについてはたった三度、しかもそのうち一つは彼の父に関することだ）、パルザーは明らかに「ヴィルヘルム期の社会民主党のリーダーシップと議論で多くのユダヤ人が頭角を現したことと、その割にその党に投票するユダヤ人がなかなか増えなかったこととの齟齬」について落ち着かないものを感じており、後者の方を中心に議論を展開している。

それにもかかわらず、時には過剰なほど詳細な分析もあるが、パルザーの見方はユダヤ人の歴史的分離主義の誘惑のほとんどを回避している。彼の仕事はおそらくドイツ系ユダヤ人のリベラルな伝統、ロンドンのレオ・ベック研究所に関わった歴史家のグループの末裔に属する。アーノルド・パウケルやヴェルナー・モッセのような学者の後援のもと、この立派な機関から生み出された仕事にみられる、静かで控えめな強さとバランスを有しているのだ。パルザーは彼の同僚のように、ヒトラーの登場以降にほとんど理解が不可能となったこと、つまりなぜドイツのユダヤ人が自分たちをドイツ人であると深く感じていたのか、そしてまさになぜ「ハムステッドやワシントン・ハイツに、ハリウッドに、ナハリヤに、[†3] レッシングやカントやゲーテのぼろぼろの記録やフルトヴェングラーや[†4]三文オペラの[†5]傷らだけの記録とともに造られた『第四帝国』が、ドイツの文化国民（Kulturnation）に根付いている」のかを理解している。より簡潔に言えば、一九世紀の解放されたユダヤ人がなぜ熱烈に「自分たちがゲットーを去り、〔ようやく彼らを受け入れようとした〕文明へと踏み込んだのだということを主張」したがったのか、を理解しているのである。

というのも「ユダヤ系ドイツ人の共同体は、先導的な、優勢とすらいっていいほどの知的地位を他のユダヤ人集団の間で享受していた」のである。もっともその判断は、一八七一年にできたドイツ帝国のなかにいる人数を数えただけでも、解放されたユダヤ人集団が他の言語よりもドイツ語話者が多かったことに基づいている。さらに、マルクスとラサールを見落としてはいるが、豊富な図版に彩られたルース・ゲイの『ドイツのユダヤ人』が明らかにしているように、東方からの大量移民があり彼らが学校教育によってイディッシュに代えてドイツ語を受け入れた後でも、ドイツのユダヤ人集団の圧倒的多数はドイツ土着の人びとであった。

しかしながら、ドイツの文化国民はこれよりも範囲が広い。ドイツ社会民主党を先導する知的人物のかなり多くが――その党で活躍するマルクス主義者のうち一人をのぞくすべての人びとが――活動領域を〔カウツキー、ヒルファーディングのように〕ハプスブルク帝国から〔ルクセンブルク、パルヴス〔ロシアの共産主義活動家〕、マルフレフスキ〔ポーランドの政治家〕やラデク〔ポーランド領ルヴフのユダヤ人家庭に生まれたソビエト連邦の政治家。パルヴスらとともにレーニンがロシアへ帰国する資金をボリシェヴィキへ提供〕までものように）帝政ロシアからドイツへと移している、とパルザーはいう。彼が観察した（が強調はしていない）事実そのものが、広域ロシアの辺境からフランス国境までドイツ語が文化の言語であったことを物語っている。ドイツのユダヤ人とそれ以外のドイツ文化圏からきたユダヤ人の主な違いは、前者はただのドイツ人であり、後者の大部分は多言語とまでいわないまでも多文化であったことである。まさにこれらの人びとが、反体制のチェコ人やハンガリー人が一九八〇年代に夢見た、多民族からなる帝国のなかで普通ならば交流のないであろう文化や民族がつながっていくという理想化された中央ヨーロッパを形成したのであった。

　さらに、ハプスブルク帝国の辺境までドイツの言語を伝え、構築すらしたのは彼らであった。なぜなら、そうした場所の教育を受けた中流階級を形成する最多数が彼らであったが、彼らは実際に東方へのドイツ人ディアスポラが話す方言――シュヴァーベン語やザクセン語や〔ドイツ文献学者が時に後悔とともに立証したように〕イディッシュ――ではなく標準的で文芸的なドイツ語を用いたからである。ドイツ語は自由と進歩を意味した。ルース・ゲイの記録するところによると、ヤコブ・フロメールのようにポーランドから来たタルムード学院の学生は、古代ラビの文書の注釈に加えて露――ヘブライ語辞典と露独辞典の二冊を頼りにこっそりドイツ語を学んだ。シラーは、自由を探求する別のポーランド人が「迷信と偏見という足かせ」と呼んだものからの解放をもたらした。かつて若い男女がシュテットル〔一〇四頁†4参照〕のなかで生きなければならなかった時よりも、それがすでに存在しない今のほうが、シュテットルを感傷的にとらえやすい。

ドイツに住むユダヤ人は熱心にドイツ人になろうとした。もっとも、パルザーが鋭く観察しているように、彼らは「ドイツ国家とではなくドイツの中流階級と同化したがった」のであった。しかしながら、同化に対するもっともありきたりな非難、すなわち社会的流動性という一九世紀の偉大な夢は、彼らにはまったく当てはまらなかったのだ。同化は、非常に稀な改宗のケースですら、ユダヤ人のアイデンティティの否定を意味するものではなかった。パルザーが示すように、ドイツのユダヤ人は、大量にユダヤ教を捨てて世俗化しドイツ人たることにコミットしたにもかかわらず、ヒトラーによって追われるまで、自分たちのユダヤ性を意識する集団であり続けた。これは、パルザーが思いださせてくれるように、他の国と比較すればドイツの反ユダヤ主義が穏やかであったという理由からだけではない。難民の物理学者サー・ルドルフ・パイエルスが言うように、「ヒトラー以前のドイツでは、ユダヤ人であることにともなう障害は許容範囲だった」のである。ヘルツル〔ハンガリー生まれのユダヤ人作家。シオニズム運動の推進者〕をシオニズムへと向かわせたのは、ドイツや、ドイツよりもあからさまだったウィーンの反ユダヤ主義ではなく、フランスのドレフュス事件だったではないか。

しかし、パルザーにはユダヤ人をつなげていたものを「エスニシティ」ということばで表現してほしくなかったと思う。なぜならその絆は生物学的なものではなく歴史的なものであったと思われるからだ。彼らは自身を血族の集団あるいは、先祖代々の宗教がつなぐ集団とはみなしていなかった。むしろ、オットー・バウアー〔ウィーン生まれのユダヤ人。マルクス主義の影響で社会主義者、政治家、社会学者、哲学者となる〕の言葉のように、彼らは「運命の共同体」であったのだ。しかし、われわれがどう呼ぶにせよ、解放されたユダヤ人の集団は非ユダヤ人的な行動をとることはなかった（東方のユダヤ人はもちろんとても異なる行動をとっていたが）。パルザーの著書の大部分は、彼らの政治的行動の特異性を示すことに費やされている。驚くべきことではないが、一つの共同体として彼らはドイツの政治的スペクトラムのなかでは穏健なリベラル左派に立っていたが、決して極左ではなかった。ヒトラー台頭の年のリベラリズム崩壊ですら、彼らを共産党にではなく社会民主党のほうへと押しやった程度であった。ハプスブルク帝国のユダヤ人やヨーロッパにおけるツァーリズム下の地域とは違って、彼らの政治は救世主を求めるようなものではなかったのだ。比較的少数の人のみが共産党に投票した、あるいは参加したといわれている。また、一九三三年以前は、こちらもまた小さめのマイノリティ集団であったドイツのシオニストは、シオニズムを個人的な再生とはみなしても移住計画とはみなしていなかった。東方のユダヤ人と異なり、彼らは自分たちを（彼らのうちの一人の言葉を借りれば）「ヴァルター〔ヴァルター・フォン・デア・フォーゲルヴァイデ、中世ドイツの詩人、ヴァルトブルク城の歌合戦に参加〕とヴォルフラム〔ヴォルフラム・フォン・エッシェンバッハ、中世ドイツの詩人、ヴァルトブルク城の歌合戦に参加〕、ゲーテ、カントやフィヒテの土地」における異邦人とはみなしていなかったのだ。

簡潔に言ってしまえば、ドイツのユダヤ人はドイツで居心地が良かった。したがって、彼らの悲劇は二重であった。彼らは破滅しただけでなく、彼らの運命を予見していなかったのである。一九三三年の後ですら、リベラルなドイツのユダヤ人たちがヒトラーが意味したものを認識できなかった、あるいはまさに認識しようとしなかったことに、パルザーは合理性を見出そうと頭を絞った。だれも、一九一八年から二〇年のあいだに彼らの親類を何千人も大量殺戮した人びとのなかで生きていた東方のユダヤ人ですら、最終的にマイダネクとトレブリンカで起こったことを予想も想定もできなかった[†6]のだ。だれも想像することさえできなかった。一九四二年に大量虐殺の事実を示す最初の信用できる報告書が西側に漏れた時にも、ほとんどの人がそれを信じることすらできなかった。人類の歴史のなかで前例がなかったのである。しかし、一九三三年一月三〇日にベルリンで学校に通っていた少年だった評者〔すなわち私〕は、その時でさえヒトラー政権に対してかなり絶望的な見方を示す者もいたことを証言できる。そしてたしかに、なかなかドイツをあきらめようとしなかった多くのユダヤ人は、たとえ事態を過小評価していたとはいっても最悪の事態を想定して準備を行った。結局一九三三年のドイツのユダヤ人人口のほぼ三分の二が続く六年間のあいだに移住しており、だからこそ彼らは、哀れなポーランドの同胞たちとは異なり、生き残ったのだった。それでも彼らは、ナチスドイツですら進んで去っていったわけではない。なかには、ドイツ銀行の創設者の子孫[†7]のように、安全なところに妻と子どもたちを送り、ドイツをあきらめるよりもむしろ一九三八年の水晶の夜事件〔反ユダヤ主義暴動〕に自殺を選んだ者もいたのである。

どちらにせよ、残された者たちにも本物の悲劇が襲った。あの文化の力、偉大さ、そして美しさを経験した者たちだけが、その喪失の意味を完全に理解することができる。その文化は、ユダヤ系ブルガリア人であるエリアス・カネッティ〔作家、思想家〕をして第二次世界大戦中に「私の知の言語はドイツ語であり続けるだろう」と書かしめた。自らの名字にいまだに自分たちの祖先が住んでいたヘッセンやシュヴァーベン、フランコニアの村々や市場町の名前をとどめている者たちだけが、根を引き裂かれる痛みを知っている。彼らの喪失は別のものでなぐさめられることはなかった。なぜなら中央ヨーロッパのユダヤ人共同体はもはや決して再構成されることがないのであり、たとえそれができたとしても、彼らが属したゲルマン文化はもはや世界の文化ではなく、一部の地域文化――大きな地方文化と呼びたい衝動にすらかられてしまう――に限られてしまったからである。

そしてドイツは何を失ったのか。逆説的ではあるが、おそらくかつてのハプスブルク帝国の国々よりも失ったものは少なかっただろう。ドイツのユダヤ人はみずからを既存の中流階級の文化に身を置いたのに対して、ハプスブルク帝国のユダヤ人は、ウィーンの事例にあるように、第三帝国のユダヤ人とはかなり異なっていたからだ。一九三三年以前よりは周辺的な国となってしまったとはいえ、ドイツは文化的にユダヤ人の追放や破滅の後もそれ以前と同じくらいのものを有していた。もっとも、それではドイツの損失を過小評価することになる。ドイツ語はもはや僻地からのヨーロッパ人が志望する近代の言語ではない。それはもはや東京からケンブリッジに至る研究者がみな読むことができなければならない学術出版物の言語ではない。それがユダヤ人の国外退去や死のせいでないのは間違いないが、一つの点で彼らの消滅が明らかに劇的な影響を与えている。一九〇〇年から一九三三年に物理学と化学の全ノーベル賞のほぼ四〇パーセントがドイツに帰していた。一九三三年以来、これはわずか一割ほどとなっている。歴史には、難民のノーベル賞受賞者が彼の「ドイツ語やドイツの風景を求める、打ち消しがたいホームシック」ゆえに一九四五年以降にドイツ再訪をしたいと主張したという、悲劇的な皮肉とブラックユーモアにあふれた記録が残されている。

＊本章の初出は、ピーター・パルザー（Peter Pulzer）の『ユダヤ人とド

イツ国家──マイノリティの政治史　一八四八〜一九三三年』（*Jews and the German State: The Political History of a Minority, 1848-1933*, Blackwell, 1992）とルース・ゲイ（Ruth Gay）の『ドイツのユダヤ人──歴史的ポートレート』（*The Jews of Germany: A Historical Portrait*, Yale University Press, 1992）の書評として、「ホームシックネス」（Homesickness）という題で、*London Review of Books*, vol.15 no. 7（8 April 1993）に掲載された。

訳註

†1　アレクサンドリア生まれの哲学者、ユダヤ教とギリシャ哲学を融合。

†2　Peter Pulzer, *Jews and the German State: The Political History of a Minority, 1848-1933* (Blackwell, 1992).

†3　イスラエル北端の都市。一九三〇年代にドイツ系ユダヤ人により建設された。

†4　ドイツの指揮者。現代音楽作曲家ヒンデミットがナチスに排斥されたのに対して抗議した。

†5　ブレヒトとともに『三文オペラ』を監修したユダヤ人作曲家クルト・ヴァイルは、ナチ党員の組織的暴動によりコンサートを何度も邪魔された。

†6　どちらもガス室・焼却施設を備えた大規模な強制収容所があった。

†7　ルートヴィヒ・バンベルガー、経済学者、政治家。マインツの裕福なユダヤ人家庭に生まれた。

第8章　中欧の運命

Mitteleuropean Destinies

地理用語が歴史に関する論考で使われる際は、常に危険がつきまとう。地図製作は政治、すなわち現実ではなくむしろプログラムの領域にしばしば（通常と言った方がいいかもしれない）属す用語に、見せかけの客観性という雰囲気を与えてしまうため、大いに注意する必要がある。歴史学者や外交官は、イデオロギーと政治が事実になりすますことがいかに多いかを知っている。河川は、地図上に明確な線を描くため、国と国との境界線となるだけでなく、「自然の」境界線となる。言語の境界線は国境を正当化する。地図上の名称の選択そのものが、地図製作者に政治的決定を強いることになる場合も多い。複数の名称を持つ、あるいは公式に名称を変更した場所または地理的特徴をなんと呼ぶべきか。異なる名称が列記されていたら、そのうちのどれを主たる名とするのか。名称が変更されたら、変更前の名称をどれくらいの期間想起すべきか。

私が持っている一九二〇年代のオーストリア製学生向け地図は、ノルウェーの首都オスロがかつてはクリスティアニアと呼ばれていたことを見る者に依然として思い出させる。また、ヘルシンキはヘルシングフォルスのもう一つの名称として括弧書きで表示されているのみであり、サンクトペテルブルクは（この場合は将来を予測しているが）レニングラードの主たる名称とされている。いま手元にある一九七〇年のイギリスの標準的な地図帳[1]では、リヴィウにはまだ（括弧書きで）レンベルクという名称が記載されているが、ボルゴグラードにはスターリングラードが示されておらず、この呼び名が過去のものになったことが示唆される。ドゥブロヴニクとリュブリャナにはまだ別名（ラグーサとライバッハ）が記載されているが、ルーマニアのクルジュにはハンガリー名（コロジュバール）が参考として記載されているのに対し、その（クラウゼンブルクという）ドイツ名やルーマニア内のその他の都市のドイツ語名は跡形もない。

中央ヨーロッパほど地理学がイデオロギーや政治と分かちがたい場所はない。この地域が、ヨーロッパ大陸として知られるユーラシア大陸西側の半島とは異なり、一般に認められた境界線あるいは定義を持たないという点のみを挙げてもそれが言える。たとえばオスロとリスボン、モスクワとパレルモなどのように、いかに範囲を広げたところで、どのタイプの「中央ヨーロッパ」にも含まれる可能性がほとんどない場所もあるにもかかわらずだ。「中央ヨーロッパとか中欧」〔以下原文での Mitteleuropa は中欧と表記する〕という用語は便利でよく使われるため、この用語が定義を持たないことは、物事を非常に曖昧にしている。実際、過去のものであれ現在のものであれ地図学や論説でこの用語の使用に関する合意が存在したことさえない。両大戦間期フランスの『ブルー・ガイド』では、バイエルン、オーストリア、チェコスロヴァキア、ハンガリー、ユーゴスラビアが「中央ヨーロッパ」に含まれていた。それよりも古いドイツの地図では、北はデンマークの大部分、南ではポー平原、東西はワルシャワの近くからフランドルおよびオランダの海岸線まで含まれている可能性が高い。さらにリヨンの西側やドナウ・デルタまで中央ヨーロッパをもっと拡大した地図を見たことすらある。

ひょっとしたら特徴的であるかもしれないが、ドイツの地図では、中央ヨーロッパはドイツ、というよりむしろかつての「ドイツ民族の」神聖ローマ帝国であった地域を含んだ。というのも、中央ヨーロッパ（中欧）の主たる政治的概念は一九世紀および二〇世紀におけるドイツの国家統一と帝国の拡大という歴史に結びついているからである。この概念を最初に登場させたのはフリードリヒ・リストである。リストが考える中欧はベルギー、オランダ、デンマーク、スイスさらにはバルカン半島諸国にまで深く食い込む巨大なドイツ経済地域であった。この概念は、一八四八年以降、ハプスブルクによる覇権が可能にみえたごくわずかな期間にウィーンで一時的に使われた。大ドイツに興味を示さなかったビスマルクは中欧にも興味を示さなかった。しかしながら帝国の時代に、特に第一次世界大戦中、中欧という用語は再び盛んに使われるようになった。これはフリードリヒ・ナウマンがこの用語を題名に使用した著書の中で、戦後のドイツ帝国とオーストリア・ハンガリーとの経済的統一、ひいては政治的統一について言及したためである。ナウマンは、ヴィスワ川とボージュ山脈[†1]の間の土地のみならず、バルカン半島を通り中東に達する経済および政治的覇権を思い描いていた。ナウマンが考える中欧はベルリンからバグダードへ伸びる道に広がっていたのである。ナウマンは自由主義者であり結局はワイマール共和国の支持者であったが、実際にはナウマンの概念に近いものがヒトラーの下で一時的に達成された。ただしその時点までに、ドイツの野望はヨーロッパ（大陸）全体におけるドイツの覇権へと拡大していたのだった。

だが中欧には第二の、歴史的にもっと新しいバージョンが存在する。地理的には前のバージョンより西においては限定されるが、一方で南側と東側にはもっと広がっている。いわば「東中央ヨーロッパ」で、「ヨーロッパ大陸の東の地域で、おおよそエルベ川からロシア平原までと、バルト海から黒海とアドリア海まで」[2]だと定義される。これは、経済史、社会史のいずれの観点から見ても理に適っている。歴史的に見ると、この地域はヨーロッパの中でも西側の地域と社会的、経済的に異なる部分とほぼ一致しており、一九世紀まで農奴制や小作農制度などが存続し続けた。事実、この中央ヨーロッパは古きハプスブルク帝国の領土と一致し、ハプスブルク帝国の首都も領土の中心部も、結局のところ、ヨーロッパ大陸の地図において中央と表現する他ない場所に位置していたのだ。

政治的には、ハプスプルク帝国への郷愁を表現する、この「中央ヨーロッパ」という概念が存在する。西側はボーデン湖から東はモルドバの国境まで広がり、さまざまな地域と民族が集まってできたこの広大な領域は、一九一八年には新旧の七つの国に分割され、現在は一二の異なる国々が存在する。[3]一九一八年以降の歴史のおかげで、民族主義者が「民族の牢獄」（Völkerkerker はこれのドイツ語）と称した国にかつて住んでいた人びとが抱いていた皇帝フランツ・ヨーゼフ（在位一八四八〜一九一六年）の帝国に対する思いは和らいだ。実際、ハプスブルク帝国は、そのかつての領域のあらゆる場所で郷愁の念とともに思い出してもらえる、おそらく唯一の帝国だろうが、このことは、その時代を生きた人びとにとっては意外に思われただろう。ハプスブルク帝国は、長く待たれていたその終焉が刺激となって偉大な文学が生まれた唯一のヨーロッパの国だった。カール・クラウス、ローベルト・ムージル〔オーストリアの小説家〕、ヤロスラフ・ハシェク〔チェコの風刺作家〕、ミロスラフ・クルレジャ〔クロアチアの作家〕といった人びとを思い浮かべるが、彼らのような文学における帝国の墓堀人たちは、ほとんど例外なく、帝国の消滅後にその死を悼むことはなかった。後述するように、例外すら、この法則を証明している。というのも、ヨーゼフ・ロートの傑作『ラデツキー行進曲』[†2]でさえも、まるでアルコール依存症者の皮肉を含んだような視点で、はるか東端の国境線から帝国を振り返ったからである。

ローベルト・ムージルがカカニア（Kakania）と称したもの（二重君主制、「帝国と王家の」を意味する kaiserlich und königlich の頭文字をとってこう呼んだ[4]）への郷愁の念があったとしても、それは再生できることを意味するわけではない。にもかかわらず、その存在は一九世紀ヨーロッパの権力システムにとってあまりにも中心であったので、これに匹敵する中央ヨーロッパの存在をドイツとロシアの間で探そうという試みが絶えず行われたのである。

ヴェルサイユ条約以後では、フランスの「小協商」という概念がおそらく最初の試みであった。小協商とは、チェコスロヴァキア、ユーゴスラビアおよびルーマニアとの協商で、これらの国はどれも大部分または全土がかつてのハプスブルク帝国領であった。しかし、小協商は失敗に終わった。小協商とその各メンバーは、独立のドナウ連邦の成立を目指したが、これも失敗に終わった。ヒトラーのドイツの台頭によりこれらのプロジェクトは理論だけに終わったが、イギリス政府は戦後構想の中でドナウ連邦のようなものを模索していた。しかし、この構想が実現することはなかった。第二次世界大戦直後には、小協商の復活という考えが再びチェコスロヴァキア内で広がり、同じようにあいまいなハンガリーのドナウ連邦の概念と対抗することになった。いずれの構想もモスクワの覇権によって一掃されたし、長く共産主義者の政策であり、チトーやディミトロフ〔ブルガリアの政治家〕から真剣な支援を受け、はるかに現実的だったバルカン連邦の計画も、モスクワにより排除された。ソヴィエト帝国の黄昏期に、中欧、あるいは中央ヨーロッパのアイデンティティの理想型がこの地域の作家たち、すなわちクンデラ、ハヴェル〔チェコの劇作家、チェコスロバキア大統領、チェコ共和国大統領〕、コンラッド〔ハンガリーの小説家、エッセイスト〕、キシュ〔ユーゴスラビアの小説家、詩人〕、ヴァイダ〔ハンガリーの劇作家、小説家〕、ミウォシュ〔リトアニア系ポーランド人の詩人、作家、エッセイスト、翻訳家。一九八〇年にノーベル文学賞受賞〕などの間で再浮上した。それについてはティモシー・ガートン・アッシュ〔オクスフォード大学のヨーロッパ現代史研究者〕が、オーストリア・ハンガリーの歴史を振り返るとともに「ヤルタ以降」に目を向けていると正しく説明している。実際、一九八九年の諸革命の後、ポーランド、ハンガリー、およびチェコスロヴァキアのいわゆるヴィシェグラード・グループのなかで中央ブロックを再び作る案が短期間浮上したが、それは本質的にはかつての社会主義国の「先進地域」を「後進地域」から切り離し、先進地域を速やかに統合するよう、EU〔ヨーロッパ連合〕を説得するためのものであった。事実、この地域においてソヴィエト時代の終焉が生んだのは、より大きく統合された中央ヨーロッパへの回帰ではなく、チェコスロヴァキアとユーゴスラビアの分裂を原因とする、かつてのハプスブルク帝国のさらなる分裂であった。要するに、その消滅によって生じた隔たりを埋めるという夢は終わったのである。いずれにせよ、いまわれわれが暮らすヨーロッパはもはや、ドイツとロシアという二大勢力間の防波堤としての中間ブロックに対する重要な要求が存在する時代ではない。

しかしながら中央ヨーロッパあるいは中欧概念には、ハプスブルク帝国への郷愁の念やロシア・ドイツ間の他の中間ブロック構想などよりも危険な、第三の変種が存在する。それは優れた「われわれ」と、東や南の劣った、あるいは野蛮でさえある「彼ら」とを区別するものである。この優越感は、決してヨーロッパ中央部に住む人びとだけに限られるものではない。実際、それは両大戦および冷戦期には、自称「西側」の人びとが、自分たちと「東側」、そして一九四五年以降は特に社会主義体制下にある国々とを区別するために使われていた。だが、特に中央ヨーロッパ全般、とりわけハプスブルク帝国に関連していた。というのも、「先進」と「後進」、「近代的」と「伝統的」、「文明的」と「野蛮」等、さまざまに形容されたものの境界線がそこを貫いていたからである。ハプスブルクの著名な政治家、メッテルニヒの言葉を引用するならば、「アジアはラント・シュトラーセ（ウィーンから東へ伸びる主要道路）を起点とする」からである。また「アジア」という言葉（劣等という意味を含むとみなされていた）は、ウクライナ人、ポーランド人、ルーマニア人、ドイツ人、そしてユダヤ人が共存する興味深い一角であるブコヴィナ生れで『半アジアの文化的不毛地帯』（日本語訳『半アジアからの素描』）を著した一九世紀の作家K・E・フランツォース（一八四八～一九〇四年）の作品のように、中央ヨーロッパのある地域が他の地域について論じた著作のなかで繰り返し使用される。ブコヴィナ生まれのもう一人の作家グレゴアール・フォン・レッツォリは、それにエキゾチックなアフリカの色合いを加えて「マグレビニア」という架空の地を創造した。[6] その地域ではすべての人びとが、「アジア」のどこかと境界を接して暮らしている。その地域はドイツ系のケルンテン〔オーストリア南部。イタリアとスロヴェニアに接する州〕人にとってスロヴェニア人から彼らを隔てるものであり、スロヴェニア人にとってはクロアチア人から、クロアチア人にとってはセルビア人から、セルビア人にとってはアルバニア人から、さらにハンガリー人にとってはルーマニア人から自分たちを隔てるものだった。そして実際、どの町においても境界は教育のある者と教育のない者の間、伝統的なものと近代的なものの間に存在し、時に（常にではないが）民族的・言語的な境界線とも一致した。中欧に住む人びとが野蛮に対する文明の代理人であると自分たちをみなすとき、この言葉は人種的優越性や民族の排斥という人種差別に、危険なまでに近いものとなる。

ゆえに、政治用語としての「中央ヨーロッパ」は容認できるものではない。では、文化的概念としてはどうであろうか。芸術や科学の中にも、識別可能な地域上の境界線を持つ高級文化が存在するのであろうか。

かつては、そのような「中央ヨーロッパ」文化のようなものが存在していた。それはかつてドイツ語の教養の覇権下にヨーロッパの広い地域に暮らしていた、解放された、そして中央ヨーロッパの多くの地域では概ねユダヤ人中産階級の文化であった。それは、ロンドン、ニューヨーク、ロサンゼルスの古い移民居留地でヒトラーの時代を生き抜いたものの、もはや存在していない。この文化は次の三つの理由から中央ヨーロッパ的であった。第一に、ヨーロッパの中央地帯においてのみ、ドイツ語が文化における主たる国際語であった。教育を受けたヨーロッパ人ならば誰もがフランス語を知っていた時代において、唯一の国際語ではなかったとしても、そうであった。ドイツの言語・文化的覇権地域は、ライン川からハプスブルク帝国の東端まで、スカンジナビアからバルカンの奥深くまで広がっていた。バルカン半島の大部分の地域にとってウィーンは文化の中心だった。ブルガリアのドナウ川下流の都市ルセ出身のエリアス・カネッティは、そのさすらいの人生の最後まで、ドイツ語で話しドイツ語で執筆したウィーン文化人でありウィーン文化人であり続けた。この圏内では、ドイツ語は、主要な国際言語であったばかりでなく、より遅れた地域や出自の人びとが近代へ近づく手段としての言語でもあった。K・E・フランツォースは「バルノフのシラー」という短い物語の中で、解放の普遍的な媒体としてのドイツ文化という理想に、ある特徴的な表現を与えている。この短い物語は、一冊のシラーの詩集が、遠いガリツィア地方の小さな村に住むさまざまな人たちの手から手へ渡っていく運命を描いている。そのすべての人びと、すなわち、ポーランド人の僧侶、ユダヤ人、ルテニア（ウクライナ）人の小作農にとって、その詩集は過去から未来への浮上を現している。

このように、住民がドイツ語のみを話す（というより、ドイツ語の書き言葉とそれぞれの方言の話し言葉を組み合わせている）中心部の外では、この中央ヨーロッパの文化は典型的には他の言語も話す人びとで構成されるグループのものであり、したがって人びとをつなぐ架け橋となりえた。真の中央ヨーロッパ人とは、イタロ・ズヴェーヴォ（「ドイツ系イタリア人」）というペンネームの方で有名なトリエステのエットーレ・シュミッツのように、言語と文化が交差する場所に立っていたと言えるかもしれない。この中欧と中欧の軸であるドナウについてのもっとも優れた記録作品を残した人物が、もう一人のトリエステ人クラウディオ・マグリスであったのは偶然ではない。彼はイタリア、ドイツ、ハンガリー、そしてさまざまなスラブの文化が出会い、地方の農民の方言や大きな海港都市の多文化音楽と融合する、アドリア海のあの特筆すべき一角の出身である。

第二に、教養のある一般人が主としてユダヤ人で構成されていたのは、ヨーロッパの一つの場所、実質的にはハプスブルク君主国の中だけだった。ユダヤ人は第二次世界大戦までウィーンの人口の一〇パーセントを占め、ブダペストではその割合はさらに高かった。一八四八年以前、ユダヤ人は大部分がハプスブルク帝国の主要都市から排除されていた。しかし圧倒的な勢いで、一九世紀後半になると多数のユダヤ人がモラビア、スロヴァキア、ハンガリーの小さな町から、さらには遠く離れた現在のウクライナからもこうした主要都市に移ってくるようになった。これらの解放されたユダヤ人は自分たちのことを、文化的にドイツ的な「中央ヨーロッパ人」とみなしていた。二〇世紀に西側に移動した伝統主義的で、イディッシュを話す東方ユダヤ人と距離を置こうとしたからであったが、それも、双方のグループともヒトラーのドイツの同じガス室で命を落とすまでのことであった。実際、一八八〇年には、ガリツィアのシュテットル〔二〇四頁†4参照〕の中でもっともユダヤ的であったブローディという町〔現在のウクライナにある〕（人口約二万人のうち七六・三パーセントがユダヤ人だった）は、子どもたちがドイツ語で授業を行う学校でのみ初等教育を受けるべきだと主張し、それを許可しなかった当局を相手取ってウィーンの帝国裁判所に訴訟を起こした。[7]（一八世紀にロシア、プロイセン、オーストリアに分割されたかつてのポーランド王国に住むユダヤ人である「東方ユダヤ人」と、特にハプスブルク君主国の世襲領地（Erblande）に住むユダヤ人である「西方ユダヤ人」との概念上の違いは、ブコヴィナで発生したように思われる。一九世紀後半、一八七五年にこの町に（ドイツ語を使用する）チェルノヴィッツ大学が設立されると、解放されドイツ文化を吸収して同化したユダヤ人エリートとイディッシュを話すユダヤ人多数派との間の対立が特に高まった）。

最後に、二〇世紀になって彼らは国を失ったから、この文化の人びとは「中央ヨーロッパ人」と呼ばれなければならない。彼らの国や政治体制は生れては消えていったので、彼らを特定できるのは地理上の用語しかない。たとえば、かつて、ポジョニまたはブラティスラヴァとも呼ばれていた（中央ヨーロッパの都市はすべて複数の名前を持つ）プレスブルクや数キロ離れたウィーンと路面電車でつながっていたある都市の住民は、二〇世紀のあいだに、オーストリア・ハンガリーのハンガリー部分の住民からチェコスロヴァキア、さらにはドイツの衛星国スロヴァキア、共産主義そして一時期は共産主義後のチェコスロヴァキアの住民となり、再びスロヴァキア国の住民となっている。パレスチナにある、自身の血と土の民族の国に対して情熱を持たないユダヤ人にとっては、追憶の対象となる唯一の祖国は、（ブローディ出身の）ヨーゼフ・ロートと同様、すべての民族を同じ穏やかな懐疑主義で扱ったフランツ・ヨーゼフのかつての君主国であった。[†3] そしてそれは、誰もが知るように、永遠に失われてしまった。

しかしそれとともにその文化自体も失われてしまった。その物理的な記念碑、特に大劇場や大歌劇場は、中産階級の精神的な、しかしもはや必ずしも宗教的とは言えない願望を満たしたあの時代の大聖堂とも呼べるものであったのだが、いまも中央ヨーロッパの諸都市の中心である。ウィーンが近代化された一八六〇年以降、旧市街を取り囲むように建設された環状道路を見下ろす建物は、一八四八年革命の敗北後に当初意図されたような「宮殿や駐屯地、教会ではなく、立憲政府とより高級な文化の中心」[8]である。後者の中には、大学、ブルク劇場、芸術と自然科学を象徴する二つの巨大な博物館、ウィーン国立歌劇場がある。にもかかわらず、教育機関はそれを大衆に広めようと目ざしていたものの、この中欧の高級文化は比較的少数の、そして圧倒的少数のことも多い教養あるエリートのものであった。今日、私たちがその中でありがたがっているものは、とにかく、ハプスブルク君主国の約五〇〇〇万の住民の大半にとってはほとんど関心のないものであった。君主国の歌劇場すべてを合わせていったい何人がオペラを楽しむことができたであろうか。一九一三年にウィーン市自体が二〇〇万人の市民に提供したウィーンの交響曲や室内楽の素晴らしさを楽しむことができるコンサートホールの収容力は約六〇〇〇席だけであった。

それにもかかわらず、こうした制約の中でも本質的に一つの言語に結びついていた中欧の文化は、一九世紀においてすら、ナショナリズムの台頭によって弱体化され解体されていった。才能ある翻訳家の努力にもかかわらず、それぞれの国の言語で書かれた文学は、その言語が使われる国の外ではほとんど知られることがないままだった。チェコの領土外に住む中欧ヨーロッパの人びとで、ヤン・ネルダ〔チェコのジャーナリスト、作家、詩人〕やヴルフリツキー〔チェコの作家、詩人、劇作家〕を、またハンガリー以外の人でヴェレシュマルティ〔ハンガリーの詩人、劇作家〕やヨーカイ〔ハンガリーの劇作家、小説家〕を、知っていた、あるいは彼らに関心を持つ人がいただろうか。実際、中央ヨーロッパ内の相違は音楽や政治のように比較的国境を越える分野でさえも明らかである。ウィーンの知的リーダーシップを受け入れなかったという理由だけをとってみても、ハンガリーの社会主義者はオーストリアのマルクス主義者ではない。バルトークやヤナーチェクの音楽はブルックナーやマーラーとは従兄同士ではない。オーストリアのアルプス地方がウィーン人やユダヤ人に抱く反感、カトリックのオーストリアの文化と現在は非常に高い評価を受けている世紀末のハプスブルク文化の間の音楽的、文化的緊張は明白であった。それは彼らの文化ではなかった。逆説的に言えば、共通の中央ヨーロッパ的要素は肩のこらない娯楽という中産階級向けの分野、たとえば地域全体に共通するスラブやハンガリーを起源とするダンス、ロマのバイオリン弾きという音楽の土台、あるいはシュトラウス、レハール、カールマーンなどのハンガリーやバルカン志向のオペレッタなどにもっともよく残ったのである。それらは、ウィーン方言の多文化（マジャール、チェコ、イタリア、イディッシュ）起源の語彙と、ウィーン、ドイツ系オーストリア、チェコ、ポーランド、マジャールおよび南スラブの料理や飲み物が混合した総合的な中央ヨーロッパ料理のようなものの中にも、たしかに間違いなく目につく。

第二次世界大戦以降、そしてヨーロッパの社会主義体制の終焉以降その動きはさらに加速されたのだが、中央ヨーロッパの古い文化は三つの主要な出来事により粉砕された。すなわち、民族の大量追放あるいは虐殺、世界的規模の商業化された大衆文化の勝利、そしてそれと結びつく、絶対的な世界的コミュニケーション用語としての英語の勝利という出来事である。北アメリカ版大衆向け商業文化の勝利は、中央ヨーロッパに限られたことではなく、ここで言うべきことはほとんどない。残る二つの動きは中央ヨーロッパにとって非常に重要である。民族的・文化的少数派、とりわけユダヤ人とドイツ人の大量移住あるいは殺戮によってポーランド、チェコスロヴァキア、ユーゴスラビア、ルーマニアなどの基本的に多民族国家だった国家は単一民族国家へと変わり、それらの都市が持つ複雑な文化は単純化された。いまもブラティスラヴァ（プレスブルク／ポジョニ）に暮らし、人びとと文化が出会う場所としてその町を記憶している古くからの家族は、自分たちは「プレスブルク人」であると主張して、スロヴァキアの内陸の田舎からやってきて、いまでは国の首都の性格を決定する「ブラティスラヴァ人」と自分たちを区別している。そしてチェルノヴィッツ（チェルナウツィ）、レンベルク（ルヴフ／リヴィウ）などの都市でも、今日そこを訪れる人びとならば誰でもわかるように、同じことが起こっている。中欧はその本質的な性格の一つを失ってしまったのだ。

同様に、そしておそらくさらに重要なのは、ドイツ語の言語的覇権の終焉である。ドイツ語はもはやバルト海からアルバニアまでの知識人の共通語ではない。これはたんに、若いチェコ人が若いハンガリー人やスロヴェニア人と会った時に会話する言葉がおそらく英語であるというだけではなく、誰一人相手がドイツ語を知っていることを想定できない、ということである。いまや、ドイツ語を母語としない人がゲーテやレッシング、ヘルダーリンやハイネを知識人文化の基盤として使うことはない。ましてや、遅れた時代から近代へと導いてくれる道であると考える人がいないのは言うまでもない。

ワイマール以降、ドイツ文化はもはや中央ヨーロッパの基調をなすものではない。多数の国民文化の中の一つでしかない。中欧の古い文化は忘れられてはいないかもしれない。中欧文化に関する翻訳や著作はかつてないほど多い。だがそれも、ウィーンを中心にわずか数百平方キロメートルの範囲内に暮らし活動していた作曲家たちがおもに手がけたクラシックの交響曲や室内楽コンサートのレパートリーと同様に、もはや過去のものである。

政治的かつ文化的に、「中央ヨーロッパ」は戻ることのない過去に属している。そこに属するものでいまも残っているのはただ一つである。ヨーロッパ西側の豊かで成功した経済と大陸の東側とを分ける境界線、すなわちかつてハプスブルク帝国の真ん中を走っていた境界線はまだ存在している。ただしそれは、拡大ＥＵ（ヨーロッパ連合）となるであろうものを二分する境界線として存在しているのである。[†4]

＊本章の初出は、*Comparare: Comparative European History Review*, by Association international des musées d'histoire, Paris, 2003 に掲載されたものである。

原註

1　John C. Bartholomew, *The Edinburgh World Atlas: Or Advanced Atlas of Modern Geography*（7th edn, Edinburgh: J. Bartholomew, 1970）.

2　Iván T. Berend and György Ránki, *Economic Development in East Central Europe in the 19th and 20th Centuries*（New York: Columbia University Press, 1974）.〔Ｉ・Ｔ・ベレンド、Ｇ・ラーンキ共著、南塚信吾監訳『東欧経済史』中央大学出版部、一九七八年〕

3　オーストリア、ハンガリー、チェコ共和国、スロヴァキア、ポーランド、ウクライナ、ルーマニア、イタリア、スロヴェニア、クロアチア、ボスニア、セルビアである。

4　というのも、フランツ・ヨーゼフは、彼の領域のオーストリア部分では皇帝として、そしてハンガリー部分では国王として統治したからである。

5　Karl Emil Franzos, *Aus Halb-Asien: Culturbilder aus Galizien, der Bukowina, Südrussland und Rumänien*, vol. 1（Leipzig, 1876）.

6　Gregor von Rezzori, *Maghrebinische Geschichten*（Hamburg: Rowohlt, 1953）; *Ein Hermelin in Tschernopol: Ein maghrebinischer Roman*（Hamburg: Rowohlt, 1958）.

7　Gerald Stourzh, 'Galten die Juden als Nationalität Altösterreichs?', *Studia Judaica Austriaca*, vol. X（Eisenstadt, 1984）特に七四〜七九頁を参照。

8　Carl E. Schorske, *Fin-de-Siècle Vienna: Politics and Culture*（London: Vintage, 1980）, p. 31.〔カール・Ｅ・ショースキー著、安井琢磨訳『世紀末ウィーン――政治と文化』岩波書店、一九八三年〕

訳註

†1　フランス北東部にある山脈。アルザス・ロレーヌ地方にまたがる。
†2　原著は一九三二年出版。邦訳は、ヨーゼフ・ロート著、平田達治訳『ラデツキー行進曲』（上・下）岩波文庫、二〇一四年。
†3　フランツ・ヨーゼフは、ユダヤ人の法の下での平等を実現した。
†4　この文章が刊行された二〇〇三年の翌年二〇〇四年に、この境界線を越える形でEUが拡大した。

第9章 ヨーロッパ・ブルジョワ社会の文化とジェンダー——一八七〇年〜一九一四年

Culture and Gender in European Bourgeois Society 1870-1914

公的生活をおくる人びと、あるいは公共の領域の人びとについての人名録がイギリスで定期的に刊行されるようになったのは、一九世紀中葉のことだった。もっともよく知られているもので、またそれ自体がその種の伝記的年鑑の原型である現在の『総合人名録』（*Who's Who*）の直接の祖は『現代人物録』（*Men of the Time*）であった。一八七〇年から一九一四年にかけてのブルジョワ文化における男女間の公的および私的な関係の問題について概観するにあたり、まずこのささやかながらも意義深い編集上の変化について見ていこう。[1]

上述の編集上の変化が意義深いのは、従来男性に限定されていた人名録に女性も含まれるようになったからではない。実際、『現代人物録』には長らくわずかながらも女性が含まれていた一方で、そのような人名録に定期的に掲載される女性の割合は、一八九七年からは『総合人名録』も含め、いちじるしく上がることはなかった。その割合を上げようとする試みはなされることになるものの、三から五パーセントの水準に留まっていた。はるかに大きな割合の女性たちが、ジェンダー中立的に編集された人名録に割り込むようになったのは、一九六〇年代、一九七〇年代の第二波フェミニズム運動の時代になってからのことである。一九七〇年から一九八〇年にかけての『全国人物事典補巻』(*Dictionary of National Biography Supplement*)では女性の項目が一五パーセントを占めるようになった。一九世紀中葉の変化の革新性は、それまでいわば例外的な個人としての扱いを除いて女性たちが排除されてきた公的領域に、女性が女性としての位置を正式に認められるようになったという点にある。どこよりもブルジョワ的な国であったイギリスを実際に一人の女性が五〇年以上にわたって治めていたにもかかわらず、ようやくその後に彼女の同性たちが名士の仲間入りを果たし公的な地位を許されるようになったという事実に目を向ければ、この変化の重要性がよくわかる。

女性にも公的な要素を認めるようになった二つ目の例を挙げよう。一九〇八年にロンドンで開かれた英仏博覧会は、一九世紀に開かれた過去のすべての万国博覧会と同様に、世相を包含するシンボルの集積であった。この博覧会が重要だったのは、初めてのそのような機会としてオリンピックと連携し、その目的のために特別に建造されたスタジアムで開催されたこと、そして専門の「女性の作品館」を備えていたことによる。この建物の中身についてわざわざ吟味するにはおよばないが、注目に値する二つの事実がある。まず、当時のレポートによれば、女性芸術家は自分たちの作品を女性の作品という見出しのもとで展示するより、ジェンダーに特化しない一般の「芸術館」に送りたがった。

二つ目として、女性労働協議会は博覧会で実際に雇われ働いている女性たちが薄給で酷使されているとして抗議した。[2] ともあれ重要なのは、「女性の作品館」が女性を存在者としてではなく行為者として、あるいは家族や社会という組織で機能する歯車としてではなく何かを成し遂げた個人として称揚したという点である。

初期の人名録に女性を載せた基準と、新しい時代に刊行された人名録のそれとを比較してみると、この変化はやはり明らかである。一九世紀初期の典型的な書（ヴィクトリア女王の治世五〇周年を祝うために刊行された『治世の人びと』（*Men of the Reign*））に挙がっている女性たちの大部分は、自身の資格ではなく、家族関係を通じて（すなわち、著名な男性の姉妹、娘、妻、未亡人、情婦その他の縁故者として）、あるいは（それに相当するものだが）王室や貴族の血族ネットワークの一員として掲載されているのだ。後の時代の人名録では、そのようなケースの扱いは決して定かではない。王室や貴族の婦人は掲載されるのが一般的であったものの、概してこのような女性たちは出版物の中からだんだん削除される傾向にあった。

女性に対するこの新しい公共の認識を示す三つ目の証拠としては、公的領域における女性の業績向けのショーケースが確保され、そこに陳列するのが妥当な女性たちを探すための取り組みが明らかになされたことが挙げられる。『現代人物（男女）録』（*Men and Women of the Time*）の初期の版には、大学の試験に好成績で合格したことだけが唯一の業績である若い女性たちが名を連ね、さらに一時的にもう少し貴族の女性たちを足すことでその数が水増しされた。そのどちらの掲載基準も後に廃止された。[3] ことによるともっと目を引くのは、ノーベル賞が新しく設けられた最初の何年かに女性の選出が際立っていたことだろう。ノーベル賞が初めて授与された一九〇一年から一九一四年のあいだに、女性は四回この賞を受けた（セルマ・ラーゲルレーヴ　文学賞、ベルタ・フォン・ズットナー　平和賞、マリ・キュリー　物理学賞と化学賞の二回）。後世、同程度の期間に、これと匹敵する数のノーベル賞が女性に授与されたことはないのではないだろうか。

要約すると、一九世紀終盤に向かうヨーロッパと北アメリカには、女性をブルジョワ社会での同じ意味での人として、つまり男性に類似しそれゆえなんらかの業績を成し遂げる可能性を持つ者にも類似した存在として扱おうとする、はっきりとした気運がみて取れる。これは、ちょうどその頃発展しつつあったスポーツのようなきわめて象徴的な分野にも十分に当てはまる。テニスでは、男性シングルスの選手権設立後数年以内にイギリス、フランス、アメリカ合衆国において女性シングルスの選手権が設けられた。女性が、それも既婚女性もが個人として選手権で競うことを認めるというのは現在の私たちには革新的なことと思えないかもしれない。しかし一八八〇年代や一八九〇年代には、それは今日私たちが認めるよりはるかに革新的なことだった。もちろん、可能性を秘めた個人の集まりとしての第二の性に対する認識が高まってきたことは、ある意味では、ブルジョワ個人が持つ古典的な権利を女性にも認めようとする圧力が高まってきたことと関連がある。大方の国において、正式にあるいは制度的に女性を市民として認知するのは一九一七年以降まで延期されたが、第一次世界大戦中とその後に急速に進んだ発展を見れば、その方向に向かう力の強かったことがわかる。一九一四年には女性に参政権を付与していた国はほぼ皆無に等しかったが、その一〇年後にはヨーロッパと北アメリカのほとんどの国において女性参政権が憲法に組み込まれていた。公的領域における女性の問題にさらに直接的な関係のあるのは、一九一七年にイギリス王室が初めて男女に平等に開かれた叙勲制度、すなわち大英帝国勲位章を制定したことだ。

　この公的領域への女性の浸入は、理論上はどの特定の階級にも限られていたわけではないが、実際には私たちは当然ながら上流階級と中産階級の女性たちに関心を向けることになる。例によってその重要な例外は娯楽の分野である。それ以外の女性を公的に知らしめる可能性のある他の活動形態は、プロフェッショナルなものか否かによらず事実上すべて、余暇、物質的資源および教育のいずれか一つまたはそれらを組み合わせたものに依存していた。このようなメリットは、労働者階級の女性の大半にとってとうてい手に入れられるものではなかった。また、たんに有給の職を得たり労働市場に参入したりすることでさえ、中産階級や上流階級の女性たちにとっては社会的に重要な意味があったが、これは労働者階級の女性たちには当てはまらなかった。そもそもの定義からして労働者階級の女性たちはみな当然働いていたし、彼女たちの大半は人生のどこかの段階で、たんに経済的な必要に駆られてとはいえ、有給の仕事に従事せざるをえなかった。他方、仕事、特に有給の仕事は、ブルジョワ層の女性たちが憧れた上流女性の地位には相容れないものと考えられていた。ゆえに、金を稼ぐ中産階級の女性は不幸な犠牲者か反抗者として、事実上例外的な存在だった。このどちらの場合でもそうした女性は社会的アイデンティティという公共の問題を提起した。さらに、中産階級の女性たちが参入したいと願った教育施設や専門職――それらは他の階級には手が届かなかったし、その視野にも入ってはいなかった――は、彼女たちの参入を拒んだ。ゆえに、女性が成功を収めたというまさにその事実が社会の関心を呼ぶものだった。一八九一年にはたんに大学で首席になったからと言って若い男性を『総合人名録』に入れようなどとは誰も思いもしなかっただろうが、若い女性はこの理由のみで名前を載せてもらうことができた。したがって実質的にこの章では上流階級の女性は無論のことだが、ブルジョワジーに属していた女性あるいは属したいと思っていた女性にほぼ限定して考察する。

この目的のためには、上記に挙げた発展の理由をあまり掘り下げる必要はないだろう。公的領域への進出を願う中産階級の女性たちからの相当な圧力が明らかに存在した。彼女たちが若干名の革命家たちを別にしてそれまでには思いもよらなかったほど公的領域に入り込んでいったことは疑う余地がない。また、この努力において、重要な男性層の支えがなければそれが不可能であったことにも疑いの余地がない。すなわち、まず女性たちに対し家族としての権威を持つ立場の男性である。次に、前者に比べはるかにしぶしぶとゆっくりとではあったが、女性たちが入りたいと願った組織を動かしていた男性たちの支持である。この程度にまで、男女の私的領域と公的領域は分かちがたい。

その理由は明白なのだが、私たちは通常、女性解放に反対する勢力について強調する傾向がある。反対勢力はたしかに意固地で非論理的でヒステリー状態でさえあったから、偏見のない心で一九世紀を振り返る現代の観察者にとって真っ先に目につくものだ。たとえば一九〇七年、ウィーン精神分析協会は女子医学生についての論文を取り上げて議論している。論文は、女子医学生たちが勉強したいのは彼女たちが夫を見つけるにはあまりにも醜悪であるからだということ、そして彼女たちがその性的に節度のない振る舞いによって男子学生の風紀を乱していること、さらに言うまでもなく学問は女性に適していないことを主張するものだった。このヒステリーの寄せ集めともいうべきものを礼儀正しく議論した精神分析学者たちは、なるほど、ウィーンのブルジョワジーのなかでそれほど伝統主義でも反動的でもない男性メンバーであった。しかしフロイトを含めそのような男性たちは論文筆者のとげとげしい公然の非難には感心しなかったかもしれないが、フロイト自身の意見はこうであった。「女性が学問から何も得られないということ、そして概して女性の運命というものは学問によってよくはならないというのは真実である。さらに言えば、女性は、男性が性の昇華によって達成する偉業におよぶことはできない」。

一方で、私たちはチャンスを与えられたブルジョワ階級の少女一人一人の背後には、少なくとも、彼女の選択を許し、まず間違いなくその費用を払ってくれた父親がいたことを決して忘れてはならない。少女の外見や目に見える地位は、彼女が若い「レディ」であることを主張していたし、そのような若い女性が両親や家族内で権威を持つ者の賛同なしに有給の職を得ることは困難だったのは明らかだ。しかし実際にはそのような親の援助が大いにあった。第一次世界大戦前の四〇年間に女子学生向けの学問的中等教育が飛躍的に成長したことを考えればその事実は容易に想像がつく。フランスでは男子のリセの数がおおよそ三三〇校から三四〇校の間で一定していたのに対し、その手の女子向けの教育機関は一八八〇年の〇校から一九一三年には一三八校までに増えた。これは男子三人に対し一人の女子が教育を受けるようになったことを意味する。イギリスでは一九一三〜一四年度期の女子向け中等学校の数が男子向けの学校数に匹敵しており、男子校四〇〇に対し女子校は三五〇であった。三〇年前、いやほんの一〇年前ですらこのようなことはありえなかっただろう。

その理由を説明することはできないが、この女子教育の進展に不均衡が見られたことも同様に興味深い。たとえば七五〇〇人の生徒しかいなかったイタリアの女子向け中等教育はまったく無視できるほどの規模でしかなく、低地三国〔ベルギー、ルクセンブルク、オランダ〕やスイスにおける発展も不十分なものだったが、ロシアの中等学校には一九〇〇年までに二五万人の女子学生が通っていた。アメリカ合衆国のコレッジの学生数を比較対象外とすれば、ロシアは女子向けの大学教育の分野でも先を行っていた。一九一〇年、ロシアには九〇〇〇人の女子大学生がいたが、これは当時のドイツ、フランス、イタリアの女子大学生数の約二倍、オーストリアの約四倍の数であった。[4] それなりの規模で女性を受け入れるようになった初の大学は、一八八〇年代のスイスの大学であるが、それらの大学が備えたのは主として東欧からの潜在的な女子学生の供給に対してであったことは思い出すまでもないだろう。

この女子教育の成長に物質的な理由があるかどうかは定かではないが、両親の信奉するイデオロギーと娘たちの解放の見通しの間に正の相関関係もあったことはほぼ疑いようがない。ヨーロッパ各地において――たぶんローマ・カトリックの国々においては一番当てはまらないが――、はっきり見出すことができるのはブルジョワの父親の一団であり、そのほとんどが自由主義的で進歩的な信条を持っていたと想像される。彼らは自分たちの娘に進歩的な考えと解放を目指す意思の両方を吹き込み、一九世紀末か二〇世紀初頭のどこかの段階で、娘たちがもっと高い教育を受けるべきであり、専門的かつ公的な生活において役割を果たすべきだとさえ認めたのである。

だからと言ってそのような父親が娘を息子とまったく同様に扱ったわけではない。おそらく、女性たちが他の専門職に比べ医学の門をこじ開ける方が容易だと気付いた事実は、女性が特に世話や介護に向いているという因習的なイメージに治療行為が合致したという事実と無関係ではない。一九三〇年代においてさえ、結晶学者ロザリンド・フランクリンの父親は、裕福な自由主義ユダヤ人という典型的なブルジョワの親族ネットワークの一員であるため、よりラディカルな社会主義者の子どもたちにすら慣れっこの筈でありながら、ロザリンドに対しては自然科学を職業として選ばぬよう助言した。父親にとっては娘がなんらかの福祉事業に就いてくれる方がよかったのだ。[5] それでも、そのような進歩的ブルジョワ・グループのメンバーたちは一九一四年以前のどこかの時点で、娘たちや場合によっては妻たちの新しくより広範な社会的役割を受け入れるようになったのではないだろうか。この変化はかなり急激に生じたようである。ロシアにおいては、女子学生の数は一九〇五年の二〇〇〇人足らずから一九一一年には九三〇〇人にまで増加した。イギリスには、一八九七年には八〇〇人程度の女子大学生しかいなかった。[6] これが一九二一年までに全日制の女子大学生の数は約一万一〇〇〇人になっていた。全学生数の三分の一弱と言った方がいいかもしれない。さらに、女子学生数と、対応する年齢グループに占めるその割合は、第二次世界大戦までは実質的に変化することがなかったが、この時期には全大学生数に占める女子の割合はいちじるしく落ち込んだ。[7] その理由としては、娘たちの勉学を応援するような親たちの貯水池が、第一次世界大戦の終結までにすでに干上がっていたのではないかと推測できるのみである。イギリスでは一九五〇年代・一九六〇年代に大学が拡張するまで、女子大学生のさらなる社会的・文化的供給源に手が付けられることはなかった。ついでながら言及しておくと、一九五一年においてでさえ、女子学生は男子学生に比べ相当な割合が上流階級や中産階級出身者であった。

この変化のスピードについては憶測することしかできない。イギリスではそれは「女性に参政権を」の呼びかけのもとに結集し一九〇〇年代初期の大衆の力となった、女性運動の盛り上がりと関連があるようだ（イギリス以外の国についての推測を試みるのは控えておく）。たしかに、一九〇〇年代の女性参政論は中産・上流階級のかなり保守的な女性たちにとってもまったく受け入れ可能な選択肢であった。実際、一九〇五年にはイギリスの全公爵夫人の四分の一の氏名がフェミニスト系の『イギリス女性年鑑』（*Englishwoman's Yearbook, 1905*）の付録人名録に挙がり、そのうちの三人は他三人の侯爵夫人と一六人の伯爵夫人とともに実際に保守統一女性参政権協会の副会長を務めていた。女性参政権の闘争的活動家約七〇〇人を収めた人名録、『女性参政権年報　女性版総合人名録一九一三年』（*Suffrage Annual and Women's Who's Who of 1913*）を見ると、そうした活動家たちの圧倒的多数が、中産階級だけでなくイギリス社会にその地位を確立した上流中産層に属していたことがわかる。[8] これらの女性たちの父親で身元が割り出せる人物のうち、七〇パーセント以上を軍の将校、聖職者、医師、弁護士、エンジニア、建築家または芸術家、大学教授およびパブリック・スクール校長、上級公務員、そして政治家が占めている。一三パーセントは貴族あるいは他に記述がなければ土地所有者である。一二パーセントは実業家だった。将校と聖職者は特に突出しており、植民地経験のある父親も同様に多かった。女性運動家たちの夫――彼女たちの四四パーセントは既婚者だった――で身元が割り出せる者の伝統的な職業と言えば上記の父親たちほどではない一般的な実業家だったが、他方でジャーナリズムのような新しい職業はそれよりかなり多かった。しかし明らかに活動家の大多数は上流階級か上流中産階級に属していた。『女性版総合人名録』（*Woman's Who's Who*）に掲載されたほぼ三分の一が、一九一三年には家庭用機器としてかなり例外的だった電話を所有していたことは注目に値する。これらの参政権運動家たちの二〇パーセントもが大学の学位を持っていたことだけ付け加えれば全体像は完成する。彼女たちの文化との関わりは、掲載された限りでのその職業を見れば簡単に示せるだろう。二八パーセントが教師、三四パーセントは作家とジャーナリストで、九パーセントは芸術家と自称しており、四パーセントは女優か音楽家だった。こうして、職業を報告している二二九人のうち七五パーセントが再生産文化の創造や伝播に直接関わりのある活動に従事していたことになる。

したがって、私たちは、一九世紀のブルジョワ社会で考えられていたような女性の役割と振る舞いが、第一次世界大戦前の最後の二〇年間か三〇年間のある時点でいくつかの国において急速かつ大幅に変化したのだと認めてよい。何も私は解放された中産階級の新しい女性が自身の年齢グループ内においてさえ控えめな少数派以上のものを形成したのだと主張しているわけではない。しかしこの章の冒頭で示したように、彼女が公的に認識されるようになったスピードを考えると、最初からこの少数派はその後ろに従いつつあったもっとずっと大きな集団の前衛とみなされていたことがうかがわれる。

解放された女性の登場はブルジョワの男性たちに特に歓迎されたわけではない。女性嫌い――あるいはとにかく極端な性差別主義者――が登場したのは一八九〇年代と一九〇〇年代のことだった。これは知識人、特にリベラル派に起源を持つ解放された知識人の間に生じた反動であり、不安や恐れを表しているように思われる。もっとも典型的な反動は、オットー・ヴァイニンガー[†1]、カール・クラウス〔オーストリアの作家・批評家、本書第11章を参照〕、メビウス〔ドイツの神経生理学者〕、ロンブローゾ〔イタリアの医師。精神病理学・犯罪学が専門〕、ストリンドベリ〔スウェーデンの作家〕にみられるさまざまな解釈と程度のヒステリー、そして当時流布していたニーチェの著作のなかに見出すことができるのだが、それが強調していたのは、永遠の本質的なる女性は知を排するものであり、それゆえこれまで本質的に男性的とみなされてきた分野で女性が挑んでいる競争は、男女どちらにとってもせいぜい意味のない行為と言わざるをえず、最悪の場合は災難である、ということである。先に引用した、ウィーンの精神分析学者たちの間で展開された一九〇七年の論争は、その典型例である。ことによると、ケンブリッジ「使徒会」[†2]のようなイギリスの若い男性知識人の濃密かつ意識的にホモセクシュアルな文化は同様の不安を反映しているのかもしれない。[9]

　しかしながら、ここで強調しなくてはならないのは、フェミニズムに対して隠しつつも続いていた男性の抵抗ではなく、先述のフロイトからの引用にもしかと示唆されているように、ブルジョワ女性の役割がすでにかなり変化していたことについての認識である。というのも、男性側の戦闘要員の眼にうつった世紀末における男女の戦いの一つの要素は、ブルジョワ女性の自立したセクシュアリティがすでに認められていたということだったからである。女性の――ブルジョワ女性はそれ自体新しいものだったが、そのブルジョワ女性を含めいかなる女性の――本質はもはや上品さや慎み、貞節などではなく、官能性だった。道徳ではなく官能的欲望である。カール・クラウスはこのテーマについてさまざまな文章を書いており、実にシュニッツラーからムージルに至るまでオーストリアの文学はこのテーマで満たされている。そしてリヒトホーフェン姉妹[†3]の時代にあって、このことが真実を反映していないといったい誰が言うだろうか。ごく当然のことながら、性の解放はともかく理論の上では女性解放の一部だった。もちろんこれは特に、慣習により処女のままでいることが求められた未婚のブルジョワ階級の少女たちにとってはそうだった。例によって研究調査が寝室のドアを破ることは困難であり、ましてドアの向こう側の寝室での出来事を計量化することは困難極まりない。しかし、ヨーロッパのプロテスタント化やユダヤの影響が広がる環境のなかで、一九一四年までには二〇年前に比べブルジョワ階級の少女とベッドをともにすることがかなりたやすくなっていたことを疑う理由はないように思われる。特に政治的・文化的に解放されたサークルにおいてはそうであった。H・G・ウエルズの性遍歴がこれを物語っている。[†4] 知られざる不義の領域で何が起こったのかを知ることはさらに難しい。これについては憶測を控えておこう。

では、このブルジョワ文化の時代におけるジェンダーの役割は何だったのだろう。そしてそれは公的領域と私的領域の間にどのように位置づけられたのだろう。これまで議論されてきているのは、古典的な一九世紀のブルジョワ社会における女性の性役割のモデルによって、女性は文化の主たる担い手、あるいはさらに言えば、男性に象徴される物質的で動物的ですらある「低俗な」価値観とはまったく別個の、精神的で道徳的つまり「高尚な」生活価値観の主たる担い手となった、ということである。これは自分の意志に反して妻に引っ張られて行ったシンフォニー・コンサートに見るからに退屈している裕福な実業家のイメージである。文化的な行事に出席しようという妻の関心が、音楽そのものに対する情熱というよりはコンサートに出かける人びとの高い社会的地位を共有したいという欲望を反映しているようではあるものの、この夫婦像のステレオタイプには何がしか示唆するものがある。とはいえ、ブルジョワ女性の文化的役割には決定的な限界があることにも留意する必要がある。実際問題として、間違いなく文化が属する公的領域での知を男性が独占し、またそれなくしては文化の成り立ちようがないたぐいの教養・教育から女性が排除されることの両方によって、女性の文化的役割は妨げられていた。もちろんブルジョワ女性も読書はしたが、読む対象はおもに、他の女性が特に女性の市場に向けて書いたもの、つまり小説、ファッション、ニュース、社交界のゴシップ、手紙といったたぐいのものだった。この女性世界のなかから書かれた著名な小説、たとえばジェーン・オースティンの作品が描いたのは知的で快活な若い女性についてであるが、そうした女性は、花嫁に対して「たしなみ」――少々ピアノが弾けたりスケッチや水彩などが描けたりするといったこと――と呼ばれる文化の真似事以上のものを期待しない男性たちのなかで孤立していただけでなく、女性たちのなかでも孤立していた。周囲の女性たちは結婚の戦略や駆け引きばかりに心を奪われるあまり他のすべての事柄において何の役にも立たず、時には『高慢と偏見』[†5]に登場するベネット夫人のように家事を取り仕切る手腕すら持たなかった。よい結婚の真髄はよい収入のある夫であったから、家政の腕など重要ではなかったのだ。

逆説的に聞こえるが、（個人的清廉さといったことを指す、ソヴィエト的な意味での文化も含め）文化の担い手としての女性の役割は、上を目指す社会的流動性という坂の一番低いところでもっとも顕著に見られた。男性のなかで支配的だった身体的卓越や野蛮さといった価値観に代わる唯一の価値観を女性が体現していたのは労働者階級においてだったからである。ブルジョワ社会では、男性は身体ではなく知的な資質と努力に基づいて成功を築くことにより、下方にいる無知な烏合の衆とははっきり一線を画し、ついでに付け加えれば上方にいる無教養な一握りの貴族たちからも自らを区別していた。下層階級出身者の伝記や自伝では、父親よりも母親の方が息子たちの知的・文化的野心を励ますことが多い。D・H・ローレンスがその好例である。たくましい男性の数ある理想型と同じく、ハックルベリー・フィンが逃れなければならないのは文化的生活に導こうとするフロンティアの女性たちによる影響力である。そして大衆向け初等教育が制度化されるや否や、アングロ・サクソンの国々やその他いくつかの国々において一段と優れた教師になったのは女性たちだった。フランスにおいてさえ一八九一年にはすでに女性教員の方が男性教員より多かった[10]。

私が提起したいのは、ブルジョワ女性が初めて文字通りの意味で文化の担い手となる立場に置かれたのは、ようやく一九世紀も終わりに近づいた頃になってからではないかということだ。ちなみに、文化の独立した後援者となる女性が登場するのがこの時期である。すなわち美術収集家のイザベラ・スチュワート・ガードナー[†6]や、劇場の創立者、後援者または支配人としてのホーニマン[†7]、エマ・コンズ[†8]、リリアン・ベイリス[†9]、グレゴリー夫人[†10]といった女性たちである。そしてもちろん女性たちはアーツ・アンド・クラフツのビジネスと室内装飾家（エルシー・ド・ウルフ〔アメリカの装飾デザイナー〕、シリー・モーム〔イギリスの室内装飾家〕等）という（おもに女性が占めた）新しい職業を通じて商業的文化の積極的な参加者となっていった。「室内装飾やしつらえは、近年女性の活躍目覚ましい職業である」[11]。明らかにこの状況は、女性の中等・高等教育の拡張なしにはありえなかった。それにはウィリアム・モリス後のイギリスにおいて美術学校が、そして中央ヨーロッパで美術史コースが増加したということも含まれる。おそらくこうした美術学校も美術史コースもその生徒の大半は女性だったと考えられる。しかし、文化がブルジョワジーを定義づける中心的な特徴にさらになっていき、それにおける女性の役割が強調されるようになったのは、ブルジョワジー自体の構造の変化に原因があると考えられる。

三つの変化が同時に起こった。第一に、地位を確立したブルジョワジー――すでにそこに到達してしまったかあるいはもっと一般的なのは第二、第三世代のブルジョワであったためもう高みを目指す必要のない一族――にとっての問題は、もはや富をどう蓄えるのかではなくどう使うのか、ということであった。そして、いずれの家族史においても示されているように、このブルジョワジーは有閑階級を作り出した。そこに含まれるのはとりわけ、不労所得で生活する未婚女性や未亡人といった身内である。文化的な活動は、不労所得を体裁よく使うのにうってつけの方法だったし、いまでもそうである。教育を受けた人間にとって魅力的なものであるばかりか、ヴェブレン・モデル[†11]で定義されるような有閑階級による誇示的な派手な散財に比べれば、安上がりだからである。もちろんこうした文化的活動も、フリックやモーガン、メロン[†12]らの例でもわかるように、必要とあれば同じくらい高くつくこともあるのだが。

　第二に挙げられる変化はこれと同時期に起こり、以来現在に至るまで続いているのだが、正規の学校教育が、社会的地位を確立したブルジョワジーに属する者にとっての会員証となり、成り上がりの子どもたちを一人前のブルジョワに変容させそして実際にブルジョワジーの仲間入りをするのに最良の方法となったことである。これは、三世代の間に地方のバプテスト派の庭師から経済学者のジョン・メイナード・ケインズを生み出したケインズ家の推移をみれば明らかである。[12] しかし、教養・教育（Bildung）と教養市民・ブルジョワジー（Bildungbürgertum）には必然的に強い文化的側面があった。要するに、中期ヴィクトリア朝のイギリスにおいてマシュー・アーノルド〔イギリスの詩人、文芸評論家〕の目にとまったのは無教養な貴族たちと俗物の中産階級だけであったが、その俗っぽい環境においてさえ、教養あるブルジョワという重要な社会層がすでに登場し始めていたのである。

第三に、またも同時期に、いま一度イギリスが先駆けとなってブルジョワのライフスタイルを個人化し洗練化しようとする顕著な傾向をみてとることができる。それによって、実際に居心地のよいブルジョワ生活の家庭的様式が初めて作り出された。その土地特有の様式で建てられ、アーツ・アンド・クラフツ趣味で内装された郊外や田園の邸宅・小別荘である。本章はこの発展の理由を議論する場ではないが、注目すべきは、まずこの新しい様式に美的・芸術的価値観が吹き込まれていた——モリスの壁紙を考えてみるだけでよくわかる——ということ、そして二番目に、ブルジョワの定義によれば家庭の領域の女主人とされていた女性たちが、それゆえ中心的な役割を担って文化に関心を持つようになったということである。ベアトリス・ウェッブ〔イギリスの社会活動家〕でさえ、ウィリアム・モリスの調度品を探すために社会活動や政治活動を休まなければならなかったほどだ[13]。そして実際のところイギリスにおいてはその頃少なくとも三つの商会が設立され、それらは美的なアーツ・アンド・クラフツ様式の織物や家具、室内装飾で富を築き、現在も商売を続けている。その三社とはヒールズ（家具）、モリス自身のデザインによる壁紙やカーテンを現在も扱っているサンダーソン、イタリア人たちにユーゲントシュティール[†13]に当たる言葉を提供することになるリバティである[†14]。そして地域ごとにさまざまな形態のあるそのユーゲントシュティールやアール・ヌーヴォーは、他のいかなるもの以上に、家庭生活に応用された芸術に基づく前衛的な様式である。

事実、ブルジョワジーの構造に生じたこれら三つの発展すべてが結びついて女性を文化的生活の中心に据えた。なんといっても女性は不労所得や他の誰かの稼いだ収入で生活する有閑ブルジョワ層の大半を占めていた。先にみたようにいくつかの国において、女性は中等教育の面で急速に男性に追いつきつつあった。さらに、大学への進学率は女性の方が低かったものの、イギリスとアメリカにおいてはいまや男子より女子の方が長く就学する傾向にあった。ブルジョワの労働の家庭内分業において、女性は間違いなく収入の使い手の方であった。しかし、この頃よくハウス・ビューティフル[†15]と呼ばれていたものに対する実用的な出費においてさえも、明確で意識的な文化的側面があった。ウィリアム・モリス自身がそうであったように、使う金を持った有閑層の婦人方に熱をあげられるのを快しとしてはいなかったにしても、文化の生産者たちはそのことに気づいていた。

女性解放も当然、教育と文化における平等を達成するための推進力であったが、仮に女性自身による自立的な解放への情熱が存在しなかったとしても、上記の社会変化すべてによってブルジョワ女性の文化的役割は高まったことだろう。もう一つ忘れてはならないのは、芸術のアヴァンギャルドと、特に一八八〇年代、九〇年代に高まりをみせた社会的なアヴァンギャルド――女性解放も含めて――の特別な結びつきである。そしてブルジョワ男性の間では、より物議を醸す活動に女性が身を投じるのを目にするのに比べれば、「部屋の中では女たちが行ったり来たり／ミケランジェロの話をしている」（T・S・エリオット）[†16]状況をよしとするのが慣例になった事実を見逃してはならない。

したがって、この時代の教育を受けた女性がさらに教養を増し、文化的活動を担う責任を感じ、特に舞台芸術の分野において、文化的生産の維持に重要性を増してきたことは間違いない。一九世紀のブルジョワ向け芝居の作家たちが心に描いていた典型的な観客が女性で占められたものである筈はなかったが、実際のところ大戦間期には、イギリスの商業演劇の作家テレンス・ラティガンの言葉を借りれば、彼らはマチネーを観にロンドンのウェスト・エンドにやってくる典型的な「エドナおばさん」[†17]向けに芝居を書いていた。対照的に、アメリカ映画の最初の観客はほぼ確実に貧しく荒っぽい男たちが七五パーセントを占めていた。アメリカが古典映画、すなわち文化に関わる内容の一流映画を輸入し、やがて自前で作るようになったのは、おもには新興中産階級の女性とその子どもたちの関心と金を動員するためだった。また、芸術作品を一般大衆に宣伝する目的でロンドンに設立され、一九〇八年以来イタリア名画の複製を手掛けてきたメディチ社や、一九一二年ドイツに設立されたインゼル文庫出版社が若い女性層をしかと射程に収めていなかったとしたら驚きである。

それにもかかわらず、この時代にブルジョワ文化が目に見えて変容したのは基本的に女性の手によるものであるということも、また実際文化が一方のジェンダーへの偏りを示していたということも主張するのは不可能である。アングロ・サクソン社会における小説のように、文学のなかで伝統的に目立って女性的だった（そしていまも同様である）分野においてさえ、かつてのジェーン・オースティンやジョージ・エリオットの時代に比べ、そして後にまた盛り返してくる大戦間期に比べ、「堅い」女性小説家が一時的にそれほど目立たなくなった印象が否めない。[14] さらにもちろん、以前は人物目録の中に記載されている女性の大半を（舞台芸術家とともに）占めていた「作家」も、この時期には女性の記載項目から急速にその割合を減じていた。文化が女性に限らずブルジョワ全体にとってより重要になった、というのが実情のようである。

それには、一八七〇年以降の時期にブルジョワの公的生活においてははっきりとした層として認知される実体としての若者層が登場してきたことが大きかったのではないかと思われる。この若者には以前に比べればはるかに対等の関係でいまや間違いなく若い女性も含まれてはいたものの、当然のことながら、若い男性も入っていた。若者と文化、さらに具体的には若者と近代精神〔モデルネ〕の結びつきは、解説を加える必要のないほど明白である。この時代に頻出した用語（ユーゲントシュティール、若者たち、青年ウィーン派など）自体がまさにそれを示している。青年期、あるいは中等・高等教育期と言ってもよいが、それは明らかにほとんどのブルジョワが文化的な知識や趣味を獲得する時期であり、また、仲間内の付き合いを通して獲得することが増えていった。たとえばニーチェやワーグナーの流行は明らかに世代的なものだったようである。

　しかし、中等・高等教育を修めるブルジョワ男性の数が若いブルジョワ女性に比べはるかに多かったことを考えると、純粋に統計上の理由で、文化への関心がきわめて高かったこの社会集団が主として男性的なものだったことが予想される。

　少なくとも同じくらい重要なことには、以前に比べはるかに多くのブルジョワジーの息子たちが文化の領域で身を立てることを選ぶようになった（そして選ぶ立場になった）。そして以前よりはるかに多くの親や親せきがその選択を支持していた。しかも資本主義社会の進展がそれをますます可能にしていた。私たちはみな、少なくとも身を立てられるようになるまでは家業や親せきその他の支援者からの助成に頼っていたこの時期の重要な文化人を思い浮かべることができる。指揮者のサー・トマス・ビーチャム〔イギリス〕、作曲家のフレデリック・ディーリアス〔イギリス〕、E・M・フォースター〔イギリスの小説家〕（小説家自身の言葉を使えば、「配当金が手に入り、高遠な思想が浮かんできた」というわけだ）、フーゴ・フォン・ホフマンスタール〔オーストリアの詩人〕、カール・クラウス、シュテファン・ゲオルゲ〔ドイツの詩人〕、トーマス・マン〔ドイツの小説家〕、ライナー・マリア・リルケ〔オーストリアの詩人〕、マルセル・プルースト〔フランスの小説家〕、そしてルカーチ・ジェルジ〔ハンガリーの哲学者〕。ヨーロッパの文化地帯とも呼べそうな環境では、引退後文化活動に身を投じる実業家すら見つけることができる。スイスの文化都市、ヴィンタートゥールのラインハルト[†18]がその一例である。彼のケースは特異な例かもしれないが、実業家が自分の息子たちにまさしく定義上ビジネスとは言えない何かと結びついた生活から生じる社会的地位と評価を勝ち得てほしいと願って当然だったわけではない。ただこの時代に新しかったのは、この社会的地位の源がいまや公職や政治に限られていたわけでも、あるいは一族の資産による貴族的で贅沢な生活スタイルでさえもなく、芸術やさらに珍しいところでは（イギリスのロスチャイルド家が思い浮かぶが）科学分野である可能性もあったという点である[†19]。これはつまり、社会が新しく芸術を受け入れるようになったことを示している。その芸術には、これまで古典的なブルジョワジーの厳格で敬虔な価値観にはとうてい受け入れ難かった要素、すなわち演劇も含まれていた。さらに一八九〇年代に著名な演劇人には貴族の称号が与えられるようになるにつれ、イギリスのブルジョワジーの息子たちや娘たちまでもがプロの俳優や女優になっていった。

要約すると、一九世紀後期から二〇世紀初期にかけては、ヨーロッパのブルジョワ層に属している者や属したいと願っている者にとって、文化がそれまで以上にずっと重要な階級の身元証明となった時代だった。しかし、それは男女間の明確な文化的労働分業が、たとえ理想型モデルとしてでも機能していたと言える時代ではない。もちろん実際は、文化における女性の役割がおもに二つの理由で促された。まず、ほとんどの成人のブルジョワ男性は自分の生計の資を稼ぐつもりであったから、日中に文化活動のためにさく時間をそれほど持ち合わせてはいなかったようである。これに対し、その大半が未就労だったブルジョワの既婚女性にはもっと時間があった。そして二番目としては、これはすでに示したが、ブルジョワの家がますます「美化され」るなかで、急速に発展する広告産業にけしかけられつつ、女性はその主たる家事担当者兼家庭の装飾係であった（そして伝統的にそうあり続けた）ことが挙げられる。それでも、ハリウッド映画の誇張的なイメージを教養あるブルジョワジーの男性に当てはめるのは明らかに無理がある。すなわち、妻の社会的・文化的な野心にうんざりさせられている粗野な大富豪のイメージである。このモデルは第一世代の蓄財家たちには十分妥当に思えるだろうし、あるいはオフィスでの長い一日の後疲れて帰宅し、疲れた実業家に付き物の昔ながらの慰みを心に描いているような一部の実業家にとってさえもっともらしく思えるかもしれない。しかし、中等・高等教育を受けたという事実や「教養ある」ことによって自分自身を社会的に定義づけた、中産階級の広い層にはとうてい当てはまりはしないし、彼らの子どもたちには特に当てはまらない。少なくとも私たちは、E・M・フォースターの小説『ハワーズ・エンド』（一九一〇年[†20]）の主題となった異なる二つのタイプのブルジョワ、すなわちシュレーゲル家とウィルコックス家、教養ある者と教養のない者を区別しなければならない。また、この時期の無骨な富豪でさえほどなくして、絵画の収集は競走馬やヨットや情婦の収集に負けず劣らず財力を示すためのよい散財の形態になると学んだことも忘れてはならない。

ゆえにこの章では、男女間の文化的労働区分があったとは認めない。たしかに男性は家庭領域の外の市場、取引、情報交通の世界に従事していたため、単純に、文化的活動に従事する時間はほとんど持たなかったし、他方で女性は本質的に文化的・精神的価値観の担い手とみなされていた。しかし、上述したような理由により、私はこれが一九世紀初期において当てはまることは少なかったと考える。女性特有の領域は、ごく表面的な意味においての場合を除き、賢いものとも教育や教養を備えたものともみなされていなかった。そして表面的というのはまさしくブルジョワ的世界観における文化のあり方には反するものだった。

ブルジョワ女性解放の初期の時代、女性たちはそれまで法律上あるいは事実上男性にのみ許されていたもろもろの権利とともに高級文化に対する権利をたしかに手にした。しかしそれは女性たちが、特定の機能を持つ特定の女性の領域から離れることによってこそ実現したのである。そして彼女たちが特定の女性の領域に留まり続ける限り、それはブルジョワの高級文化の観点で言えば、大した文化的内容を持たないものだった。それどころか、この時期の女性独自の領域内でおもに進行していたのは、購買全般と特に文学のために、商品とサービスの市場として体系的に女性を利用することだった。一方では、特別に女性に向けられた広告が登場した。もう一方では、女性向けの特別な出版物や、一般向け雑誌や刊行物の女性向け頁という形で、女性専用のジャーナリズムが生み出された。こうした流れの両方が、もっとも効果的に女性の購買行動をあおる魅力とみなされるものに意識的に狙いを定め、女性が女性としてもっとも関心を持つだろうと考えられるテーマ、つまり家族、家庭、子ども、美容、愛、ロマンスといった事柄に焦点を当てた。あらゆる点において社会的に時代遅れにならないように必死な、ごく少数の大金持ちの俗物を除いては、女性たちの間に高級文化はなかった。おそらく多くの解放された教養ある女性もやはり、その社会的地位を汚すことなくファッション記事やロマンス小説を熱心に読んだことだろう。もっとも今日においてもそのような女性で実際にロマンス小説好きを吹聴して回りたがるような人はそう多くはない。

こうしたことのいずれもが指し示しているのは、一八八〇年から一九一四年にかけての時期の女性たちが男性の真似をしようとしていたわけではないということである。まして男性になろうとしていたわけでもない。女性たちは、たとえ男女で同じことをし、完全に対等な者同士として認め合い、同じ公的な役割を担っている場合でも、男女は同じではないということを十分に承知していた。それはローザ・ルクセンブルク〔ポーランド生まれのドイツの革命家〕の手紙やベアトリス・ウェッブの日記を一読すれば明らかである。つまり、女性が文化に対する特別な責任を負うなどといった、女性が別個の領域を持っているという主張は、この頃までには政治的・社会的な反応と結びついていたことを意味する。解放された男性も女性も同じように、いずれの性に対しても差別のない社会環境に暮らすことを希求した。しかしこの社会環境において、ブルジョワ的な意味での文化は、この時代以前と比べてもあるいはひょっとしたらそれ以降の時代と比べても、より強く市民性の定義の中核をなすものだったのだろう。

＊本章の初出は、David Olson and Michael Cole (eds), *Technology, Literacy and the Evolution of Society: Implications of the Work of Jack Goody* (Lawrence Erlbaum Associates, 2006) 所収。

原註

1　この章において「文化」という言葉は、一九世紀のブルジョワの言説で通常この語に付与されていた意味で使われている。すなわち、(たんなる「娯楽」とは異なるものとしての)道徳的・美的価値観を持つとみなされるさまざまな創造的芸術における業績の総体であり、その正当な評価、そして正当な評価に必要な知識の総体を指す。

2　Jihang Park, 'Women of their time: the growing recognition of the second sex in Victorian and Edwardian England', *Journal of Social History*, 21 (September 1987), 49-67.

3　Ibid.

4　Edmée, Charrier, *L'Évolution intellectuelle féminine* (Paris: A. Mechelinck, 1937).

5　Anne Sayre, *Rosalind Franklin and DNA* (New York: Norton, 1975).

6　Martha Vicinus, *Independent Women: Work and Community for Single Women, 1850-1920* (London: University of Chicago Press, 1986).

7　David Marsh, *The Changing Social Structure of England and Wales, 1871-1961* (London: Routledge & Kegan Paul, 1965).

8　Jihang Park, 'The British suffrage activists of 1913: an analysis', *Past and Present*, 120 (August 1988), 147-63.

9　この広く知られた秘密結社についての最良の入門書として次の二冊が参考になるだろう。Paul Levy, *Moore: G. E. Moore and the Cambridge Apostles* (Littlehampton Book Services Ltd., 1979); Robert Skidelsky, *John Maynard Keynes: Hopes Betrayed 1883-1920*, vol. I (London: Macmillan, 1983).〔ロバート・スキデルスキー著、古屋隆訳『ジョン・メイナード・ケインズ――裏切られた期待　一八八三〜一九二〇年』(二巻)東洋経済新報社、一九八七年〕

10　Theodore Zeldin, *France 1848-1974*, vol. I (Oxford: Oxford University Press, 1977).

11　*The Englishwoman's Handbook (The Englishwoman's Yearbook)* (1905).

12　Skidelsky, *John Maynard Keynes*.

13　Norman MacKenzie and Jeanne MacKenzie (eds), *The Diaries of Beatrice Webb* (London, Virago, 1983).

14　一九〇〇年から一九一四年にかけては、一八〇〇年以降のイギリス文学において、主要な小説家の一覧――たとえば、トマス・ハーディ、ジョセフ・コンラッド、H・G・ウェルズ、アーノルド・ベネット、ラドヤード・キップリング、E・M・フォースター、ジョージ・ギッシング――の中に目立った女性のいないおそらく唯一の時期である。

訳註

†1　オーストリアの哲学者。一九〇三年に著した『性と性格』（竹内章訳、村松書館、一九八〇年）には性差別的とされる記述が多くみられる。

†2　ケンブリッジ大学で一八二〇年に結成されたきわめて閉鎖的なディスカッション・グループ。一九七〇年代になるまで女性の入会は許されなかった。

†3　ドイツの男爵位の姉妹。いずれも夫以外の男性との恋愛沙汰が評判となった。姉のエルゼはマックス、アルフレート・ウェーバー兄弟との恋愛が、妹のフリーダはD・H・ローレンスとの駆け落ちが有名である。

†4　イギリスの作家、社会活動家。産児制限運動家のマーガレット・サンガーや作家のレベッカ・ウェストなど、数多くの女性たちと交際していたことが知られている。

†5　*Pride and Prejudice.* オースティン作（一八一三年）、ジェーン・オースティン著、富田彬訳、『高慢と偏見』岩波文庫、一九九四年他。

†6　アメリカの美術品収集家。そのコレクションで一九〇三年にボストンに美術館を開設、現在はイザベラ・スチュワート・ガードナー美術館となっている。

†7　イギリス人資産家。ダブリンのアベイ座（アイルランド国立劇場）の設立を支援。

†8　イギリスの社会改良家。ロンドンにミュージックホールを開き労働者階級に名作の舞台を紹介した。

†9　コンズの姪。コンズを手伝い、劇場の支配人を引き継いだ。

†10　アイルランドの劇作家。ホーニマンらとともにアイルランド国立劇場協会を設立。

†11　アメリカの経済学者ヴェブレンが提唱した市場概念。消費者行動を、所属集団の規準へ適合しようとする傾向の産物とみなし、社会的地位を示すために贅沢品を買うという「顕示的消費」を強調した。

†12　いずれもアメリカの実業家で、美術品収集家としても名高い。

†13　一八九六年に刊行された雑誌『ユーゲント』に代表されるドイツ語圏の世紀末芸術の傾向で、「アール・ヌーヴォー」のドイツ語圏での呼称である。

†14　イタリアではアール・ヌーヴォーが「リバティ・スタイル」（Stile Liberty）として知られるようになった。詳しくは本書一〇章を参照。

†15　ちなみにこの言葉は一八九六年にアメリカで創刊されたマイホームづくりの雑誌のタイトル（*House Beautiful*）にもなっている。

†16　T・S・エリオット著、岩崎宗治訳、『荒地』（岩波文庫）岩波書店、二〇一〇年。

†17　テレンス・ラティガンが想定した人物で、使える時間と金とを持った中流の中年女性。
†18　スイスの美術品収集家。その膨大な名画のコレクションは、オスカー・ラインハルト美術館等で一般公開されている。
†19　第二代ロスチャイルド男爵はイギリスのロスチャイルド家の嫡流でありながら家業の銀行業には関心を持たず、動物学研究に専心したことで知られる。
†20　E・M・フォースター著、小池滋訳『ハワーズ・エンド』みすず書房、一九九四年。

第10章　アール・ヌーヴォー

Art Nouveau

美学は孤立して存在するものではない。とりわけ日常生活の一部としてのアートのあり方と深く関係しているアール・ヌーヴォーのような、一つの運動の美学、あるいは言い方を換えれば同じ系統をみせる複数の運動に関する場合はなおさらそうだ。アール・ヌーヴォーは、厳密には様式として定義されるだけでなく、一つのライフスタイルのための運動であった。世紀末ウィーンの偉大な建築家オットー・ワーグナーは、一八九五年に出版した教科書『近代建築』において、「われわれの芸術的創造のために唯一可能である出発点は、モダンな生活である」と書いている。私が本日の午後みなさんにお話ししたいのは、「近代的な生活」——アール・ヌーヴォーを生み出した環境、そしてそれが属していた芸術関連の諸運動が社会に求めていたもの——が、本来の意味で何を推進しようとしていたのかについてである。具体的に言えば、一九世紀末の都市についてである。なぜなら、ローズマリー・ヒル〔ゴシック復興運動の建築家A・W・ピュージンの研究書などで知られる歴史家〕が今回の展評のなかでももっとも鋭い寸評において考察しているように、「アール・ヌーヴォーに関して一つのほぼ普遍的な真実があるとすれば、それは都市的でありメトロポリタンであったということ」であるからである。[1]

アール・ヌーヴォーは、明らかに都市的であり、メトロポリタンであった。この展覧会を見れば一目瞭然であるように、それはパリのメトロ、ウィーンのシュタットバーンといった地下鉄の駅の建築に見られた様式であった。（またヒル博士を引用させてもらうが）「それが生み出した建造物の種類は、集合住宅であり、コンサートホールであり、水泳プール」であった（おそらく彼女はブダペストのホテル・ゲレルトの大規模な温泉プールを念頭においていたのだろう）。どの基準に照らし合わせても唯一無二である素晴らしいカタロニア出身建築家ガウディを除いて、その様式はまったく世俗的であった。そして、世紀転換期の頃には、それは疑いようもなく、「『グラスゴー・ヘラルド』紙のオフィス、『ツァイト』紙のオフィス、ミュンヘンやブダペストの写真スタジオ、ホテル、パリの地下鉄、（パリのギャレリー・ラファイエットやサマリテールのような）百貨店、そして近代的な都市生活機関に用いられた未来志向の選択肢」であった。イタリアでは、この様式は実際に百貨店の名前をとって「リバティ・スタイル」と呼ばれたくらいである。アール・ヌーヴォーの影響は今日でも、一九〇〇年から一九〇五年頃までかけて改築されたハロッズ百貨店のモダンな正面の鉄製部分に見ることができると聞いている。さらに一八九一年のロンドンのニュー・スコットランドヤードの建物のように、近代都市の下部構造の別の部分が同時期に作られていたことも忘れてはならない（ウィリアム・モリスの古くからの共同制作者であるフィリップ・ウェッブが好例である）。

これは驚くべきことではない。一九世紀後半までに西欧、中欧の大都市——すなわち人口一〇〇万人以上の都市——は、ほとんど二〇世紀の都市の規模に達していた。したがって、われわれが今日そうした大都市から連想するものの最たる例が高速の都市輸送システムであろうが、そのためのサービス機関が必要だった。先駆的であったロンドンの蒸気機関による地下鉄は時期が異なるが、電車の地下鉄や地上鉄道はこの頃に建設された。ロンドン自体でもそうであり、ベルリンにも、パリにも、ウィーンにも、そして——ここがヨーロッパ大陸で最初であったのだが——ブダペストにさえも電車の線路が走ったのである。私は意図的に「サービス機関」という言葉を用いている。これらが行ったことはその堂々とした外観以上に重要だったからである。一九世紀のブルジョワ的な、近代を象徴する構築物（鉄道のターミナル駅、オペラハウス、国会議事堂、または宮殿の偉大な代替物である民衆のための劇場も含む）とは異なり、記念碑性——すなわち、ある歴史的様式により高位の階層とうけとめられるような着想——はその範疇にはなかった。そのため、大量輸送交通機関の駅舎や百貨店、貯蓄銀行のようなサービス機関のための建造物には、実際に、非伝統的な様式を当てはめる余地がより大きく残っていた。しかし都市の景観にアール・ヌーヴォーが貢献したもう一つの重要な側面がある。アール・ヌーヴォーの特徴と見事に折り合いをつけたメディア、ポスターの存在である。

もっとも、記念碑性がアール・ヌーヴォーの特徴ではないとしても、アール・ヌーヴォーは公共的な建物の外観には大いに関与している。アール・ヌーヴォーと関連している都市として知られるヘルシンキ、グラスゴー、バルセロナ、ミュンヘン、シカゴ、そしてプラハにおいて、その絶大な影響は間違いない。もちろんそれらの都市はあまりに急速に成長したので、ヘルシンキに明らかに見られるように、中産階級の住居の可視的な部分のほとんどはこの様式が流行した時期に建造された。（そして忘れてはならないが、ブリュッセルやバルセロナの新しいサービス機関や、ときたま建てられる大富豪のタウンハウスを除いて、アール・ヌーヴォー建築とは基本的には中流階級の住宅建造物であった）。しかし、アール・ヌーヴォーが他の都市ではなくある特定の都市の公的な顔となっている理由は、その都市の成長率だけでは説明がつかない。つまり、ロンドンよりはるかにグラスゴーで見られ、ベルリンよりもミュンヘン、そして——今回の展覧会からは分からないが——ニューヨークよりもむしろサリヴァン〔「形式は機能に従う」の言葉で知られるシカゴ派建築家〕とフランク・ロイド・ライト〔近代建築運動を代表するアメリカの建築家〕の活躍した中西部で見られるのだ。ウィーンと一九〇〇年のパリ万博のような計画的で国際的な見世物は大きな除外の例であるが、概してアール・ヌーヴォーは国の大首都の特徴を形成しているのではなく、地方の大都市の、自意識が強い自信たっぷりのブルジョワジーの特徴を形成するものなのだ。おそらくこれが理由で、この様式の変種すべての間に関係がしっかりとあるにもかかわらず、アール・ヌーヴォー様式は一つではないし一つの名前で呼ばれることもない。ある意味でそれはロック音楽のようだ。いくつかのロックグループが同じ種類に属することはあっても、その一つ一つが、あるいは少なくとも興味深いグループの一つ一つが、それぞれ特有の「サウンド」にこだわるようなものなのだ。この点については後でまた触れたい。

世紀末都市の新規性は何だったのか。それは大量輸送を基盤とした都市という点にちがいない。そうした都市はもはや、人びとが歩ける距離圏に住み、働き、遊ぶような場所ではなかった。安価な大量輸送は一八八〇年代の初頭から実現した。ニューヨークでは一八七〇年代末にこれが可能になった。そして首都圏の居住者は突如として、今日われわれが呼ぶところの公共交通利用者となったのである。この変化のスピードを実感するには、こんなふうに考えていただきたい。鉄道会社に大規模に安価な切符を発行するように強制することになった一八八三年の低価格鉄道条例から一二年後、ロンドン南部の労働者の切符が年間二万六〇〇〇枚から七〇〇〇万枚に増えた。[2] それ以前には、少なくともロンドンの労働組合の規則では、仕事場から四マイル圏に住む労働者は徒歩通勤が基本であり、四マイル圏よりも遠いところで働く者はみな宿泊手当を受給することになっていた。これは都市環境と社会問題を制度的に考慮する、あるいは――一九〇四年に初出が記録され二〇世紀初頭に急速に使われるようになった言葉を用いるならば――「都市計画」を考えるようになったという、かなり大きな改革を暗示した。

都市では、二つのものが発展したために大量輸送が必要となり、かつその更なる発展を加速させた。その二つとは、住宅地の隔離あるいは郊外化と呼ばれる現象が現れたことと、首都圏において高度に特殊目的化した地域が発展し買い物や娯楽のための特別区域あるいはさまざまな経済活動ごとの区域などが出現したことである。ロンドンのウェストエンドがかつて「劇場地区」と呼ばれた特別な地域となり、やや時代が下るとソーホーが結果的に飲食エリアとして発展していった経緯を考えてみればよい。ウェストエンドの劇場の大半は、一八八〇年代半ばから第一次世界大戦のあいだに建造あるいは再建されている。同じことが、パラディアム、ホルボーンエンパイアやヴィクトリアパレスのような新しいロンドン全域のミュージックホールについても言える。これらは労働者階級の住む地域でおおいに繁栄したミュージックホールを補うものとなっている。しかし、これですら都市計画くさい。つまり、首都圏全体のことを考慮した結果といえるのだ。一八八八年以前はシャフツベリー・アヴェニューに劇場は一つも建ってはいなかったし、それよりもっと前の時代にはそもそも何も存在しようがなかった。なぜなら、シャフツベリー・アヴェニューは――その名前自体が社会改革を臭わせるが――、新しく建設された都市計画の初期の例なのである。ところで「都市計画」という言葉は一九〇〇年代の初期に使われ始め、あっというまにその地位を確立した。早い話、首都圏全体の社会問題として劇場建設を考えることはもはや避けられなかったのである。

ヴィクトリア朝中期と世紀末の交通網の発展を比べてみよう。一六六六年のロンドン大火以来、鉄道関連の敷設がロンドンの都市網をもっとも大々的に破壊してしまったことはほぼ確実である。ロンドン大火も鉄道網の拡大も、意図的ではない衝撃を都市に与えたという点で似通っている。どちらも、ちぐはぐなかたちで都市の大部分を破壊した。その一方で、新しい大量輸送システムは通勤者のために計画されただけではなく、意図的に郊外を広げるという働きを担っていた。つまり、広がり続ける首都圏一帯に人口を再分配しようとしたのである。特に、いまや特殊化された都心部には住むことができない人びとや、もはや住みたがらない人びとの再分配を図った。覚えておかなければならないが、この時代は古い首都圏の核がしばしば体系的に拡大して、かつては独立した共同体として存在していたブルックリン〔現在はニューヨークの一部〕やシュテーグリッツ〔現在はベルリンの一部〕を取り込んで「グレーター・ベルリン」あるいはグレーター・ウィーン、グレーター・ニューヨークが生まれた時代である。

この傾向を退けた大首都は数少ない。その最たる例はパリである。そしてこれは、かつては共同体の寄せ集めであったものをまとめて統治するということ以上の意味を持っていた。一八八九年にはロンドンの歴史上初めてロンドン市議会が生まれた。これもまた、ますます特化する都市の区域に枠組みを与え、おそらくは再分配された住人たちのために住居と下部構造を整えることを意味した。

労働運動の勃興があったことも新たな都市化に関連するので忘れてはならない。都市の労働者階級が住んでいた悲惨な状態をどうにかしなければいけないという必要性があったのだ。

もはや失われたかつてのイギリスの栄光、すなわち無料の公共図書館のシステムの供給について考えてみよう。ニコラス・ペヴスナー〔ドイツからイギリスに亡命した建築史・デザイン史家〕をちょっとかじれば、ロンドンのさまざまな場所で、公共図書館も、地域の水泳プールもが一八九〇年代に建造されたことがわかる。しかも、それが大陸のアール・ヌーヴォーに呼応するイギリスの審美的なアーツ・アンド・クラフツ様式で建てられていることは驚くべきことではない。なぜならこの様式は、その着想からして審美的かつ社会的であったからだ。また、都市計画推進者や共同体建造者が強い社会的信念を持っていたことも驚くに値しない。彼らの背景には、イギリスの急進的社会主義があった。美学と社会的な理想主義とはともにあったのだ。

しかしここで、アール・ヌーヴォーと、それが一部をなす世紀末のアヴァンギャルドな現象の中心にある特別の矛盾に直面することになる。私が言いたいのは、それはヨーロッパの中産階級が発展するなかのある一つの時期の様式であったということだ。しかし、アール・ヌーヴォーは中産階級のためにデザインされたのではない。逆に、それはアヴァンギャルドに属していたのであり、アヴァンギャルドは反ブルジョワであり、そもそもはその実践者の信条からいって反資本主義ですらあるものだ。まったくのところ、もしアヴァンギャルドがなんらかの社会的政治的な親近性を持っているものがあるとするなら、それは一八八〇年代と九〇年代初期に突然新しく起こった、おもに社会主義の労働運動であろう。新しい様式の最初のオランダ人建築家ベルラーへは、もっとも強力なアムステルダムの労働組合であるダイヤモンド労働者の本部を設計した。ヴィクトール・オルタ自身もブリュッセルにあるベルギー労働者党の本部を設計している。この建物は「人民の家」と呼ばれたが、一九六〇年代に壊されてしまった。その破壊は近代における都市化の歴史においてもっとも悲惨な出来事である。オルタはこの建物を特に──彼を引用するが──「労働者のスラム住宅に長らく不在であった空気と光をふんだんにとりいれた」建物にするべく設計したのだった。[3] まったくのところ、ベルギーの社会主義の主導者たちは、当時のアヴァンギャルド・アート、すなわち詩や絵画のシンボリズム、彫刻における社会リアリズムもしくは「自然主義」、そして建築におけるアール・ヌーヴォーの熱心な支持者だったのだ。したがって、その様式（ウィリアム・モリスのデザインにおいてわれわれが今日でも賞賛する、流れるような有機的な形態の志向）、その社会批評、人びと（つまり一般の人びと）のための生活空間、人びとが共有する環境に組み込まれた一部としてのアートというその理想は、すべて、イギリスのアーツ・アンド・クラフツ運動から深い影響を受けたのである。

というのも、イギリスは産業資本主義によって変化したヨーロッパで最初の国家であり、それゆえラスキンやモリスのように、産業資本主義がもたらした社会的文化的結果をもっとも強固に批判する人びとを輩出することになった。彼らは特に、それが諸芸術のあり方や人間の環境に与えた影響について批判し、社会的審美的な別の選択肢を探したのであった。とりわけモリスは、大陸で、少なくとも二つの産業化した国々、すなわちアール・ヌーヴォーという言葉が実際に創られた国ベルギーと、ドイツにおいて、社会的、したがって審美的な革命のゴスペルの提議者とみなされることになった。興味深いことに、アール・ヌーヴォーは政治や社会主義運動を通してというよりはむしろ、直接的にアーティスト、デザイナー、都市計画者、そして美術館や美術学校の組織者をとおして社会に影響を与えていった。そのため、小規模であった一八八〇年代のイギリスの社会主義運動の審美的イデオロギーがヨーロッパで大きな存在感を持つことになった。ウォルター・クレイン[†1]の社会主義的なイコノグラフィーは、より広い大陸の社会主義運動のモデルとなっている。

まただからこそ、ニコラス・ペヴスナーの『モダン・デザインの先駆者たち』がモリスとアーツ・アンド・クラフツを建築における近代運動の直接の先祖とみなしたのは正しかった。社会ユートピアの建設としての建築というあの二〇世紀モダニズムのもっとも長く続いた夢は、そこからきている。その目的にむかって、アシュビー[†2]の手工芸ギルドはロンドンのイーストエンドで一八八八年に設立された。エベネザー・ハワードは、アメリカの社会主義者エドワード・ベラミーのユートピア小説で一八八〇年代、九〇年代に大きな影響力を持った『顧みれば』[†3]に刺激をうけて、彼の「田園都市《ガーデン・シティ》」という人間にちょうどよいサイズの緑あふれる共同体の生活場所としての都市を、階級の違いのない、都会／田舎のユートピアとして建てようとしたのであった。ヘンリエッタ・バーネット夫人はロンドン東部のトインビー・ホール[†4]設立者の未亡人であったが、彼女は自分が関わった新しいハムステッド・

ガーデン・サバーブを中産階級と貧困者がともに美と快適さの中で暮らす共同体にしたいと考えた——もっともパブはその計画から外れていたようにみえる。実際のところは富裕な専門職の階層が住むことになったが、彼女の当初の理想はそうではなかった。そして、これらの共同体の設計者や建築家たち——パトリック・ゲッデス、レッチワース田園都市や多くの郊外をつくったレイモンド・アンウィン、ロンドン市議会の新しいアーツ・アンド・クラフツ中央学校を組織したウィリアム・レサビーといった人びとはみな、ウィリアム・モリスとともに活動した集団のなかから出てきている。アンウィンとレサビーはフェビアン協会にも属していた。

　とはいえ、アーツ・アンド・クラフツ運動はたんなるユートピアのためのデザインではなく、手の込んだ、そして必然的に高価な室内用家具や装飾を生み出した。それは新しいタイプの中産階級の生活空間を装飾する手段の一つであった。そして、そこに住む女性を装飾する手段でもあった。実際のところ、大陸の想像力に働きかけたイギリスの新規な点は、ラスキンとモリスの伝統の核心、すなわち、権威をひけらかすためのよき建築ではなく、美と快適さのための建築、ということであった。ムテジウス〔ドイツの建築家、ドイツ工作連盟の創設者の一人〕やヴァン・ド・ヴェルドといった大陸のイデオロジストたちはすぐに、かなり異なったやり方ではあったが、こうしたモデルの代弁者となった。たしかに、フランスやオーストリアのような贅沢な工芸の伝統が深く息づいている国々においては、イギリスのアーツ・アンド・クラフツ運動の政治性は差し引かれて受け入れられた。たとえばウィーン[4]ではそうであったし、フランス[5]でもかなり異なる政治性をみせることになった。そして、人民による人民のための芸術を夢想したモリスと、高価な製品を買うことができる少数の人びとのためにモノ作りをする会社との間には、矛盾とは言わないまでも明らかな相違が存在していた。

そこから、私の二つ目の主題に入りたい。一九〇〇年前後の二〇間における中産階級の変貌についてである。私はこれを一九紀についての私の三冊目の本である『帝国の時代』、および本書のこれまでの章のなかでかなりの長さにわたって扱っているが、ここでまた簡単に、まだ私が納得している議論をまとめておこう。奇妙なパラドックスを引き合いにだすことから始めたい。

ブルジョワジーの勝利の世紀（この呼び方はフランスの歴史家に負う）において、成功をおさめた中産階級の人びとは自分たちの築いた文明を確かなものだと考え、概して自信にあふれ、経済的な困難を感じていなかった。しかし、彼らが物理的な快適さを手に入れたのは、一九世紀も終わりかけの頃になってからのことだった……歴史の中でもっともブルジョワ的な世紀のパラドックスとは、その「ブルジョワ」的なライフスタイルの実現が実に遅かったことだ……しかも特定の階級的なライフスタイルとして、その栄華は一瞬のことだった。[6]

そしてこの変化が目に見えるようになったときが、意識的かつ実質的に「近代的《モダン》」な様式として初めて完全なる勝利をおさめたアール・ヌーヴォーの生成期であった。最近出された本に「アール・ヌーヴォーのあられもなくブルジョワな快適さ」と書かれているのにもそれなりの意味がある。[7]

中産階級の暮らしぶりにおけるこの変化の理由は四つである。まず、政治の民主化により、もっとも偉大かつもっとも手強い個人を除いて、公共的政治的影響力が弱まったからである。「私的な生活と公的な地位や社会的主張の表示とがわけられなかった」生活から、より格式ばらない、より純粋に私的であり私的な度合いの増すライフスタイルへの変遷である。偉大なベルギーのアール・ヌーヴォー建築家ヴィクトール・オルタは、なに不自由ない専門職の人びとのためのフリーメーソンの支部「レ・ザミ・フィラントロープ」関係者が多かった彼の顧客たちについて、「職業がら公的な活動や政治問題に関心を持つことができず、その直接的な性質から大衆や一般的な俗物性よりもプライバシーや美へと向かった人びと」と表現している。[8] だからといって、それは彼らが反教権的で建築や政治において先進的であることを阻みはしなかったが。

二つめの理由は、かつては富を蓄えるのに役立った、勝利をおさめたブルジョワジーとピューリタン的価値観との間のつながりが弱くなったことである。富はすでに蓄えられた。あるいは富はもはや慎みを必要としなくなった。端的に言えば、金銭の消費が稼ぐことと同じくらい重要となり、大富豪には太刀打ちできなかった人たちも快適さと娯楽のためにお金をどう使ったら良いかがわかったのであった。そしてこれはそのまま、審美的な配慮や、とりわけ女性による消費をより重要だと考えることに繋がった。フランスの雑誌『装飾芸術評論』が書いたように、女性の社会的な役割と使命は、季節ごとに衣装や室内のしつらえを変えることによって「自然の新鮮さ」を体現してみせることではなかったか。[9] 一九〇〇年のパリ万博が「パリジェンヌ」をその記念碑的象徴としたのは驚くべきことだったろうか。

三つめの理由は、家父長的家族の構造が緩んだことである。一方ではブルジョワの女性たちがかなり解放された。他方で、少年期と結婚とのはざまにいる人たちは、独立した「若者」というカテゴリーでとらえられるようになった。ドイツにおけるアール・ヌーヴォーがユーゲントシュティール、すなわち「若者の様式」であったことを思い出してもらいたい。自分自身のことばを繰り返させてもらうが、「『若さ』ということばと『近代』ということばはときにほとんど交換可能なものとなる。そしてもし『近代』が何か意味するところがあったとすれば、それは嗜好、装飾、様式の変化であった。……これは娯楽の形態に影響を与えただけでなく……女性の舞台背景としての家庭の役割をおおいに高めたのであった」[10]。ある意味で、この新しいライフスタイルはかつて古いライフスタイルがそうであったように強制的なものであった。一八九〇年代に築かれた、このライフスタイル以外のすべての点で極端に変則的なあのブルジョワ家庭、偉大なフェビアン主義者の夫婦ベアトリスとシドニー・ウェッブの家庭を思い出してほしい。彼らの家は（当時としては潤沢な不労所得年間一〇〇〇ポンドに依存していた）、基本的に政治的なネットワーク作りの空間や社会改良のキャンペーン本部としての役割を担っていた。ベアトリス・ウェッブは美学や家庭でのやすらぎといった家族や家づくりをまったく考慮していなかったし、ウェッブ夫妻が開催したパーティは見事なまでに快適さや食事、飲み物には無関心だった。それでもなお、ベアトリスですら――彼女の日記によれば――たまには人生における重要な事項を脇へおいて、ウィリアム・モリスの壁紙やカーテンを買いにヒールズに出かけて行ったのである。

　しかし、四つめの理由もある。これは「中産階級」というものに属し、あるいは属すると主張し、あるいは属したいと切望していた人びとがかなり増加した、ということである。そうした「中産階級」に属する人びとを結びつけたものの一つは間違いなく買い物であった。H・G・ウェルズはかの典型的なエドワード朝様式の傑作『トーノ・バンゲイ』[†5]において、「彼らは買い物に、人がキャリアを求めて突入するかのごとく突入している」という。「一つの階級として、彼らは所有することについて語り、考え、夢見るのである」と。本展覧会に展示された作品は、市場で言えば百万長者を対象としたものであるが、アール・ヌーヴォーの作品あるいはその特徴――有機的で植物のような曲線やつる状の形態、女性らしい身体、巻き毛とひだ布――をそなえた品々は、あらゆる価格帯で、いやまったくもって普遍的に入手可能だったことをわれわれは決して忘れてはならない。今度フランスに行かれるときには、一フラン硬貨をご覧になるがよい。これは審美的、道徳的に近代らしさを打ち出すために一八九五年に特にデザインされたものであるが、それ以降そのデザインは刷新されていない。また、私が一九八〇年代終わりに『帝国の時代』でアール・ヌーヴォーについて書いていたころ、私は韓国製の安スプーンでお茶をかきまぜていたが、そのスプーンの装飾モチーフは明らかにアール・ヌーヴォーに由来していた。

しかしもう一つの、しかもより重要な、中産階級の階級意識の要素は――というのも中産階級に憧れる者の多くは財政的に厳しく、娯楽としての買い物を楽しむ余裕をあまり持たなかったから――特徴的にも「ラウンジ」と命名されたところで、くつろいだ室内での娯楽を楽しむことができる快適な家庭を営むライフスタイルであった。そのような生活を送る場所は、下じもの人びとからは離れたところ、「私たちと同じような」家族のなか、すなわち中産階級が集まったところや郊外が望ましかった。そうした中産階級は、新しく出現した百貨店で買い物をした。新進の建築家達によって、そうした百貨店が当時は次々に建てられていたのだ。社会集団の下位の人びとのためには、安い工場生産のアール・ヌーヴォー製品があった。郊外は、新しい大都市に欠くことのできない場所となった。むろん、アングロ・サクソンの世界の外ではまだまだ下層中産階級の手が郊外に届くことはなかった。中央ヨーロッパの「ヴィラ」や「コテージ」に住むということは、一八九四年に『パンチ』誌が「リバティ」のインテリアの模倣を揶揄した場所であるアッパー・トゥーティング〔ロンドン南部〕に住むことよりも、ずっと高い収入と社会的地位を暗示したのであった。[11]

アール・ヌーヴォーをさらに「ブルジョワ」的な芸術にしたものは、いろんな意味で（たいていは地域のプライドあるいは国家の自己主張の表現として）、それがブルジョワのエリートたちによって取り上げられたことであった。彼らは当時実際に都市を牛耳り、都市の近代化を組織していた。ここで、モダニズムと、本物にせよ創られたものにせよ民族的様式との交叉の可能性を考えてみたくなる。ブダペストにおけるアジア的なもの、ヘルシンキにおけるノルディックなもの、ボヘミアにおけるスラヴ的なものといったように。バルセロナでは地元のカタロニアのブルジョワジーが自らの興隆と富を讃え、マドリッドの旧式な統治者と一線を画するために用いた近代的な様式と都市計画とが同時に起こった。特徴的にも「モデルニスモ」として知られた地元のアール・ヌーヴォーと電化とは同時進行した。そして、地方の州都を世界の都市へと生まれ変わらせ、その空想家が「全カタロニアの富と文化を、さらに未来に勝利するイベリアのあらゆるヒスパニック系の人びとの富と文化を推進する、あの帝国的なバルセロナ[12]」と呼んだものを作り上げようとしたのである。そして、ついでに言えば、それは若いブルジョワの夫婦が新しいブルジョワ地域の彼らの新しい集合住宅の内装に選んだ様式なのであった。[13]

こういういい方もできるだろう。一九〇〇年頃、特定のアール・ヌーヴォーは、たとえば主流のコカコーラに対する郊外のペプシコーラのように、二番手、三番手の都市が帝国の中心都市に対する近代的優越性を実現するために用いたイディオムだった。もっとも、そうした二番手、三番手の都市はたいていの場合、バルセロナほどに帝国的な野望に燃えてはいなかった。これはウィーンやパリに見られるような国家に支援されたアール・ヌーヴォーには当てはまらないが、フランス政府やハプスブルク政府の特異な政治状況はここでは関係ない。どちらにせよ、アール・ヌーヴォーは世紀末ブルジョワジーのための唯一の様式ではなかったし、一九〇〇年頃に都市の設備が刷新されたときに用いられた唯一の様式でもなかった。アール・ヌーヴォーがロンドンの地下鉄にほとんど影響を与えていないことからもそれは明らかである。

それでもなお、疑問は残る。本展覧会を訪れたすべての観客は自問したに違いない、なぜアール・ヌーヴォーはこんなに短期間しか存続しなかったのか、と。イギリスのアーツ・アンド・クラフツ運動の影響を考慮に入れれば長くはなるが、こちらはニコラス・ペヴスナーがモダン・スタイル〔正確にはモダン・デザイン〕の起源としてのその役割を説得的に議論しているので、アール・ヌーヴォーの一環としてとらえることはできない。

長期的に見て、アール・ヌーヴォー様式は、実質的にも象徴的にも、都市の成長と組織化の解決策としてはあまり適してもいなかった。最高の建築家たちのキャリアにおいて、アール・ヌーヴォーやそれに呼応する様式（たとえばイギリスのアーツ・アンド・クラフツ運動）はモダニズムへの道の一つの段階である。新しい世紀の建築の主流は、装飾を省かれ、四角く、機能主義的なものになるのであった。その新しい建築の主流は、近代を熱烈に歓迎すること、そして古典的あるいは他の歴史的な形態を否定することにおいて、アール・ヌーヴォーと同じであった。ウィーンのオットー・ワーグナーのような建築家の機能主義的な願望も共通していた。しかしそれは、前産業的あるいは非産業的な職人技《クラフツマンシップ》の理想化と、何よりも、生物に着想を得た手の込んだ装飾を通して象徴的に近代を表現するという姿勢、というアール・ヌーヴォーに深く根ざした二つのことを拒絶したのだ。これら二つの点はアール・ヌーヴォーのハンディキャップとなった。明らかに、大量消費を特徴とする新世紀の社会に適合するどんな様式も――たとえ中産階級の大量消費でさえ――反産業主義を袖にしなければならなかった。新しい様式は量産に適していなければならず、機械との融和性を有していなければならなかったのだから。

興味深いのは、ゴシックの過去を理想化していたにもかかわらず、ウィリアム・モリス的なアーツ・アンド・クラフツ運動のほうがこれに適合しやすかったことだ。なぜなら、一般の人びとのためのよりよい、より美しい、より快適な生活環境を熱心にもとめる社会的な姿勢は、万人が日常的に使用するための生産につながったからだ。だからこそペヴスナーが認識したように、ウィリアム・モリスからバウハウスまでの一直線の道があるのである。そうした必要性に相当するような形で、純粋な機能主義の名において、曲線であれ何であれ、装飾を取り去るよう技術的に強制するものは何もなかった。しかしながら、とりわけ一九〇〇年のパリ万博においてフランス政府の後押しを受けたアール・ヌーヴォーの絶好の手本にみられるある種のバロック的な豪華さが、真に製品がその用途にあわせて作られることを妨げるという点は認めなければならない。たとえばアール・ヌーヴォーのポスターは読みにくくはないだろうか。

どちらにしても、単純にアール・ヌーヴォーとは相容れないものもいくつかあった。ペーター・ベーレンスのようなドイツ工作連盟に所属したユーゲントシュティールの建築家は、この工作連盟の会員でもあったAEG〔ドイツの大電機メーカー〕のような大きな製造会社のもとで働いた。彼らが個人の邸宅を設計するときとはかなり異なる仕方でこうした会社のためにデザインをしたのは避けがたかった。また、地方自治体による住宅地域開発のような大規模の社会事業も、アール・ヌーヴォー的傾向の促進には役立たなかった。したがって、その極致の形態においてアール・ヌーヴォーが数年しかもたなかったのも驚くべきことではないのだ。しかし、その短命さにはまた別の理由もあるのかもしれない。後世の人びとが懐かしいまなざしを注ぎ続けた一九一四年以前のヨーロッパのブルジョワジーの「ベル・エポック」あるいは銀の時代は終わった。ヨーロッパの大部分で、自信にあふれ、富を持ち、都市を作り、使用人を雇っていた家族たちは、第一次世界大戦を生き延びることができなかった。しかし大西洋の反対側ではこの芸術形式は延命した。そこまで曲線的ではないが、フランスのアール・ヌーヴォーの直系の子孫であるアール・デコの出現である。アール・デコは、一九二〇年代のアメリカ大都市の繁栄を表す公的な顔として生きながらえた。ニューヨークの都市の景観のなかには、今日でも、ロックフェラー・センターとクライスラー・ビルディングという二つのアール・デコ様式の記念碑的建築がそびえ立っている。これらはまさに一九二九年のウォール街の株価大暴落の直前に建てられた。しかしながらアメリカ合衆国においてすら、ベル・エポックは一九三〇年代の大恐慌で終わりを告げたのだった。

＊本章は、ヴィクトリア・アンド・アルバート美術館で二〇〇〇年六月二五日に行われた講演に基づいている。

原註

1　Rosemary Hill, "Gorgeous, and a wee bit vulgar": from Gesamtkunstwerk to "lifestyle": the consumable daring of Art Nouveau', *Times Literary Supplement*（5 May 2000）, 18.

2　Eric Hobsbawm, *Workers: Worlds of Labour*（New York: Pantheon, 1984）, p. 136.

3　Stephen Escritt, *Art Nouveau*（London: Phaidon, 2000）, p. 77.

4　Schorske, *Fin-de-Siècle Vienna: Politics and Culture*（New York: Random House, 1980）, p. 304.

5　Debora L. Silverman, *Art Nouveau in Fin-de-Siècle France: Politics, Psychology, and Style*（Berkeley: University of California Press, 1989）, pp. 138-9.

6　Eric Hobsbawm, *Age of Empire: 1875-1914*（London: Weidenfeld & Nicolson, 1987）, p. 165.〔野口建彦、野口昭子訳『帝国の時代』（1・2）みすず書房、一九九三、一九九八年〕

7　Escritt, *Art Nouveau*, p. 70.

8　Ibid, p. 72.

9　Silverman, *Art Nouveau in Fin-de-Siècle France*, p. 189.

10　Hobsbawm, *Age of Empire*, p. 169.

11　Escritt, *Art Nouveau*, p. 329.

12　'La Barcelona del 1900' *L'Avenc*（October 1978）, 22.

13　Ibid, p. 36.

訳註

†1　一九世紀イギリスの画家、グラフィック・デザイナー。ウィリアム・モリスの影響から社会主義者となる。

†2　ラスキン、モリスの影響から工芸を通して労働者の救済を目指した建築家・デザイナー。
†3　エドワード・ベラミー、山本政喜訳『顧みれば――二〇〇〇年より一八八七年をかえりみる』（岩波文庫）岩波書店、一九五三年。
†4　経済学者アーノルド・トインビーにより創設された自立の援助のための世界最初のセツルメント活動の拠点。
†5　中西信太郎訳『トーノ・バンゲイ』（岩波文庫）岩波書店、一九五三・一九六〇年。

第11章 人類最期の日々[†1]

The Last Days of Mankind

カール・クラウスの著作を彼の人生と切り離すことはできない。なぜならばベルトルト・ブレヒトの言葉によると彼自身が「自分個人を時代の無価値さの基準にした」からだ。それでも彼の人生の外面についてはあまり言うことはない。彼は一八七四年ボヘミアの小さな町で、裕福なユダヤ人製紙業者の次男として生まれた。後の文化的また公的生活における彼の役割や、意識的に型破りな一匹狼的ライフスタイルは、家族が裕福であったために経済的に独立できたことによる。一八七七年、家族はウィーンに引っ越し、そこでクラウスは実質的に全人生を過ごした。ただし、当時の富裕な中産階級では普通のことだったのだが、田園地帯やドイツに長期の旅をした。後に作家や演劇人の中に、崇拝者はそれほど多くないが、敵も少なかったのもドイツにおいてだった。一九三六年六月一二日、ウィーンで死去、享年六二歳であった。

彼は、原則としてアウトサイダーの役割を演じることを選んだ。グルーチョ・マルクス〔アメリカのコメディアン〕と同様、彼のような人物をメンバーとして迎えるクラブへの参加は拒否した。クラウスはどの流派にも属さなかった。たとえ一八八〇年代の「モダニズム」から距離を置いた第二次ウィーン・アヴァンギャルド、すなわち、ヘルマン・バール〔オーストリアの作家〕からフーゴ・フォン・ホフマンスタール〔オーストリアの詩人、作家、劇作家〕、グスタフ・クリムトとユーゲントシュティール〔一五六頁†13参照〕の作家たち、アルトゥール・シュニッツラーと自然主義作家などの一員に分類されうるとしても、である。自分の流派というのは持たなかったが、他の才能あるアウトサイダー〔ウィーンではシェーンベルク、ヴィトゲンシュタイン、ロース〔オーストリアの建築家〕、ココシュカ〔オーストリアの画家〕、そして若い社会民主主義者や表現主義者たち、ドイツでは後にベンヤミンとブレヒト〕を引きつけ、彼らに影響を与え、そして過小評価されていた作家たちを擁護した。彼は新聞や雑誌には寄稿しなかった。ついには自分が好きなように、そして好きな時に、自分の雑誌を出版し、最終的にはすべての記事を自ら書くというのは彼にとって必然の流れであった。彼の考えを聞きたければ、彼の書いたものを読むか、彼の有名なパフォーマンスの夜〔朗読会〕に出向いて、その語ったり歌ったりする言葉を通して、彼と直接接するかという意識的な選択をする必要があった。パフォーマンスの夜もまったくの独演会だった。

彼の公的生活は、この生涯にわたる、世界に向けた独白から成っていた。私的には、彼はいわば世間などというものはかたくなに拒み、そこから身を引いた暮らしを送った。ウィーン――大きな地方の町である――の街角を一人で歩いていると、道行く人も「小柄で華奢な体格で、ひげをきれいに剃っており、近眼で、高貴な特徴ある顔立ち」のクラウスに気がついて挨拶したが、個人的に知らない人に挨拶を返すことは一貫してしなかった。どのような同好の士の集まりにも属さなかった。長時間集中的に仕事をし、水泳に励み、自分は正義の戦士であるという満足感を抱いて敵を粘り強く追いかけた。不正なる者は、この正義の戦士クラウスに、優位性を証明する機会を与えるのだった。生涯独身だったが、第一次世界大戦中、男爵位を持つ女性ジドニー・ナデルニー・フォン・ボルティン〔カトリック。クラウスも一九一一年にカトリックの洗礼を受けていたが、一九二三年にカトリック教会から脱退〕に結婚を申し込んでいる。彼女の愛によって『人類最期の日々』の時の耐えがたさは薄められたよると、「上流階級の人びとを静かに、打ち解けた物腰で魅了する秘訣」を心得ていた）。結婚は実現しなかった。というのも、詩人のライナー・マリア・リルケが、いかに才能があって好ましい人物であっても、中産階級のユダヤ人と結婚することの不利益を女男爵に助言したからだと言われている。

（クラウスは、よくボヘミアの貴族サークルに出入りすることを好み、また、友人のリヒノフスキー大公妃に

クラウスは嫌悪されていた。崇拝されてもいた。非常に確かなことだが、まじめに受け止められていた。ウィーンの新聞界は総じて彼の存在を無視した。崇拝者にとって彼は、腐敗した時代の物差しだった。文筆の士が「本物で真正のものであるか、表面的で不正直なものであるかは、カール・クラウスへの態度を見ればわかる」とフリードドリヒ・アウステルリッツ〔社会民主主義のジャーナリスト、政治家〕は『アルバイター・ツァイトゥング（労働者新聞）』紙〔社会民主党の機関紙〕で述べている。ただし、クラウスはこの新聞も容赦しなかったのだが。国家社会主義のみが彼を黙らせることができ

た。彼は、ナチス台頭後の時代はもはや理解できず、孤独のうちに死んだ。

若いクラウスのたぐいまれな才能は、人生の早い段階で明らかとなった。その才能はひょっとしたらむしろ文学よりも演劇に関するものであったが、演劇は身体的な理由で〔軽度の脊椎湾曲症を患っていた〕彼には閉ざされ続けた。一八歳で彼は雑誌に寄稿し、最初の公開講演会を開催した。一八九〇年代には彼はジャーナリスト、批評家、論壇政治の論客として知られるようになり、ヘルマン・バールと一八八〇年代のモダニストたち、あるいはテオドール・ヘルツル〔シオニズム創始者の一人〕の近代シオニズムと対立した。ハプスブルク時代の自由主義的中産階級にとってもっとも重要な新聞であった『ノイエ・フライエ・プレッセ（新自由新聞）』紙もその才能に感心し、二五歳のクラウスに、才気あふれるダーニエル・シュピッツァー（「よいオーストリア人とは、とりわけ慎重なオーストリア人のことである」という言葉で知られる）の後任として、風刺的な補遺欄あるいは芸術欄の編集者のポストを提供した。

クラウスはこの申し出を断り、ユダヤ人コミュニティと縁を切ったのと同じ年に、自身の雑誌『ファッケル（炬火）』を創刊した。小さな鮮やかな赤い表紙の雑誌は不定期に刊行されたが、次第に寄稿者が減り、代わりに愚かな発言や悪意ある言葉を引用しては痛烈な批評を加えるという形で、クラウスが世界に向けて、あるいはむしろ世界に敵対してメッセージを発する拡声器となった。この雑誌を通じて彼は「炬火クラウス」となって、ハプスブルク時代後期と新たに発展しつつあったメディア文化にとって聖書の預言者の役割を担った。その際彼は昔の預言者と同じ情熱を持っていたが、もっと様式化した表現やウィットを用いた。論争は彼にとって、美学上と同様道徳上も必要だった。財政的に独立していたために、彼は雑誌を死ぬまで続けることができた。ただし、オーストリア人の一部だけでなくドイツ人の読者も失った一九三三年以降、彼は廃刊を真剣に考えた。知的な自殺行為とも言えるこの決断から彼を救ったのは肉体的な死だった。クラウスの他のすべての著作と同様、『人類最期の日々』は、まず『ファッケル』誌に発表された。

聖書の預言者のような人たち、道徳実践家たち、さらに道徳的風刺家たちは政治的問題にはほとんど興味がない。クラウス自身、『ファッケル』誌の「政治に無関係な」傾向について触れ、自分の「見解はいかなる政党政治的先入観にも曇らされていない」と述べた。ただし、私たちは、たとえ君主制か共和制か、民族自決や普通選挙といった問題に対して彼が冷淡であったからといって、彼が政治に無関心であったとは決して言えない。彼は意識的に政党政治の外に身を置き、社会主義者たちはそれを残念がった。社会主義者たちは、この体制の偉大な反対者であるクラウスを自分たちの仲間だと言いたかっただろうし、彼も他の政党や政治家ほどには社会主義者を系統的には攻撃せず、攻撃した場合にも残念に思いつつそうしたからだ。第一次世界大戦後の一時期、両者とも戦争に反対していたために、関係は緊密となったかに思われた。それは幻想だった。クラウスはどの政党の狭い枠にもおさまらず、時事問題に言及した時ですらも政党政治の外に身を置き続けた。「力が効果的に働くのは、代表組織でも議会でもなく、編集室だ」と確信していたので、政治的課題はクラウスにとって二次的重要性しかなかった。

クラウスは新聞で、彼を最後の闘いに呼び出すシグナルを聞いた、というよりむしろ読んだ。彼は大戦前のブルジョワ・ジャーナリズム、とりわけ『ノイエ・フライエ・プレッセ』紙に萌芽を、いや、言葉やイメージの空虚さに基づいて、どうしたものかすでにわれわれのメディアの時代では現実となっているものを認識していた。彼は「精神が滅びるところ、その残骸たる語句がハイエナにとって最高のご馳走となるところ」を知っていた。新聞は当時の腐敗を書き立てるだけではなく、新聞自身が「言葉を通じて価値を勝手に作り上げること」だけによって、大いに腐敗をもたらしていた。彼が後になって知り満足を感じた孔子の言葉は、まるで彼自身の口から出たかのようであった。

> もし言語が正しくないのであれば、すると語られたことは意味されたことではない。もし語られたことが意味されたことでないのなら、なされるべき事は果たされないままだ。このことが果たされないとすると、道徳と芸術は堕落する。正義が道を外れてしまうなら、人々はなすすべもなく混乱して立ちつくすであろう。よって、言われることに恣意性があってはならない。これは何よりも重要だ。[†2]

カール・クラウスは、言葉を通じた世界の秩序化に人生を捧げた。言葉——話し言葉、聞き言葉、そして何よりも書き言葉——による価値の腐敗が、『人類最期の日々』に形と構造を与える。この悲劇のどの幕も、新聞売りの叫びと見出しで始まるのは偶然ではない。

『人類最期の日々』は、二〇世紀文学の最高傑作の一つとなった。なぜなら、時代（「まだ夜明け前であった頃を私が知っている、この偉大な時代」）が、ようやく、クラウスが一九一四年までにもっと小さな標的めがけて打ち始めた砲弾の一斉射撃に値するようになったからだった。彼の活動分野は常に世界史、つまり世界の最高上訴裁判所だとわれわれが知っているものなのだが、それを彼はウィーンの地方記者として書いたのである。ウィーンの理想型的な場所は、『人類最期の日々』のどの幕もそこから始まるのだが、ズィルク・エッケが象徴している。ズィルク・エッケとは二つの道路リング・シュトラーセとケルントナー・シュトラーセが交差し、ファッショナブルなウィーンの人びとが日々行き交う町角であった。彼の宇宙は、小宇宙だった。この小宇宙が自動的に大宇宙に拡大し、地元の年代記が世界全体の終わりの記録として、「人類の悲劇」として初めて認められたのは、サラエボ――今日なお不吉な名前――でフランツ・フェルディナント大公が暗殺されてからであった。

『人類最期の日々』は第一次世界大戦中に書かれたが、クラウスはこの戦争に最初から反対し、講演の中で公けに批判した。大部分の場面の初稿は、一九一五年から一七年の夏に書き、一九一九年に本として出版するために書き直した。同年、『ファッケル』誌の三号にわたる特集で発表され、一九二二年、いくらか増補した形で七九二ページの初版が自身の出版社から出版された。もともとのバージョンで、このドラマの「規模は地球の時間にすると約一〇夜分の長さで……火星の劇場での上演を目的とし」、地球での上演は目的としていなかった。彼がウィーンの社会民主主義芸術センターに短縮版、そして率直に言って必然的に不完全な版の上演を原則として――そして彼の崇拝者の当然の抗議に反して――許可したのは一九二八年になってからであった。クラウス自身、一九三〇年春に劇場版の変形の朗読会を、ウィーン、ベルリン、プラハとモラヴィア・オストラヴァ〔シレジアの都市〕で行ったが、その後は行わなかった。出版されたのも一九九二年になってからであった。

『人類最期の日々』の現在のバージョンはしたがって、壮大な火星のドラマをたんに短縮し、そして付随的に——ナショナリズムの高揚に関して——政治的にいくらか変更を加えたものである。したがって、実際の作品の朗読の代わりにもならないし、代わりにすべきでもない。だがこの短縮版には、読者にとってはやはり重要だが短縮されていない版には含まれていないものが含まれている。すなわち、ゲオルク・アイスラー〔オーストリアの画家、グラフィック・アーティスト〕のスケッチである。オリジナル版の『人類最期の日々』には、二つの図版のみ使われていた。一つは、悪評高い「オーストリアの顔」のタイトルページのものである。陽気な絞首刑執行人が、絵の中に入り込みたい制服組や一般のオーストリア人に囲まれ、死体の上に祭り上げられている。もう一つは、野原で砲撃によって破壊された十字架という最後の絵である（一つは、イタリアの社会主義者チェザーレ・バティスティの処刑後に君主国中に広まった絵葉書の複製だった。もう一つは、若いクルト・トゥホルスキー〔ドイツのユダヤ人風刺作家〕からクラウスに送られたものである）。世界の悲劇は、ジェノサイドのように直接的な描写を避けるべきなのに、イラスト入り版というのは、一見不遜なものに思われる。しかし、ゲオルク・アイスラーがその絵でコメントし、説明したのは、この主題ではなく作者だった。ウィーン人としてアイスラーは、あたかもクラウスを母乳のように吸収した。シェーンベルクの教え子の息子で、彼自身ヴィジュアル・アーティストの中でクラウスともっとも関わりの深かったココシュカの教え子であったアイスラーは、芸術家としてクラウスとともに成長した。『人類最期の日々』のテクストと現代の読者との橋渡しをする上で、彼ほどの適任者はいない。

というのも、今日では、このテクストを簡単に読むことはできないからだ。私やアイスラーの世代のウィーン人にとって『人類最期の日々』はたんに人生の一部である。初版本を私はたびたび読み返すのだが、そのタイトルページに私の母の名前が書かれている。ウィーンの中産階級にはクラウスの崇拝者が多くいたが、母もその一人だった。「オーストリアの顔」は、私の子ども時代とともにあった。第一次世界大戦や君主制の崩壊を経験するには幼すぎたので、これらについて知ったのは『人類最期の日々』を通じてであった。フランツ・フェルディナント大公の暗殺を知ったのは、劇の序幕で、カール・クラウスのリング・シュトラーセにおいてであったが、このシーンは残念ながら劇場版には含まれていなかった（「新聞売り『号外だ！　皇太子が暗殺された！　犯人は検挙された！』通行人（妻に向かって）『やれやれ、ユダヤ人ではなかったよ』」）。私が最初に世界史を学んだのは、ポコルニィ、ノヴォトニィ、ポヴォルニィといった士官たち、購読者や愛国者、ビアアッハ老人やガッセルゼーダーとメロレスといった少年たちの口調からであった。彼らにゲオルク・アイスラーの絵はいまや顔や形を与えている。ウィーンなまりも、私の子ども時代のままだ。私と同じ年代のウィーン人にとって『人類最期の日々』は、すでに忘れ去られた当時の人物や出来事に言及しているとはいえ、理解可能であり、当たり前ですらある。だがその他の人びと、特にオーストリア人以外の読者にとってはそうではなく、彼らはこの壮大で、不可思議で、ドキュメンタリーであり幻想的である作品に取り組んでも、すぐにつまずいてしまう。

しかし、この作品に批評は必要だろうか。今日、そしていままで常に、『人類最期の日々』の場面が誰について、何についてであるのかは、私たちにとってどうでもよい事なのだろうか。クラウスの怒りや軽蔑を引き起こしたのは誰なのか。忘れ去られた従軍記者アリス・シャレックなどの人物や、扇情的なトップ記事が引用された場面は、私たちにとっても、そして将来にとっても、クラウスを通じてのみ存在する。「ここで交わされるありえない会話も、言葉通りに話されていた。もっとも輝かしい創造（と思われるもの）は引用だ」と知るだけでは十分ではないのだろうか。

答はイエスでありノーだ。たしかに、たとえば、第一幕第一場でばかばかしいセリフ数行を言うハンス・ミュラーが、忘れられるべくして忘れられたものの、当時は成功して有名な劇作家だったというのは重要ではない。第一幕第四場の、世代を超えた（実際の）軍事指導者四人の会話の要点を読者にわかってもらうには、以下のような短い脚注で十分だろう。すなわち、ハプスブルクの将軍が「遠方の野営地」からありふれた葉書を送った相手である「デア・リーデル」はウィーンで人気のカフェのオーナーだったという脚注である。

一方でそれは、その時代の手足が腐敗して切断されるまでをクラウスが見届けた時代の一部であり、具体的に読んだり聞いたりしたもの、一言一句耳にしたものだけからなっている。問題は、「ウィーン市民もユダヤ人もいる、最期のウィーン人の徐々に消えゆく訛り」を理解することではない。今日のドイツの読者にとって『人類最期の日々』のせりふを理解するのは、現代のイギリスの中等学校の生徒がシェークスピアのテクストを理解するよりは簡単だ。むしろ問題は、当時の声の特徴的な口調をとらえることだ。これは、クラウスのような作家にとって特に重要だ。なぜなら、彼の考える言葉とは、実際に聞こえるものだからである。書かれ演じられるテクストはどちらも、彼には認められなかった役者という仕事の代替物であり、一緒の範疇に属し分かつことはできない。彼のすばらしい、でも時に不自然な文章は、活字にすると常に集中を強いるのだが、声に出して読むと生気を取り戻した。「私はたぶん、演じるという観点から文章を書く初めての作家だろう」と彼は言う。「私が書くものは、書かれた演技なのだ」。

クラウスがほぼ同じ時期（一九一〇～一一年）に、『ファッケル』を個人誌とすることを決断し、一八九〇年代初めに中断していた公開朗読の夕べを再開したのも偶然ではないだろう。

彼は、『人類最期の日々』完全版に、ネルグラー（不平居士）という独白劇の一つとして「私は（時代の）エッセンスを救い出した」と書いた。「そして私の耳は行動の音を、目はスピーチの身振りを発見し、私の声は、繰り返すだけの時は、基本的なトーンがずっと一定になるよう引用してきた」。アイスラーの絵に反映されているのは、まさにこの「スピーチの身振り」、行動や態度、ボディー・ランゲージなどで、時代によって変化するものだ。それらはテクストの理解を助ける重要な要素である。

しかし、これは別の理由でも重要である。『人類最期の日々』は、第一次世界大戦やジャーナリズムによる人間の悲劇の堕落に抗議しているだけでない（「彼らがどのように祈っているか見せよう」）。この本はまた、ハプスブルク・オーストリアに対する情熱的な抗弁でもあった。クラウスは、戦争勃発の責任がハプスブルク・オーストリアにあるとみなしたが、それには理由がなかったわけではない。さらにこの本は、彼の劇の場面を通して、無限の多様性の中に漂うが常に同じように皮相的な「オーストリアの顔」に対する申し立てでもあった。「顔でもなく、オーストリアでもなく、戦争でもない」と彼は戦争直後、君主制をめぐる『ナッハルーフ』（死亡記事）に書いている。「何世紀もの夜に、墓場から出てきて私たちに付きまとい続けたのは、あの熱狂的で血に飢えたファントム、困窮している時も死の時も、ダンスや楽しいパーティの最中にも、そして憎しみや愚弄の時にも要求の多かったフアントムではないのだろうか……。これに対して、あれに対して、一つそして多くのものに対して、殺人を犯す時期だったためだけでなく、想像力が欠如していたために、彼らは殺人者だったのだ。それは、ズィルク・エッケ（「あの罪の要塞のリング・シュトラーセに面した所」）の役人の顔、カメラマン、戦争に熱心ではあるが、それ以外はウィーンのことだけ考えている記者や作家の前でのみ戦場の地図に興味を示した将軍（「フォト・オポチュニティ〔写真撮影の機会〕」という言葉はまだ知られていなかった）の顔であった。クラウスにとって古い君主制は滅びる運命にあっただけでなく――そのことはウィーンの政府役人なら誰もが知っていた――死刑宣告に値したのである。

おそらくハプスブルク帝国ほど嘲笑されながら滅亡した帝国はないだろう。しかし一方で今世紀、数多くの帝国がありながら、ハプスブルク帝国の滅亡ほど多く重要な文学を生み出した帝国もない、という逆説に直面する。ムージル、ヨーゼフ・ロート（オーストリアのユダヤ系作家、ガリツィア生まれ）、とりわけヤロスラフ・ハシェクの『良き兵士シュヴェイク』（ハシェク作、栗栖継訳『兵士シュヴェイクの冒険』全四冊、岩波文庫、一九七二～七四年）、そして『人類最期の日々』などを考えてみて欲しい。これらすべての作品は、いずれも古き君主制の崩壊を主題としている。

これらの作品を「オーストリアへの弔辞」というジャンルに結びつけるのは、この体制のばかばかしさ、その悲劇転じての喜劇であって、それらはもっとも無慈悲な糾弾者ですら避けて通れない。フランツ・ヨーゼフの時代を振り返るセンチメンタルで回顧的な（少数の）作品ですら、皮肉な笑みを浮かべるのだ。

たとえば、陸軍病院の場面（『人類最期の日々』の第四幕第六場）の主題ほど、残酷なものはない。

ついでに言うとこの場面は、『良き兵士シュヴェイク』の秀逸な第八章〔「仮病者としてのシュヴェイク」〕と比べることができる。それでも、度肝を抜かれた読者の口は、ゆがんで、そして笑ってしまう。しかし誰がダッハウやマウトハウゼン〔どちらもナチスの強制収容所があった地名〕について笑えるだろうか。私たちは画家ジョージ・グロス〔ドイツ出身のアメリカの風刺画家〕の絵の役人、軍人、障害者を見てさえ笑うことはないが、これらはまさしく『人類最期の日々』最終幕の当時のリング・シュトラーセの場面に相当する。士官のポコルニィ、ノヴォトニィ、ポヴォルニィは、同時に喜劇的なゆえにゾッとする。『人類最期の日々』のドイツ人の登場人物と同様にゾッとするが、明らかにもっと喜劇的だ。そしてこれはクラウスがドイツ人の話し方よりもウィーン人の話し方に対して鋭い耳を持っていたからではなく、戦時中のオーストリアの状況について、必死ではあったが深刻ではなかったと主張できたからである。

ドイツ帝国は外国人に対してのみ不条理で、自国民に対してそうであったことは決してなかった。このハプスブルク君主制の特異なありようは、文学におあつらえ向きだったが、またアイスラーの絵によってわれわれにもより身近に感じられる。

この風潮も、戦争がなぜクラウスにとって、秩序ある世界への残酷さや大量虐殺の乱入以上のことを意味したのかについての説明に役立つ。その戦争とは世界全体、すなわち彼自身もいやいやであったとしても属していた一九世紀のブルジョワ自由主義文明の崩壊だと、彼にはすぐわかった。というのも、多くの点でフランツ・ヨーゼフ晩年のウィーンは、開明的なヨーゼフ派の官僚と開明的なユダヤ人ブルジョワジーとが出会った場所だったからである。どちらもリング通り沿いに立ち並ぶ公共建築の偉大な円環、一九世紀ブルジョワ自由主義のイデオロギーの声明、そしてその古典的な表現に関わっていた。そしてどちらも、窮地に立っていた。スラブ系が多数を占める農村の庶民の上に漂う、「教養があり」ドイツ語を話す『ノイエ・フライエ・プレッセ』紙の読者という薄い層として、また未来のない国の支持者として窮地に立っていたのである。確かなのは、世紀末以来、ウィーン人がすでにヨーロッパのどこよりも敏感にこの文明の危機を感じ取っていたことだ。自由主義社会の没落を望んでいたクラウスには、崩壊への覚悟ができてきた。しかし、〔ローベルト・ムージルの言葉を借りるならば〕「カカニア」〔二重君主制。第八章に出てきたように、「帝国と王家の」を意味する kaiserlich und königlich の頭文字を取って名づけた〕の住人としてだけではなく、ブルジョワ自由主義的、科学技術資本主義的社会の全体的発展のパラダイムとして彼が攻撃したのはウィーン、あるいは少なくとも『ノイエ・フライエ・プレッセ』紙の読者だったので、彼にとって戦争はオーストリアのみならず、人類にとっての最期の日々となったのである。というのも、この崩壊後は、もはや後戻りはできなかったからである。想像を絶するほど黙示録的な未来に向けて前進するのみだった。

しかし瀕死の君主制は、クラウスにそれ以上のものを与えた。そこでは彼は戦争の最中にも作品を書くことができた。他のところだったら、戦争が終わった後になって初めて衝撃的だが個人的な過去と向き合う一つの方法としてのみ書くことができただろう。たとえばドイツの戦争文学が帝国崩壊後一〇年経ってから登場し始めたように。ハプスブルク君主制以外の他のどこに戦争の公然たる反対者が、公の場で演説をしたり文書を著したりして抗議できる場所があるだろうか。他のどこに「なかには将校や他の軍関係者も混じる聴衆の前で、積極果敢に平和主義的宣言となる」講演を行い――これは一九一八年春のことである――「聴衆のほぼ全員が熱狂的に同意」したり、あるいはとにかく帝国および王立陸軍省の敵性プロパガンダに抗するセンターによって平和主義的だとして否定されたりする場所があるだろうか。さらに、問題の地区の警視が「政府の代表としてこの講演会に参加し」、クラウスは実際に毒ガスに反対する講演を行い、警視は「それによって非常に不快で、苦しいほどの印象を受けたが」、「しかしそれでも介入する理由は見つからなかった」と自分の所属部門に報告するような場所が他にあるだろうか。

ウィーン警察は、すでに『ファッケル』誌に発表された作品はそれ以上騒ぎにすることなく公の場で読めるとしてクラウスと合意したが、未発表作品は検閲のために提出することを要請した。一方、クラウスは、非難の声が上げられた後警察に呼び出されたが、自らの反戦演説の内容を誤って報告したとして、誰だかはわからない人物を正式に名誉毀損で告訴するという反応をした。そしてそれ以上のことが起こらなかったような場所がハプスブルク・オーストリア以外のどこにあっただろうか。何も起こらないままに、世界の歴史がハプスブルク・オーストリア自体のファイルを閉じ、その後少しして残存していた陸軍省の遺物がクラウスの訴訟のファイルを閉じたのである。

クラウスに属する出来事や経験の歴史的範囲は比較的狭かった。私たちの世紀には、皮肉にもっとも情熱を傾ける人の顔からもっとも悪意に満ちた笑みすら消し去るような出来事がある。カール・クラウス自身、国家社会主義について次のように語っている。「ヒトラーという主題については、私には何も思いつかない」、そしてとうとう思いついた頃には、彼はすでにそれにふさわしい言語を持っていなかった。「世界がめざめた時、言葉は眠っていた」。ソヴィエト連邦の歴史を見ると、ネップ

〔新経済政策〕の時代とブレジネフの時代には皮肉屋の居場所があった。それは偶然にも、時にハプスブルク末期を思い起こさせた。しかし、ヨシフ・スターリンの時代はそうではなく、それは今日なお、回想においてすら笑い物にはできない恐ろしい時代であった。

クラウスは、自由に物を書くことができ、言論や、さらに皮肉を黙らせたりするまでには非人道的ではない世界と時代に、ほとんど死ぬ間際まで生きるという幸運に恵まれた〔一九三六年六月一二日、死去〕。彼は、二〇世紀の大悲劇の第一幕、すなわち一九一四年の世界大戦については、言葉を見つけることができた。彼はそれらの言葉を当時のトップ記事、さまざまな発表、側聞した会話や新聞報道に見つけた。その中で彼は、ここでは悲劇が演じられており、リア王ではなく道化が、あるいはハムレットではなくローゼンクランツとギルデンスターン〔どちらもハムレットの登場人物〕が主人公であることに気がついた。まだ言葉で言い表すのが可能だった時代に、彼は言葉で言い表せないことを言葉にしたのだった。

ベルトルト・ブレヒトは、クラウスについて墓碑銘にもっともふさわしい一文を書いた。「時代が自らに暴力的な手を下した時、彼こそがその手であった」。

＊本章は、英語では初出である。〔英訳、クリスティーヌ・シャトルワース〕

訳註

†1　この章は、カール・クラウス著、池内紀訳『人類最期の日々』（カール・クラウス著作集9・10）法政大学出版局、一九七一年について述べている。

†2　これは『論語』巻七　子路第一三にある孔子の言葉である。岩波文庫の金谷治訳をこの英訳部分の前の部分から引くと以下のようになる。「君子は自分の分からないことではだまっているものだ。名が正しくなければことばも順当でなく、ことばが順当でなければ仕事もできあがらず、仕事ができあがらなければ儀礼や音楽も盛んにならず、儀礼や音楽が盛んでなければ刑罰もぴったりゆかず、刑罰がぴったりゆかなければ人民は〔不安で〕手足のおきどころもなくなる。だから君子は名をつけたらきっとそれをことばとして言えるし、ことばで言ったらきっとそれを実行できるようにする。君子は自分のことばについては決していいかげんにしないものだよ」。金谷治訳註『論語』（岩波文庫）岩波書店、一九九九年。

第12章　ヘリテージ

Heritage

古典的なブルジョワ文化において、何が残され、何が記憶に残り、何が今日でも用いるに足るだろうか。

「高級」文化は、保存可能なオブジェクトの形態で永久的なもの――建物、絵画、書籍など――や、非永久的な性格である、われわれが「パフォーマンス」とよぶところのさまざまな流動的な行為――詩、演技、ダンスなど――を生成するための仕組みである。後者はその性質上永久的なものではないが、レコード、フィルム、ハードやソフトのディスクといったかたちの二〇世紀の技術発展のおかげで永久的な記録として残りうる。もっと肝心なことに、すべてではないがパフォーマンスによっては、保存可能な文化遺産と考えられている特別な建物の中で行われることもある。まったくのところ、一九三〇年代のラジオ、テレビ、そして最終的には二一世紀に入ってますます便利になりつつある携帯機器といった文化を提示するために家庭で使える道具がさまざまに台頭していらい、公共のパフォーマンスを正式に行う場はかなり制限されるようになった。しかし誇大妄想とはいわないまでも、国家の威信はあいかわらずこうした場とネットワークを倍増させている。とりわけオリンピック大会のようなグローバルなパフォーマンス・イベントの数は増加しているのである。

本エッセイは、より広範な人類学的な意味での文化について特にみているわけではない。もっともそうした文化の歩みやそこから生み出されるものは、今日ますます国家的なヘリテージの一部としてみなされ、特化したミュージアムや文化遺産のなかに保存されている。とはいえ「文化アイデンティティ」のやっかいな問題は避けられない。それについては後でより詳しく述べることにしよう。

一九世紀に大衆市場に導かれる文化が台頭するまで、技術革命の最初の落とし子である印刷機によって生成されたものを除いて、パトロネージ〔庇護〕が高級文化が生み出すモノの大半を発注し収集していた。そのため、唯一無二かつ複製不可能で、したがって高価な「作品」を集めるコレクターによっていまなお占められる「美術市場」と呼ばれるものが、いまだにしつこく残っている。ヨーロッパにおいて、複製不可能な芸術は主として君主、王侯貴族らの宮廷、都市の貴族階級や億万長者、そしてもちろん教会に依存していた。壮大な建築物は基本的にこの名声追及型のパトロネージの形式にいまだに依存しており、それゆえにほかのヴィジュアル・アートよりも栄えているのであろう。

パトロネージは、一般大衆の実践や娯楽に深く根ざしたパフォーマンス・アートにおいてはさほど役割を果たしてこなかったが、なかでも特定の手の込んだものは教会や宮廷文化によって取り上げられた。特にオペラとバレエのように、いまだに変わらずそうしたパトロネージに依存しているものもある。パトロンの役割はたいていは国家あるいは他の公共団体によって、また稀に（合衆国に見られるように）地方の億万長者名士によるカンパニリズモ〔地元びいき〕によって、代替されている。そういえばサッカーチームと異なり、主たるパフォーマンスの開催場所は、いまのところ個人のスーパー億万長者によって贅沢品として買収されてはいない。多少なりとも裕福な芸術愛好家たちの集団である劇場の座席やボックスシートを定期的に申し込むとか恒久的に買い取るとかといった、一九世紀ブルジョワの典型的なやり方は消えてしまった。

　ベンヤミンの「複製技術の時代」に頼る、パフォーマンスを含む大衆市場における利益のための文化的生産は、印刷機が生み出すものを除けば本質的に二〇世紀の産物である。理論的に言えば、それらの命運は売り上げに依存しているので、組織的な支援、補助金あるいは保護を必要としない。アガサ・クリスティの『ねずみとり』[†1]が次の半世紀のあいだ、何の援助もなく続演されないいわれはない。逆に、映画館での映画鑑賞の衰退とともに、狭いものから五〇〇〇席の観客席があったキルバーンステイトまで、イギリスの映画館の大部分はユーストン駅の一つのアーチがなくなったときよりも抵抗を見ずに視界からも地図からも消えた。それらは切符の売り上げに生死をゆだねていた。しかし、市場に適応したパフォーマンス作品が十分な恒久的観衆を見つけられないということは時折起こる。そうしたものは、ジャズやある種のアヴァンギャルド映画等といったものの実践者や作品のように、文化的あるいは他の経済以外の理由で価値があるとみなされるが、十分な商業収益が得られないので補助金や支援を必要とすることもあるかもしれない。したがってそれらは（たとえばニューヨークのリンカーン・センターのような〕クラシック音楽のための特別の場や高等教育機関のような文化保護のインフラの中に集約されていくことになるだろう。

この時点で、既存または予期される民族的言語的単位によって通常は定義される「国民文化」と、普遍的に「高級文化」または「古典的」文化の集大成として〔主として一九世紀ヨーロッパにおいて〕確立され、熱心な近代化——すなわち西洋化——を追求する非ヨーロッパ社会のエリートたちによってそのように適用されている、高度な威信としての生産物や活動とを区別する必要がある。この高級文化の集大成は、高度な威信を誇り、続く世代の新興富裕層や新興有力者層により派手な浪費が見込まれるおかげで、とりわけヴィジュアル・アートと音楽の分野において今日まで同様に続いている。このことが、ストックホルムやロサンゼルスと同様に東京、北京、ソウルでも、主として「偉大なアーティスト」による「名作」の歴史的継承として、美術館や展示ギャラリーの内容、コンサートやオペラのレパートリー、またミュージシャンや歌手のリクルートのあり方を形成しているのだ。

国民的文化と普遍的文化の相違は、偉大なスイス・ドイツ人コレクターの一人であるヴィンタートゥール〔スイス・チューリヒの北東の都市〕のオスカー・ラインハルトの美術館の第一館と第二館との違いによく例証されている。彼の最初の美術館は一八〜一九世紀のドイツ・オーストリア・スイス絵画に特化しており、非常に魅力的ではあるが、いわゆる文化観光客周遊コースには入っていない。一方、ラインハルトはプライベートな別荘で普遍的に「名作」として受け入れられている作品を集めて第二のギャラリーを設立し、それはすばらしい二〇世紀アートのプライベート・コレクションの一つとなっている。このような美術館の内容は特定の場所に位置しているとはいえ国家的なものではなく、

（窃盗、征服品、王室、富の力、パトロネージを通して形成されたという）その収集の当初の形式に関わらず、一つの国民的遺産《ナショナル・ヘリテージ》に属してはいない。このようなコレクションが公式に国立の美術館として指定されてもされなくても、その意図する目的は国家の枠を超えている。しかし脱植民地化しグローバル化した近代ツーリズムの世界において、新たな問題が持ち上がった。いわゆる「高級芸術」として広く受容されている集大成は、かつての西側（すなわち二〇世紀までは主としてヨーロッパ）の美術館や帝国勢力およびその支配者や富裕層のコレクションに集中しているということである。そのため、こうした作品を本来の故郷に返還すべきだという要求が、現在その地域を領有するギリシャ、トルコ、西アフリカといった国家から出されることになった。

このことが大きな論争をいまだ引き起こしている一方、普遍的な高級芸術の地理的分布が根本的に変化することはありえないであろう。たとえ裕福であっても新興世界の主たる美術館が、世界的に「高級芸術」として受容されている作品がヨーロッパや合衆国に圧倒的に集中している状態と競争しうることは、もはやないだろうから。征服、窃盗、詐欺のおかげで、西側のコレクションは他の地域の偉大な文化の財宝をもち続けているのである。しかし、この分布は過去半世紀からみられるもう一つの動きに影響されるであろう。内容に関係なく主たる文化的なアトラクションを形成する美術館の勃興である。これらの印象的で通常冒険的な建築物は、世界的名声を持つ建築家によって建設され、さもなければ周辺的で地方的でしかないようなところに大きな世界的アトラクションの中心を提供するように意図されている。それは、ただそのものを称賛されるためにあるもののパイオニア的な存在であるエッフェル塔の場合と同様に、内部で何が起こるかは重要でないか二義的なものだ。ダニエル・リベスキンド〔八〇頁†5参照〕の有名なベルリン・ユダヤ博物館は、実際にふさわしい展示物でうめようとしたために、その象徴的な力をほとんど失っている。一九七〇年代のシドニー・オペラハウスもよく知られた例であるが、一九九〇年代に、ともすれば比較的印象の薄い都市であるビルバオが世界的な旅行者の集まる場となったのは、フランク・ゲーリー〔カナダ人建築家、脱構築建築で知られる〕によるグッゲンハイム美術館の力によるものだ。それでもプラド美術館やティッセン＝ボルネミッサ美術館のようなスペインのコレクションの世界的な重要性は建築的曲芸のセッティングに頼る必要などいまだにまったくない。他方で、一九五〇年代におけるモダニティ〔モダニズムの誤りか〕の崩壊後の現代のヴィジュアル・アートは、パフォーマンスや展示に適したそうした自己主張的で機能的に不安定な空間をみいだしてきたといえる。それにより、「グローバル」と「ローカル」の違いは真底から崩れていき、古くからのアピールが部分的にひきつがれていった。そうした事態はロンドンのテート・ブリテンとテート・モダンとの間に起こっているように思われる[†2]。

問題は、純粋に国家的あるいは地方的ヘリテージにあるのではない。こうしたヘリテージは通常、愛国的権威者やコレクターの保護を享受できるし、またそもそも「国」外ではほとんど興味をひかないという事実によっても守られている。問題は、もともとが国民的であるかどうかにかかわらず、征服者により、あるいは今日では往々にして市場により、国際的な「アート」の規範として認識されている生産物にあるのである。これらこそが、競売され、窃盗にあい、密輸入され、模造されるに値するアート作品なのだ。

このことから、アートを文化的アイデンティティに落とし込む際の問題が生まれる。「文化的アイデンティティ」とは何だろうか。「彼ら」のグループには属していないという否定的な定義によって決まる、「私たち」というグループへの集団的帰属意識の概念については何ら新しい点はない。実際には私たちはみな同時に複数の集団の構成員となっている。もっとも国民国家や一九六〇年代からの「アイデンティティ・ポリティクス」は、その一つの役割は構成員に最重要で唯一の忠誠を要求することだと強調してきたが。年老いたイギリス人の戦闘的社会主義活動家がその死の床で、イエス・キリスト、ケア・ハーディ〔イギリス労働党初代党首〕、ハダースフィールド・ユナイテッド〔一九〇九年創立のハダースフィールド・ラグビー・ユニオン・フットボール・クラブのことか〕と、一度に三種類の信仰を宣言する場合でも、まずは何よりイギリス国旗への忠誠心を宣言しておかなければこの臨終の試験には通らなかったことだろう。しかし、集団的アイデンティティという感覚そのものは特別な文化的重要性を持たない。差異を示すマーカーとしていくらかの文化的象徴を使う、あるいは構築することはあるだろうが。もっとも、集団的アイデンティティの構築に着手した知識人たちがこの目的のために国民の基本的な価値としばしば結びつけてきたのは言語であるが、言語はそうした文化的象徴にはならない。実際、国家の教育制度によって、あるいは国家の軍隊に徴兵されることによって国民言語を教えられるまで、国家言語も理解しえなかった人びとの生活には言語は根づかなかったし、根づかせることはできなかったのだから。

したがって「ヘリテージ」の文脈においては、「国民文化」は意味深長であり、政治的である。世界中のほとんどの政治的単位が今日「国民国家」であり、またそうなりたいと切望しているため、「国民文化」の枠組みは不可抗力的に国家となる。「国家」のために相応しい「ヘリテージ」の構築や再構築は、どんな新興国民国家にとっても重要な精神的作用であるので、そこには保全への動機がもともと備わっている。神話づくりと進んで結合するのだからなおさらである。複数の国家が同じ言語や宗教を共有している地域においてすら、このことが言える。たとえば、英語やアラビア語が一般言語として、またはローマ・カトリックやイスラム教が普遍的宗教として受け入れられている広大な地域を見ればわかる。文化や教育はエリートの少数派にしか享受されなかったが、このようなエリートのコスモポリタニズムによって、その状況はある程度相殺されている。多様な地球村に住む今日のビジネスマン、技術者、知識人という少数エリートにとっての状況と同じである。その社会的対極においても、国家言語を話さず、その基本的な文化的単位が国家よりもずっと小さい人びとのローカリズムによって状況がやはり相殺された。イタリアにおいては統一時にはほんのわずかな割合の人びとによってしか話されていなかったイタリア語の漸進的な全国化は、すべてのイタリア語方言の話者に理解可能な会話言葉のイディオムがメディアにとって必要であったことから始まった。国という単位の後ろ盾を欠く方言は、言語的同一化を前にして、地域的あるいはローカルなアクセントとして残る場合を除いて明確に衰退していった。シチリア島のように地域での日常コミュニケーションがほとんどシチリア語によって行われていてもそうなのである。

しかし、大きな中産階級や下層中産階級の双方が拡大化して、エリート層を国民化したように、農民はフランス人、イタリア人またはルリタニア人〔ルリタニアはアンソニー・ホープの小説の舞台となったヨーロッパの架空の王国〕へと行政と教育によって全体的に変容し、これにより大衆は国民化した。たとえば、彼らは世界文学の古典が、自国語に翻訳されるか、またはイタリア語やフランス語のオペラのセリフに直されていれば理解できるという男女の集合体となった。そして同様のメカニズムにより、彼らは、「世界文学」の部分として認識されたものと、実際にある一国の市場に制限されているもの（少なくともテレビ時代が到来するまでは）をなんとか識別することができるようになっていた。たとえばスペインの『サルスエラ』〔スペインの大衆オペラ〕、イギリスのギルバート・アンド・サリヴァン・オペラ〔台本をギルバート、作曲をサリヴァンが手がけた一連のコミック・オペラ〕、また国民が特別な情熱をもって気に入っていたドイツ一九世紀の膨大な歴史小説などである。おそらく、民主化が国家言語と文化を国家により堅固に結びつけたのだ。

　教育は、かつてこの二つを強力に結びつけたし、いまだに結びつけている。教育は国家によりなされるようになり、その管理下にあり、あるいは他の公共事業機関によって運営された。少数の神政政治の地域を除いて、今日もその状態は変わらない。効果的な超国家的な政治的単位や公共事業機関がないため、どうやればこれ以外の形になるのかを考えることは難しい。この状況が確実にゆがみを導き出し、政治的洗脳への道を開いている。明らかに「歴史」は今日の特定の一つの政治ユニットの過去という点からのみ取り扱うことはできない。たとえ大部分の国民国家と違って、その政治ユニットに長く続く過去があったとしてもである。しかし、単一で集合的なアイデンティティの形成において過去が果たす役割を考えれば、ハイマート〔生まれ故郷〕が小さいか、大きいか、または民族的ですらあった場合でも、その場所のある特定の過去の歴史が教育システムの中で市民が中心的に学ぶものとなると予期するのはしごく全うなことである。私たちの留保事項が何であるにしろ、教育（すなわち近代においては国家規模の公共教育）が国民的社会化とアイデンティティ形成の動力源として機能しているということを否定するのは難しい。

このことが、独裁政権国家のみならず国家というものに相当な権力を与えている。明らかに、すべての権力とコミュニケーションを掌握し一連の同質の信念を市民に押し付けようとたくらむ、かつて全体主義と呼ばれていた類の国家は望ましくないが、ヨーロッパあるいはロシアにおいてさえも、もはやこのような国家は存在しない。

自由社会の国家における主たる危険は、公的な文化の押しつけや文化的資金の独占ではない。国家はもはやそのような独占力を持っていない。国家は、権力や法によって歴史的真実の追及を妨げようとする。とりわけ過去三〇年において、公的に資金提供された式典や記念儀礼、博物館、ヘリテージ、テーマのある建造物といった形で歴史がその姿を増していくなかで、こういったことの例はいくらでも見つけられる。政権が代わり新たなナショナリズムが比類なく多数の国家を創る。そしてその政治家たちは、それにふさわしいような新しくて愛国的に利用できる歴史または公的な歴史的伝統を必要とするのだ。このことは新たに独立した国家を見れば非常に明らかである。たとえばクロアチアやグルジアのように、実際にプロの歴史家、というよりもむしろ国家的神話の説話者といった方がよい人びとによって設立され導かれた例もある。これに加えて、政治家たちは、自らの歴史的真実やポリティカル・コレクトネスを主張する民主的な圧力団体や、潜在的に望ましい投票者たちへの譲歩をしたがる。フランス、アメリカ合衆国そしてスコットランドの最近の例が頭に浮かぶ。法規命令や国会制定法によって歴史的真実を打ち立てようと考える政治家はいるだろうが、そうした行為は憲法国家においてはなんらの合法的な場を持たない。国家は、エルネスト・ルナンの次の言葉を忘れてはならない。「歴史を忘却すること、または誤った解釈をすることは国家を建設するときの主たる原理の一つである。そしてそれが、歴史学の進歩が常にナショナリズムにとっての脅威となる理由である」。私は、近代の歴史家の主たる責務はこのような脅威になることだと認識している。

それにもかかわらず、今日の自由民主資本社会において国家だけが文化に対する主たる脅威ではない。国家は落ち着かない不安定さの中でますますグローバル化し急速に成長する資本主義経済の独立勢力と共存している。資本主義経済はマスメディアを含む消費社会の時代にあって、政治イデオロギー的社会化や強制的画一化（グライヒシャルトゥング）すなわち均一化をすすめるより強力なエンジンかもしれない。さらに、地中海沿岸地方を見ればわかるように、公的当局や（時に）法律のみが国の物理的歴史的ヘリテージに対する国家の通常壊滅的な衝撃を制限している。まさに、国家が制御されていない限りにおいては、それは常に現代の「ヘリテージ」という概念を蝕み、破壊する。その概念とは本質的に、危機に瀕する過去を、放置状態や、市場原理、「過去は流されるべきである」という革命的な確信および原理主義的神学的確信によるさらなる浸食から守るというものなのだ。

公的当局がこの保護を確かなものにする唯一の道である。しかし、時に起こるようにそれは過去、または過去の相応しくない部分の破壊者としての役割を同時に演ずることもある。

それでもなお、もっとも献身的なヘリテージの擁護者でさえも、過去半世紀において文化的ヘリテージという概念そのものが問題化してきたこと、多分、物理的あるいは物質的ヘリテージの明らかにあいまいな概念でさえそうであるということを認識しなくてはならない。それはおそらく、破壊された都市がかなり広く象徴的な公共建築物および破壊された場所の文字通りの再構築によって置き換えられた第二次世界大戦後にそのピークを迎えた。実際に残ったものの保存についてはのちに、特に一九六〇年代の都市建築のどん底時代に大きな問題となった。しかし両方の場合において「ヘリテージ」はどんなに必要であったにせよ、巧妙な装置であった。現代の保存される必要のある脆弱な場所に津波のように押し寄せる訪問者の衝撃は、（ヴェネチアのような）都市であれ（森の分け入り路や山頂まで含め）田舎であれ、前代未聞の危険な状態に陥れ、その特質を破壊してしまう。極端な場合、立ち入り制限や立ち入り禁止すら必要となるのだ。

しかし、主として問題となっているのは、一九世紀ブルジョワ社会の精神的核として現代の都市の中心を変容させた施設や建築物に表現されている、高級文化の概念と形態そのものである。今日でさえ、それが高級文化とその保護の中心となっている。それは教育のあるごく少数の人びとのものであり、ドイツにおける教養市民層のように、彼らのなかには自らの社会的地位をそれによって定義する人びともいるが、実力や向上心に対して開かれた社会においては教養（Bildung）の上限はなかった。結局読み書きのできないブラジル人は彼らの子孫をミルトンとかモーツァルトと名付けなかっただろうか。また、中等教育と高等教育が、巨大な教育を受けた中間層の勃興と同様に、このようなタイプの文化に対する需要を大幅に増大させたことは確かである。それは本来、一般的に認められている個々の「作品」の正典によって成り立っている。それらの作品は基本的に、偉大な技能、理想的には天賦の才をもった比類なきアーティストによって、あるいは比類のない歌手、楽器演奏者、指揮者または監督によるこうした作品の上演によって、つくられている。そして、この高級芸術の集合体は、個々の市民やまたは、今日よくあるように、その聖地に巡礼するツーリストによっても、たんに享受されるだけでなく、審美的・精神的という双方の感情をもって吸収されているのである。

本書の各所で議論しているように、この型の文化は生き残っているが、二〇世紀を牛耳っていたわけではないということはとっくの昔に明らかである。とりわけ創作活動を行う人びと自身によって第二次世界大戦後にこれが広く放棄されたからである。日夜、ますます大衆消費社会における売り上げをあおるという目的のためだけに生産されればらまかれるイメージ、形、サウンドに浸されている今日にあって、高級芸術の伝統的モデルがレンブラントやブルックナーに無関心な集団の生活に何の意味があるだろうか。「アーティスト」の個人的な技能や感情的傾倒が、このようなものがすでに「作品」の制作の主たるものではなくなっている時代に、何の貢献をするであろうか。技術的な退化のためだけでなく、何が「作品」を作り上げるのかということがもはやはっきりとしていない時代なのだから。ギャラリーの壁に飾られた絵画と、広告、漫画や短いジョークとして生産された、何も要求してこないテクストがついていたりついていなかったりする、縛りのない日々の形態の果てしない流れとの間の違いは何だったのであろうか。

ある意味このようなコンテクストで「アート」として生産される作品とは、漫画を拡大したようなリキテンスタイン〔アメリカのポップ・アーティスト〕の作品を『モナ・リザ』へのアナロジーとして扱うような人びとを餌にしたジョークなのだ。アンディ・ウォーホルのアートは反芸術または非芸術として意図的にデザインされた。感情も情動もなく、職業的技巧以上の見せかけも最小限に、彼の「工場」で大量生産されたはかない無数のシルクスクリーンのイメージは、非芸術と芸術とを峻別しようとする原理そのものに挑戦している。アメリカの偉大な興行師P・T・バーナムのような天性の勘を持った山師たちへの招待状のような「コンセプチュアル・アート」は、作品そのものを無くしてしまった。作品はいまや、創造者の頭の中以外の場所に存在しなければならない場合は、指示に従えばだれによっても構築できるものとなった。デイミアン・ハーストは、ホルムアルデヒドの中にサメの開きを漬けたものがイギリスのアート界においていかに急速に莫大な富になっていくかを提示してみせた。ロバート・ヒューズが言うように、まさに「ブランド名は完全に神聖さと堅実さの双方に取って代わってしまった」のである。

その半世紀前には、ダダやそのほかの芸術的試みによって発射された最初のミサイルが、芸術と芸術が表現した社会を挑発し、嘲笑することで破壊しようとした。デュシャンの『モナ・リザ』の口髭と便器は最初の宣戦布告であった。もっともそれは学生のいたずらともいえるものでもあったが。二〇世紀後半にそれらから着想を得たコンセプチュアル・アートは、このような革命的意図はまったく持っていなかった。それが望んだ、またはより正確には当然のこととしていたのは、資本主義システムへの統合であった。「創造的活動」の産物は、もはや技能と耐久性のような「芸術作品」の伝統的な基準ではとらえられないのだ。ロック・グループのようなしばしば技能的に未熟な新出の実践者は、古くからあるスタジオや彼らの音楽を録音できるようにしてくれる音楽のプロの技術の基準をわざとプロらしくない態度によって拒否してみせた。言い換えれば、決して繰り返されない公的儀式の企画者はいうにおよばず、劇場、バレエ、オペラ、コンサートホール、サーカス、といった場における一過性のイベントの伝統的なパフォーマーたちを、高いプロフェッショナルスタンダードを保つために突き動かしていた道徳的義務と労働規律は、捨て去られてしまったのだ。

ポスト・アーティストともいえる人びとのなかでもより理論的な者は、作品も他の物すべてと同様に販売のための商品だということが最初から分かっていた。さらに、彼らは映画業界がかねてより分かっていたこと、すなわち、大衆文化社会においては商品を売るのは真価ではなくてパーソナリティと大衆への影響力であるということを認識した。顔やセンセーションが売れ、プロフェッショナリズムというもっとも基本的なところは陰に隠れてしまった。才能は決して供給不足ではないのに、必須条件ではなく選択の対象となったのだ。ジョークなのは、伝統的な「高級芸術」の絶えず膨張しつつある市場におけるセールスマンが、新たな一連の作品を再生不可能な無二の創造物としてそれらの保証つきのユニークさに基づいて首尾よく売っているのだ、と主張し続けたことである。

このことの極端な例は、当の芸術家自身の資産からの強力な支援があったとはいえ、二〇一〇年にコンテンポラリー・アートすべてのオークション売上げの一七パーセントを占めたアンディ・ウォーホルである。それでもやはり彼の作品は、これらの特大の、しかしわざと使い捨てにつくられた一連のアイコンがいかに物理的な衝撃であったかを示す証しであり、そしておそらくアメリカ合衆国の潜在意識を満たすものをウォーホルが軽い直観で理解していたということの証明でもある。彼はそれを断絶してはいるがつじつまが合っていなくはない希望、貪欲、恐怖、夢、憧れ、称賛および物質的な生活の基本設定といった一連のイメージで表現した。それら全体はかつてアメリカの作家たちが夢見た「偉大なアメリカ小説」に視覚的に相応するものであったろう。

新たなポスト・アートの中には、このように古い文化の枠組みに収まるものもある。しかしその多くはそのように収まることができないか、ヘリテージの構造に静かに予期せぬ変化が生じることによってのみ収まることができるのである。たとえば、新しいランドスケープや都市風景のコンセプトによって公共彫刻が活かされたり、また建築家がかつてから理解していたように巨大な作品を収容するのに充分な新しい展示スペースが作品への注目と効果を保証するような場合である。現代の文化的経験を形成するサウンド、形、イメージ、色、有名人、大がかりな見世物、といったものが同時に詰め込まれた大サーカスショーともいえるもののどのくらいが、時にレトロファッションとして復活する一連の変化する世代的記憶とは異なるかたちで、ヘリテージとして保全され生き残るであろうか。そのうちのどのくらいが実際に記憶に残るのであろうか。だれがこれを予想しうるであろうか。二〇世紀の文化的津波が二一世紀のそれを準備するのだから。

＊本章は、二〇一一年〜一二年の冬に執筆され、初出である。

訳註

†1　アガサ・クリスティ著、鳴海四郎訳『ねずみとり』（早川文庫）早川書房、二〇〇四年他。

†2　一八九七年にロンドンのテムズ川ミルバンク地区に設立されたナショナル・ギャラリー・オブ・ブリティッシュ・アートは当初は英国美術の収集を主眼としたが、二〇世紀半ばまでには世界的な近現代の作品も対象として扱うようになったため名称を「テート・ギャラリー」と変更した。その後、展示、収蔵スペース部即解消のため二〇〇〇年にモダン・アートをグローバルに扱う「テート・モダン」が分館としてテムズ川サウス・バンク地区に独立開館し、一方で従来の建物はその翌年に英国美術専門の「テート・ブリテン」として再出発した。

第3部
Part III

不確実性、科学、宗教
Uncertainties, Science, Religion

第13章　未来への不安

Worrying About the Future

過去に関する学者の伝統的な「歴史で何が、いつ、なぜ起きたか」という問いと、ここ四〇年ほどの間にますます多くの歴史研究を刺激するようになってきた問い、すなわち「人びとはそれについてどう思ったか、あるいは思っているか」という問いとの間には大きな違いがある。最初のオーラル・ヒストリー学会は一九六〇年代後半に設立された。その時以来、「遺産《ヘリテージ》」や歴史的記憶、とりわけ二〇世紀の大戦争に関して、研究する機関や研究の数は爆発的に増えた。歴史的記憶の研究とは本質的には過去についての研究ではなく、その後のある時点での現在から振り返った過去についての研究である。リチャード・オヴァリー〔イギリスの第二次世界大戦研究者〕の『病的な時代』（*The Morbid Age*）〔本章はその書評である〕は、過去の感情的テクスチャに対してまた別の、それほど間接的ではないアプローチをとっている。すなわち、それは人びとの生活の中や周辺で起こっていたこと——歴史のムード音楽と言えるかもしれない——についての同時代の一般的な反応を発掘するという困難な作業である。

この種の研究のフィールドは魅力的で、特にリチャード・オヴァリーの知的好奇心や驚くべき博学をもってすればなおのことだが、それは歴史家を大きな問題に直面させる。感情をある国や時代に特徴的なものとして記述するとはどういうことなのか、あるいは社会に広がる感情がたとえ、劇的な歴史上の事件にたんに関わるものであるにせよ、その感情の重要性とは何なのか。感情の広がりを、どうやってどこまで測るのだろうか。そのような測定に現在使われている世論調査という方法は、一九三八年頃まで存在しなかった。いずれにせよ、そのような感情——たとえば西洋に非常に広範に広がるユダヤ人への憎悪——は、たとえばアドルフ・ヒトラーとヴァージニア・ウルフとでは感じ方も対応も明らかに同じではなかった。歴史における感情は、年代を通じて安定したものでも、社会的に均一なものでもない。ドイツ空襲下のロンドンでのように、だれもが同じように経験した瞬間であってもそうである。ましてやその知的表現はもっと均一でない。そのような感情はどのように比較対照できるのだろう。要するに、歴史家はこの新しいフィールドをどうしたらよいのだろうか。

オヴァリーが調査した時代の空気は、彼によれば両大戦間期のイギリスを特徴づけた危機感や恐怖感、「迫り来る災厄の予感」、文明が終わるという予想であった。そのような空気は、何もイギリスや二〇世紀に特有なものではない。実際、前のミレニアムに、少なくともキリスト教世界では、そうした意味をもった表現が見あたらない時期を探す方が困難である。そのような表現は、依然として、黙示書のために作られノーマン・コーン〔ユダヤ系イギリス人の歴史学者。中世精神史〕の著作で探求されたような、終末論的な成句であることが多かった（オヴァリーの引用によると、オルダス・ハクスリー〔イギリスの作家〕は、近代史に「悪魔の導きの手」を見出している）。ヨーロッパの歴史で、「私たち」――その定義がどうであれ――が、外敵や内なる悪魔の脅威にさらされているという感情が特に例外的ではないのには、もっともな理由がある。

この分野のパイオニアとなった業績は、一四世紀から一八世紀初期までの西ヨーロッパにおける恐怖の歴史を扱ったジャン・ドリュモーの『恐怖心の歴史』[†1]（一九七八年）であり、それはそのなかで、「病的なファンタジー」、危険、終末論的恐怖に満ちた「恐怖の風景」のなかにある「不安な」文明について描写、分析している。オヴァリーの問題は、ドリュモーとは異なり、彼が、少なくともイギリスにおいては、これらの恐怖を実際の経験や危険への対応だったとはとらえていないことだ。イギリスでは両大戦間期に政治も社会も崩壊しておらず文明は危機に瀕していないと一般に認識されていた。それではなぜそれが、「不安、疑いあるいは恐怖の時代として両大戦間期の一般的なイメージを作り出すために手を貸した予言者カサンドラやエレミヤの集団の存在で有名な時期」なのだろうか。『病的な時代』は、知識、理性、ウィットにあふれており、特にその選び抜かれた見事な引用において、資本主義の死、人口の減少や腐敗の恐怖、「精神分析と社会不安」、戦争の恐怖など、破局の懸念のいろいろなもつれを解きほぐしている。おもに、自分が対象とした時代に関して同じことをしたドリュモーが「言葉と力を持った者たち」と称した者たちによる公的・私的な著作を通じて解きほぐすのである。「言葉と力を持った者たち」はドリュモーの分析する時代においてはカトリックの聖職者、オヴァリーの時代では、選ばれたブルジョワ知識人と政治に関わりを持つ階級の思慮深い人びとだった。平和主義と、著者が「ユートピア的政治」と称するものによって予期される災厄から逃れようとする企ては、おおむね悲観主義者の流行病のまた新たな兆候だとみなされている。

とりあえず、「言葉と力を持った者たち」の憂鬱については、オヴァリーが正しいと認めよう。ただしそこには明らかな例外はあった。たとえば、ラザフォード[†2]の出現により、自然科学の栄光の時代に生きていると知っていた研究者たち、新旧の技術が将来も限りなく進歩すると考えていたエンジニアたち、戦間期に最大限にまで達しても依然、アイルランド自由国を除き、うまく支配されているように思われた帝国の役人や実業家、典型的な大戦間のジャンルで、道徳や社会の確実性や一時的に中断された後に回復される安定性の世界を賞賛する探偵小説の作家や読者などである。明らかな疑問は、オヴァリーがはっきりものの言える少数派とみなす人びとの考えが、一九三一年に王の臣民であった約三〇〇〇万人ほどの有権者をどの程度代表し、あるいはどの程度それに影響をおよぼしていたかである。

ドリュモーが対象とした中世後期や近世のヨーロッパに関しては、ある程度の自信を持って答えを出せるかもしれない。彼の時代の西洋キリスト教社会では、司祭や説教師の考えと信心深い人の行いとの間には有機的な関係があった。ただし当時でも両者が一致していたと見なすことはできないが。ローマ・カトリックの聖職者は知的にも実際的にも権威を有していた。だが、戦間期にそうした人びとの言葉は、どのような影響または実際の効果を与えたのだろう。オヴァリーの著作の索引に二行以上にわたって掲載されている作家たちの場合だけを考えてみて、優生学協会のチャールズ・ブラッカー、あるいはヴェラ・ブリテン、シリル・バート〔教育心理学者〕、G・D・H・コール、レナード・ダーウィン〔チャールズ・ダーウィンの息子〕、G・ロウズ・ディキンソン〔政治家学者、哲学者〕、E・M・フォースター、エドワード・グローヴァー〔精神分析学者〕、J・A・ホブソン、オルダス・ハクスリーとジュリアン・ハクスリー、ストーム・ジェームソン〔ジャーナリスト、作家〕、アーネスト・ジョーンズ〔医学者、精神科医〕、サー・アーサー・キース〔解剖学者、人類学者〕、ジョン・メイナード・ケインズ、コスモ・ラング大主教、バジル・リデル＝ハート〔軍事評論家、戦略思想家〕、ブロニスワフ・マリノフスキ、ギルバート・マレー、フィリップ・ノエル＝ベーカー、ジョージ・オーウェル、アーサー・ポンソンビー卿〔政治家、作家、社会活動家〕、バートランド・ラッセル、バーナード・ショー、アーノルド・トインビー、ウェッブ夫妻、H・G・ウェルズ、レナードとヴァージニア・ウルフらの言葉の影響、実際の効果はどのようなものだったのだろうか。

重要な出版社や、ヴィクター・ゴランツやキングスレー・マーティンの『ニュー・ステーツマン』誌のような重要な雑誌、あるいはロバート・セシル卿の国際連盟協会やシェパード司教座聖堂参事会員の平和主義団体である「平和の誓い連合」のような実存する大衆組織のはっきりとした後援がない限り、彼らには言葉はあったとしても、それ以外のものはほとんどなかった。一九世紀のように世間の話題になる可能性は十分にあった。また、生まれながらに既成エリート層に属していたり、すでに彼らに認められていたり、特に破滅の実況担当をした何人かのように、ノエル・アナン〔作家、学者。ロンドン大学副学長も務めた〕が言うところの「知的貴族」のネットワークに属していたりしたならば、既成エリート層の中で政治や行政に影響をおよぼす可能性も十分にあった。しかし彼らの思想はどの程度、『タイムズ』紙や『ニュー・ステーツマン』誌への手紙の投稿者やその読者の領域外にある「世論」を形成しただろうか。

実際のところ、この本の研究対象ではない戦間期の労働者階級や下層中産階級の文化や日常生活に、彼らの思想が影響をおよぼしたという証拠はほとんどない。グレイシー・フィールズ、ジョージ・フォームビーやバド・フラナガン〔俳優、歌手、コメディアンなどのエンターテイナー〕や、ウェスト・エンドの劇場の観客は社会の崩壊を予想して人生を送っていたわけではない。病的とはほど遠く、リチャード・ホガート〔イギリスの批評家〕（や私）が若かった頃の労働者階級は、概ね「自分の境遇の主な要素は変えられないと思っており、そのことに必ずしも失望や落胆や憤りを感じているわけではなく、たんに人生の現実だと思っている」人びとにより構成されていた。オヴァリーが示したように、マスメディアの劇的な勃興が、彼のいう病的な思想家の「中心となる考え」が広く普及するのに役立ったのは正しいと言える。しかし、知的憂鬱を広めることは、あちこちで上映される映画や一九三〇年代初めに発行部数が二〇〇万を超えた大衆紙の目的ではなかった。ただし一九三〇年代半ばにはほぼ全世帯に普及していたBBCラジオは、こうした考えのスポークスマンに長い放送時間のごく一部――オヴァリーがそれを具体的に見積もってくれればよかったと思うが――を分け与えていた。また一九三五年の時点で『レイディオ・タイムズ』〔ラジオの番組案内〕が二四〇万部発行されていたのに対して、ラジオのトークや討論番組を文字化した『リスナー』誌が五万二〇〇〇部だったのも無関係ではない。[1]

一九三〇年代に出版社ペンギンとゴランツによって大変革された本が、知の普及にあたっておそらくもっとも効果的な形態であったことはほぼ確かである。ただしそれは、「本」という言葉が依然として「雑誌」を意味したような肉体労働者階級の大衆に対してではなく、従来からの教養ある人びとや、向上心にあふれ政治意識もあり急速に人数が増えていた独学の人びとに対してである。それらの人びとの間でも、オヴァリーの脚注が示すように、発行部数五万以上は、戦争前一九三八〜九年の緊張した時期以外は稀であった。五万部以上というのは、レフト・ブック・クラブの発行部数の規模であり、同時代のベストセラーの発行部数以上であった。オヴァリーは出版社の記録を見事なまでに調べ上げているが、ウォルター・グリーンウッドの恐慌期の小説『失業手当暮らしの愛』[†3]（*Love on the Dole*）（「不況の文化的産物でこれほど多くの読者を獲得したものは他にほとんどない」）は、一九三三年から一九四〇年のあいだに四万六二九〇冊を売り上げた。ちなみに一九三一年の潜在的読者数は（国勢調査のカテゴリーで「聖職者および類似の職務に従事する者」に「専門職および準専門職」を足した人数であるが）、イギリス有権者約三〇〇〇万人のうち、約二五〇万人だった。[†4]

たしかに、（ケインズの言葉を借りるならば）「一部の故人の（または存命中の）思想家のテーマ」はそのような通常の手段によってではなく、一種の浸透によって広がるということは認めうる。その浸透によって、非常に意味を削られ単純化されたいくつかの概念――「適者生存」、「資本主義」、「劣等感」や「無意識」といったもの――が、確立したブランド名としてどうにか公私の会話に入っていく。そのような緩い基準によってすら、オヴァリーの運命論的予測のいくつかは知識人、活動家、国の意志決定者の範囲を越えて伝わることはなかった。とりわけ、人口崩壊（これは正しくないことが証明された）という人口学者の危惧や、今日われわれが邪悪なものと考える、遺伝的に劣っていると決めつけられた人びとを抹殺するという優生学者の計画はそうであった。マリー・ストープスがイギリスに影響を与えたのは、知能の劣った人に不妊手術を施すことの提唱者としてではなく、産児制限のパイオニアとしてであった。産児制限は、この時期には、膣外射精という伝統的な方法に加える有益な方法としてイギリス大衆に認識されるようになった。

世論がエリート知識人の恐れや反応を自然に共有する場合のみ、彼らの著作は一般のイギリスの風潮を表現するものとなりうる。当時の中心的な問題、すなわち戦争の恐怖に関して一致していたのはほぼ確かであるし、またおそらく、ある意味では（イギリス）経済の危機についてもそうであった。これらの点においてイギリス人は、オヴァリーが指摘するように、戦間期のヨーロッパの窮状を間接的に経験したのではなかった。フランス人同様、彼らも「第一次世界大戦」の大量殺戮という暗い記憶とともに、そして（記憶よりもおそらくもっと効果のある）傷痍軍人という路上の生きた証拠とともに生活していた。イギリス人は新たな戦争への恐怖において現実的だった。ことに一九三三年以降、戦争はあらゆる人に暗い影を落とした。オヴァリーのこの本では女性が戦間期のイギリスをどう考えていたかについては述べられていないが、ひょっとしたら男性よりも女性の上に暗い影を落としていたのかもしれない。

この本の印象深い後半においてオヴァリーは、第二次世界大戦の歴史家としての評判を打ち立てた人物にふさわしく、破局は迫っており避けられないとする一九三〇年代の感覚をあざやかに描写している。その感覚が絶対的平和主義[†5]の訴えを圧倒することとなったのだ。しかし、圧倒したのは、その感覚がまさに、ピーター・ヘネシー〔政治史学者〕が引用した「この国が全面攻撃に耐え、そしてなお戦闘行為を続けられるかどうかは疑わしい」という、一九五五年の核戦争に関する政府の秘密報告書の驚くべき過小評価に示されたものに匹敵するような絶望感ではなかったからだ。一九三九年に私と同時代の人びとは、次の戦争が起これば死ぬだろうと無理もなく思ったが――オヴァリーはこの点について私自身の記憶を引用しているのだが――そうした思いも、戦争はしなければならないし、勝つであろうし、それはよりよい社会へとつながるだろうと私たちが考えるのを止めなかった。

戦間期イギリス経済の危機へのイギリスの対応はもっと複雑だったが、イギリス資本主義が危機を感じる理由がそれほどなかったという主張はたしかに誤っている。一九二〇年代には、イギリス人は他の国よりも経済の将来を心配すべき明らかな原因をたくさん抱えているようだった。世界でほぼ唯一、イギリスの工業生産量は――一九二〇年代のピーク時においてすら、世界の工業生産量が第一次世界大戦前の五〇パーセント以上増加したのに――一九一三年のレベルを下回り、失業率はドイツやアメリカよりもはるかに高く、決して一〇パーセントを下回ることはなかった。大恐慌が、すでに行き詰まっていたイギリス経済よりもほかの国に厳しい影響を与えたのは驚くべきことではないが、一九二九年大恐慌の影響があまりにも大きかったので、イギリスが一九世紀の経済アイデンティティの二つの神学的基盤とも呼ぶべきものを一九三一年に廃止せざるをえなかったことは覚えておいてよい。すなわち自由貿易と金本位制である。オヴァリーが引用した経済的破滅のほとんどは、一九三四年以前のものである。

たしかに、危機は、発言力のある人びとの間で、資本主義の基本的な欠陥によるにせよ、あるいはケインズが一九二六年に発表した「自由放任の終焉」[†6]によるにせよ、制度が以前のままではありえないという合意を生み出した。しかし、将来の経済のかたちについての議論は、社会主義であれ、改革された、より介入主義的「計画的な」資本主義であれ、少数派に限られていた。第一の社会主義は、労働運動やその関連で最大五〇万人、第二の、改革された資本主義は、グラムシ流に言えばイギリス支配階級の「有機的知識人」の多分数百人である。しかし記憶によれば、経済の困難に関し、元の工業地域でその後衰退してしまった場所以外では、文筆に従事しないイギリス臣民がもっとも広範に感じていたのは「資本主義はうまく機能しなかった」ではなく、「これまでのように機能すべきではない」[2]だったと考える点でオヴァリーは正しい。そして「社会主義」は、それが活動家の範囲を越え、戦間期のピーク時に労働党に投票したイギリス選挙民の二九パーセントに到達した限りにおいて、国有化という魔法によって資本主義が変えられるだろうという道徳的観点を代表していた。

それでも、社会主義や計画資本主義を信じることは、病気、絶望あるいは終末感を意味するものではなかった。いずれの視点も、異なる方法ではあれ、危機は克服可能であり克服されるべきだということを前提としていた。そしてそれを後押ししたのは、ソヴィエトの五ヶ年計画が大恐慌に対して驚くべき免疫力を発揮したように見えたことだ。オヴァリーが正しく指摘しているように、それによって一九三〇年代には思考する人びとにとっては彼らが社会主義者ではなくとも、「計画」や「計画立案」という用語は、政治における「開けゴマ」〔難問解決の呪文〕となった。しかしいずれの観点も、よりよい、少なくとも存続可能な未来へと目を向けていた。何の希望も持っていなかったのは、一九一四年以前の自由主義的個人主義者で、再構築されず孤独の中に残ってしまった者だけだった。この本には登場しないが、ロンドン・スクール・オブ・エコノミクスの大御所フリードリヒ・フォン・ハイエクにとって、社会主義やケインズの未来への処方箋は、『隷属への道』[†7]（一九四四年）上の予想可能なつまずきであった。

それも当然だろう。第一次世界大戦では非常に多くのヨーロッパ人がハルマゲドン〔聖書の言葉。善と悪が最後の決戦をするところ〕を経験した。新たな、はるかに悲惨である可能性が高い戦争への恐怖は、より現実味を帯びていた。第一次世界大戦がヨーロッパに、先例のない、恐れを引き起こす一連のシンボル、すなわち空爆、戦車、ガスマスクなどをもたらしていたからだ。過去や現在が適切な比較の尺度とならない以上、そのレトリックがいかに威嚇的であろうと、ほとんどの人は未来の危険を忘れたり過小評価したりしがちであった。一九三三年以降ドイツに留まったユダヤ人の多くが、万が一に備えて子どもを国外に送ったのは、ヒトラーの下での生活に潜む危険に気がつかなかったわけではないことを示すが、その後彼らを待ち受けていたのは、二〇世紀初めにはゲットーの敗北主義者ですら文字通り思いもよらなかった事態だった。ポンペイには火山の下で暮らすのは危険だと警告した予言者も疑いなくいただろうが、その中の悲観的な人ですら実際に町全体が完全に消え去ることを見越していたかどうかは疑わしい。もちろんポンペイの住民は、その最後の日々を生きることとなるとは予想していなかった。

社会集団あるいは個人についてすら、将来をどう思い描き、感じているのか、単一のラベルを貼ることはできない。いずれにしろ、「終末」、「カオス」、「文明の終焉」は両大戦間期の大部分のヨーロッパの日常経験を越えたもので、一九一七年以降、古い社会秩序が回復不可能なまでに崩壊した廃墟に将来も不確かな中で暮らしていた人が多かったにもかかわらず、ほとんどの人びとが本当に予想したものではなかった。これらは過去を振り返ったときの方が容易に見分けのつくものだ。なぜならば歴史上の真の終末的な出来事――たとえば一九四五～四六年の中央ヨーロッパ――の中では、軍服を着ていない男女は自らの厳しい状況を分類して把握するには生き抜くことにあまりに忙しかった。だからこそ、空軍の力を鼓吹した人びとの考えとは反対に、大都市の民間人は第二次世界大戦中の爆撃にも火の嵐にも屈しなかった。動機が何であれ、人びとは「生活し続け」、彼らが住む都市も破壊され炎上しつつも、死ぬまでは生活が止まることはないので、機能し続けた。戦間期の災害の発表を、たとえそれが正しいと証明されたにせよ、その後の大混乱や荒廃という想像もおよばなかった基準で判断するのはやめよう。

オヴァリーの著作は、その観察がいかに鋭かろうと、その資料調査がいかに斬新で画期的であろうと、感情を元にした歴史が単純化を免れないことを示している。時代の基調としての中心的な「風潮」を探したとしても、「国民性」や「キリスト教・イスラム教・儒教的価値」以上に過去の再構築に近づかせてはくれない。あまりに少しのことをあまりにもぼんやりと語ってくれるだけだ。歴史家はそのような概念を真剣に扱わねばならないが、だがそれは分析や叙述構造の基盤とするためではない。公平に言うならば、オヴァリーはそのいずれも行っていない。彼の目的は明らかに、世界中でなじみのあると思われているテーマ、すなわち戦間期イギリスの歴史というテーマについての歴史専門家による他の楽句〔riff. ジャズの用語。ホブズボームはジャズにも造詣が深かった〕と対抗するオリジナルな変奏曲をつくることだった。だがそのテーマももはや、高齢者以外にはなじみのないものである。オヴァリーの変奏曲C調（Cはcrisis〔危機〕のC）は見事な成果だが、他のヨーロッパ諸国の状況との真剣な比較が見られない。よく書けているので、彼の本はまた意図しなかったもの、すなわちジョージ五世〔在位　一九一〇～一九三六年〕のイギリスも、ジョージ二世〔在位　一七二七～一七六〇年〕の頃のイギリスのように遠くてよく知らない存在である読者のための、未知の土地への旅行ガイドとなった。この本は知的な喜びやその洞察力による成果を得、イギリスの知的生活のある部分に関し多くを発見するために読まれるべきで、未経験のタイムトラベラーのための戦間期イギリス入門書として読まれるべきものではない。

＊本章の初出は、イギリスの第二次世界大戦研究者リチャード・オヴァリー（Richard Overy）の『病的な時代――両大戦間期のイギリス』（*The Morbid Age: Britain between the Wars*, Allen Lane, 2009）の書評として、「危機のC」（C for Crisis）という題で、*London Review of Books*, vol. 31 no. 15 (6 August 2009) に掲載された。

原注

1　Richard Overy, *The Morbid Age: Britain Between the Wars* (London: Allen Lane, 2009), p. 376.

2　Ibid, p. 92.

訳註

†1　ジャン・ドリュモー著、永見文雄・西澤文昭訳、新評論、一九九七年。

†2　ニュージーランド出身、イギリスで活躍した物理学者、化学者。原子物理学の父。一九〇八年ノーベル化学賞受賞。

†3　一九三六年から一九四八年にかけてイギリスで強い社会主義的影響力を持った出版団体。

†4　Walter Greenwood, *Love on the Dole* (Penguin Random House, 1933).

†5　absolute pacifism　戦争は絶対に避けるべきとする考え。一九三〇年代半ば以降の状況では宥和政策につながる可能性があった。平和を愛好するが必要があれば戦争はしなければならないと考える pacificism とは区別される。

†6　宮崎義一訳『世界の名著　六九』中央公論社、一九八〇年所収など複数。

†7　F・A・ハイエク著、（1）一谷藤一郎訳『隷従への道――全体主義と自由』東京創元社、一九五四年、（2）西山千明訳『隷属への道』春秋社、新版、二〇〇八年。

第14章　科学——社会的機能と世界の変容

Science

この書評を書き始めるに当たり、まずは一九四四年にスリランカのカンディに置かれたマウントバッテン卿の作戦本部から谷を下りジャングルへ向かった、二人の科学者による自動車の旅について取りあげよう。若い方の科学者は年配者の会話を思い出す。彼は「彼の周囲のあらゆることに関心を持ちそしてそれらの専門家でもあった。つまり、戦争、仏教とその芸術、水路という水路から採集してくる地質学上の標本、泥の特性や発光性の昆虫、ソテツの系統といった事柄であるが、彼が繰り返し関心を甦らせていたテーマは生物学の根本法則と、一九三〇年代の物理・化学技術の進歩を通じて可能になりつつあった途方もない成果の原理であった」。

その若い方の科学者はジョン・ケンドリュー〔イギリスの化学者〕だった。彼は、そのような会話に刺激を受け、もっとも栄誉ある科学賞〔ケンドリューが一九六二年に受賞したノーベル化学賞を指す〕を勝ちえるに至った多くの科学者の一人である。当の旅の相棒の手はすり抜けてしまった賞であるが。しかし、どうにも手に負えない髪と甲高い声を持ち、ずんぐりとしたボヘミアン型の思索家の天才に接する機会を得た者であれば男であろうと女であろうと誰でも、同様の刺激を受け成功に至ったかもしれない。ジョン・デズモンド・バナール（一九〇一～七一年）が彼の伝記作家を驚嘆させたのは明らかであるが、それはこの〔ジョゼフ・ニーダム〔イギリスの生化学者、科学史家。詳しくは本書一五章を参照〕の言葉を借りれば〕「多面性を持ち」「とてつもなく魅力的な人物」とかかわったことのある他のすべての人と同じである。バナールは、彼を十分に知る者たちからは「二〇世紀のもっとも偉大な知識人の一人」〔ライナス・ポーリング〔アメリカの化学者。核実験の反対運動で知られる〕〕とみなされている。

この才気あふれる悲劇の人物の伝記を読むべき理由は二つある。まず、一目見ただけで非凡で魅力的なことがわかる人物についてのごく純粋な人間的興味からである。そしてもう一つには、彼が科学的・社会政治的・文化的革命の結合点に位置していたからこそ、二〇世紀におけるそれらの相互連関と、それらが結びつける未来に対するさまざまな希望と夢を理解するために読むべきなのだ。大戦間期において、未来に対する科学者の責任のアイコンとしてバナールほど際立った存在はなかった。バナールは、H・G・ウェルズの『来たるべき世界のかたち』〔*The Shape of Things to Come*, 1933.『世界はこうなる』『地球国家二一〇六年』『来たるべき世界の物語』等の邦題あり〕[†1]を映画化したコルダ〔ハンガリー生まれのイギリスの映画制作者・監督〕の一九三六年の作品〔この映画版タイトルは*Things to Come*〕に〔バナールに似せたメーキャップでレイモンド・マッセイが演じた）「ジョン・カバール」の姿をとって、実際主人公として登場した。さらに、バナールは、芸術と科学の間には根本的な相違など何もないことの生き証人ではあったが、疑わしい文化とされた科学において彼ほどF・R・リーヴィス[†2]の偏狭な気難しさのあからさまな標的になった者もいない。

アンドリュー・ブラウンの『J・D・バナール——科学の賢人』[1]は、バナールについての史実上の疑問より伝記的な疑問に答える書物である。現在はケンブリッジ大学図書館に置かれているバナール文庫の資料に基づいた最初の本というわけではないが、その五三八ページにわたる分厚い内容は、バナールについて書かれたそれまでの伝記すべてをあわせたよりも多くの事実を私たちに伝えてくれる。〔バナールの死から五〇年後の〕二〇二一年に開示されればこの賢人の伝説的な一夫多妻制の生活について私たちの知識を補ってくれるであろう六箱ものラブレターに収められた情報がいまだなくても、そう言えるのである。しかしこの伝記を読み終えたときには人はすっかり関心をかき立てられてはいるものの、十分に満足できるというわけにはいかない。

自伝風に振り返った際に、バナール自身は自分の人生が三色で綴られるべきだと考えた。政治には〔共産主義の〕赤、科学には〔憂鬱な〕青、そして性には〔欲望の渦巻く〕紫、というわけだ。この本は、バナールのアイルランド系の側面についてもっともよく描いている。これは彼のイデオロギー上の推移と、おそらくは科学上の推移にとってさえも重要な側面である。後のスターリン主義者は、シンフェイン[†3]革命党員として若かりし頃に抱いた民族独立への傾倒につきものだった「戦闘的な社会変革観」をすべて置き去りにしてしまったのだろうか。彼の人生の赤い側面については、明らかにこの本は〔フレッド・スチュワードによる〕「政治的形成」[2]についての論文ほどには洞察が深くない。おそらく著者は人としてまた科学者としてのバナールに対する大変な敬意を、スターリン主義者の部分をかたくなに拒絶することでバランスのとれた客観的なものにしようとしたのだろう。十分な資格を持ってバナールの科学について語るブラウンの議論を評価するだけの力量を書評者は持たないが、分子生物学の革命において当然果たしてもよさそうなものだった主要な役割を致命的にも担いそこなったバナールの不首尾についての分析は、『オックスフォード英国人名事典』新版に掲載されたロバート・オルビーによるバナールの項目の方が優れているようだ。ブラウンはまた、進化生命科学における著名な人物たちのあれほどまでに多く——J・B・S・ホールデン〔イギリスの生化学者、遺伝学者〕、ジョゼフ・ニーダム、ランスロット・ホグベン〔イギリスの動物学者、遺伝学者〕、C・H・ワディントン〔イギリスの発生・遺伝学者〕、そしてバナール自身——をマルクス主義や、あるいはさらに驚くべきことにエンゲルスの著作と、ついでにソ連に向かわせた思想の本質[3]についても十分な関心を寄せているとは言えない。「赤の科学」という尋常ならざる束の間の段階は、政治的関心だけでもたらされたわけではない。

性に関して言えば、ブラウンはフロイト主義——理論というよりむしろ観念——の、初期世代の共産主義知識人たちにおける重要性と、バナールの個人的な解放にとっての原動力としての重要性を然るべく明らかにしている。もっとも、一九三〇年代にバナールがフロイト主義を放棄した点については漏らしているのだが、この放棄はバナールの振る舞いになんら影響を与えてはいない。たしかに、バナールのリビドーの力とたいていの者が抗うことのできなかった魅力は等しく印象的ではあるが、本書の終わりにたどり着いた時、明らかに生涯続いた彼の妻たちや恋人たちの驚くべき忠誠心や、そのことに対する彼の感情の何がしかを私たちは少しでも理解できるのだろうか。バナールはベッドをともにしようともそうでなくとも疑いようもなく知的な女性を惹きつけ、またそうした女性に敬意を抱いていたこと、また——驚くべきことに——音楽は解さず、人生においても研究室においても完全に混乱に陥っていたこと、そして自分ではいっさい買い物をしなかったこと、を除いては。「一シリングの紳士録がすべてを語ろう」とオーデンは綴った。[†4] 私たちはブラウンのおかげで多くの事実を知ることができる。それらは私たちがバナールやその時代を理解するのにどの程度役に立ってくれるだろうか。バナールはアイルランドのティペレアリー州に住む裕福なカトリック教徒の農場主夫婦の息子だった。彼の視野はこうした環境の常よりは際立って広く、その数学と科学の才能——それればかりかあらゆる方面に対する好奇心——は、ほとんど幼少期から際立っていた。他の著者とは異なり、ブラウンは一家のセファルディの側面については強調していないが、これはおそらくバナール家の知的刺激の源が間違いなく旅行経験豊かで勉強好きな彼の母親にあり、粗野な父親ではないことが理由だろう。母親は、ニューイングランドの長老派教会の牧師の子だった（それに母系主体のイスラエルの基準では、間違いなく非ユダヤ人である女性の子どもや孫は、ユダヤ人とはみなされようがないのだ）。

よくあるように、バナールは科学で評判の高いイングランドの小さなパブリック・スクール、ベッドフォード校に送られ——幸いなことに、彼は父親が最初に選んだストーニーハースト校を頑として受け入れようとはしなかった——、ケンブリッジに進学するための奨学金を得、なんでも手当たり次第に貪り読み、考え、学部生にして「賢人」、万能の天才としての評判を確立した。彼はカトリックの信仰から無神論に転じた。イギリスに対するＩＲＡの戦闘を積極的に支持する立場から社会主義へ転じ、一〇月革命の根ざしたより広範な反帝国主義を支持するようになった。さらに自身を「宗教と合理主義のファンタジー」からだけでなく性的な禁欲からも解放してくれたフロイト主義へ傾いた。バナールが童貞を失ったのは学部生のときだった。いまどきの標準では遅い方かもしれないが、当時の中産階級の学生の標準ではそうでもない。ともかく既婚の学部生となって子どもとパートナーのアイリーン・スプレーグを得るには十分早かったと言える。スプレーグはこの後バナールの生涯にわたって彼の唯一の法的な妻としての地位にこだわり続けた。バナールは一九三〇年代にマーガレット・ガーディナーとの間に子どもをもうけ第二の家庭を、そして一九五〇年代にはマーゴット・ハイネマンとの間に第三の家庭を築くこととなる。いずれもやはりバナールより長く生きた。

　バナールの知性の輝きと独創性は並外れたものであり疑うべくもないが、科学者としての進展は興味深いまでに紆余曲折していた。まず彼は数学から物理への転向を余儀なくされ、物理でトップクラスの成績をとることができなかったためにキャヴェンディッシュ研究所〔ケンブリッジ大学の物理学研究所〕にしばらく入ることができなかった。――だからと言ってかの偉大なラザフォード[†5]が通説とは異なり実はバナールの人としての流儀や科学的スタイルを気に入っていたというわけではないし、彼の共産主義については言うまでもない。バナールは結晶学を通じて科学の道に入っていった。結晶学は「博物学者・数学者・物理学者そして化学者としての彼の興味を引くものであり」[4]、実験と模型と理論を組み合わせる彼のやり方に合っていた。すばらしく愉快でボヘミアン的なときを過ごした数年間、バナールはロンドンでノーベル賞受賞学者のブラッグ父子[†6]の研究に参加し、その後一九二七年にケンブリッジへと戻った。続く一二年間は、政治における影響力の点だけでなく科学研究の点においてもバナールにとってもっとも有益な期間だったと言えるだろう。この間に彼は共産主義知識人として頭角を現し、現代分子生物学の創始者となり〔フランシス・クリック〔DNA構造の解明で一九六二年にノーベル医学生理学賞を受賞〕の言葉を借りればバナールは彼と〔クリックとともにノーベル賞を受賞した〕ワトソンにとって「科学における祖父」に当たる）、そして計り知れないほど影響力のある著書『科学の社会的機能』[5]を通じて、科学プランニングおよび科学政策の主要な理論家となった。それまでケンブリッジが彼の研究の本拠地だったが、一九三八年に、当時はまだ科学研究の主要中枢ではなかったロンドン大学のバークベック・コレッジ物理学講座の教授職をP・M・S・ブラケット〔イギリスの物理学者　ノーベル物理学賞（一九四八年）〕から引き継いだ。バナールは残りの生涯ずっとこの職に留まり、戦後はすぐれた結晶学の学部を設立した。彼の名声は最高水準の若い研究者たち――（ケンブリッジに移る前の）フランシス・クリック、ロザリンド・フランクリン〔イギリスの生物物理学者〕、アーロン・クルーグ〔南アフリカの分子生物学者、ノーベル化学賞（一九八二年）〕――を引き付けたが、バナール自身は自分がそれほどまでに尽力しインスピレーションを与えた生命科学の革新的研究の周縁に留まり続けた。彼はDNA構造模型をいち早く「生物学におけるもっとも偉大な単独の発見」であると見抜くことになるのだが、その発見に彼の名は記されていない。

実際のところ、一九三九年の初頭から一九四六年にかけて、バナールは、第二次世界大戦におけるイギリスの科学者動員といういちじるしく成功した計画の一員として、実質的にアカデミックな世界の外にいた。「オペレーショナル・リサーチ（ＯＲ）」の主要な提唱者であり考案者の一人でありながら、バナールは原子爆弾計画とはいっさい関係がなかったようである。数年のあいだ、科学と政治、理論と実践は一つであった。一九四〇年のドイツ軍によるコヴェントリー空爆の効果を正確に予測したり、ノルマンディー上陸作戦用の海岸地域の壮大な調査を行ったりといった、バナールのもっとも華々しい偉業については、その平然とした勇気も含め、たとえ素人でも正しく評価を下すことができる。当然のことながら、この時期について書かれた章は、科学の素人にとってもっとも読みやすく面白い部分である。一九四五年から四六年にかけて、戦時期の内部関係者はいま一度共産主義を掲げる外部者、そして潜在的な裏切り者になった。もっとも、バナールのスターリン主義と「だらしない生活スタイル」をいち早く公然と非難したジョージ・オーウェルに比べ、当局はバナールのこの政治的な移行に慣れるのに時間がかかったのではあるが。一九四五年から四六年の期間に依然としてバナールが、将来の核戦争においてソ連、アメリカ、イギリスを壊滅させるのに必要な相対的な軍事力を試算するよう求められている点は注目に値する。当の本人はこの仕事をいつもどおりの冷ややかな知性と情熱をもってこなした。これが彼にとって最後の公的な任務となった。ところでついでながら、ソヴィエトの諜報機関との関係を裏付ける証拠や、それを疑わせるような重大な資料はいまのところ何も見つかっていない。

その創造的な能力を発揮するピークにあった一流の科学者の、成功に満ちた戦後のキャリアのように思われたものを終わらせたのは冷戦だけだったのだろうか。『オックスフォード英国人名事典』には、一九四五年以降のバナールの政治活動が、その戦前の地位の回復を難しくしたのだともっともらしく書かれている。たしかに、スターリニズムへの共鳴を全面的に公にしたことで、バナールにとっては大変な不都合が生じた。一九四八年にソヴィエトの生物学の公的な正説となった食わせ者のルイセンコの見解[†7]を正当化しようとするバナールの試みから、彼に対する科学者仲間の評判が回復することは決してなかった。しかしながらこれは、なぜ彼が分子生物学の偉大な革新において枝葉末節の個人的な貢献以上のものを成しえなかったのか、あるいはなぜ研究活動から百科事典的・歴史的な著述活動に転向していったのか、という疑問に対する説明にはならない。ブラウンが述べているように、壮大な『歴史における科学』[6]の準備作業はバナールを「ときにまいらせてしまう恐れがある」ほどのものだった。

バナールは、「彼に提示されたどのような的にも」巧みに「独創的な思考の矢を射る」その驚異的な才能を発揮し続けた。しかし、ブラウンが見事に論じているように、おそらく液体構造についての研究を除いては、バナール自身の科学上の評判は戦後の研究に基づいてはいない。これには多くの理由がある。ロザリンド・フランクリンが思い出を語っているように、バークベック・コレッジ物理学講座は、空襲を受けた戦後のロンドンの標準から見ても遅れた研究環境に苦しんでいた。こうした困難な状況はコレッジ内の嫉妬や敵愾心によってなんら緩和されることはなかった上に、国際状況が危機的な段階に達すると、バナールは外部からの政治的・イデオロギー的攻撃にさらされた。彼は辛抱強くますます熱心に働いたが、彼が成し遂げた科学的成果は一九三九年に予想されていたであろうレベルにはほど遠かった。

一九五一年までには彼の強靭な肉体も、超人間的なスケジュールの重圧のもと、まいり始めていた。

フルタイムでの科学研究と大学の仕事に加え、ソ連後援の平和運動のためにひっきりなしに世界中をキャンペーンして回っていたが、しかもそれらはほとんど異常と言ってもいいほどの量の執筆、講義、会議といった一連の予定に加えてのことだった。バナールは山を登るのに支障をきたし始め、その足取りはますますふらつくようになった――彼自身がそれを〔一九世紀のイギリスのナンセンス詩人、エドワード・〕リアの〔つま先のない〕ポブルの足取りにたとえていた。こうして、一九六一年から六二年にかけての年度には、平和運動のための旅行に加えて、チリ、ブラジル、ベルリン、ミュンヘン、イェール（「分子構造、生化学的機能と進化」についての大学院講義のシリーズ）と、ガーナ科学アカデミー、ニューハンプシャーでの物理冶金学についての研究大会、フランス物理学協会、英国学術協会、そして王立協会でのベイカー記念講演〔物理学分野の受賞講演。バナールは一九六二年の講演者として液体構造について話した〕はもちろんのこと、グラスゴー、マンチェスター、ニューカッスルの学会や協会で講演を行い、その他さまざまな科学学会や学生協会で講話をした。一九五〇年代には五冊の本も出版していたことから、断続的な研究以上のものを進める余地はもうほとんど残されていなかった。

とうとうこの過重な負担はバナールの体にきた。一九六三年に始まった一連の脳卒中により床に臥せるようになってしまったのだ。しかしバークベック・コレッジからついにもぎ取った結晶学講座の教授職からは一九六八年になるまで退くことはなかった。晩年はマーゴット・ハイネマンと娘のジェーン、そしてバナールに対する権利を主張し続けたあと二人の妻たちの間で時間を割かれ、なんとも悲劇的なものだった。やがて彼のたぐいまれな頭脳は外の世界と意思疎通する体力を失った。ついにはバナールにもっとも近しく、生涯を通じて彼の声や筆跡に馴染んできた者たちですらもはやその声や身振りを解読することはできなかった。最後の二年間は朽ちていく体の中に無言のまま独り閉じ込められ、この家からあの家へと転々と回されながら過ごし、一九七一年九月一五日、七〇歳で生涯を閉じた。

もっとも非凡な人物の生涯であっても、その人の生きた時代と場所という舞台装置があってこそ意味を成すものだ。政治、科学、そして個人の革命――レーニン、フロイト、結晶の美に隠された新発見――を組み合わせることによって人類の進歩と解放が実現するというバナールの期待に満ちた夢は彼自身のものだったし、彼の身に起こった悲劇もまた彼自身のものだった。しかしその両者とも、二〇世紀前半に成人に達した人だけが持ちうるものだ。人としては、バナールはアイルランド人革命家そしてその後は共産主義革命家の立場で、資本主義と帝国主義の危機の時代に属した。科学者としてのバナールは、フランス人社会学者ジョルジュ・フリードマンによる当時影響力のあった著作が「進歩の危機」[7]と呼んだ状況の中に生きていることを鋭く意識していた。

第一次世界大戦が勃発する前の一五〇年間、普通教育を受けた西洋の人びとはほとんどこう信じて疑わなかった。文明は世界的発展というただ一つのパターンを通じて、たとえ歩みが速かろうと遅かろうと、また絶えず着々と進行しようとあるいは途切れ途切れであろうと、ともかくかならずよりよい未来に向かっているのだ、と。その現実は、やがてそれがどんな結果をもたらすのかを心配する人たちであっても否定しようがなかった。しかし、一九一四年以降、戦争や革命や経済的崩壊が襲うなか、修復不可能な一九世紀世界の廃墟のように思われる状況において人類はどこに向かっていたのだろうか。互いに補強しあう三本の柱だけがいまもって進歩の聖堂を支えていた。それは、科学の前進、自信に満ちた合理化されたアメリカ資本主義、そして荒廃したヨーロッパと後に「第三世界」と呼ばれるようになる国々にとっては、ロシア革命がもたらしてくれるかもしれないものへの希望だった。つまりアインシュタインとレーニンとヘンリー・フォードである。科学の進歩は十分に確実なものだったが、社会危機や知性の危機、そして科学の進歩それ自体さえもが科学の実践者たちに実験室の外の社会に目を向けるよういよいよ強いるようになった。

一九二〇年代には、揺籃期のソ連でさえヘンリー・フォードを当てにしていたし、若かりし頃のバナールも共産主義者ではあったものの、人間に必要なものは「合理化された資本主義かソヴィエトの国家計画」のどちらかによって満たされうると理解していた。アメリカのモデルはこの時代の主要な大変動である世界恐慌の中で音を立てて崩壊し、地域型モデルだったドイツと日本の自由主義的法人資本主義《コーポレートキャピタリズム》を道連れにした。一方、ソヴィエト・モデルにおける荒削りの産業化は轟音を立てて前進しているように思われた。進歩の信奉者たちにとって、未来に向かう唯一の道は、歴史によって生み出され輝かしい科学によって変容した新しい計画社会主義社会のように見えた。バナールの経歴の風変わりな点は、これがソ連のような社会——たとえそれがスターリン主義の形態であっても——によってのみ達成されるという、彼が一九三〇年代に獲得した信念を決して失わなかったことである。

公の場への科学の進出は、当時の若い自然科学者たちの精力的な中核をなす者には論理的かつ必要不可欠に思われた。一方では、（若かりし頃のバナールの曰く「この輝かしい科学の新世界の」）隅々で数々の発見をしている先駆的探検者の小さな一団は、自分たちが勝利の時代に生きていることを知っていた。一八九五年以降の科学分野の革命は、自然の理解と支配において、世界を変容させるような華々しく無限の発展の時代を開いていた。科学者たちだけがその方法を知っていた。科学者たちだけが真にその可能性を知っていた。「来たるべき世界のかたち」について大胆な予測を立てていたのはバナールに限ったことではなかった。科学の力の主張に対する彼独自の、そしてことによるともっとも永続的な貢献は、科学が実際どのように社会的・知的作用因《エージェント》として働くのか、そして効果的な発展のためにはどのように組織されるべきなのか、ということについての分析であった。

同様に明らかだったのは西洋世界を動かしていた者たちの無知である。それは一九一四年以降の彼らの軍事的・経済的失敗と同じくらい目を引くものであった。為政者たちは革命的激変の時代、そして世界的な資本主義経済の大変動によって明らかになったように、豊かさの中の貧困の時代にあって無能だった（「社会的要求」や「国民福祉」といった用語がイギリスの科学の公的な語彙に入ってきたのは一九三〇年代初期のことである）。社会は科学者たちを必要としていた。研究と理論は、物議を醸す政治とは伝統的にそりが合わなかったが、好むと好まざるとにかかわらず、それ以前は部外者であった科学も、科学自体の伝道の一団として、そして預言者兼活動的な先駆者として、公的活動の場に入っていかなければならなかった。そして、ドイツでヒトラーが権力を掌握し、書物を焼き研究者たちを激減させた時から、科学者は文明の未来の擁護者として、ヨーロッパの誉れとなったのである。この重大な時期に、ソ連が大恐慌の影響を受けない様子であったことから、市場経済の信用は地に落ち、「計画立案」が即席で社会を立て直す奇跡の薬のように思われ始めた。ソ連は非ボルシェビキにとってさえもちょっとした手本となった。国やイデオロギーの境界を越えて、イデオロギー上の理由でそれを信じる社会主義者たちにも、いずれにせよそれを実践している科学者や技術官僚たちにも、そして恐慌と戦争によってそれが必要になったと気付き始めた政治家たちにも、「計画立案」は魅力的に思われた。

痛烈な皮肉ではあるが、歴史の裁定はこうだった。よい社会ではなく、総力戦での努力によって得た勝利こそが、人・政治・科学・社会的希望を織り交ぜ動員して達成される計画的進歩の最高の業績となる。第二次世界大戦は政治的決断と科学的決断を融合させ、サイエンス・フィクションを現実、それもときに悪夢のような現実に変えた。原子爆弾は、一九三九年にヒトラーに対して下された政治的判断を、純粋な原子力理論学者と実験者が社会的に応用したものである。バナールは、この争いが勃発したのち理解と社会的有益性という新しい領域に至るには、計画的な「巨大科学」が必要だと予見したが、争いはこの予見を正当化しただけではなく、実際に予見を現実のものにもしなければならなかった。これこそが核兵器を作り出した道のりだった。戦争は、そして戦争のみが科学と技術――原子力であれ、宇宙であれ、コンピュータに関連するものであれ――に、二〇世紀後半に至るまでこの両分野を推進する資源と支援構造を授けることになるのだった。さらに、人類の手に新しい無限の力を握らせたがゆえに、戦争は制御の手をすり抜け、魔術師と弟子の関係を逆転させてしまったのだ。こうした力を生み出した魔術師たちはその危険を自覚してはいたものの、その使用を正当化し得意がる弟子たちの様子に直面した時には為すすべがなかった。爆弾を作った当人たちは反核の運動家となり、冷戦期には爆弾の利用者たちにとって疑いと軽蔑の対象となった。

ロバート・オッペンハイマーと（一九四五年以降はおそらく他のさまざまな活動のいずれよりも多く反核運動に時間を割いた）デズモンド・バナールは、この魔術師と弟子の逆転劇における多くの犠牲者のうちの二人である。しかしそれぞれ異なった形での犠牲者である。原子爆弾の主任設計者だったオッペンハイマーは、ある意味においてはより悲劇的なケースと言えるだろう。戦前に共産主義とかかわっていたとの口実で、敵や魔女狩りによって公の生活から執拗に追い立てられたオッペンハイマーの没落はより極端であり、彼に向けられた非難は明らかにねつ造されたものであった。バナールの場合、その政治的忠誠心のありかを考えれば、彼が一九四五年以降「危険人物」とみなされたことは驚きには当たらないだろう。しかし、別の意味でバナールのケースはオッペンハイマーと同じくらい悲劇的だったと言える。それは、バナールを貶めたのが、彼と未来に対する政治的・科学的ビジョンを共有していたにもかかわらず、戦後最初の戦いとも言えるもののあいだにそれを劇的に引き裂くことを選び、冷戦期における超大国の対立を生み出す危険をあえて冒した者たちだったからだ。

一九四八年のベルリン空輸作戦が続く緊迫した数ヶ月のあいだに、スターリンは、西側から侵入してくるイデオロギーやその他の危険に対し、権威を笠に着た決定によってソ連の防御を高めることにした。それは、今後、科学には反目しあう二通りのものが存在するとの決定だった。そのうち一つのみが共産党に公認されたものであり、よって全共産主義者にとって正しく義務的なものだった。毛沢東主義の表現を使えば、「赤」であることは「専門家」であることより重要だったのだ。有機体の生殖の本質についての議論というよりは、このスターリンの決定こそが、ルイセンコ論争の争点だった。最近の研究が示すように、ルイセンコの主張は直接「スターリンによって認可され、そして実際押し付けられた」[8]ものであり、これによって当然のことながら「赤の科学」の時代は終わった。バナールは、「専門家」であるべき義務より「赤」である義務を優先させることで自身の信用を傷つけたのだ。

歴史的な皮肉に気付かないまま、スターリンは正統派学説の選ばれし生け贄としてまさしく生命科学研究の分野を選び出していた。それは西側の科学者たちをもっとも多くソヴィエトの思想に引き付け、「赤の科学」の時代においてもっとも著名なマルクス主義者やマルクス主義寄りの者たちを生み出していた分野だった。ロシアではこの分野の科学者たちは立場が弱かった。イデオロギー上のどんな罪を抱えていようとともかく為すべき仕事をさせておかなければならなかった物理学者や数学者たちと違って、遺伝学者たちは兵器を作り出すこともなければ、また明らかに、農業において短期で結果を出せる改良も生み出さなかったからである。論争を巻き起こしたT・D・ルイセンコの農業生物学理論は、反動的・衒学的で異国のものである非愛国的なブルジョワ遺伝学に対し、正しく唯物論的・進歩的・愛国的であると公に宣言された。その結果、たちどころに約三〇〇〇人もの生物学者たちが職を失い、なかには自由を失った者もいた。ルイセンコ論争におけるソヴィエトの教義もソヴィエトの実践も等しく弁護の余地のないものだった。

なぜバナールが、西側の科学者たちの中でほぼ唯一、ソヴィエトの教義と実践の両方を公に攻撃的なまでに擁護し、さらには数年後「科学者としてのスターリン」という怪しげな故人略伝を書いてそれを補強することを選んだのかはいまだに明らかではない。ルイセンコのために理詰めで賛成の論を唱えようとしたその試みは彼自身を納得させうるものではなかっただろうに、バナールが党の任務を科学的良心に優先させたというのでは不十分である。厳密には彼は共産党員ですらなかったのだ。しかし、その頃までにバナールはソ連の国際的な領域において重要な名士であった。ことによると彼は世界平和に対する懸念とソヴィエト連邦内の進展に影響をおよぼしたいとの望みに突き動かされたのかもしれない。ブラウンが示すように、バナールはやがて実際に〔スターリン批判を行い、西側諸国との平和共存を説いた〕フルシチョフの親友となった。バナールの動機がなんであったにせよ、彼の立場は彼の掲げる大義にも彼自身にもそしてその評判にも決して役立ちはしなかった。

明らかにバナールはその政治目標の達成に失敗し、そしてソ連批判を表明することは決してなかったものの、政治的な期待に関しては落胆していたに違いない。それより彼は一九四五年以降の科学組織や構造、公的資金についての予言者としてははるかに影響力を持っていた。CERN〔ヨーロッパ合同原子核研究機構〕のようなプロジェクトから「サイテーション・インデックス〔引用索引〕」に至るまで、私たちはいまだ彼の遺産とともに暮らしている。しかし彼は科学者として何を達成したのだろうか。

バナールほど同僚の感銘深い評価を受けている科学者はほとんどいない。「バナールの頭脳が見渡す視野の広さは伝説的だった」と、ジム・ワトソンは書いているが、かく言うワトソンは決して劣等感にさいなまれるような人物ではない。ワトソンとともにノーベル賞を受賞したフランシス・クリックは「私はバナールを天才だと考えていた」と記した。ライナス・ポーリングは、バナールのことを彼が出会った中でもっとも聡明な科学者であると考えていた。伝記作家はバナールより年上・年下の者を合わせ少なくとも一二人のノーベル賞受賞者の発言をたどったが、みな「賞賛や畏敬の念まで」

表している。しかし、その関心の広範さと、反応の速さとその結果ゆえのせっかちといった点こそがすべて、評価されうる業績を収めるのに不可欠な集中力から彼を遠ざけてしまったのだ。おそらくもっともバランスのとれた評価を書いているのは一九六四年のＣ・Ｐ・スノウ〔イギリスの小説家・物理学者〕である。

天性の才能という点では彼は高いところにいる。彼の時代の誰よりも学識のある科学者であり、おそらく、確たる意味を込めて彼は科学というものを知った人であったと言われる最後の人と言えるだろう。……それにもかかわらず、彼の業績は大量とはいえ、さして記録に残りはしないだろう。そうなってもよさそうなものではあったのだが。他者の名前で生み出され、その起源をバナールに負う科学論文は、世界中で大変な数に上る。しかし彼はたいていの科学者が持ち合わせている、一つの創造的な研究を最期までやり抜くのに必要な執拗さというものを特に欠いていた。もしバナールがこの手の執拗さを持っていたならば、相当な量の現代分子生物学研究を手早く片付け、ノーベル賞を何回か受賞していたことだろう。[9]

では私たちはバナールの業績を低く評価すべきなのだろうか。〔創造的な芸術のいくつかと異なり〕科学の累積的な性格上、進歩が集合的なものであり個々人とは無関係である領域において個人的な卓越を示すことでその実践者が名を残す、というのは科学的知識のパラドックスである。科学分野の偉大な天才たちは歴史的に置換可能である。なぜなら彼らの成した革新は遅かれ早かれ他の誰かによって成されたであろうし、またそれは必然的に連綿と続く集合的努力の一部だからである。シェークスピアやモーツァルトといった、間違いなく彼ら自身のものであると言える作品とは異なるのだ。私たちが元素の周期律を発見したロシアの化学者、メンデレーエフを称えるのは当然のことだが、化学元素の周期律表は彼がいなくても見つけ出されていたことだろう。一九六二年のノーベル賞を受賞したクリック、ワトソン、ウィルキンスという名前は、彼らの大発見を可能にし、そしてそのアイデアを発展させ続けた多くの研究者の連隊ともいうべきものを象徴している。他方で、報奨と名前の認知のメカニズムは、バナールのような人びとの貢献を記録するには不向きである。たとえ一九六二年から一九六四年にかけての三年間に、彼の少なくとも四人の学生と門下生がノーベル賞を獲得していたとしても。そしてこれは、かねてよりバナールと研究を行いたがっていたクリックと、バナール自身の研究室出身で早世することがなければ受賞候補に挙がっていたであろうロザリンド・フランクリンを除いた数なのだ。バナールの業績は形あるものではなく、推進力であり、雰囲気であった。

人はレントゲンについて一八九五年にエックス線を発見したということ以外いっさい知らないかもしれないし、そもそも知る必要もないが、彼が科学において何をした人物かは、誰もが知っている。二〇一二年まではヒッグスが誰だったのか、誰なのか、知る人はほとんどいなかったが、彼はその名前を謎のヒッグス粒子に与えた。物理学者たちが長年その存在を議論してきた粒子だ。科学においてバナールの名を恒久的に掲げるものは何一つない。バナールを知り、この並外れた人物の強い影響力を感じた人びとの大半はもうこの世にいない。このような科学への予備的で詳述の難しい貢献を果たした人物の刺激に直接応えた世代が亡くなってしまえば、彼の名声は歴史家の手のみに握られることになる。そうした歴史家は科学史を専門とするだけでなく、それを覚えている人がもう誰もいないバナールの生きた時代——世界的な大惨事と希望の時代——の雰囲気や気質を再構築できる人でなくてはならない。今後はアンドリュー・ブラウンの本が歴史家にとって必要不可欠な出発点となることだろう。

＊本章の初出は、アンドリュー・ブラウン（Andrew Brown）の『J. D. バナール——科学の賢人』（*J. D. Bernal: The Sage of Science*, Oxford University Press, 2005）の書評として、「赤い科学」（Red Science）という題で、*London Review of Books*, vol. 28 no. 5 (9 March 2006) に掲載された。本文中には二〇一二年に存在が確認されたヒッグス粒子に関する言及などもあり、初出の文章が加筆されている。

原註

1 Andrew Brown, *J. D. Bernal: The Sage of Science* (Oxford: Oxford University Press, 2005).〔本文に後述されるように、表題の Sage「賢人」はバナールのニックネームでもあった〕

2 Fred Steward, 'Political Formation', in Brenda Swann and Francis Aprahamian (eds), *J. D. Bernal: A Life in Science and Politics* (London: Verso, 1999).

3 Swann and Aprahamian (eds), *J. D. Bernal* のホブズボームによるまえがき、特に xv～xviii 頁参照。

4 Brown, *J. D. Bernal*, p. 19.

5 J. D. Bernal, *The Social Function of Science* (Cambridge, MA: MIT Press, 1939).〔坂田昌一訳『科学の社会的機能』勁草書房、一九八一年〕

6 J. D. Bernal, *Science in History* (Cambridge, MA: MIT Press, 1971).〔一九五四年に出版された本書初版本は、四巻にわたる大作であっ

7　た。邦訳は鎮目恭夫訳『歴史における科学』全四冊、みすず書房、一九六七年〕

7　Georges Friedmann, *La Crise du Progrès: esquisse d'histoire des idées, 1895-1935* (Paris: Gallimard, 1936).

8　Yoram Gorlicki and Oleg Khlebniuk, *Cold Peace: Stalin and the Soviet Ruling Circle, 1945-53* (New York: Oxford University Press, 2004), p. 39.

9　C. P. Snow, 'J. D. Bernal: a personal portrait', in M. Goldsmith and A. Mackay (eds), *The Science of Science* (London: Penguin, 1964).

訳註

†1　H・G・ウェルズ著、吉岡義二訳『世界はこうなる』（上・下巻）明徳出版社、一九九五年、同訳『地球国家二一〇六年』読売新聞社、一九七三年、宇野利泰他訳『来たるべき世界の物語』早川書房、一九六一年。

†2　イギリスの文芸批評家。長くケンブリッジ大学で教えた。文芸誌『スクルーティニー（精査）』（*Scrutiny*, 1935-53）を編集した。

†3　一九〇五年にアイルランドの独立、文化復興を目指して結成された政治結社。

†4　安田章一郎、風呂本武敏、櫻井正一郎著『オーデン名詩評釈――原詩と注・訳・評釈』大阪教育図書、一九八一年。引用はW・H・オーデン「紳士録」の一節。

†5　ニュージーランド生まれのイギリスの物理学者。原子核を発見して一九〇八年にノーベル化学賞を受賞。バナールを嫌っていたことが知られている。

†6　ウィリアム・ヘンリー・ブラッグとウィリアム・ローレンス・ブラッグ父子。エックス線による結晶構造の研究で一九一五年にノーベル物理学賞を受賞。

†7　メンデルらの説に対抗し、環境要因により体細胞に生じた変化が次世代に遺伝するという新しい遺伝学説。まったく誤った学説であったが、一時期生物学界での国際的な対立を引き起こした。

第15章 フリジア帽[†1]をかぶったマンダリン[†2]

――ジョゼフ・ニーダム[†3]

Mandarin in a Phrygian Cap

一九五九年の有名なリード・レクチャー[†4]についてステファン・コリーニ〔ケンブリッジ大学英文学および知識史の教授〕が編集した版を除けば、ケンブリッジ大学における人文科学と自然科学、および当時のイギリスの知的出版物を二分した「二つの文化」をめぐる大きな論争はもはやほとんど記憶されていない。その論争は科学の重要性を主張するもので、いまではほとんど忘れ去られたC・P・スノウ（一九〇五～八〇年）が「文学的知識人」に対する攻撃を開始したものである。[†5]彼が忘れ去られたのは不当だ。なぜなら、彼の希望、権力、威信についての重厚な小説は、その時代の公的および学問的生活について多くのことを語ってくれるからだ。ある意味でそれは一九三〇年代という科学者にとっては栄光の時代だが、失意の詩人たちにとっては低調で、ごまかしの、さらに悪くなる可能性のある一〇年間をめぐる論争であった。より狭い意味では、それは人文科学と自信に満ちた自然科学との間で戦われたケンブリッジ大学の防衛戦であった。自然科学は、八二のノーベル賞受賞への途上にあり、大学の未来の偉大さ（と資金調達）は実質的に自分たちの手にあることを知っていた。おそらく人文科学分野の教授陣を何よりも苛立たせたのは、未来は自分たちの手にあるという科学者たちの確信だった。より広い意味では、論争は理性と想像力との関係についてであった。スノウの考えでは、科学者たちは両方を備えていたが、文学的知識人は、科学と未来に対する無知と疑念のせいで致命的なまでに手を縛られていた。二つの文化のうちの一つだけが真に重要であったのだ。

スノウは、最大の論争相手であったF・R・リーヴィス（二四九頁†2参照）のように馬鹿げた程度ではなかったにせよ、自分の立場を過大評価していた。しかし彼は基本的には正しかった。二〇世紀前半、二つの文化を隔てる谷間はおそらくかつてないほどに大きくなっていた。少なくとも、すでに中等教育の段階で十代半ばの若者を「人文科学」専攻と「自然科学」専攻とに振り分けてしまうイギリスではそうであった。

事実、文系の知識人は科学から遮断されていたが、科学者は人文科学から孤立させられてはいなかった。というのも、社会の上層階級の基本的な教育は常に文学を学ぶことであったし、当時の科学者の小さなコミュニティはおもにこの環境の出身であったからである。

それにしても、戦間期の科学者集団――限定はされないがほとんどは生物学分野の科学者たち――の知識と関心の幅が広かったことと、人文分野のそれが限られていたこととの対比はいちじるしい。一九三〇年代をリードする詩人たちは、多分エンプソンを除いては、（彼らの詩の中に「鉄塔」という言葉が何度も登場するのを見れば明らかなように）科学技術を称賛したものの、一九世紀初頭のロマン派詩人とは異なり、自分たちが科学的驚異の時代に生きているという感覚はなかったように思われる。J・B・S・ホールデン（生物学者）の観察によれば、シェリーとキーツは化学の発展についていくことができた最後の詩人である。逆に、科学者の中にはイランの芸術について講義できる者（バナール〔分子生物学、本書第14章を参照〕）やウィリアム・ブレイクについての本を出版できる者（ブロノフスキー〔数学者、生物学者、科学史家〕）、音楽で名誉学位を獲得できる者（C・H・ワディントン〔生物学者、遺伝学者〕）、J・B・S・ホールデンのように比較宗教学の研究をできる者もおり、とりわけ彼らは歴史感覚を持ち、歴史について執筆もしていた。

科学者たちはまた、芸術と科学の想像力を、無限のエネルギー、自由恋愛、奇行や革命的政治と結びつける傾向にあった。それは両大戦間期、より具体的には一九三〇年代に特徴的な取り合わせである。なかでもジョゼフ・ニーダム（中国名はLi Yuese／李约瑟）ほど明らかにその結び目に属した人物はいなかった。ニーダムは一九三〇年代の才能にあふれた「赤」の科学者のグループの中でたぶんもっとも興味深い人物であった。彼はまた、後にケンブリッジ大学の自分のコレッジで学寮長を務め、名誉勲位も授与されるなど、革命的な態度や信念と、『紳士録』の著名人の世界からも受け入れられる状況とを組み合わせるというおそらくもっとも特異な才能を持っていた。冷戦の時代には、朝鮮戦争で細菌兵器を使用したと――誤って――アメリカを非難した彼が学者として生き残るのを許そうという心優しい人たちばかりではなかったからだ。

たしかに彼の業績は見事である。ニーダムの大著『中国の科学と文明』[†6]は、その主題についての認識を、西洋において、そして、かなりの程度まで中国自体においても変えることになった。この巨大な事業は、個人と偉大な業績を結びつける著作を専門とする作家サイモン・ウィンチェスターによる生き生きとした新しいニーダムの伝記で、当然のことながら中心となっている。そのアメリカでの原題は、『中国を愛した男』（*The Man Who Loved China*）であった。エネルギーと情熱が中国に向けられる前のニーダムの人生についてはわずか二三ページでかなり大雑把に扱われているだけである。非常におもしろく、間違いなく成功した本ではあるが、その傑出した、しかし忘れ去られた主題について、バランスの取れた評価を行っているとは言いがたい、と言っても不公正ではないであろう。[1]

『中国の科学と文明』の第一巻は——ニーダムの政治的あるいは個人的姿勢にまったく共感のない批評家から——「かつて一人の人間によって試みられた歴史的総合と知的コミュニケーションの単一の行為としては、ひょっとしたらもっとも偉大なもの」と表現された。この業績の純然たるスケールと二一世紀との関わりによって、この著作こそが彼の名前を人びとの記憶にとどめるものとなるのはたしかである。ニーダムは大著『生化学と形態発生』（*Biochemistry and Morphogenesis*）の出版後、四一歳で王立協会の会員に選ばれたが、彼自身の科学研究はおそらく決してノーベル賞の水準には達していなかっただろうし、J・D・バナールやJ・B・S・ホールデンと違って新しい躍進を遂げた者を刺激したこともないように思われる。一方で、彼はすでに全三巻の『化学的発生学』（*Chemical Embryology*）で科学史家としての野望を示していた（その何年か後に、科学史をケンブリッジ大学の科目とした）。[2]この三巻本は、この分野の現状を生化学の観点から要約しただけでなく、その主題の先史や歴史についても印象的な説明をしており、後にそのような本として出版された。中国の研究に深く関わるようになった後も『生化学の歴史』のイントロダクションで「化学の誕生以前の歴史」について魅力的な小文をものしている。[3]その中で、彼は「生命を吹き込む息」に対する古代の信仰を「魂の原生理学」と説明し、また錬金術と修道士によるベネディクティン酒や他の修道会派のリキュール類の発明との関連を考察した。さらに意外なことに、ヘンリー・ホローレンショーのペンネームでイギリス革命期の水平派に関する一般向けの小さな本も出版した。

歴史と公的な場での行動主義は、一九三〇年代の「赤い科学」の中核にあった。これらの科学者たちの学問的、またそれ以外の活動の範囲そのものの広さと熱心さには驚かされる。ニーダムの場合は、その活動には、ユネスコ（UNESCO）自然科学部創設者、またその初代部長（一九四六〜四八年）として、この組織の名称に科学（science）の「S」を入れたことが含まれる。だがここですらも彼は歴史を無視しなかった。もっとも、彼が関心を持った人類の科学と文化の歴史に関するプロジェクトは忘れ去られたほうがよいだろう。

共産主義科学者たちにとって歴史が重要だったのは、自分たちが大変革の時代に生きているのを知っていたからだけではない。時間の経過に伴う発展と変容の感覚は――たとえそれが生命の起源という大きな問題を通してのみ感じられるのだとしても――さまざまな自然科学と生物学者にとってもっとも刺激的な問題とをつなぐ絆を提供した。彼らはみな、科学と社会の関係が、過去も現在も変化し続けていることに魅了された。この時代のどの回顧録も、一九三一年のロンドン科学史国際会議で提出されたソ連からの論文の劇的な影響について合意している。ソ連はこの国際会議に並外れて優秀な代表団を送っていた。そのマルクス主義的な見解は、論文の質というよりはむしろ、科学と社会の関係について開いた新しい視点によって（この会議に参加していたニーダムを含めた）イギリス人に強い印象を与えた。一九三一年の会議と一九三七年に中国と出会ったことは、ニーダムの人生を形作った二つの主要な出来事であると示唆されてきた。

　われわれの知る限りでは、ニーダムはマルクス主義者であったが共産党に入党したことも特に共産党に近い立場に立ったこともない。しかし彼特有の「〔キリスト教の〕千年至福説を信じる者の熱烈さ」[4]のために、より頑固な左翼主義者よりも、どちらかと言えばより本能的に過激な人物となった。彼はJ・B・S・ホールデンに将来性のある社会主義唯物論を選ぶように勧め――ホールデンはその後すぐに共産党に入党した――そして一九三六年にはウェッブ夫妻の『ソヴィエト共産主義』[†7]を「狂喜と隣り合わせの情熱」[5]と言われるような熱心さで書評した。しかしながら、彼がヌーディズムやモリスダンス[†8]を楽しむことは広く世間に知られており、エキセントリックなイギリス人という雰囲気を彼に与え、それ以外では保守的なケンブリッジ大学ゴンヴィル・アンド・キーズ・コレッジのフェローたちは彼の政治的異端の理由をその奇癖に見たのだが、一方で、この嗜好は左派の政治における彼の地位にはプラスにならなかった。広く知られているように、ジョゼフとドロシーのニーダム夫妻に魯桂珍 Lu Gweijen（彼女のおかげでニーダムは中国に情熱を注いだと伝記を書いたウィンチェスターは述べている）を加えた長い三人の共同生活は、戦前にはまだ確固としたものにはなっていなかったが、一九三〇年代の共産主義者世代は、尊敬すべき先輩たちの大胆な性の解放を容認はしたものの模範として受け入れることはなかったのである。

　同様に、ニーダムのもっとも驚くべき特徴も模範として受け入れられることはなかった。それは、他の有名な共産主義の科学者たちと彼とを分けたもの、すなわち宗教とその儀式への生涯にわたる愛着であった。彼の高教会派〔英国国教会で、カトリック教会の伝統、特に礼典、儀式、教会の権威への服従を重んじる派〕としての信仰や実践は、たしかに一九三〇年代の彼の政治信条にとっての障害とはならなかった。ニーダムはサクステッド〔イギリス南東部エセックス州にある町〕にある素晴らしい教会で祈りを捧げたが、その教会には、一時期エドワード七世の愛人でもあった熱心な社会主義者の女性地主が、聖職録〔聖職者のための教会財産または収入〕を与える権能を使って任命した、革命的社会主義者の牧師コンラッド・ノエルがいた。やがてニーダムは、イギリスのローカルな事象（「私はたまたまヨーロッパ西部に生まれ、イギリス国教会のキリスト教は私の時代、血統の人びとにとって典型的な宗教であったので」[6]）と理解していたイギリス国教会の教義から離れ、一種の道教へと向かった。ニーダムは道教を民主主義的で、中国における科学と技術の根源にあるものとみなしていた。いずれにせよ、彼は自身の宗教観が「たしかにあまりに新プラトン主義的であり、理想主義的であり、敬虔主義的であり、異世界的である」[7]と考えるようになった。それにもかかわらず、合理主義者出版連盟（現在のヒューマニスト〔合理主義者出版連盟の現在の名称は合理主義者連盟で、刊行物は『ニュー・ヒューマニスト』〕）の名誉会員でもあったが、彼は「神聖なるものの独自の感覚、創造主としての神を意味しない崇高な範疇のものへの感謝」としての宗教、また「集団の恭順と儀式におけるその具象化」[8]を信じ続けることを決してやめなかった。そしてそれが科学と矛盾するとはまったく考えていなかった。ただし、複数の神や霊の存在は受容しなければならないとする孔子の考えは認めたが、それとは距離を置いた。また彼の宗教に対する姿勢は政治とも同じであった。彼は一九三五年には、共産主義はわれわれの時代に適した倫理神学を提供したが科学万能主義には対抗したと考えた。

スターリンの共産主義は決して科学万能主義に対抗するものではなかったが、ニーダムは、マルクス主義者を含めたあらゆる形の科学万能主義または還元主義を拒否する点で迷いはなかった。これは科学万能主義が現実に重要なあまりにも多くのことを無視していたからだけではなく、彼が考える科学をおとしめるものだったからでもある。一九三二年にニーダムは（よりによって）[†9] F・R・リーヴィスの『スクルーティニー（精査）』誌にオルダス・ハクスリーの有名な暗黒郷（ユートピアに対するもの）小説『すばらしい新世界』[†10] の書評を寄稿したが、その中の一節は引用に値する。彼はその当時の知的風潮（ニーダムの考えではヴィトゲンシュタイン、ウィーン学団や、急進派のランスロット・ホグベン）が「妥当な推定」によりハクスリー的な「すばらしい新世界」へと向かっていると見ていた。なぜなら彼らは、

> 現実という概念はコミュニケーションの可能性という概念に置き換えられなければならないと主張したからである。いまや完全なコミュニケーションの可能性が達成されるのは科学においてのみである。そして、言い換えれば、われわれが言うことができて有益なのは、究極的には、数学的論理によって明確化された科学的物事のみである……理性の唯一の土台としての科学だけが残るが、さらに悪いことには、哲学や形而上学も言葉では表せない領域に追いやられる。その結果、哲学の特別な形として出発し、哲学としての地位を保てば知的に有益な地位を保つ科学が、技術に随伴する単なる神話以外の何物でもなくなるのである。[9]

ニーダムが研究者として長いあいだ抱いていた野望は、化学者の還元主義と、有機体およびプロセス全体に対し生物学者が避けがたく抱く関心とを融合する生化学的発生学を創り出すことだった。科学の非機械的（彼は「有機的」という用語を好んだ）な見方は、発生生物学者にとって明らかに魅力的なものであった。こうした発生生物学者には、当時は影響力を持っていたが現在はほとんど忘れられてしまったJ・H・ウッジャー（理論生物学者）が一九三〇年代に設立した理論生物学クラブに集まった人びとなどがいて、このクラブにはニーダム夫妻とC・H・ワディントン（後に『隷属への道』の中でハイエクのマルクス主義者に対する攻撃の特別な対象となる）も所属していた。このクラブは、ニーダムの『秩序と生命』（*Order and Life*）（一九三六年）で古典的に提示された、生命体を階層構造に体系化するという概念を初めて提唱した。ニーダムは、生命体全体は大きさと複雑さが増す下位レベルのどれか一つ──分子、高分子、細胞、組織など──だけでは完全に把握できず、新たな行動様式が各レベルで発生するが、それは下位レベルから見たのでは適切に、あるいはまったく説明できず、それらの間の関連性においてのみ説明しうるとの仮説を述べた。ニーダムが『生化学の歴史』への一九六一年の序文の中で記したように、「炭素の分子構造から種および生態系全体の平衡までの関連性の階層は、ひょっとしたら将来の中心的な考え方となるだろう」。プロセス、階層および相互作用は、複雑な全体としてのみ理解できる現実への鍵であった。

そして──サイモン・ウィンチェスターの伝記からは知り得ないが──ニーダムの考え方は、残りの人生を捧げた国と文明へと彼を引き寄せた。中国は、陰と陽の弁証法、「精神と事物を分けることへの極端な拒否」の弁証法発祥の地であり、そして、うまく表現されているのだが、宇宙を、それ自体が作り上げる広大な調和であって、その中ではさらに小さな数々の調和的組み合わせが形作られていると見なす哲学の発祥地であると彼は書いた。ニーダムは中国の現実を知りすぎていたため、中国を、ジョージ・スタイナー〔作家、哲学者、文学批評家〕の表現を使えば「理想郷が実現された」場所とみなすことはなく、ましてや自分自身を、一八世紀の思想家たちが抱いていた中国に対する知的敬意の多くがヨーロッパ世界の勝利の世紀に消滅することを許してしまった西洋に、二〇世紀のマルコ・ポーロよろしく、外国の地からの驚くべき情報をもたらすだけの存在とはみなさなかった。

ニーダムは中国と中国の人びとを愛し称賛したが、逆説的にもその気持ちは、革命の現在よりもむしろ過去の帝国時代に向けられた。彼は革命中国に自ら情熱を注ぎ防衛したのだが、偉大なる舵取りと呼ばれた毛沢東死去の前ですら、一九七〇年代には毛の政治には批判的になっていたように思われる。ニーダムは、『中国の科学と文明』の中で大いなる愛情をこめて再構成した中国の自然観だけでなく、超自然主義を伴わない倫理観に基づいた文明、原罪という教義を基礎としない偉大な文化、聖職者による支配が一度も行われたことのない国という点についても精通していた。周王朝の学者が系統立てて述べた「儒教の学者の特徴的な教義である、古来からの反乱の権利〔易姓革命〕」さえも賞賛に値するのであった。ニーダムは中国に「アジア的専制」を見てはいなかった。この言葉は、それをヨーロッパの絶対主義になぞらえて一八世紀のフランス思想家が作り出したと彼は考えた。むしろ、「中国社会をじかに知るすべての人が経験した伝統中国における生活の民主主義的二重性」という観点から中国を見ていたのである。

とりわけニーダムはかつての士大夫の伝統を愛した。士大夫は中世の中国で科挙によって採用され政府の幹部を形成したが、同時に、「独立した観念上の権威を失うことは決してなく」、伝統的に受けいれられた価値に対する皇帝からの攻撃に抵抗する能力を失わない儒教学者の集団として「世論」を形成した。どのような西洋の制度がウィリアム・ブレイク、ジョルダーノ・ブルーノ〔イタリア出身の哲学者、一六世紀ドミニコ会の修道士〕、あるいはファラデーに匹敵する人物のための場所を政府内に擁しただろうか。特徴的なことに、この中国の伝統に対するニーダムの擁護――これほど心のこもったものは少ない――は、アメリカのマルクス主義の雑誌に、完全に共産主義の学術書『〔日本語訳〕東洋の専制』に対する長文の批評という形で掲載された。この批評の中でニーダムは、『東洋の専制』を、巨大サイズの冷戦パンフレットで「中国史の客観的研究に対してかつて行われた中で最大のひどい仕打ち[10]」であると正しく切り捨てたのである。

ジョゼフ・ニーダムは戦時中の中国各地を訪れる困難な旅にあたり、新しく手に入れた青い絹の伝統的な学者の衣服をまとって、明らかに同時代の中国官僚（マンダリン）への親近感を意識していた。それでも、彼の世界観の中心は、まさに、中国が長期にわたって誇った技術的優位性を終結させた過去との取り消すことのできない歴史的な決別であった。そのことについて、『中国の科学と文明』は説明しようと試みたが、すべての人びとを納得させるものではなかった。

西暦一六〇〇年ごろに近代自然科学が台頭した後に起こったのは、それ以前に起こったこととはまったく異なり、結果として「今日の資本主義社会も社会主義社会も、それより前のあらゆる社会と質的に異なっている」。過去に戻る道はなかったが、前進する方法はあった。ニーダムは決して進歩の可能性についての信念を捨てなかった。科学と技術はよい社会を創造することはなかったが、それをもたらす道具を作り出すことができ、その点は中国に特にあてはまった。「これはひょっとしたら地球上の約束された平和であり、現実に存在する人びとの実際に必要とするものを優先させる人びとこそがそれを継承するであろう」[11]。

それでもやはり、人びとがニーダムを記憶するのは、よりよい人類の未来を切望する熱情によってではなく、生物学に影響を受けた有機的なマルクス主義によってでもなく、ある過去を調査し再構築したという大いなる業績によってである。にもかかわらず、ニーダムは発生生物学の教科書以外では無視された思想家のままである。サイモン・ウィンチェスターの著書『爆弾、書物、そして羅針盤』（*Bomb, Book and Compass*）はニーダムを公正に評価してはいない。ニーダムは、ニーダムという卓越した人物と彼を形作った時代や背景をもっと完全に理解した伝記作家の登場を待っている。

＊本章の初出は、サイモン・ウィンチェスター（Simon Winchester）の『爆弾、書物、そして羅針盤――ジョゼフ・ニーダムと中国の偉大な秘密』（*Bomb, Book and Compass: Joseph Needham and the Great Secrets of China*, Viking, 2008）の書評として、「驚異の時代」（Era of Wonders）という題で、*London Review of Books*, vol. 31 no. 4（26 February 2009）に掲載された。

原註

1　他には、彼の死後すぐにユネスコの後援で出版された次の短い伝記があるだけである。

Maurice Goldsmith, *Joseph Needham, Twentieth Century Renaissance Man* (Paris: UNESCO, 1995).

2 Joseph Needham, *Chemical Embryology* (Cambridge: Cambridge University Press, 1931).

3 Joseph Needham (ed.), *The Chemistry of Life: Lectures on the History of Biochemistry* (Cambridge: Cambridge University Press, 1961).〔ジョゼフ・ニーダム編、木原弘二訳『生化学の歴史』みすず書房、一九七八年〕

4 T. E. B. Howarth, *Cambridge Between Two Wars* (London: Collins, 1978), p. 190.

5 Ibid, p. 209.

6 Peter J. Bowles, *Reconciling Science and Religion: The Debate in Early Twentieth-Century Britain* (Chicago: University of Chicago Press, 2001), p. 39.

7 Obituary in *Current Science*, 69, no. 6 (25 September 1995).

8 Joseph Needham, *Within the Four Seas: The Dialogue of East and West* (London: Routledge, 2005), pp. 189-91.

9 F. R. Leavis (ed.), *Scrutiny* (May 1932), 36-9.

10 *Science and Society*, vol. 23 (1959), 58-65 から上記の引用をした。〔なお、評されている書物の題名は *Oriental Despotism* であるが、ホブズボームは *Asiatic Despotism* と表記している〕

11 Ibid, 64.

訳註

†1 先端が前に垂れた円錐形の帽子。フランス革命中の自由の象徴。

†2 中国王朝の官人。

†3 イギリスの生化学者、科学史家。中国科学史の権威。一九〇〇年～一九九五年。ケンブリッジ大学には東アジアの科学、技術、医学を研究するニーダム研究所がある。また、本章は彼の伝記に対する書評である。

†4 ケンブリッジ大学で毎年行われる公開講義。一九五九年にはイギリスの物理化学者であり、作家でもあったC・P・スノウが 'The Two Cultures' と題する講義を行った。講義をするのは学者とは限らず、二〇〇九年には中華人民共和国の温家宝（当時は首相に当たる国務院総理）が 'See China in the Light of Her Development' と題する講義を行っている。

†5 C・P・スノー著、松井巻之助訳『二つの文化と科学革命』みすず書房、一九九九年。

†6 邦訳あり。一九七四年から一九八一年にかけて、思索社より一一巻本が出版されている。

†7　木村定、立木康男訳『ソヴェト・コンミュニズム――新しき文明』みすず書房、一九五二～一九五三年。

†8　イングランド北部起源の民族舞踊。足に鈴をつけた男性が仮装して伝統的メイデーの祭りに踊る。

†9　リーヴィスは俗悪な大衆文化、マルクス主義などに対抗して、上質の文学を保存する必要を説いていた。

†10　邦訳二種あり。（1）ハックスリー著、松村達雄訳、講談社文庫、一九七四年、（2）オルダス・ハクスリー著、黒原敏行訳、光文社古典新訳文庫、二〇一三年。

第16章 知識人たち
——その役割、機能とパラドックス

The Intellectuals

知識人の社会的機能は——すなわち知識人というものは——書くという行為が発明される以前にも存在しえたであろうか。シャーマンや僧侶、呪術師その他の儀礼の担い手や司祭者の社会的機能は一貫して存在してきたし、今日芸術家と呼ばれている人びとについても、おそらくそのことは言えるであろう。一方、操作、理解、解釈、学習、保存という作業を必要とする文字や数字の体系が発明される以前にも、知識人なるものが存在しえたかどうかは疑わしい。ただし、コミュニケーション、計算、そして何よりも記憶のためのこうした近代的な道具立てがいったん現れてくると、それを使いこなせる数少ない人びとは、その後知識人が享受することになるよりも大きな社会的力を、しばらくのあいだ行使することになった。最初に農耕経済が起こったメソポタミアの初期の諸都市におけるように、書き物を操れる人びとは、最初の「聖職者」、すなわち宗教的力を備えた支配者階級になりえた。一九世紀、二〇世紀に至るまで、書き物の世界で読み書きの力を独占すること、さらにそれをマスターするのに必要な教育を独占することは、権力の独占をも意味したのであり、その地位は、特別の、儀礼的もしくは文化的な権威を帯びた書き言葉の訓練によって、競争相手から守られたのである。

一方、ペンが剣よりも強かったことは一度もなかった。戦士が著作家を征服するのが常だったのである。しかし、著作家なくしては政治や大規模経済は存在しえなかっただろうし、かつての世界における歴史的な大帝国の存在可能性はさらに小さなものとなったであろう。教育を受けた人びとが帝国をまとめあげるイデオロギーと統治の中核的担い手になったのである。中国では彼らがいたおかげでモンゴル人征服者が帝国王朝へと変容したが、ジンギス・カーンとティムールの帝国は彼らを欠いたためにすぐに崩壊していった。教育を独占的にまず享受した人びとこそ、アントニオ・グラムシが、「政治的支配のあらゆる主要システムにおける『有機的知識人』」と呼んだ存在になったのである。

ただしこれはすべて過去のことである。中世後期には、各地域の言語で書く世俗の人びとがまとまって現れたことで、社会的機能にあまり縛られることなく、文学その他の伝達手段の生産者、消費者として、小規模ではあれ新たな公共圏に訴えかける知識人の可能性が生じてきた。さらに近代の領域国家の興隆は、役人などの「有機的」知識人が集団として増大することを必要とした。その人びとが、近代化された大学で訓練を受けたり、そうした大学を卒業した中等教育の教師によって訓練されたりする状況は増していった。一方、初等教育が遍く広がったことと、またとりわけ第二次世界大戦後に中等教育と大学教育がいちじるしい拡大をみせたこととの双方によって、読み書きができる知的な教育を受けた人びとの層はそれまでに比べてはるかに広がりをみせた。同時に、二〇世紀における新しいメディア産業の異常なまでの拡張の結果、公的な機構との結びつきを持たない知識人にも経済的な見通しが大きくひらけてきた。

一九世紀中葉までは、私たちの議論の対象となるのはごく小さな集団である。一八四八年革命できわめて大きな役割を演じた学生集団は、プロイセンで四〇〇〇人（まだ女子学生はいなかった）、ハンガリーを除くハプスブルク帝国全体でも七〇〇〇人という規模であった。この頃、支配階級はドイツ人が教養と呼んだ文化的形質を身につけることを期待され、その傾向は経済人においてもますます見られるようになっていたが、「自由な知識人」というこの新たな層の革新性は、こうした支配階級の教育や文化的知識を彼らが共有していたということだけでなく、彼らが自由業の知識人として生活の糧を得る可能性が飛躍的に増したということにも求められる。新しい技術的・科学的産業、科学と文化を生み出す諸制度、大学、ジャーナリズム、広告と宣伝、舞台や娯楽業、こうしたあらゆるものが、彼らが稼ぐ新たな手段を提供した。一九世紀の終わり頃になると、資本主義的企業が生み出した富は莫大なものとなり、経済に関わる中産階級の子弟やその他の係累が知的・文化的活動に完全に没頭することが可能になった。トーマス・マンやヴィトゲンシュタイン、さらにウォーバーグ[†1]の各家族はそのよい例である。

社会の境界線にいる集団はボヘミアンという存在として認められたが、自由な知識人の方はこれといってはっきりわかる社会的アイデンティティは持たなかった。彼らはたんに教育を受けたブルジョワジーの一員にすぎないとみなされるか（J・M・ケインズの表現では「教育を受けたブルジョワジーというわが階級」)、あるいはせいぜいのところブルジョワジーの下部集団としての教養市民もしくは高学歴者と考えられたのである。一九世紀の最後の三分の一まで、彼らが「知識人」とか「インテリゲンツィア」とかいう形でまとまって呼ばれることはなかった。そうした事態は一八六〇年代より後になって、まずは混乱の激しかったツァリーズム下のロシアで、次いでドレフュス事件で揺れたフランスにおいて生じたのである。そのいずれの場合においても、精神的活動と政治への批判的介入とが結びついたことによって、彼らは集団としてそれとわかる存在になった。今日の語用の中でもなお、「知識人」という言葉と「反対派」という言葉——この言葉はソ連社会主義の時代には「政治的に信頼できない」ということを意味した——が、必ずしも正確ではない形でしばしば一緒にされる傾向がある。しかし、大衆的な読者が台頭し、それにつれて新たなメディアが持つ宣伝力の可能性が広がったことによって、著名な知識人の傑出した存在感が持つ予期せぬ可能性が生まれ、政府もそれを利用することができるようになった。第一次世界大戦を戦う自国政府の精神的主張の強化をめざした、九三人のドイツ知識人のみじめな声明[†2]や、それに相当するフランスやイギリスの知識人の行動を想起すると、一世紀を経たいまになっても当惑の念を覚えるが、こうした個人をこのような声明の貴重な署名者にしたのは、彼らが公的問題に通じていたからではなく、作家、俳優、音楽家、自然科学者、哲学者などとして彼らが名声を得ていたからなのである。

　革命とイデオロギー的宗教戦争の「短い二〇世紀」は、知識人の政治的参画を特徴とする時代となった。反ファシズムの時代、さらにその後の国家社会主義の時代にあって、知識人たちは、自らの大義を守っただけでなく、イデオロギー的に対立する双方の側において、公の場で自他共に許す知的な重要人物として認められたのである。彼らの栄光の時代は、第二次世界大戦が終わった時から共産主義の崩壊時までであった。この時代は、さまざまなものに反対する運動が輝いた時代であった。その反対の対象は、核戦争、古いヨーロッパによる最後の帝国主義戦争と新しいアメリカ世界帝国による最初の戦争（アルジェリア、スエズ、キューバ、ベトナム）、スターリン主義、ハンガリーやチェコスロヴァキアへのソ連の侵入、などであった。そのほとんどすべての場合において、知識人は反対運動の前線に立ったのである。

そうした運動の一例であるイギリスにおける核非武装運動は、一人の著名な作家、当時もっとも権威のあった知的な週刊誌の編集長、一人の物理学者、二人のジャーナリストによって創設され、すぐに哲学者バートランド・ラッセルを委員長に選んだ。芸術・文学畑の有名人たちが競ってそれに参加していったが、その中には、ベンジャミン・ブリテンやヘンリー・ムーア、E・M・フォースターなどがおり、また一九八〇年以降ヨーロッパ核非武装運動を代表する顔となる歴史家のE・P・トムスンも含まれていた。偉大なフランス知識人――サルトルやカミュ――の名前は誰でも知っていたし、ソルジェニーツィンやサハロフなどのソ連の反体制知識人の名前も知られていた。著名な知識人たちは、共産主義に対する幻滅を表した影響力ある文献（『裏切られた神』）に名を連ねていた[†3]。そのため、アメリカ合衆国の秘密情報機関は、冷戦下のワシントンに対する熱情を不幸にして欠いているヨーロッパの知識人の姿勢を是正して彼らの支持を獲得するため、資金を出して文化自由会議〔CIAの資金提供で一九五〇年に設立された団体〕のような特別組織を創設することが得策であると思いさえしたのである。この時代はまた、一八四八年以来初めてのことと言えるが、急速に拡大し数も増えていた欧米世界の大学が、政治的・社会的反抗を育む場、さらには時として革命を育む場として各国政府によってみなされた時代でもあった。

知識人が政治的反対派の公的な顔の中心であったこの時代は、すでに過去のものとなった。マニフェストの偉大な運動家たちや署名者たちはいったいどこにいってしまったのだろうか。アメリカ合衆国のノーム・チョムスキーをその代表とするごくわずかの例外を除いて、そうした人びとは沈黙するか死んでいってしまった。フランスの著名な思想家たち、サルトル、メルロー＝ポンティ、カミュ、レイモン・アロン、フーコー、アルチュセール、デリダ、ブルデューの後継者たちはどこにいるのだろうか。二〇世紀末葉のイデオローグは、理性と社会変化を追求するという任務を放棄し、それらを純粋に合理的な個人から成る世界の自動的な作用に委ねることの方を好んだ。そうした個人は、外部からの干渉がない場合に永続的な均衡へ自然に向かう合理的機能をもった市場によって利得を最大にしていくものと考えられている。止むことを知らぬ大衆娯楽社会における現在の活動家たちの考えでは、知識人は正しい議論のうまい広め役として世界的に有名なロック音楽家や映画スターの後塵を拝している。哲学者たちは、随所に広がったメディア・ショーの新しい世界における新たな存在〔「有名人」〕に姿を変えない限り、ボノ〔革新的政治主張をもったアイルランドのロックバンドU2の歌手〕やイーノ〔静かで聴く人の心を開放的にするアンビエント音楽の先駆者〕ともはや競合できないのである。私たちは新しい時代に生きているのであり、この時代の新しさは、フェイスブックでの自己表現からくる遍在する騒音やインターネットの平等主義的な理想が十全の社会的効果を持つようになるまでは、少なくとも続いていく。

このようにして、反対派の大知識人たちの没落因は、冷戦の終焉だけでなく、経済成長の時代、消費社会が勝利する時代に、欧米の市民が非政治化したことにも求められる。アテネのアゴラにみられる民主主義の理想に発してショッピング・センターの抗いがたい誘惑に至る道のなかで、一九世紀、二〇世紀の悪魔的ともいえる大きな力、すなわち政治的行動こそが世界をよくしていく道であるという信念の居場所は、収縮してしまったのである。実際のところ、新自由主義的グローバリゼーションの目的は、まさに国家の規模や活動範囲、国家の公的干渉を縮減することにあった。そして、それは部分的にではあれ成功をおさめている。

しかし、新しい時代の形は別の要素によって決められている。それは、伝統的な価値や視座の危機であり、おそらく何よりも重要なのは、理性や科学の世界的進歩や人間の条件の改善可能性についての旧来の信念が捨て去られていったことである。アメリカ革命とフランス革命以降、一八世紀啓蒙主義の語彙は、こうした大変動に根ざすイデオロギーの将来についての確信とともに、世界各地における政治的・社会的進歩の担い手に伝えられていった。このようなイデオロギーとそれを戴く国家との組み合わせが最後に勝ちをおさめたのは、おそらく第二次世界大戦におけるヒトラーに対する勝利であった。しかし一九七〇年代以降、普遍的理想に対抗する「血と土」という考え方の力や、世界のあらゆる宗教のなかで展開している急進的・反動的傾向の前で、啓蒙の諸価値は後退をみせてきている。欧米においてさえ、私たちが眼にしているのは、科学に敵対的な新しい非合理主義の台頭であり、進歩はとどめられないという信念が環境の破局は避けがたいという恐怖にとって代わられているのである。

この新しい時代において知識人はどうなっているのだろうか。一九六〇年代以降、高等教育の飛躍的発展の結果、彼らは政治的な重要性を帯びた影響力ある階級へと変身した。それぞれの国においてだけでなく国境線を越えても学生集団が容易に動員されうることは、一九六八年以後明確になった。その頃から、相互間のコミュニケーション手段がそれまでにない形で革命的に発達することにより、彼らの公の行動能力はいちじるしく強化されてきている。大学の教師バラク・オバマがアメリカ大統領に選ばれたこと、二〇一一年のアラブの春、さらにロシアにおける事態は、その最近の例である。科学と技術の爆発的な進歩によって作り上げられた「情報社会」のなかで、生産と経済は、これまで以上に知的な活動、すなわち大学の学位をもった男女と、彼らを形成する中心的な場である大学への依存度を高めている。これが意味するのは、もっとも反動的で権威主義的な体制であっても、大学における科学に一定程度の自由を許容しなければならない、ということである。かつてのソ連においては、学問の府が、反抗と社会的批判のための唯一の効果的な場となった。毛沢東支配下の中国では文化大革命のあいだ、高等教育が廃止されてしまったといってもよいが、その中国もそれ以降同様の教訓を学んだ。それによって中国の人文系の学部は、経済的にも技術的にも必要度が低いにもかかわらず、ある程度受益してきている。

他方では、高等教育が大きな発展をとげたことにより、学位や高等教育のディプロマが、中流階級としての仕事や専門的職業に必須の資格に転ずるという傾向も出てきた。それによって大学卒業者は、少なくとも教育の度合いが低い大衆の眼には「卓越した階級」と映るものの一員になっていったのである。その結果デマゴーグたちは、「知識人」やいわゆる「リベラル・エスタブリッシュメント」のことを、経済的、文化的特権をもてあそんでいる生意気で道徳的に欠陥を持つエリートとして、容易に指し示せるようになった。欧米の多くの地域、特にアメリカやイギリスにおいて、教育面での格差は、大学卒業資格が職業上の権威と成功に導く確かな鍵となっている人びとと、それに不満を抱く他の人びととの間の階級差になる危険性を帯びているのである。

彼らは真の金持ちというわけではない。真の金持ちというのは、二〇世紀の最後の三〇年間から二一世紀の最初の一〇年間にかけて、どんな欲張りの想像をも絶するような富を得ることに成功したごく一握りの人びと、多くの中規模国家のGDPに相当する個人的資産を持つ男性たち〔時には女性たち〕のことである。〔真の金持ちとは言えないにせよ〕彼らの富は圧倒的に経済活動や政治権力から来ていたが、大学卒業生やアメリカ合衆国で多く目立つ大学中退者といった疑いなく知識人出身の人びとも、なかには存在する。逆説的な事態ではあるが、共産主義倒壊後に彼らが自信をもってみせびらかした贅沢さこそ、教育を受けていない大衆と彼らをつなぐ一種のリンクとなっていった。どの国においても、こうした大衆が自分たちの境遇を脱するための唯一の機会は、学問や実業の才をもたないまま社会の頂点に立つ人びと――サッカー選手、メディアのスター、高額の宝籤《くじ》の当選者など――に加わることだったのである。貧しい人がこれと同じ道をたどるチャンスは、統計的にみてきわめて小さかったものの、それをやりとげた人びとは現にお金と成功とを顕示できた。経済的に搾取されている人びとや資本主義社会での失敗者、敗退者を動員し、そうした人びととほとんど何も共通点をもたないようにみえる存在、すなわちアメリカの反動派が「リベラル・エスタブリッシュメント」と呼ぶものに敵対させることは、こういった状況のもとで何ほどか容易になった。

一九三〇年代以降ではもっとも深刻になった欧米の経済不況が何年か続いた後になって初めて、経済的分極化への反感が、知的な優越性に帰せられる格差への反感に取って代わることになった。面白いことに、この経済的反感をもっともよく示す二つの例は、知識人によって作られている。すべての人びとによりよい未来を生み出す自由な市場の力への信頼感（「アメリカの夢」）が広く揺らいでいること――実際のところ、現存する経済体制の将来についての悲観論が増しているわけだが――を初めて明るみに出したのは、経済ジャーナリストであり、ごくわずかの例外を除いて大金持ちたち自身ではなかったのである。一パーセントの大金持ちに対し「われわれは九九パーセントである」というスローガンを掲げてウォール街をはじめとする国際的な銀行・金融の中心地近くの場所を占拠した運動が、大衆の共感を大いに呼んだことは明らかである。アメリカ合衆国においてさえ、世論調査での支持は六一パーセントに達したが、これは反リベラルの共和党員の多くも確実に含んでいるはずである。敵地にテントを立てたこれらのデモ参加者たちは、もちろん九九パーセントの人びとではなかった。よくあるように、彼らは知識人の行動主義のステージ・アーミー〔舞台の上の軍隊のようなこけおどしの存在〕とでも呼びうる存在、すなわち戦いに変わるという望みを抱いて衝突行為を行う、動員が容易な学生やボヘミアンといった要員であった。

しかし次のような疑問が生じてくる。一九世紀、二〇世紀の知識人にみられた古くからの独立した批判的伝統は、将来について自ら抱く懐疑の強まった新たな政治的非合理性の時代を、いかにして生き抜いていけるのだろうか。私たちの時代の逆説的な面は、政治やイデオロギーにおける非合理性が、先進的な技術と共存することや、現にその技術を使っていくことに、困難さを見出していない点である。アメリカ合衆国の状況やパレスチナの占領地域における好戦的なイスラエル入植地の状況に示されているのは、創世記のなかの天地創造の話や旧約聖書にみられる非信者撲滅の呼びかけを信じているプロのＩＴ専門家がいくらでもいる、ということである。今日人類は内部で矛盾した生活を送ることに慣れてきている。すなわち、感情の世界と感情に無縁な技術との間、人間的規模の経験や感覚・知識の領域と意味を持たない大規模な領域との間、日常生活の「常識」とごくわずかの人びと以外私たちの生活の枠組みを作る知的活動を理解できない状態との間で、私たちは引き裂かれているのである。人間生活がこのように体系的に非合理になっている状況は、科学と社会についてマックス・ウェーバーのいう合理性に以前にもまして依存する世界と両立しうるだろうか。情報メディアや言語、インターネットのグローバル化によって、もっとも強力な国家権力でさえ、一国を世界の他の地域から物理的にせよ精神的にせよ完全に孤立させることは、もはや明らかにできなくなっている。とはいえ、今出した問題は残る。

他方、創造的な思考がない場合でも、高度の技術をさらに進めることはできなくてもそれを用いることは可能であるとはいえ、科学はアイデアを必要とする。したがって、今日もっとも体系的に知に対抗している社会においてすら、アイデアを持った人びとと彼らが花開く環境が、ますます求められるようになっているのである。このような人びとが、自分たちの暮らす社会と環境についても批判的なアイデアをも抱くであろうことは、十分想定できる。東アジアや東南アジア、さらにイスラム世界の途上国において、彼らはおそらく政治を改革し旧来のやり方に社会的変化を与える力に、いまでもなっている。彼らは、危機の時代のなか困難に直面し安定性を欠いている欧米においても、いま再び同じような力になっていると考えられる。実際、体系的な社会批判勢力の現在の中核は、大学で教育を受けた新たな層に見出しうるといえるのである。とはいえ、思考する知識人たちの貢献なくして世界の変化はありえないにしても、彼らだけが変化をもたらす位置についているわけではない。世界の変化は、普通の人びとと知識人との統一戦線を必要とする。ごくわずかの例外を除いて、こうした統一戦線の結成は、今日、かつてよりおそらく難しくなっている。それが、二一世紀のジレンマなのである。

＊本章は、Ilse Fischer and Ingeborg Schrems（eds.）, *Der Intellektuelle: Festschrift für Michael Fischer zum 65. Geburtstag*（Peter Lang, 2010）に寄稿したドイツ語論文の著者自身による英訳であり、英語論文としては初出である。二〇一〇年末から始まったアラブの春に言及するなど、原論文が加筆されている。

訳註

†1　ドイツ系ユダヤ財閥の一族でアメリカ合衆国においてさまざまな事業を展開した。

†2　一九一四年一〇月二三日に出された、科学者、作家、哲学者などの声明で、ドイツの戦争行為を全面的に支持した。

†3　一九四九年にイギリスで出版された共産主義を批判する『裏切られた神』という本には、共産主義を信じた末に裏切られたとするアーサー・ケストラーやアンドレ・ジッドなど六人による文章の他、同じような考えを持つ作家、ジャーナリストなどの証言が集められていた。

第17章　民衆宗教の将来

The Prospect of Public Religion

過去五〇年間、宗教には驚くほどのことが生じてきた。記録が残っている歴史的時代のほぼすべてにわたって、宗教は、人間同士の関係、人間とより広い世界との間の関係、そして日常生活の外にある統御不可能な諸力と人間との間の関係について語る言語、それも唯一といってよい言語を提供してきた。このことは大衆についてははっきり言えるが、それは現在でもインドやイスラム地域において明らかである。宗教は、生誕から結婚を経て死に至る人間生活の節目の大きな儀式を祝う手段として広く受け入れられる唯一のものであり続けている。温暖な地域においては、それはいつも繰り返される一年のサイクルに関わる儀式――新年、収穫、春（イースター）、冬（クリスマス）――を祝う手段でもある。宗教がそれに相当する世俗的なものに取って代わられることはめったにないが、それはおそらく、世俗的な国家が、宗教的な制度に敵対したり無関心であったりする場合はもちろんのこと、その合理性のゆえに私的生活や共同体の生活における儀式の力を過小評価しがちなためであろう。しかし、そのような力を免れることができる者はほとんどいないのである。ここで私が思い出すのは、一貫して信仰を排してきたソ連出身のある婦人が、激しい無神論者であったイギリス人の夫のためにオクスフォードのコレッジで行った葬儀のことである。葬儀をした理由について、彼女は、なんらかの儀式なしに夫を送り出すのは適切とは思えないと語ったのである。彼女が知りもせず気にかけてもいなかった信仰に基づく英国国教会による葬儀が、何の脈絡もなかったものの、その時彼女が使えた唯一の儀式だったのである。実際のところ、私たちのなかでもっとも合理的な人間であっても、未知の未来を方向づけてくれるもののご機嫌取りをするために、きわめて原始的なお呪《まじな》いを使う。「木にさわる」[†1]とか「指を交叉する」[†2]というお呪いがそれで、これらはキリスト教徒のＤＶ（神意にかなえば）とかイスラム教徒のインシャラー（神の御心のままに）といった言葉にあたるのである。

現代世界で宗教は依然として重要であり、アングロサクソンの無神論者たちが見せる新たな戦闘性（それこそ宗教の重要性を示しているのだが）にもかかわらず、目立つ状態であることも変わっていない。ある面では一九六〇年代以降、宗教は、知的な力ではないにせよ主要な政治的力にはっきりなることで、疑いなく劇的な復活を遂げた。偉大なイラン革命は、一八世紀のアメリカ革命以降初めて宗教の名で成し遂げられた革命であり、そこではフランス革命からロシア革命や中国革命まで大革命と社会変革の運動を鼓舞してきた啓蒙の言説は放棄されたのである。中東における政治は、ユダヤ人の間でもムスリムの間でも同じ様に聖典をめぐる政治となっているが、同じことはアメリカ合衆国の政治にも驚くほどあてはまる。このパターンが古くからの伝統などではなく二〇世紀の発明物であることは容易に指摘できる。伝統的にシオニズムに反対してきた正統派のユダヤ教は、一九六七年の六日間戦争〔第三次中東戦争〕でのイスラエルの勝利が奇跡と見えるにおよんで、シオニスト化していった。その際、このイスラエルの勝利によって、すべてのユダヤ人がイスラエルに帰還するのは救世主が到来してからにすべきであるという信念を捨て去ることを正当化したラビ〔ユダヤ教の聖職者〕が、何人もいたのである。アメリカのユダヤ教ハシディズム〔ユダヤ教内部の敬虔主義的・神秘主義的な運動〕のある年老いた指導者のように、われこそ救世主と名乗る人物も存在はしたものの、その時までに救世主が到来していないことは確かであった。

エジプトのムスリム同胞団から分離した過激派が、きわめて狭い正統派の枠をはずれた人間ならだれであれ「背教者として」殺害することの神学的正当性を改めて唱えたのは、一九七〇年代初めになってからであった。何の罪もない人びとを殺すことを認めるファトワ〔高位の宗教指導者によって出される宗教令〕がアルカイダの中から出されたのは、一九九二年である。一九七九年のイラン革命がもたらしたものが、伝統的なイスラム政体ではなく、近代的な領域国家の神学的ヴァージョンであったことは、はっきりしている。しかし、宗教的な言辞をまとった政治は、モーリタニアからインドに至るまで、めざましい復活をとげている。トルコはイスラム大衆政党が後押しするなかで、戦闘的に世俗性を守る体制から眼に見える形で離反していった。インドでは強力なヒンドゥー政党〔インド人民党〕が一九八〇年に創設されたことにより〔同党は一九九八年から二〇〇四年まで政権を握った〔さらに二〇一四年に再度政権を獲得した〕〕、ヒンドゥー教が持っていた多様性を排他的で不寛容な単一の教義に矮小化していく動きが目立ってきた。現下のグローバルな政治状況のもとでは、だれもこうした傾向を過小評価しようとはしないであろう。

とはいえ、広く世界的に宗教心が高まり宗教的実践が盛んになっているかというと、その点はそれほど明確でない。ある宗派から別の宗派への移動は、特にキリスト教内部において、顕著である。アメリカ大陸その他では明らかに、福音主義プロテスタントやペンテコステ派[†3]やカリスマ運動といったプロテスタントの共同体が急速に拡大しており、そこでは宗教的熱情の高揚が見られるのである。また一九七〇年代以降、インドネシアのようにそれまではかなり宗教的に平穏であった地域でも、イスラムの興隆がめざましくなった。[1]こうした問題については後で付言することにしよう。このような状況であるとはいえ、前世紀にキリスト教とイスラムが特にいちじるしい発展をみせたアフリカを例外として、一九〇〇年以降、世界の主要宗教が大きく勢力を伸ばしてきたとは言えないのである。もちろん、ソ連をはじめ制度的に無神論をとっていた国々の体制崩壊により、それまで抑圧されてきた宗教は再興した――ロシアの場合は公式に再建された――ものの、ポーランドを別にすれば、共産主義化以前のレベルに戻ったところはおそらくない。アフリカにおける一神教信仰の興隆で力を失ったのは、世俗主義ではなく伝統的なアニミズムの信仰の方であったが、時としてそのアニミズムは、新しい一神教と古くからの信仰との融合物へと形を変えていった。土着の信仰やこのような融合信仰の信者がいまなお多数派を占めるアフリカの国は三つ〔マダガスカル、トーゴ、ジンバブウェ〕だけである。[2]また世俗化した欧米においては、新たな信仰を作り上げたり、奇妙で大体は漠然とした形の精神的カルトに拠ったりすることによって、衰退した旧来の信仰の代わりにしようとする試みは、ほとんど成功したためしがない。

宗教の公的な存在感の増大は疑いがないが、そのことは、近代と世俗主義とが手を携えて進んでいくはずだという長く抱かれてきた考え方を否定するものと見られてきた。しかしその見方は誤っている。イデオローグや活動家たち、さらに実際多くの歴史家たちが、もっとも世俗化した思想であれ、宗教こそ公的言説の唯一の供給源であった時代から生じてきたのだという点を過小評価していたのは確かである。彼らはまた、一九世紀、二〇世紀における世俗化の量的インパクトを過大評価してきた。というよりも、世俗化に抵抗して成功したきわめて多くの人びと――主として女性や農民――のことを、軽視してきた。結局のところ一九世紀における世俗化は、その政治的裏面である反教権主義と同じように、教育を受けた中流もしくは上流階級の男性政治活動家の運動だったのであり、ジェンダーに十分な注意を払ったり、さらに運動の農村への影響に注意を払った歴史家はいったいどれだけいただろうか。彼らはまた、一九世紀に企業家階級や資本家のネットワークが形成されるに際して宗教が演じた不釣り合いなほど大きな役割をも看過する傾きがあった。たとえば、フランスやドイツにおける敬虔派〔個人的な宗教体験を強調する宗派〕の織元たちや、特にユグノーやユダヤ人、クエーカーが多かった銀行家たちのことである。彼らは、社会が激変する時代にあって宗教をマルクスのいう「非情なる世界の心情」〔『ヘーゲル法哲学批判序説』のなかの表現〕としたこのような人びとに、ほとんど注意を払わなかった。要するに、一九世紀の欧米史を宗教の進展の一連の流れとして描くことは、すこぶる容易なのである。ただこれが実情であるとしても、過去二世紀半のあいだ、欧米において近代化と世俗化がはっきりと並行して進んできており、現在でもその状況が続いているという事実に変わりはない。この過程は、過去半世紀で加速化されさえしたかもしれないのである。

ある信仰から他の信仰への乗り換えがあっても、欧米における宗教的義務と実践の後退が継続していることは隠せないし、仮にカースト間の結婚が指標になるとすれば、それはインドでも同様である。実際のところ、この傾向は一九六〇年代以降強まってきている。それがもっともよく表れているのは、キリスト教各派のなかで最大のローマカトリック教会であり、ローマ教会はその結果、歴史的に未曾有の大きな危機のなかにある。一六世紀と異なり、ローマ教会への脅威は、宗教上の反抗だけにみられるわけでなく、無関心や、一九七〇年代にイタリアの女性たちが産児制限にまとまってなびいた場合のような暗黙の不服従のなかにもみられる。カトリック聖職者の仕事は一九六〇年代中葉に崩壊を始め、それとともに宗教的諸組織で働く人びとも減少していった。その数はアメリカ合衆国では、一九六五年の二一万五〇〇〇人から二〇一〇年には七万五〇〇〇人にまで落ち込んだのである。[3] カトリック国であるアイルランドにおいても、ダブリン教区では、二〇〇五年に聖職に任命された者が一人もいなかった。現在の教皇[†4]〔ベネディクト一六世、二〇一三年に辞任した〕の故郷である信心深い伝統を持つレーゲンスブルクで、彼が訪問した際に歓迎のために顔を出すようにという誘いに応じた人はわずか七五人であった。

欧米における他の伝統的宗教の状況も似たり寄ったりである。伝統的にウェールズ人の集合的アイデンティティは、少なくともウェールズ語の話者の間では、ピューリタンや禁酒運動系などプロテスタントのさまざまな流れによって示されてきた。しかし、いまでは政治的なウェールズ・ナショナリズムの台頭によって、ウェールズの田舎の教会は閑古鳥が鳴く状態となり、政治的な社交の場は世俗的な所に移っているのである。実際、力の奇妙な逆転の徴がみられる。かつてはある人びと——アイルランド人やポーランド人の場合特にそうだったが——のナショナルなまとまりの感覚を強め、さらにはその形を決めさえしていた伝統的宗教が、いまでは政治的なナショナリズムやエスニシティと称されるものとの結合から力を引き出しているのである。この点は、キリスト教の正教会の場合にはっきりと見て取ることができる。正教会のさまざまな分派は基本的に地域とかエスニシティによって、相互に区別されているのである。[4]また他のアメリカ人に比べ、アメリカにいる五五〇万人のユダヤ人はなみはずれて世俗的である。彼らの半数が、世俗的だとか、無宗教だとか、他の信仰を持っていると、自分のことについて述べている。さらに宗教的なユダヤ人の大部分（二〇〇〇年でシナゴーグ成員の七二パーセント）はユダヤ教の多かれ少なかれ自由な潮流——改革派ユダヤ教[†5]、さらに保守派ユダヤ教[†6]の場合も一定程度ある——に属しているが、こうした潮流は律法にうるさい正統派によって断固として拒絶されている。[5]同化が進み他の宗教の相手との結婚も増えたこうした集団にとっては、伝統的にユダヤ人の定義となり彼らをまとめあげていた宗教的実践は、もはやその役を果たしえなくなった。（歴史的には新しい）政治的実体としてのイスラエルと感情的一体感を持つことが、「ユダヤ人であること」の基準として、宗教的実践やユダヤ教徒内での婚姻に取って代わった。極端な正統派に引きつけられる少数の人びとの間においてさえ、イスラエルとのこの一体感が、複雑な宗教儀礼の実践に代替する傾向を見せたのである。

アメリカ革命、フランス革命、自由主義革命やそれらの後裔が生み出した世界、共産主義下の世界やかつて共産主義体制下にあった世界が、過去の状態よりあらゆる意味でさらに世俗的になっていることは、まず疑いない。それはとりわけ、宗教的に中立な場である公共領域が宗教に割り振られた純粋に私的な領域から分離されている、という特徴点に見ることができる。しかし、ある著名なイスラムの権威が次のように述べているように、欧米世界以外にもそれはあてはまる。

政治を別にすると、人びとのメンタリティや生活スタイルは、一九世紀、二〇世紀の間にすっかり世俗化された。人びとが信仰や敬虔さ（多くの人の場合これはすこぶる薄まってきている）を失ったというわけではないが、宗教的権威や儀礼、暦に合わせた時間的な厳密性に支配されてきた共同体的生活、地方的生活の領域が、流動性や個人化、宗教に無関係で宗教的権威を脅かす文化・娯楽の世界の興隆によって破壊されてしまったのである。[6]

さらに、欧米の伝統的な宗教団体の役割も低下し続けている。二〇一〇年にはイギリス人の四五パーセントが、自分は何の宗教にも帰属していないと言った。[7] 一九八〇年から二〇〇七年までの間で、宗教儀礼による結婚は、結婚式総数の半分から三分の一に減少した。[8] ほぼ同じ期間に、カナダでは、あらゆる宗教の礼拝に出る人数の合計が二〇パーセント落ち込んだ。[9] 実際のところ、教会に行くことがアメリカ合衆国で高い評価を得ていることを考えると、アメリカが敬虔な国であると思われているのは、世論調査でのその点に関する質問への回答者が自分の宗教的活動を一貫して過大評価しているということに由来するフィクションである可能性が大きい。アメリカ合衆国で宗教礼拝に毎週参加している人びとの割合は、二五パーセントあたりという方が当たっており、下手をすると二一パーセント程度かもしれないと推定されている。[10] さらにアメリカ人の内、宗教性が低いと常に言われる男性に関しては、彼らの「宗教への関与」は心に促されたものというより「社会的な地位と安全を意味する」と言われてきている。

継続中でおそらくは加速化していくであろうこの世俗化の過程によって、宗教的崇拝が姿を消したり、それにまつわる儀礼がなくなっていったりすると考えるのは馬鹿げているし、ましてや大量の人びとが無神論に変わっていくとも考えられない。この過程が意味しているのは、何にもまして、神や超自然的な力の介入など何もないかのように、世界のもろもろの事象が取り組まれており、これからますますそうなっていくであろうということであり、そうした事象に取り組む人びとの個人的な信仰がどうであるかはここでは問題にならない。偉大な天文学者ラプラスは、彼の科学のどこに神が入ってくるのかを知りたがったナポレオンに対して、「この仮説は私には必要がない」と述べた。厳格なイスラム教徒として、あるいはペンテコステ派のキリスト教徒として育った建築技師や核物理学者、神経外科医、ファッションデザイナー、コンピュータのハッカーなどを、スコットランドのカルヴァン派として育ったり、毛沢東の中国で育ったりした同じ職種の人間から区別することなどできはしない。宗教のなかにはその信仰ゆえに、人が行いうることに限度を設定したり、人の活動とは両立しない考えに執着したりするものがあるが、そうでない限り神は彼らの仕事とは無関係である。そうした場合の一つの道は、スターリンが核兵器を作るのに必要な物理学について行った——それはヴァシリー・グロスマンの『人生と運命』[†7] のなかの劇的な場面に見ることができる——ように、正統派の教義がその禁止条項を暗黙のうちに捨て去ることであり、またいま一つの道は、一四世紀以来のイスラム教で起こってきたように、頑なな宗教の支配によって知的停滞が引き起こされることである。

前世紀のあいだに、このことは二つの理由からそれまで考えられていたよりも大きな問題を提起することになった。一方では、近代世界を動かす力の基盤となっている諸科学の理論や実践と、主要な宗教のいくつか、なかでもキリスト教とイスラム教の言説や道徳的教えとの間の大きなギャップが、とりわけ人間や社会に関わる分野でさらに拡大していった。もう一方では、近代的な技術的・科学的世界が、そこに住み、またそれによって生活をたてている人びとの大多数にとって理解しがたいものにますますなってきた反面、宗教によって聖化されて道徳や人間関係を律してきた伝統的体系が、人びとの生活の爆発的な変化のなかで崩れていった。アメリカ人の四〇パーセントは地球の古さは一万年に満たないと信じており、自然や私たちの住む惑星の物理的な歴史に関する手がかりを明らかに欠いているが、スーパーマーケットのレジ係がトポロジーの知識を持たなくてもすむのと同じく、こういった無知の状態でもほとんどの人は何の不便も感じていない。歴史を通じて人間社会は、人びとの大半が相対的あるいは絶対的に無知であり、かなりの割合の人間が余り賢くないという状態のなかで、きちんと機能してきた。二一世紀になって初めて、このような構成を持つ人類の多くが、生産や技術の要請にとって余分の存在になってきているのである。同時に、民主的な国における選挙人の大集団として、あるいは原理主義的ドグマにこり固まった支配者の下にいる集団として、彼らは、真理に対してとまでは言わないまでも、科学や公共の利益にとって大きな問題を提起する存在となっている。さらに、業績主義的で起業を重んじる社会がもたらす恩恵から教育不足の人びとがますます排除されていくことによって、敗者の側は苦い思いをし、理屈の上ではより自然に考えられる富者対貧者という対立の形ではなく、「リベラルなエスタブリッシュメント」対「無知の存在」として動員される（その標的は知識それ自体を含むものとなる）ようになってきている。

周縁化された宗教と各方面からの攻撃にさらされた科学との間の対決は、一八九六年にアンドリュー・D・ホワイトの二巻本『キリスト教世界における科学と神学の間の闘争史』[†8]が出されて以降なかった形で、いくつかの面で一九七〇年代以降鋭さを増してきている。今日、無神論を説く戦闘的な運動が見られるが、それはここ何十年間で初めてのことである。その運動のもっとも目立つ活動家は自然科学者である。知的にみて、神学が自らの土俵の上で科学に挑戦することを事実上やめてしまい、現代科学の成果を神性となんとか両立させるための理論の案出へと主張を局限していることは、確かである。創世記が文字通り真理であると信じている人びとさえ、いまや自分の裸を「創造科学」[†9]というイチジクの葉で覆っている。理性を信じる人びとを動員しているのは、敵の議論の愚劣さではなく、敵が新たに示している政治的な力なのである。

現在またもやその勢いが増してきているが、過去において世界的な諸活動を世俗化したのは、圧倒的に少数者、しかも主として教育を受けた少数者であった。それは、字を読めない人びとが大部分であった世界においては文字を解する人びとであったし、一九世紀、二〇世紀においては中等教育や大学の卒業生であった。また二一世紀の場合は、情報社会の真の専門知識に通暁した博士号取得者やポスドクたち[†10]である。伝統的な民衆運動、急進的運動、労働運動の活動家たちは概して独学の士であったが、彼らも世俗化のために闘った少数者と見るべきであろう。その唯一の例外として、真に草の根の運動として近代化を進めたのは、歴史的な拘束からの物理的、性的な解放をめざした女性の運動である。ただし、こうした女性運動の生起が許容される場合は限られていたし、起こった場合でもその主張が公式に制度的に認められる（離婚、産児制限などである）に際しては、世俗的な少数の活動家に負うところが大きかった。一九世紀には、世俗化を進める少数者の動きはきわめて効果的であった。それは、教育を受けたエリートが近代国民国家の中核となったからであったし、労働運動や社会主義運動がすこぶる強力な動員力、組織力を持っていたからである。またそれに劣らず重要であったのは、世俗化に抵抗する主要勢力――女性、農民、組織化されていない「労働貧民」という大集団――が概して政治から排除されていたことであった。発展した資本主義国家以外では、こうした少数者が支配的である状態は二〇世紀後半まで続いた。簡単に言えば、彼らの支配は政治の民主化以前の時代のものだったのである。

政治が民主化されることによって、人生において宗教が演ずる役割が活動的なエリートの場合よりはるかに大きい大衆の比重が増し、ますます決定的なものになっていった。新たな民主政治の知的で世俗的な実践家たちは、自分たち自身の勢力範囲内であっても宗教的な感情に注意を払わなければならないことを、よく認識していた。そのため、ムッソリーニの権力が崩壊した後の一九四四年、長年にわたる非合法の位置を脱したイタリア共産党は、カトリックを現に信仰している人びとの入党を認めない限り、故国で大きな勢力になる望みはないことを了解したのである。そこでカトリックの入党禁止をやめる決断が下され、無神論に固執する党の伝統に終止符が打たれることになった。ナポリの守護聖人である聖ジェンナーロの血が予言通り定期的に液化する儀式は[†11]、共産主義者が市政を握っていた時にも行われた。イスラム世界の革新的なナショナリストの指導者たちは、自国民の伝統的な宗教的敬虔さと折り合いをつけなければならないとよく心得ていたが、自らがその敬虔さに与することはなかった。インドのイスラム教徒を動員して別国家を作ることに成功したパキスタンの創始者M・A・ジンナーは完全に世俗的な人物であり、あらゆる宗教が住民たちの私的な問題となり、国家がそれに巻き込まれることがないような明確に世俗的で自由かつ民主的な国制を構想していた。つまるところ、これはインドで彼に対応する位置にいたジャワハルラール・ネルーの立場でもあり、インドは現在に至るまで世俗的な国家であり続けている。さらにその点からすれば、アメリカ合衆国の建国の父たちの立場もそれと同じであった。敬虔な信者たちのために、ジンナーはイスラムについて言及すること（イスラムの民主的伝統とか平等や社会正義へのイスラムのコミットメントなど）でこの提案をすばらしいものに見せようとした。しかし、その言及はあまりに少なくあいまいであったため、後に軍人支配者がパキスタンをイスラム国家の形にしていくなかで、熱心なイスラム教徒であっても、そのイスラム国家の主唱者としてジンナーについて語ることはできなかった。

欧米諸国の植民地や従属国の世俗的、革新的指導者たちは、自分たちに宗教的熱情が欠けている点を、大衆的な外国人嫌いの感情や反帝国主義、さらには宗派や民族を横断してあらゆる人びとに開かれているとみられていた西欧発のナショナリズムで、巧みに補ったと考えられる（実際のところ、中東におけるアラブ・ナショナリズムの先駆者はイスラム教徒であるよりもキリスト教徒である可能性の方が高かった）。中東での短期間のイギリスのヘゲモニー（「イギリスのモメント（覇権的契機）」と呼ばれたもの）が、第二次世界大戦後エジプト、スーダン、シリア、イラク、イランにおいて現地の指導者に取って代わられたのは、このような基盤のもとにおいてであった。しかし多数派を占める宗教の制度的力を打破する政治的・軍事的力を、近代化志向の支配者が備えていたごく稀な場合にも、現実にはその宗教が大衆を掌握し続けることを容認しなければならなかった。カリフ制を廃止し、イスラムを国教の位置からはずして、国民の衣服やアルファベットを変え、またあまり成功しなかったものの女性に対する国民の態度をも変化させた根っからの近代化志向派ケマル・アタテュルクでさえ、トルコ人全体としてのナショナリズムを宗教に代替しようとしたものの、国民の宗教的実践をやめさせようとはしなかったのである。トルコ政治の統制力は戦闘的なまでに世俗的な国家エリートの手に握られていたが、彼らを支えていた軍隊は、国の創始者アタテュルクが説いた諸価値に傾倒し、それが脅かされる場合には政治への介入を辞さないという姿勢をとった。軍はすでに一九七〇年、八〇年、九七年の三回そのような行動に出ており、現在でもなおそうする義務があると感じている。ただし、現在の状況下では、軍の指導者はもはや自由には行動できなくなっている。

政治の民主化は、大衆的広がりを見せた宗教と世俗的な支配者の間の角逐を白日のもとにさらすことになったが、それがもっとも明確に現れたのがトルコである。トルコにおいては、イスラム教国家の創設を望むイスラム集団や政党が、非合法化の試みを生き延びて、一九六〇年代、七〇年代に活動性を増していった。今日トルコは選挙によって選ばれたイスラム政党の政府によって統治されているが、憲法ではイスラム教徒を大統領として選出することが可能になっているものの、その憲法も世俗的な法でなくシャリア〔イスラム法〕によって支配される国家を作る計画にはコミットしていない。チュニジアできわめて世俗的だった権威主義的政権が打倒された後、選挙で選ばれた大衆的なイスラム政党も、それに似た解決法を考えているようである。

人口の大多数がイスラム教徒である他の国々のほとんどで、こうした角逐は同じように激しいか、さらに激しいものであったが、これからもその事情は変わらないであろう。そうした争いの結果アルジェリアでは一九九〇年代に多くの血を流す内戦が生じ、軍と近代化をめざすエリートの勝利に終わった。イラクでは、外国勢力の侵入によって近代化志向の権威主義的体制が打ち破られ、外国の占領下で、シーアとスンニという二つの競合するイスラム原理主義の間で分断された国家が生まれた。その変化を生き延びた世俗的な政治家たちは、なんとか策を講じ、存続の危ぶまれた全国政府を維持しようとした。シリアでは、目下世俗的な体制が宗教性を強めつつある内戦に巻き込まれているが、この内戦は国の破壊につながるかもしれないし、それがワッハーブ派のスンニ原理主義者を益していることはまず間違いない。エジプトでこの問題が最初にもちあがったのは一九二八年にムスリム同胞団が姿を現した時であり、それ以来イスラムの諸運動は時として禁止されたり周縁的な事実上の存在として許容されたりしてきたが、政治的決定の場からは常に排除されてきた。その彼らがいまや、権威主義的体制の打倒に続く民主的選挙によって、最大の議員団を構成するに至っている。

世俗化し発展した欧米や共産主義下にあった地域では、政治化した大衆宗教がこのような形で興隆することは決して考えられなかった。一九世紀においてさえも、ローマ・カトリック一色であった南欧やラテンアメリカの多くの国の教会は、自由主義や理性の進歩と距離を保つなかで、反対派の勢力ではあったものの、現実の権力ではもちろんなかったし、権力をふるう潜在的可能性も持っていなかった。戦いの陣容を備えた教会勢力は、民主的なものではなかったにせよ複数政党から成る政治体制の一部として、教育や道徳さらに人生の重要な諸儀礼を左右する力を守るために動員されていった。複数の宗教が存在した国々におけるカトリック教会は、諸宗教の間で票を取引する余地のある政治体制にいやおうなく組み込まれた。この点は、ドイツやアメリカ合衆国におけると同様、インドにおいても顕著である。一九六〇年代以降のローマ・カトリックの危機は、大衆的カトリックの政治的な潜在力をいちじるしくそいできた。カトリック教会が国民的抵抗力をもはや体現しない時代の政治は、宗教政党の政治ではなくなっているものの、イタリアにおいて、またおそらくはポーランドやクロアチアにおいて、カトリックが政治的左派に対抗して持つ影響力は、なお強いものがある。仏教徒が住む国々で民主化がどのような衝撃をおよぼす可能性があるかについて、私は推測するしかないが、立憲君主制をとっている唯一の仏教国であるタイでも、仏教は政治でそれとわかる役割を演じていないようである。

しかしながら、政治化した宗教の興隆について鳴らされる警鐘の主な要因は、普通選挙権が実質的に広がった世界での宗教心を持った大衆選挙民の出現ではない。宗教の内部で、急進的ではあるがきわめて右翼的なイデオロギーが興隆していることの方が問題なのである。それは特にキリスト教のプロテスタントと伝統的イスラムの場合においていちじるしい。そのいずれも宣教師的な熱意をもって急進性を持ち、革命的になる可能性も秘めている。これらの宗教は、「〔聖なる〕書物の宗教」の伝統的な「原理主義的」形態、すなわち聖典の単純なテクストに回帰し、蓄積された付着物や腐敗を取り除いて信仰を純化しようとする動きの中で展開しており、その未来は再構築された過去であるように見える。こうした動きのヨーロッパにおける先蹤は、一六世紀の宗教改革であった。またイスラムには、イブン・ハルドゥーンが歴史の発展についての理論を作り出すもとになった反復するサイクルがある。たとえば、砂漠にあって厳格な一神論を守っていたベドウィンの闘士たちは、豊かで文化に富み退廃した都市を周期的に征服した後、今度はその都市によって腐敗させられていったのである。公的宗教の急進的な動きの別のやり方としては、信仰の本隊と袂をわかち、最終的に別個の宗教共同体を作っていくという形もあるが、こうした動きは、現在起こっているキリスト教の宗教的急進化のなかで一定の役割を演じているものの、イスラムではほとんど重要性を持っていないように思われる。

イスラムにおける急進主義の復活は、いくつかの政治的要因によって複雑化している。特にあげられるのが、メッカとメッカ巡礼者の存在である。これによってサウジアラビア王家は、実質上世界のイスラムの焦点、ムスリムのローマともいえる存在になっているのである。この王家は歴史的には、イスラムのワッハーブ派のベドウィン的純粋主義と同一視されてきたが、今日では、政治的安定化の維持に資する宗教的な善意を備えてはいるものの、厳格な砂漠の体制とはかけ離れた存在となっている。サウジ王家の莫大な石油収入は、メッカ巡礼の大幅拡大やモスクの増設、さらに世界中での宗教的学校や大学の建設に用いられている。これは、イスラム創設世代に戻ろうとするワッハーブ派（サラーフィ派）のかたくなな原理主義を、論理的に十分益するものとなっている。程度は不明であるが、アメリカ合衆国は冷戦時にソ連とアフガニスタンの戦争のなかでイスラムの反共戦士たちに支援を与え、それによっておそらく、新たな世界的聖戦組織の内で最強の組織、オサマ・ビン・ラディンのアルカイダ創設を助ける結果となったのである。イスラム原理主義の大衆的基盤の推定は困難であるが、それが興隆していることについての便利な眼に見える徴は、全身を覆う黒い衣服という伝統的イスラムの服装をする女性が増えていることであり、その趨勢は新たな世紀になっておそらくさらに強まっている。しかもそれは家の中での強制に必ずしもとどまっていない。イギリスのいくつかの大学同様インドのアリガーにある偉大なイスラム教の大学でもそれは顕著であるし、イギリスの街路でも顕著である。また多くのムスリム人口をかかえるフランスの都市でも、公式に禁止されるまでそれは目立っていた。とはいえ、独立した大衆的基盤があるにせよないにせよ、新たなイスラム原理主義は、土着の民俗的崇拝や聖者、聖なる指導者、スーフィ神秘主義などを伴った伝統的な草の根イスラムの共同体や部族に根ざした宗教実践に対抗する近代化改革運動であると考えられる。ただし、一六世紀のプロテスタント宗教改革運動と違って、新たなイスラム原理主義は聖なる書の口語訳という強力な枠組みを欠いている。イスラム原理主義は、イスラムのグローバルなウンマ〔共同体〕の宗教間協力姿勢に与しているが、同時にコーランのアラビア語（マグリブのベルベル人たちには、それが問題となる）[†12]にも依然として結びつけられている。近代的な政治的言説という点から見ると、イスラム原理主義は明らかに反動的なのである。

　この点で、イスラム原理主義は原理主義的な福音主義やカリスマ派やペンテコステ派プロテスタントが力を拡大する形とも大きく異なっている。ペンテコステ派は、おそらく今日における宗教変革のもっとも劇的な形態を示している。イスラム同様この運動は、東南アジア、東アジア、アフリカ、ラテンアメリカ、西・中央アジアのみならず早く産業革命がおこったヨーロッパの国々（世俗性の低いアメリカ合衆国は別であるが）においても、文化的ギャップを拡大し、さらにはギャップを新たに生み出しさえしているのである。

ペンテコステ派プロテスタントがもっともめざましい成長を遂げているのは、ラテンアメリカの広い範囲やアフリカの大部分であり、そうした地域ではカリスマ派のプロテスタントがカトリックよりも多数を占め、ダイナミックな活動を行っている。他方、イスラム世界でのその影響力は無視できるほど小さく、（フィリピンと、たぶん韓国、さらに毛沢東没後の中国は別として）アジアの他の地域でも、重要性は持っていない。それが、力を持った政治的庇護者からの恩恵を受けることはなかったが、その例外はおそらく、中米で共産主義に対抗するためにＣＩＡなどが時折動員しようとしたこと位であろう。しかし、その拡大を先導した大多数北米出身の宣教師たちは、アメリカ合衆国の経済的・政治的考え方を身につけていた。カリスマ派のプロテスタント、とりわけペンテコステ派は、神の言葉と原理主義的な聖書のテクストの価値観が世界全体によって共有されなければならないとの確信に、明らかにまた戦闘的な形で突き動かされていたが、彼らの動きは普遍的な広がりをめざす現象というよりも、本質的に分離主義的でセクト的なものと見るべきである。

福音主義は、自律的な信徒の集まりに基盤を持っている。それは、貧しくて抑圧され、周縁化されて社会的な目的を見失った人びとによる草の根運動であり、始めからそうした性格を持っていた。そこでは女性たちが主な支持母体となっており、急進的なキリスト教セクトで時に見られるように、女性が指導的地位につくこともある。[11] 性的関係の解放（離婚、堕胎、同性愛、アルコール飲用）などに対して福音主義が示す根深い敵意は、今日のフェミニストたちを驚かせるかもしれないが、それは、統御不能な不安定な変化に直面して伝統的な安定性を守ろうとする態度であると見るべきであろう。とはいえ、現在表面に表れている言説でみる限り、福音主義はカリスマ派の運動に保守的な傾向を帯びさせている。その点は、個人の企業精神や経済的進歩の徳を福音主義が説いていることにもあてはまる。このような考えを強めているのが、再生[†13]したキリスト教徒たちの成功は運命づけられているとする確信である。このことは、中国の政府筋に強い印象を与えたように見える。その結果、彼らはペンテコステ派を経済的に許容できると考えたのである。氏名不詳のある中国高官が、もしすべての中国人が福音主義者になれば中国経済はさらにダイナミックになるだろう、と述べたという報道さえなされている（これは本当ではないかもしれないが、もっともな話ではある）。

ただしこういった運動が中心的に関わっているのはそれぞれの社会の政治ではない。その関心が向いているのは、強力な個人レベルの霊的体験や、満足感をもたらしてエクスタシーに導くこともよくある儀式によって、「再生」を集合的に認知することで、共同体を創設したり蘇らせたりすることである。そうした運動にとっては、治癒と、悪からの保護とが本質的要素である。一〇ヶ国のペンテコステ派の調査結果によると、ラテンアメリカでは七七〜七九パーセント、アフリカでは八七パーセントにのぼる人びとが、神の手による治癒を目撃したことがあり、ブラジルの八〇パーセントの人びと、ケニアの八六パーセントの人びとが、悪魔祓いを経験するか目撃している。[12]「意味不明のことを口走る」のは、直接神がかりになったことの徴とされており、それを行う人びとはごく少数であるものの、広く認められた行為となっている。このような共同体は、根底的に不満足な社会を変えようとするのでなく、共謀してそこから抜け出すことをねらっているが、大規模でめざましく拡大する市民集団として、それぞれの国の政治における重要な要素になっている。少なくともアメリカ大陸の広大な開かれたスペースのなかでは実際に集団で抜け出すことが可能であることをモルモン教徒たちが示した一九世紀とは異なり、今日カリスマ派のプロテスタントたちは、自分の国を改宗させようとしており、広い社会を去ってその外側で自己充足的な共同体を作ろうとする気持ちは、例外的になっているのである。

福音主義は、アメリカ合衆国の聖書地帯[†14]の現在の政治が示唆するほど、政治的保守主義に傾く傾向を本来的に備えているわけではない。文化面での保守主義は、政治に対するきわめて多様な姿勢と結びつきうるのである。アメリカ合衆国では、——アフリカ系アメリカ人やスペイン語系アメリカ人はいうにおよばず——僻地の白人から成る聖書地帯の人びとも、かつては社会的急進主義と手を組んでいた。一九一四年以前のオクラホマでは社会主義に与することさえあったのである。[13]ウィリアム・ジェニングズ・ブライアンは雄弁家であり、一九世紀末、「金の十字架に人類をはりつけにする」ことを望んだ人びとに対する大規模の農民運動にプレーリー[†15]や山岳地の人びとを動員した人物であるが、一九二五年の有名な「猿裁判[†16]」では、進化論に反対し、創世記の話が文字通り真実であると弁じた。他の場所においても、カリスマ派やペンテコステ派のプロテスタントの政治姿勢は、アパルトヘイトの南アフリカでのはっきりした受身の姿勢からピノチェト時代以前のチリにおけるロタ市の炭鉱社会での熱心な共産主義に至るまで、幅がみられる。グァテマラではペンテコステ派の将軍たちによってゲリラが殺戮されたが、ブラジルの「福音派」は左翼への共感を抱いている。このブラジル「福音派」は、来世との和解を図る多くの他のカルト集団と混じり合う場合もあればそうでないこともあり、現在人口の約二〇パーセントを占めるに至っている。アフリカには一九九一年にザンビアの大統領に選ばれたチルバがいる。彼はイエス・キリストの采配に国を委ねているが、その道を始めたのは、悪霊を追い出して大統領宮殿を清めたペンテコステ派の聖職者たちの一団である。アフリカにおいてペンテコステ派と古くからの信仰とが結びついたところで行われる政治は、複雑すぎて西欧のカテゴリーにはうまくあてはまらないのである。

「カリスマ的」プロテスタントという言葉は一九六二年にアメリカ合衆国のある牧師によって作られたが、それは偶然ではなかった。この種の運動、特にペンテコステ派の運動が飛躍的に拡大しはじめたのが六〇年代だったのである（彼らは一九〇〇年代半ばから存在してきていたが、あまりめざましい力は持たなかった。とはいえ、イタリアにおいては第二次世界大戦後の農村地帯で、数えるばかりの彼らの集会は大変な尊敬の念をもってみられていた。それは大規模な農民騒擾の際も同様であったが、おそらくその要因の一つは彼らの読み書き能力がすぐれていたせいであり、さらに強く考えられる要因は彼らがカトリック教会に対抗していたという点であった。共産党の農村支部のいくつかが、セヴンスデー・アドヴェンティストやペンテコステ派のメンバーを支部長として提案したことは、この傾向をくじくために全力を尽くしていた全国組織の指導者たちを当惑させた）。一九六〇年代、より正確に言えば一九六五年以降は、職業としてのカトリック聖職者の没落が明らかになった時代であり、カトリックの伝統的な牙城であるフランス語系カナダのケベックにおいても、ミサへの参加率が八〇パーセントから二〇パーセントへと落ち込んだ。[14] 実際、一九六五年はフランスのファッション業界がスカートよりもズボンを多く生産する初めての年となったのである。それはまた、とりわけアフリカにおける大規模な脱植民地化の時代であった。言ってみれば、それは古くからの確実性が眼に見えて崩れていくことにより、新たな確実性を求める強い衝動が生まれてきた時代であった。カリスマ派福音主義は、その新たな確実性を見出したと主張したのである。

当時「第三世界」と呼ばれた地域で生じたかつてないほどの社会変化、とりわけ地方から都市への大量の人びとの移動は、このような宗教の乗り換えに都合のよい条件となった。アメリカ合衆国におけるラテン系のペンテコステ派の人びとは、合衆国に到着してから後にはじめて改宗したと思われる。[15]他の国においては、戦争と、（ブラジルの都市のスラム街のような）貧民街であることが多かった移民たちの新たな環境で広がっていた暴力とが、彼らに強い影響をおよぼしたのである。ナイジェリアのイボ人[†17]の間では、一九六七年から七〇年にかけての悲惨なビアフラ内戦の時、ペンテコステ派が急成長したし、[16]ペルーでは、毛沢東派の組織「輝ける道」[†18]の蜂起とそれに対する野蛮な抑圧策とが、打撃をうけた地域でのケチュア人たちの改宗の波につながった。この過程は、現地につながりを持つ一人の文化人類学者によって見事に描写され分析されている。[17]

要するに、旧来のやり方の多くが、二〇世紀後半から二一世紀初頭の劇的な経済変化や危機をもたらした疾風怒濤の動きで破砕されるなか、失われた確実性を回復することがますます緊要になってきたのである。グローバル化はあらゆる小さな境界をつき崩し、世俗的な神学は空白を生んだ。そして完全に個人的な主体の集まりが世界に広がることによって、（サッチャーの「社会などというものはない」という言葉にあるように）自由な市場での利益の最大化が図られてきた。この社会的暗黒は、統計的に把握される集団とは区別されるような具体的な人びとから成る制度にとって大きすぎることはもちろん、一九世紀の社会学者の「共同体」とか「社会」という概念にとっても余りに巨大であるが、そのなかで私たちはどのような位置を占めたのだろうか。人間的スケールで、現実の時間、現実の空間のもとで、私たちはどこに帰属したのだろうか。いったい誰に、また何に、私たちは帰属したのだろうか。私たちはいったい何者だったのか。特徴的なことに、もともとは北米における十代の若者の成長の不確実性をまとめて表現するために心理学者によって作られた「アイデンティティ・クライシス」という言葉が、一九六〇年代以降、移り変わる人間関係の世界のなかでの集団的アイデンティティを全般的に唱えたり、あるいはそれを創造したりさえするために、広く使われるようになった。より正確に言えば、私たちが自分たちについて述べることができる幾多のやり方の内で第一のものとなるようなアイデンティティが求められたのであり、単一の名のもとにすべてのアイデンティティを含み吸収していくことが理想とされたのである。個人の宗教的再生は、そうした問題に答える一つの方法であった。

宗教的急進主義や個人宗教の現実的復活がともに、二〇世紀後半から二一世紀初めにかけての現象であったことは、いまや明らかであろう。一九六〇年以前は、それに注意を払う人びとは稀であったが、七〇年代以降になるとそれを看過する人びとの方が稀になったのである。それは明らかに七〇年代における世界経済のめざましい変化の所産であり、その変化は現在でも加速し続けている。[18]それは世界の広大な部分、とりわけイスラム世界、アフリカ、南アジア、東南アジア、それにアメリカ合衆国の政治に深く浸透していった。こうした地域や、さらにはおそらく他の地域においても、宗教的急進主義や個人宗教は、それが「自由主義」とか「欧米の腐敗」と呼ぶものに対し、伝統的な道徳、家族関係、ジェンダー関係の価値観として提示するものを攻撃的なかたちで唱えているが、その主張はいまや広範な人びとの言説のなかで顕著な役割を演じている。よくあるように、それが伝統とするものの一部は新たに作りだされたものである（たとえば、男性同士の性的関係が伝統的に広がり暗黙のうちに許容されていた地域におけるイスラム原理主義者の同性愛嫌悪や、一部のキリスト教農村社会における産児制限などがあげられる）。それは、聖典に批判的な学問や聖典の根拠を崩す科学的研究に敵対的であるか、少なくとも懐疑的である。しかし、結局のところそういった試みは、神権的な国家権力や伝統の力で女性の解放を遅らせている場合を除けば、あまり成功しているとはいえない。

というのも、宗教的原理主義は、原理主義とは両立しない一方で信仰の深い者にも不可欠であるような科学的・技術的基盤に人間存在が依拠している世界から生まれてきたというパラドックスを抱えているからである。もしも現在の原理主義者たちがその先駆である再洗礼派の論理に従うならば、いまでも馬に引かせた車を使っているペンシルヴァニアのアーミッシュのように、彼らが登場してきた時以降に生み出されたすべての技術革新を使わないようにしなければならない。ところが、新たにペンテコステ派に改宗した人びとはグーグルやアイフォンの世界に背を向けることをせず、むしろそれを盛んに使っているのである。また創世記の記述が文字通り正しいという説を広めるために、インターネットが使われている。イランの神権的な政権担当者は自国の未来を核の力にかけており、イランの核科学者たちは、アメリカ合衆国のネブラスカにある戦争指揮室のもっとも洗練された技術を用いて暗殺されているが、それを行っているのが再生派キリスト教徒である可能性はきわめて高い。二一世紀に生じている大変動のもとで、復活してきた反理性の立場と理性の立場がどのような条件で共存していけるかは、誰にもわかっていないのである。

＊本章は、初出である。

原註

1 Robert W. Hefner, *Civic Islam: Muslims and Democratization in Indonesia* (Princeton: Princeton University Press, 2000), p. 17.

2 CIA World Factbook, at https://www.cia.gov/library/publications/the-world-factbook/index.html.

3 J. D. Long-Garcia, 'Admission deferred: modern barriers to vocation', *The US Catholic*, 76: 9 (16 August 2011), 30-5, at http://www.uscatholic.org/church/2011/07/admission-deferred-modern-barriers-vocations.

4 CIA, World Fact Book, 'Field Listing: Religions' ('Orthodox churches are highly nationalist and ethnic').

5 *The Jewish Week*, New York (2 November 2001); Judaism 101, an online encyclopedia: 'Movements of Judaism', at http://www./jewfaq.org/movement.htm.

6 Sami Zubaida, 'The "Arab Spring" in historical perspective' (21 October 2011), at http://www.opendemocracy.net/semi-zubaida/arab-spring-in-historical-perspective.

7 YouGov/Daybreak poll, Religion+school+churches,September 2010, at http://d25d2506sfb94s.cloudfront.net/today_uk_import/YG-Archives-Life-YouGov-DaybreakReligion-130910.pdf.

8 Office for National Statistics, *Social Trends*, no. 40 (2010 edn), table2. 12, p. 20.

9 David E. Eagle, 'Changing patterns of attendance at religious services in Canada 1986-2008', *Journal for the Scientific Study of Religion*, 50: 1 (March 2011), 187-200.

10 P. Brenner, 'Exceptional behavior or exceptional identity?: overreporting of church attendance in the U. S.', *Public Opinion Quarterly*, 75: 1 (February 2011), 19-41; C. Kirk Hadaway and P. L. Marler, 'How many Americans attend worship each week? An alternative approach to measurement', *Journal for the Scientific Study of Religion*, 44: 3 (September 2005), 307-22.

11 Andrea Althoff, 'Religious identities of Latin American immigrants in Chicago: preliminary findings from field research' (University of Chicago, Divinity School, Religion Cultural Web Forum, June 2006), at http://divinity.uchicago.edu/martycenter/publications/webforum/062006/.

12 Pew Forum, 'Spirit and power: a 10-country survey of Pentecostals', at http://www.pewforum.org/Christian/Evangelical-Protestant-Churches/Spirit-and-Power.aspx.

13　James R. Green, *Grass-Roots Socialism: Radical Movements in the Southwest 1895-1943* (Baton Rouge and London: Louisiana State University Press, 1978), pp. 170-3.

14　Gérard Bernier, Robert Boily and Daniel Salée, *Le Québec en chiffres de 1850 à nos jours* (Montreal: ACFAS, 1986), p. 228.

15　Althoff, 'Religious identities'.

16　Richard Hugh Burgess, 'The civil war revival and its Pentecostal progeny: a religious movement among the Igbo people of eastern Nigeria', Ph.D. thesis, University of Birmingham (2004).

17　Billie Jean Isbell, *Finding Cholita* (Champaign: University of Illinois Press, 2009).

18　これらの点は、Eric Hobsbawm, *The Age of Extremes: A History of the World, 1914-91* (London: Pantheon Books, 1995), chapters 9-11 で論じておいた。

訳註

†1　自慢などをした後で復讐の神の怒りを和らげるため手近な木製物にさわること。

†2　うそをついた後でその罪を消すために人差し指の上に中指を重ねること。

†3　聖霊降臨の体験などを重視する二〇世紀に起こった信仰復興運動の宗派で、それから分岐した宗派が次のカリスマ運動である。

†4　ベネディクト一六世の生誕地はマルクトル・アム・マインで、そこに近いレーゲンスブルクは彼が大学での教鞭をとっていたことがある街。

†5　一九世紀初めにドイツで起こった流れで、礼拝にキリスト教教会の要素を取り入れるなどの改革を行った。

†6　二〇世紀にアメリカ合衆国で起こった流れで、正統派と改革派の中間に位置する。

†7　第二次世界大戦中のスターリングラード攻防戦を背景に、ユダヤ系核物理学者を主人公とした大河小説。スターリン死後に書かれたが、ソ連の体制を否定する作品としてソ連当局に没収され、著者の死から一六年後にスイスで初めて刊行された。邦訳は、斉藤紘一訳『人生と運命』（全三冊）みすず書房、二〇一二年。

†8　本書は、一八七六年に書かれて邦訳のある、森島恒雄訳『科学と宗教との闘争』（岩波新書）岩波書店、一九三九年（改版一九六八年）を大幅に書き足したもの。

†9　進化論を否定する立場を科学的装いのもとで主張する説。

†10　博士号取得後の常勤職を得る前の若手研究者。

†11　古代ローマでキリスト教迫害にあって殺された聖人で、彼の乾いた血液は毎年彼のための祝日などに液化するとされる。

†12　ベルベル人たちの言葉であるベルベル語はアラビア語の影響を強く受けているものの、アラビア語とは別系統の言語である。
†13　聖霊の力で霊的に新たに生まれ変わることで、福音主義などで重視される。
†14　合衆国の中西部から東南部に広がる福音主義者などの多い地域。
†15　ミシシッピー河からロッキー山脈にかけての大草原。
†16　テネシー州で行われた進化論教育をめぐる裁判でブライアンは検察側代表であった。
†17　ナイジェリア南東部に住む人びとで彼らの分離要求からビアフラ戦争が起きた。
†18　センデロ・ルミノソという極左武装組織。

第18章　アートと革命

Art and Revolution

ヨーロッパの芸術・文化のアヴァンギャルド——この単語自体は一八八〇年あたりから使われるようになった——と、一九、二〇世紀の極左の党派には必然的あるいは論理的なつながりはまったくない。もっとも、どちらも自分たちを「進歩」や「近代《モダニティ》」の代表格だと考えており、どちらもその守備範囲および野心においては国境をこえていたが。一八八〇年代、九〇年代には、新しい（概してマルクス主義的な）社会民主主義者や革新的左派は、芸術におけるアヴァンギャルドの運動にも共感的であった。彼らは自然主義、象徴主義、アーツ・アンド・クラフツ運動、そして後期印象派に対してすら共感をよせた。お返しに、これらの運動に関わるアーティストたちは、貧しく虐げられた人たちのために専念するグループへの共感から、社会的、ときには政治的ですらある態度の表明に引き込まれていった。これは、サー・フーバート・ヘルコマー（『ストライキ』一八九〇年頃）のような社会でしっかり認知されたアーティストにも、あるいは新しい展覧会でみられるようにイリヤー・レーピン（『一九〇五年一〇月二四日』）にもあてはまる。ロシアにおいては、芸術がアヴァンギャルドと似たような段階にあったことを、ディアギレフ[†1]が西側へ移動する以前、おそらくは『芸術世界』〔ディアギレフらが創刊した雑誌〕グループのアーティストたちの存在が示している。一九〇五年から七年には、著名な肖像画家であるセローフ[†2]が政治へ積極的に関心を寄せていた。

一九一四年に至る一〇年のあいだに、新たな、革新的で反体制的なアヴァンギャルドたちがパリ、ミュンヘン、そしてハプスブルク帝国の各首都に現れ、それが近代《モダニティ》と革命を政治側と芸術側に分けることになった。その少し後には、この集団に、新しい展覧活動によく反映されているロシアの女性アーティストたちの大きめの集団が加わった。

キュビスト、未来派、未来派キュビスト、シュプレマティスト[†3]、といった具合に重複もしつつさまざまな呼称を持つこれらのラディカルな革新者たちで、芸術に対する見解が反体制的かもしくはその情熱を宇宙的また（ロシアでは）神秘的なものに向けていた人びとは、左翼の政治に何の関心も示さなかったし、左翼の人びととの接点もほとんどなかった。一九一〇年以降、若手のボルシェヴィキ派の詩人劇作家であるウラジーミル・マヤコフスキーすら一時期政治から離れたくらいである。一九一四年以前のアヴァンギャルドのアーティストたちが思想家の著作を読んだとしても、それはマルクスではなく哲学者ニーチェであった。ニーチェの政治的思考が意味するところは大衆よりもエリートや「超人」びいきだったからだ。一九一七年の新しいソヴィエト政府に雇用されたアーティストの中で、唯一、なんらかの社会主義団体の一員だったのは、ブンド†4に属していたダヴィト・シュテレンベルク（一八八一～一九三八年）であった。

一方で、社会主義者たちは、彼らの一般的な理解では教育を受けたブルジョワたちの高級文化であった芸術を労働する大衆のもとへ届けようと専心する、新しいアヴァンギャルドたちの訳のわからない革新的な動きをうさんくさい目で見ていた。理解を示した指導的人物は、せいぜいのところ数名だった。たとえばボルシェヴィキ派のジャーナリストであるアナトリー・ルナチャルスキーのような人物である。こうした人びとは、自分たち自身も納得していなかったが、非政治的あるいは反政治的な芸術革命にも、将来何か実らせるものがあるかもしれないと認識するくらいには、時代の知的芸術的潮流に敏感であった。

一九一七年から一九二二年のあいだ、中欧、東欧のアヴァンギャルドたちは国境をまたぐ緊密な網の目を形成し、全体的に革命的左翼となった。おそらくこの事実がロシアにおいてよりもドイツでみられたということのほうが、意外であろう。というのも、ロシアは革命という氷山の到来を意識している人びとを乗せたタイタニック号だったからである。ドイツやハプスブルク領とは異なり、第一次世界大戦に対する極度の嫌悪感はロシアでは主要素ではなかったようだ。アヴァンギャルドの二つのイコン的存在である詩人ウラジーミル・マヤコフスキーと画家カジミール・マレーヴィチは実際のところ、一九一四年には民衆向けの愛国的なビラを生産していた。ドイツやハンガリーでそうであるように、彼らを触発し政治的関心を促したのは、革命それ自体だったのである。また革命によって彼らは世界からの眼差しを受けることになり、そのおかげでロシアは一九三〇年代までモダニズムの中心となった。

革命は新しいロシアのアヴァンギャルドたちを権力と影響力の無二の地位につかせることになった。新しい啓蒙担当の人民委員〔大臣にあたる役職〕アナトリー・ルナチャルスキーという、新しいものに対して慈悲深い指揮者を得たからである。彼らの手が届く範囲は、ヘリテージと高級文化の慣行を維持することに固執した体制のみにより限定された。そうしたヘリテージや高級文化の施設は、アヴァンギャルドたちの大半、特に未来派が完全に破壊しようとしたものであった（一九二一年にはボリショイがかろうじて閉鎖を逃れた）。彼ら以外でソヴィエトにコミットしたアーティストはほとんどいなかった（レーニンは「信頼できる反未来派はいないのか」と問うた）。シャガール、マレーヴィチそしてリシツキーは美術学校の校長におさまり、建築家ウラジーミル・タトリンと劇場監督フセヴォロド・メイエルホリドは行政でアーツ部門を率いた。過去は死んだ。アートと社会は再生が可能であった。すべてが可能に見えたのだ。人生とアート、創造者と公衆がもはや離れてもいないし切り離すこともできるものでなく、両方を革新することによって統合できるのだという夢は、（初期には）専門的な役者に対する疑惑を持っていたソヴィエト映画に表されることになるように、いまや日常的に街路や広場で、自分たち自身創造者である男女によって実現されているように思われた。「すべての人がアーティストであるべきだ。あらゆるものがアートになりうる」と書いたアヴァンギャルド作家であり批評家であるオシップ・ブリックは、この状態をうまくとらえていた。

括弧付きの「未来派」、および後に構成主義者とよばれた人びと（タトリン、ロトチェンコ、ポポーワ、ステパーノワ、リシツキー、ナウム・ガボ、ペヴスナー〔以上みなロシア構成主義アーティスト。ポポーワはタトリンの弟子、ロトチェンコとステパーノワは夫婦、ナウム・ガボとペヴスナーは兄弟）は、この目標をもっとも根気よく追求したのであった。おもにこの集団を通して、また映画（ジガ・ヴェルトフとエイゼンシュテイン）、演劇（メイエルホリド）、そしてタトリンの建築的構想を介して、ロシア・アヴァンギャルドは極端なまでのインパクトをロシアの外の世界中に与えた。未来派は、緊密に連関するロシアとドイツの運動を導くパートナーであった。そしてそのロシアとドイツの運動は、一九一七年と冷戦のあいだの時期のモダン・アートにもっとも大きな国際的影響を与えることになった。

これらの運動に見られるラディカルな見解の遺産は、映像編集、レイアウト、写真、そしてデザインに関わる誰しもにとっていまなお基礎的なノウハウとして残っている。タトリンの共産主義インターナショナルのためのモニュメント、リシツキーの『赤いくさびで白を打て』、ロトチェンコのモンタージュや写真、あるいはエイゼンシュテインの『戦艦ポチョムキン』、といった彼らの勝利を示す作品を見れば、誰しもが興奮してしまう。

ロシア革命直後の数年間の彼らの作品はほとんど現存しない。建造物は一つもない。プラグマチストであったレーニンは、プロパガンダとしての映像の可能性を認識していたが、内乱のあいだ、封鎖によって実質的にソヴィエト・ロシアの全領域からフィルムの在庫がなくなってしまった。もっとも（一九一九年設立の）モスクワにある新しい国家映像研究所でレフ・クレショフのもとで学ぶ学生は、それまで残っていたフィルムの缶の中身を何度もカットして使い、新しいモンタージュ技術に磨きをかけていたが。早くも一九一八年三月に出された法令は旧体制が設置したモニュメントを撤去し、文字の読めない人びとに役立つよう世界中から着想を与えてくれる革命的で進歩的な人物の像を代わりに置いていった。約四〇名の像がモスクワとペトログラードで建てられたが、大部分が漆喰で急いで建てられたため、ほとんどが後世に残らなかった。これは、おそらくは幸運なことかもしれない。

　アヴァンギャルド自体は、革命に関連した祝祭のために作品を提供するのと同時に、スローガンやイメージを壁や広場や鉄道の駅や「ますます高速になる列車」に描くストリート・アートへと突き進んでいった。これらはその性質から言って期間限定のものであった。もっとも、マルク・シャガールがヴィーテプスクにおいて企画した一件[†5]は十分に政治的であったとはみなされなかった。また、レーニンはもう一つの称揚のための作品に対しても抗議した。それはクレムリンの外の木々を青に着色したのであるが、そのペンキがなかなかとれなかったのである。アヴァンギャルドたちは、タトリンの有名なコミンテルンタワーを含む数枚の写真や、持ち運び可能な演説台、キオスク、式典用のインスタレーションのための見事なデザインのようなもの以外、ほとんど何も残さなかった。内戦のあいだ、おそらく唯一の完全に実現された創造的なヴィジュアル・プロジェクトは演劇であった。これはずっと存続し続けたが、舞台上演というのは、たとえ舞台デザインがときたま残存するとはいってもそれ自体はかないものだ。

　内乱の後、市場に好意的であった一九二一年から八年の新経済政策は、新しいアーティストたちにとっては彼らの計画の実現の可能性を広げることになった。また、アヴァンギャルドはこれにより、ますます分裂するという犠牲を払いつつも、ユートピア的な外観からより実用志向のものに移っていった。完全なる労働者階級のプロレトクルト〔プロレタリア芸術〕の実現を強制した共産党の過激論者たちはアヴァンギャルドを攻撃した。その中で、ナウム・ガボ、アントワーヌ・ペヴスナーのような精神的に純粋で、完全に革命的なアートの王者たちは、産業生産に適したアートの到来とイーゼル画の終焉とを欲した「生産主義者」を批判した。これは、マレーヴィチが利益を得る形でシャガールやカンディンスキーなどがヴィーテプスクの美術学校を追われていったような、個人的職業的な対立へと繋がっていった。[†7]

ソヴィエト・ロシアと西欧との間のリンク——ほとんどドイツ経由であった——は倍増し、数年のあいだアヴァンギャルドのアーティストたちはヨーロッパの国境を自在に越えていた。ゴンチャローワやラリオーノフのような、ディアギレフの周囲に集まった革命前からの追放者（カンディンスキー、シャガール、ユリウス・エクスター〔ドイツ表現主義のアヴァンギャルド・アーティスト〕）とともにそのまま西欧にとどまったアーティストもいる。全体的に、ロシア・アヴァンギャルドの主要かつ継続的な創造的達成は、一九二〇年代半ばに起こった。新しいロシアの「モンタージュ」映画、ジガ・ヴェルトフの『キノ・アイ』やエイゼンシュタインの『戦艦ポチョムキン』しかり、ロトチェンコの肖像写真しかり、そしていくつかの（実現されなかった）建築デザインしかりである。

一九二〇年代末まで、ソヴィエト共産党により否認されていたとはいえ、アヴァンギャルドに対する深刻な攻撃はなかった。なぜなら、さまざまな理由があったものの、その「大衆」に対するアピールに議論の余地はなかったからである。一九一七年から二九年までその大臣職にとどまった心の広いルナチャルスキーや、トロツキイやブハーリンといった教養高いボルシェヴィキの指導者によって擁護されただけでなく、必要不可欠な「ブルジョワのスペシャリスト」、すなわちアヴァンギャルド・アートを含む諸芸術の受容者の核をなす、教育を受けてはいるが大概まだ社会主義に転向してはいないインテリゲンツィアをなだめる目的のために、あたらしいソヴィエト体制によって必要とされたからである。一九二九年から三五年のあいだ、スターリンはアヴァンギャルド・アーティストたちに比較的ましな物質的条件は維持しつつも、彼らが完全に権力にひれ伏す事を強制した。この無慈悲な文化革命は、一九一七年のアヴァンギャルドの終焉を意味した。社会主義リアリズムは義務と化したのだ。シュテレンベルクとマレーヴィチは沈黙に陥った。タトリンは展覧会から追放され、演劇へと退却した。リシツキーとロトチェンコは写真誌『ソヴィエト連邦を築く』に安息の地を見いだした。ジガ・ヴェルトフは単なるニュースリールの編集者にまで落ちた。彼らに機会を与えた一九一七年ボルシェヴィキたちの大半とは異なり、視覚低術に携わったアヴァンギャルドのほとんどはスターリンの恐怖政治を生き延びたが、彼らの作品はロシアの美術館やプライベート・コレクションに埋められ、忘れられたようだった。

それでもなお今日われわれはみな、視覚的には、その大部分が革命から一〇年のあいだにアヴァンギャルドたちによって作り上げられた世界のなかに生きている。

＊本章の初出は、「変化するアヴァンギャルド」（Changing of the avant-garde）というタイトルで *RA Magazine*, no. 97, winter 2007 に掲載された。

訳註

†1　バレエ・リュスを創設したロシアのアート・プロデューサー。

†2　ロシアの肖像画家、ロシア第一革命に影響を受け風刺的な作品を描いた。
†3　シュプレマティスムはロシアで画家マレーヴィチが主張した徹底した抽象絵画の一形態。
†4　ロシア、ポーランドなどで活動したユダヤ人社会民主主義組織。
†5　一九一八年、ベラルーシにあるシャガールの故郷の町ヴィーテプスクに彼はマレーヴィチらとともにヴィーテプスク近代美術館を設立したが、二〇年代半ばに閉鎖された。
†6　シャガールが組織した美術館はこの人民美術学校の内部にあった。
†7　結果的にマレーヴィチはヴィーテプスクの地にシュプレマティスムの中心を築いたが、シャガールはパリへ、カンディンスキーはドイツおよびフランスへと活動の拠点を移さざるをえなかった。

第19章　芸術と権力

Art and Power

古代エジプト以来、芸術は、政治支配者や国家の権力を強化するために使われてきた。しかし、権力と芸術との関係は、常に順調だったというわけではない。今回の展示は、「独裁者のヨーロッパ」と言われる一九三〇年から一九四五年にかけての、二〇世紀においておそらくもっとも不幸な出来事をみせてくれるものとなっている。

第一次世界大戦前の一〇〇年間、ヨーロッパは、共和制ではないにせよ政治的自由主義、公民権、選挙で選ばれた議員や首長による立憲政府に向かっている、との確信があった。一九一四年の少し前には、民主主義、すなわち、まだ女性は参加していなかったものの、すべての成人男性の投票による政府ですら急速に進展していた。第一次世界大戦は、この動きに劇的な拍車をかけるように思われた。

戦争終了後、ヨーロッパはなんらかの議会制度を持つ国で占められていた。戦争で引き裂かれ、革命の起こったソヴィエト・ロシアは別として、である。しかし、ほとんど即時に、政治的発展の方向は逆転した。ヨーロッパ、そして実に世界のほとんどの場所が政治的自由主義から遠ざかった。戦間期には主権国家が六五ヶ国あったのだが、第二次世界大戦の半ばまでには、憲法に基づく選挙によって選ばれた政府を持つ国はたった一二ヶ国にすぎなくなった。政治的右派は、ロシアを除く各地を制したのだが、原則として民主主義には敵対的であった。共産主義は依然としてロシアに限られていたが、理論上も名称上も民主主義的だと主張してはいたものの、実際には無制限の独裁制であった。

本展示が関係している体制の大部分は、意識的にそして意図的に直前の過去と決別した。このように大きく決別したのが政治的右派であるか左派であるかは、さほど問題ではない。ヨーロッパの外では、たとえばケマル・アタテュルクのトルコのように、右派か左派かのレッテルは時として問題の核心ではなかった。それよりも重要なのは、新体制が社会を維持・回復、さらには改善したりすることではなく、社会を変容させ再構築するのが自らの役割だとみなしていたことだ。彼らは古い建物の家主ではなく、新しい建物の建築家だった。同様に重要なのは、彼らが、その命令こそが法である絶対的指導者によって支配された、あるいは支配されるようになったことだ。さらに、このような制度は民主主義の対極にあったにもかかわらず、絶対的指導者たちはみな、「人民」に由来し、人民を通して機能する、そして人民を指導して彼らを形作る、と主張した。これらの共通する特徴が、この時代のファシストと共産主義の体制を、それらは根本から異なり、互いに敵対していたにもかかわらず、以前の国家と区別するものだった。いずれの体制下でも、権力は芸術に多くを要求しただけでなく、芸術が政治的権力の要求や支配を逃れるのは困難、あるいは不可能ですらあった。この時代の芸術と権力の展示が、ヒトラーのドイツ（一九三三～四五年）、スターリンのソ連（一九三〇～五三年頃）、ムッソリーニのイタリア（一九二二～四五年）の芸術で占められているのも驚くべきことではない。

しかし、政権が倒された国々のパブリックアートも見逃すことはできない。したがって本展示は、適切にも、すべての国とその芸術が公に突き合わされたある行事、すなわち一九三七年のパリ万国博覧会に始まる。これは、一八五一年にロンドンで始まった一連の万博の、第二次世界大戦前では最後のものであった。万博は、ブルジョワ自由主義の時代に芸術と権力が協力した、ひょっとしたらもっとも特徴的なイベントであったかも知れない。万博は、今日のオリンピックのように開催国の威信を高める一方、祝っていたのは国家ではなく市民社会であり、政治権力ではなく経済・技術・文化的成果であり、各国の対立ではなく共存であった。見本市を意味するフェアに由来し（アメリカで開催された万博はワールド・フェアとさえ称された）、万博は、有名なところではエッフェル塔のようなモニュメントも残したものの、恒久的な構造物としては計画されなかった。

小規模な「国」のパビリオンは一八六七年に最初に登場し、国家間の公開競争へと発展した万博において次第に目立ったものとなった。一九三七年には万博全体が国別のパビリオンで覆われた。三八の競い合う展示というのは、それまででもっとも多く、世界の主権国家に対する割合を考えると、それまでで、そしてそれ以降においても最大となった。すべて、あるいはほとんどすべてが、たとえそれがその国の「生活様式」や芸術の長所を宣伝するだけであったにせよ、政治的メッセージを発信した。その万博というショー自体は、社会主義者が初めて首相となった、当時人民戦線内閣のもとにあったフランスに栄光をもたらすように計画されたもので、この万博でもっとも永久的な記念物となったのはおそらくピカソのゲルニカであろう。ゲルニカは内戦の続くスペイン共和国のパビリオンで初めて公開された。しかし一九三七年の博覧会で当時、そしていまから振り返っても、明らかに圧倒的だったのは、互いに道をはさんで向かい合って建てられた、巨大で、意図的に象徴的なドイツとソ連のパビリオンだった。

権力は通常芸術に三つの主要な要求をするが、その要求は、絶対的な権力ほど制限された権力よりも大きい。第一は、西欧のパブリックアートがおもに手本とするローマ帝国時代以来の大きな戦勝記念アーチや円柱のように、権力自体の栄光と偉業を誇示することである。偉大な指導者の時代における権力の大きさや野望は、単一の構造物によるよりも、計画または実現された建造物の純然たる規模で示された。通常は一つの建造物やモニュメントではなく、むしろ巨大な建造物の集合体（都市、場合によっては地域全体が再計画された）が作られた。たとえば、まだ車がほとんど走っていなかった時代のイタリアが世界に先がけて建設した高速道路である。これら巨大な建造物の集合体は、国や社会が計画によって作り直されることを示すのに最適であった。荘厳さや巨大さこそ、権力の指導者が芸術に表現させたいと願ったものであった。

権力下の芸術に求められる第二の主要機能は、それをパブリックドラマに仕立て上げることだった。儀式や式典は政治過程に不可欠で、政治の民主化にともない、権力はますますパブリックな劇場となった。そこでは人民が観客であり、そして独裁者の時代の新機軸なのだが、組織化された参加者でもあった。世俗政治を見せるために行進用の広い直線道路を建設するのは、基本的に一九世紀の事業である。ロンドンのアドミラルティ・アーチからバッキンガム宮殿へと延びる見通しの良い街路のあるザ・マル（一九一一年）は、特徴的なもっとも遅い例である。次第に、大衆の愛国主義を刺激するため、あるいはその発露とするために建設される国のモニュメントには、特別な式典用の広場が設けられるようになった。ローマのヴェネチア広場は、あの醜悪なヴィットーリオ・エマヌエーレ二世記念堂にとっても、また後年のムッソリーニの大演説にとっても、同様に不可欠だった。一般大衆の娯楽、ことに大衆スポーツが盛んになると、大衆の感情を表現するため特別の公共の土地や建造物が（特筆すべきはスタジアムであるが）、新たに供給されるようになった。これらは権力の目的のための利用が可能であり、実際に利用された。ヒトラーはベルリン・スポーツ宮殿で演説するとともに、一九三六年のオリンピックに政治的可能性を見出した。

この分野で権力にとっての芸術の重要性は、建物や広場自体ではなく、その中やそれらの間で行われるものにあった。権力が要求したのは、閉鎖空間におけるパフォーマンス・アートや手の込んだ祭典で（イギリス人は一九世紀後半以降、王室の絡むこの種の儀式を創造するのが特に巧みになった）、そして屋外では行進や集団演舞だった。軍人と民間人から構成される指導者たちの権力の劇場は、屋外の広場を好んだ。労働者のデモ、ステージ・スペクタクル、そして一九一四年以前の初期イタリア映画が先駆けとなった新しい映画大作などの集団演舞に対する貢献は、もっと適切に調査されるべきであろう。

芸術が権力に提供できる第三のサービスは、教育やプロパガンダ的なものである。芸術は国家の価値体系を教え、情報を提供し、心に植え付けることができる。政治に大衆が参加する時代以前は、このような役割はおもに教会や他の宗教団体が担ったが、一九世紀には次第に世俗政府が、もっとも明瞭には公共初等教育を通じて実施するようになった。独裁者は、この分野では、反対意見の表明を禁止し国家の正統性を強制する以外、新機軸を打ち出さなかった。

しかし、政治的芸術のある伝統的な一形態、すなわち公共空間のモニュメントについては、それらが急激に消滅しつつあったという理由だけからでもコメントが必要である。フランス革命以前、モニュメントの対象は王公や寓話の主人公に限られていた。しかし一九世紀になると、偉大な人びとを通じた国家史屋外博物館の様相を呈するようになった（王族や象徴的なものを除き、女性の彫像はなかった）。教育的価値は明らかだった。一九世紀フランスの芸術が公共教育省の管轄下に置かれただけのことはある。かくて、一九一七年の革命後、読み書きのできない大多数の人民を教育するために、それにふさわしい人物、たとえば、ダントン〔フランス革命で活躍した政治家〕、ガリバルディ、マルクス、エンゲルス、ゲルツェン〔帝政ロシアの哲学者、作家、編集者。「社会主義の父」の一人と考えられている〕、一群の詩人などのモニュメントを制作して都市の目立つ場所、特に兵士の目につくような所に配置するよう、レーニンは提案した。

「彫像マニア」とでも言える風潮は、一八七〇年から一九一四年にかけてピークに達した。パリではそのあいだに一五〇体もの彫像が建てられ、一八一五年から一八七〇年にかけての二六体から急増している。その二六体は大部分が軍人のもので、一八七〇年以降ほとんどが撤去された（さらに一九四〇～一九四四年のドイツ占領時代には、文化、進歩、共和制アイデンティティの栄光の象徴である七五体がヴィシー政権によって撤去された）。しかし第一次世界大戦後、いまでは世界中で見られる戦争記念碑を除くと、銅像や大理石像は明らかに流行遅れとなった。二〇世紀には、象徴主義やアレゴリーの手の込んだ視覚的言語は、古典的な神話と同様、ほとんどの人にとって理解不可能なものとなった。フランスではパリ市議会は一九三七年に「才能ある芸術家や趣味のよい行政官が計画を提案しようにも記念像が大きな障害となっている」と危惧した。ただソヴィエト連邦だけが、レーニンの例に倣って、労働者、農民、軍人、武器に囲まれた巨大で象徴的なモニュメントなどの公共記念碑を無条件で大切に置き続けた。

権力は明らかに芸術を必要としていた。だがどのような芸術が必要だったのか。大きな問題が第一次世界大戦前の最後の数年の芸術における「モダニスト」革命から生じた。モダニストが作る作品のスタイルやデザインは、ほとんどの人がそうであるように、趣味が一九世紀に根ざしていた人びとには受け入れがたいものだった。したがってそれは保守的な政府、さらには従来型の自由主義政府にすら受け入れられなかった。過去と決別し、未来を歓迎することに徹する体制ならばアヴァンギャルドにも違和感はないだろうと思われるかもしれない。しかし、そこには二つの困難な問題があり、その後克服できないことがわかったのである。

第一に、芸術のアヴァンギャルドは、必ずしも右派や左派の政治的急進主義者と同じ方向に向かっていなかった。ソヴィエト革命や戦争に対する全般的な嫌悪感から、多くの人が急進左派に惹きつけられたかもしれないが、文学ではもっとも才能ある作家の何人かは極右としか説明できない。ドイツのナチたちが、ワイマール共和国のモダニズムを「文化的ボルシェビズム」だと言ったのは、あながち間違いではない。国家社会主義はしたがってアヴァンギャルドに直感的に敵対した。ロシアでは、一九一七年の革命以前のアヴァンギャルド芸術家たちは大部分が非政治的か十月革命に対して懐疑的だった。十月革命は一九〇五年の革命ほどロシア知識人にアピールしなかったのだ。しかし、芸術に理解のあったアナトリー・ルナチャルスキー人民委員がアヴァンギャルドの庇護者となり（芸術家が積極的に革命に敵対しなければだが）、ロシア・アヴァンギャルドは数年間、芸術界を席巻した。ただし政治にそれほど興味のないスターの何人かは次第に西側に流れていった。一九二〇年代のソヴィエト・ロシアはひどく貧しかったが、文化的には盛り上がりを見せた。これもスターリンの時代になると、劇的に変化した。

モダニズムに比較的違和感をもたなかった唯一の独裁政権は、（愛人の一人が現代芸術のパトロンを自認していた）ムッソリーニの政権だった。各地方のアヴァンギャルド（たとえば未来派）の重要なグループは実際のところファシズムを支持していた。一方、すでに強く左派にコミットしていたのではない大部分のイタリアの知識人は、少なくともスペイン内戦が起き、ムッソリーニがヒトラーの人種差別主義を受け入れるまでは、ファシズムを受け入れがたいものとは考えていなかった。たしかにイタリアのアヴァンギャルドは、当時イタリア芸術のほとんどと同様に、いくらか田舎くさい平和な場所を形成していたのである。たとえそうだったとしても、アヴァンギャルドが支配的だったとはほとんど言えない。イタリア建築の素晴らしさは、後に世界に発見されたのだが、当時評価される機会はほとんどなかった。ヒトラーのドイツやスターリンのソヴィエト連邦と同じく、ファシストの公的建築物の傾向は、冒険ではなく大げさな表現であった。

第二の問題は、各国政府がポピュリストであったにもかかわらず、モダニズムが少数派にしかアピールしなかったことである。観念上も実際上も政府にとっては、大衆受けする芸術、あるいは少なくとも大衆が容易に理解できる芸術の方が良かった。このことは、革新や実験を旨とし、公のサロンや美術院で陳列される芸術を崇拝する者たちをしばしば挑発するような創造的才能を有する人びとにとっては、優先順位はほとんど高くない。権力と芸術がもっとも相容れなかったのは絵画だ。体制が奨励したのは旧式で因襲的で、あるいはとにかく写実的な様式の絵画だったからである。できればサイズは大きく、英雄的で感傷的な定型表現に満ちていて、ドイツでは、男のエロチックな夢想という要素までも少々加えたものが良かった。大らかだったイタリアにおいてさえも、一九三九年のクレモナ賞（応募者七九人）のような公的な賞は、ほとんどどこの独裁国家でも公的絵画のモンタージュ写真と成りそうな定型的な作品が受けた。このことは、主題が「ラジオでムッソリーニ総統の演説を聞く」だったので、ひょっとしたら驚くべきことではないかも知れない。

建築は、絵画と同様な権力と芸術の衝突は生み出さなかった。というのも、それ自体による以外どのような現実をどう表現するかという問題は生じなかったからである。それにもかかわらず、ある重要な点で、権力とモダニストの建築（アドルフ・ロースは「装飾は罪悪である」と言わなかっただろうか）は依然として、ポピュリストの体制と大衆市場向けの商品生産者の双方にとって、芸術的な備品倉庫の一部であった。ロンドンとモスクワの地下鉄を考えてみよう。モスクワのメトロはスターリン時代のソヴィエト連邦で手がけられたおそらく最大の芸術的企画だった。一方ロンドンのチューブ〔地下鉄〕は、見識ある経営者の支援と決定のおかげで、一般人の趣味のはるか先を行く、戦間期イギリスにおける飾りのない、シンプルで、明快で、機能的なモダニズムの最大のショーケースとなった。モスクワのメトロの駅は、当初は生き残っていた構成主義者[†1]が時としてデザインを手がけたことも依然としてあったが、次第に大理石や孔雀石、壮大な装飾で満たされた地下宮殿のようになった。メトロの駅は、西側の都市で一九二〇年代から三〇年代にかけて同じ目的のために建てられた、巨大なアール・デコやネオ・バロックの大映画館に対抗する、はるかに野心的な建造物であった。同じ目的とはすなわち、個人的な贅沢には縁のない男女に、それが彼らのものであると集団として一瞬経験させるということである。

大衆の洗練度が低いほど、装飾のアピール度は高いとさえ議論できるかもしれない。装飾主義がピークに達したのは、戦後のスターリン主義時代の建築だ。そこでは初期のソヴィエト・モダニズムの名残がついに消え去り、一種の一九世紀的趣味の残響のようなものを生み出した。

独裁者の芸術をどう評価したらよいだろうか。スターリン支配期のソヴィエト連邦、そしてドイツの第三帝国時代には、一九三〇年以前のソヴィエト期やワイマール共和国（一九一九～三三年）と比べると、これら二国の文化的成果はいちじるしい下降線を描いた。イタリアでは、対照はそれほど大きくない。というのも、ファシスト以前のイタリアは、独創的な創造力が発揮された時期ではなく、一九二〇年代のドイツやロシアとは異なり、国際的なスタイルを打ち出す主要国ではなかったからである。たしかにナチス・ドイツ、スターリンのロシアやフランコのスペインと異なり、ファシストのイタリアは、創造的な才能ある人びとを集団で追放したり、自国で沈黙させたり、あるいはスターリンの最悪の時代のように殺害したりはしなかった。それにもかかわらず、一九四五年以降のイタリアの文化的業績や国際的影響力と比較すると、ファシスト時代にはパッとした印象はない。

したがって、独裁者の時代に、権力が破壊または抑圧したものの方が達成したものよりも目に付く。これらの体制は、目指すものを表現する良い芸術を見出すよりも、望ましくない作品を創作する望ましくない芸術家の活動を止めさせる方を得意とした。そのような体制は、自らの権力や栄光を称賛するために初めて建物やモニュメントを作ったわけでもなく、それらの目的を達成するための伝統的方法に多くを付け加えたわけでもなかった。それにもかかわらず、独裁者の時代は、たとえば二人のナポレオンのパリ、一八世紀のサンクトペテルブルク、あるいは一九世紀中葉ブルジョア自由主義の偉大な勝利の歌であるウィーンのリング・シュトラーセに匹敵する公共建築、空間、眺望を創り出したようには思われない。

国の形を変えようという独裁者の意図や能力を芸術が示すのは、さらに困難だった。ヨーロッパ文明の古さのため、国の形を変えるもっとも明らかな方法は採用できなかった。その方法とは、一九世紀のワシントンや、二〇世紀のブラジリアのようにまったく新しい首都を建設することである（これを成す機会を有した唯一の独裁者は、アンカラを建設したケマル・アタテュルクだった）。技術者は、建築家や彫刻家よりもうまく変革の象徴となった。ソヴィエトが計画した世界変革の真のシンボルは、多くの写真が撮られた巨大なドニエプル・ダムだった。ソヴィエト時代の一番長持ちしている石の記念物は（明確にスターリン時代以前に作られ、いまでも赤の広場に残るレーニン廟は別として）ほぼまちがいなくモスクワのメトロである。芸術に関して言えば、この大志を表現するためにもっとも印象深い貢献をしたのは、一九二〇年代（スターリン時代以前）のソヴィエト映画、すなわちエイゼンシュテイン〔『戦艦ポチョムキン』など〕やプドフキン〔映画監督、俳優〕の映画、あるいはもっと顧みられるべきV・トゥーリンの鉄道建設を扱った大作『トゥルクシブ』〔トルキスタン・シベリア鉄道の建設を扱ったドキュメンタリー〕だった。

しかし、独裁者たちは、芸術に彼らが理想とする「人民」を表現してほしい、それもできれば体制に献身する、あるいは体制への熱意を表す瞬間を表現してほしいとも考えていた。これによって、ものすごい量の恐ろしくひどい絵画、国家の指導者の顔や衣服によってしか区別できないような絵画が生み出された。文学では、成果はそれほど悲惨ではなかったが、再検討されるべき作品はほとんどない。しかし、写真、そして何よりも映画は、この点で権力の目的に手を貸し、かなり成功した。

最後に、独裁者たちは自分たちの利益のために国の過去を動員しようとし、必要であればそれを神話化したり創造したりした。イタリアのファシズムは古代ローマを、ヒトラーのドイツはチュートンの森の完全に純粋な蛮族と中世騎士道との組み合わせを、フランコのスペインは不信心者を追放したりルターに抵抗したりして勝利をおさめたカトリック指導者の時代を、参照したのである。ソヴィエト連邦にとっては、結局革命が滅ぼすことになった帝政ロシア皇帝の遺産を利用するのは具合が悪かったが、最終的にスターリンも、特にドイツに対抗するためには、これを動員するのが便利だと考えた。しかし、想像上の何世紀にもわたる歴史的連続というアピールは、決して右派の独裁者が考えたほど自然なものとはならなかった。

では、これらの国では権力の芸術はどの程度生き延びただろうか。ドイツでは驚くほど少なく、イタリアではそれより多い。ひょっとしたらほとんどが残っているのはロシア〔戦後のサンクトペテルブルクの壮麗な復興を含めて〕だろう。すべての国から失われたのはただ一つ、すなわち芸術と人民を公共の劇場として動員した権力である。これは一九三〇年から一九四五年にかけて、権力が芸術におよぼしたもっとも深刻な影響であったのだが、公開の儀式を定期的に繰り返すことによって芸術の存続を保証した体制とともに消滅した。ニュルンベルグでのナチス党大会、赤の広場におけるメーデーや革命記念日のイベントこそが、権力が芸術に期待したものの核心にあった。これらの権力とともにこれらのイベントも永遠に消え去った。自らを興行政治として実現したこれらの国家は、自分たちやショーがもはや時代にそぐわないことを示した。劇場国家が生きるためには、ショーも続けられねばならないが、最終的には続かなかった。幕は下り、二度と上がることはないのだ。

＊本章の初出は、『芸術と権力——独裁支配下のヨーロッパ、一九三〇～四五年』(Dawn Ades, David Elliott, Tim Benton and Iain Boyd Whyte (eds), *Art and Power: Europe under the Dictators 1930-45*, Thames and Hudson, 1995)(一九九五年に、ロンドンにある美術館ヘイワード・ギャラリーで行われた展示のカタログ)「序言」である。

訳註

†1　ロシア構成主義は、一九一〇年代後半に始まった芸術運動。抽象性、革新性、象徴性を特徴とした。

第20章　アヴァンギャルドの失敗

The Avant-Garde Fails

前世期を支配していた芸術におけるアヴァンギャルドのさまざまな運動の基盤となっていた想定は、芸術と社会の関係は根本的に変化しており、世界を見るこれまでの方法は不十分であるから新たな方法が発見されなければならない、ということであった。この想定は正しかった。さらに、われわれが世界を見て心の中で理解する仕方は、たしかに革命的に変化した。しかし、これが私の議論の核となるところなのであるが、ヴィジュアル・アートにおいてはこの変革は達成されておらず、そもそもアヴァンギャルドのプロジェクトによってはこれは達成されようがなかった。

あまねく芸術の中で、なぜヴィジュアル・アートだけが特に不利な条件を負っているのか、のちほど考察することにする。とにかく、ヴィジュアル・アートは明らかに失敗したのである。たしかに、半世紀――一九〇五年から一九六〇年代中盤までとしよう――にわたる芸術を画期的に再考しようという実験の後、アヴァンギャルドのプロジェクトは放棄された。そしてアヴァンギャルドはマーケティングの副部門となってしまい、あるいは私が書いた短い二〇世紀史『極端な時代』から引用させてもらえば「差し迫った死の匂い」をはなつことになった。私はその本の中でこれがただアヴァンギャルドの死を意味するのか、または、ルネサンス期からヴィジュアル・アートとして普通考えられ実践されてきたものの死を意味するのかということも考察した。しかし、ここではそうしたより大きな問題は保留しておこう。

誤解を避けるために最初に一つのことを言っておきたい。このエッセイは二〇世紀のアヴァンギャルドを、それが何を意味していたにしろ審美的に批評しようとするとか、技巧や才能を査定しようとかするものではない。私自身の芸術に関する趣味や好みについてでもない。かつてバウハウスのモホイ゠ナジ〔構成主義の写真家、アーティスト〕が「額縁と台座に閉じ込められている」[1]と表現したような、われわれの世紀におけるヴィジュアル・アートの歴史的な失敗についてである。

これは二重の失敗であった。まず、一九世紀中盤あたりから使われ始め、プルードンがクールベについて言ったように、コンテンポラリー・アートは「時代の表現」でなければいけないということをその綱領として掲げる語、「モダニティ」の失敗であった。あるいは、アヴァンギャルドの革新はそのモダニティと同様に、他人が特に望んでいなくても自分がしたいことをするアーティストの自由であるから、ウィーン分離派〔ウィーンで画家クリムトが中心となり結成された新しいアーティスト団体〕の言葉に置き換えれば「どの時代もその芸術を必要とし、芸術はそれ自身の自由を必要とする」[2]のであった。モダニティへの要求が芸術にも同様に影響を与えた。それぞれの時代の芸術はそれ以前の時代のものとは違っていなければならない。それは継続的な進歩を想定する時代にあっては、科学やテクノロジーとの誤ったアナロジーに則って、時代を表現する新たな方法は先行するものより優れているものだと、示唆しているようだった。しかし明らかにそうでないことの方が多いのだ。もちろん、「時代を表現する」ということが何を意味するのか、またはどのように表現するのかということに関する何のコンセンサスもなかった。アーティストたちが、二〇世紀は本質的に「機械の時代だ」とか、あるいは――私は一九一五年ニューヨークにおけるピカビア〔フランスのダダ、シュールレアリスム画家〕を引用しているのであるが――「機械を通じて、芸術はもっとも生き生きとした表現を発見しなければならない[3]」とか、「新たな芸術運動は大都市の速度、産業のメタリックな特質を吸収した社会にのみ存在できる」（マレーヴィチ[4]）ということに同意していた場合でさえ、こうした答えのほとんどは取るに足らないものであるか、たんなる修辞にすぎない。それはオルテガ・イ・ガセット〔スペインの哲学者〕が不満を述べたように、キュビストにとっては生身の肉体の柔らかい線よりも幾何学的な配列を好むということ以上の何かを意味するのであろうか。または産業社会の産物をイーゼル絵画の上に張り付けるということなのか。それはダダイストにとって、工業部品からなる『電気機械的タトリン型』〔ゲオルゲ・グロッスとジョン・ハートフィールドによる作品、一九二〇年〕とよばれるジョン・ハートフィールド〔ドイツのダダイスト、写真家〕の風刺的作品以上の意味を持つのだろうか。ダダイストはロシア構成主義者の新たな「機械芸術」のニュースに刺激を受けてこの作品を公開したのであった[5]。あるいはそれはレジェ〔キュビスムで知られるフランスの画家〕が見事にやってのけたように、機械に触発されて絵を描くだけのことなのであろうか。未来派は賢くも本物の機械は除外してリズムとスピードの印象を創造することに集中した。それは機械のリズムを詩の韻律と押韻の見地から語ったジャン・コクトーとは正反対であった。[6] 要約すると、絵画や非功利主義的構築物において機械時代のモダニティを表現する数々の方法に共通するものは、「機械」という言葉と、かならずというわけではないがたいてい波形の線よりも直線を好むといった点以外は、まったくない。新しい表現の形には説得力のある理論など何もなかった。そのため、さまざまな流派やスタイルが共存し、どれも持続せず、同じアーティストがシャツを着替えるかのごとくスタイルを変えることができたのだ。「モダニティ」は変化する時代にあったのであり、それを表現しようとした芸術にあったのではない。

第二の失敗は、他のどの分野よりヴィジュアル・アートにおいてもっとも甚だしいものだった。ルネサンス期より絵画の主たる媒体であったイーゼル画が「時代を表現する」、またはその伝統的な機能の多くを遂行する新たな方法と競合する上で、ますます技術的に明らかに不都合になってきたということである。今世紀におけるヴィジュアルなアヴァンギャルドの歴史は技術的退化との戦いであった。

もう一つの点でも絵画と彫刻は不利な立場に置かれたと言えるのではないであろうか。それらは、二〇世紀の文化的経験の典型にますますなってきている多様で集合的な動きに満ちた表現、すなわちグランド・オペラから、その対極に位置する映画、ビデオ、ロックコンサートに至る視覚表現のなかでもっとも重要でなく目立たない構成要素となってしまったといえる。このことに誰よりも気づいていたのはアール・ヌーヴォー以来、また未来派以来熱烈な確信をもって色彩、サウンド、形、言葉のあいだの壁を破ること、つまり芸術の統一を信奉していたアヴァンギャルドのアーティストたちだった。リヒャルト・ワーグナーの「総合芸術」のように、音楽、言葉、ジェスチャー、照明が動きを担い、静的な表象は背景となる。映画は最初から、ほとんど効果を上げはしないものの、書物に依存し、フォークナーやヘミングウェイといった文学的名声をすでに確立した外来の作家たちを取り入れた。一方、二〇世紀絵画の映画への影響は（特定のアヴァンギャルド映画へのものを別にすれば）、ワイマール映画のある種の表現主義、ハリウッドの美術監督に影響を与えたエドワード・ホッパーのアメリカの家の絵といったものに限られている。最近のオックスフォード版『世界の映画の歴史』には、「音楽」という見出しはあるが、アニメ以外に絵画に関するものが見当たらないということは偶然ではないのである（一方、その「アニメ」は「アメリカにおける芸術のエピックヒストリー」であるロバート・ヒューズの『アメリカン・ヴィジョン』には登場していない）。文学作家やクラシック音楽作曲家と違って、芸術史の主流に知られた画家でアカデミー賞候補となったものはいない。画家、特にディアギレフの時代からはアヴァンギャルドの画家が従属的な役割でなく対等なパートナーとして職務を果たした唯一の集合芸術形態は、バレエだった。

　しかし、このように潜在的に不利な立場にあることのほかに、ヴィジュアル・アートにとって特に弊害となったことは何だったのであろうか。

　二〇世紀の非功利主義的ヴィジュアル・アート——私は絵画と彫刻のことをいっているのだが——の研究は、この芸術形態が少数派の関心をひくものでしかないということから出発しなくてはならない。一九九四年においてはこの国（イギリス）の二一パーセントの人びとが少なくともこの三ヶ月のあいだにに一度は美術館やアートギャラリーを訪れ、六〇パーセントは少なくとも週一回は読書し、五八パーセントは少なくとも週一回はレコードかテープを聴き、テレビ視聴者のほぼすべてに当たる九六パーセントは映画や同様なものを定期的に見ていたと推定される。[7] それらの実践に関して言えば、一九七四年にはフランス人の一五・四パーセントが楽器をたしなむと答えたのに比べて、わずか四・四パーセントしか趣味として絵を描いたり彫刻したりすると答えた人はいなかった。[8] 絵画の抱える問題と彫刻のそれとは、もちろんかなり違っている。絵画の需要は本来、個人消費のためのものだ。壁画のような公的な絵画は今世紀においては、メキシコで顕著なようにほんのときたま目立つだけである。このことが、ヴィジュアル・アート作品がたとえばレコードジャケットや定期刊行物または本のカバーといった、より広範な消費者層を持つものに結びついていない限り、その市場を限定されたものにしたのであった。それでもなお、人口が増え、人びとがより富裕になるにつれて、この市場が縮む論理的な理由はなにもなかった。これに対して、造形美術への需要は公的なものであった。造形美術の問題は、今世紀においてその主たる生産物の市場が崩壊したということである。すなわち公共モニュメントや装飾された建築物または空間をモダニスト建築は拒否したのである。アドルフ・ロースの「装飾は罪悪である」という言葉を思い返せばよい。パリに一〇年間ごとに平均およそ三五体の新たなモニュメントが建てられていた一九一四年以前の絶頂期以降、実際に彫像のホロコーストともいえる事態が生じた。戦争中にはパリから七五の彫像が消え、都市の外観を変えた。[9] 一九一八年後の戦争記念碑への膨大な需要も、彫刻好きな独裁政権の一時的な勃興も、長期的衰退に歯止めをかけてはこなかった。したがって造形美術の危機は絵画のものとはいくぶん違っている。それについて私はこれ以上言及するのを残念ながら差し控える。他のヴィジュアル・アートを悩ませた問題からは大部分影響を受けなかった建築に関しても、ついでがある場合を除いて言及しないでおく。

しかし、われわれはもう一つの考察を始めなければならない。どんな創造的な芸術の形式にも増して、ヴィジュアル・アートは技術的な陳腐化の影響を被るものだ。ヴィジュアル・アートは、とりわけ絵画においては、ヴァルター・ベンヤミンが「複製技術の時代」と呼んだものとは折り合いがつけられないでいる。アヴァンギャルドという言葉そのものは芸術に関する当時の言説には登場していなかったとはいえ、絵画におけるアヴァンギャルドの意識的な運動が見られる一九世紀の半ばより、カメラという技術との競合、そしてその競合を勝ち抜けないということがわかっていたのだ。とある保守的な写真の批評家はすでに一八五〇年には、写真が「版画、リトグラフィー、風俗画、肖像画といった芸術のあらゆる分野」を危機にさらすであろうと指摘していた。[10] その約六〇年後に、イタリアの未来派ボッチョーニは、コンテンポラリー・アートは抽象的な言葉で、あるいはむしろ対象物の霊化によって表現されなければならない、なぜなら「伝統的な表象はいまや機械という手段に乗っ取られてしまっているのだから」と論じている。[11] ダダは、カメラとは決して競争しようとせず、印象派のように人間の目というもっとも頼りにならないレンズを信頼して魂を持ったカメラとなるように努めようともしなかった。[12] 少なくともヴィーラント・ヘルツフェルデ〔ダダのアーティスト、ジョン・ハートフィールドの弟〕はダダについてそう宣言したのである。一九五〇年にジャクソン・ポロック〔アクション・ペインティングで知られるアメリカの抽象画家〕は、ものの描写はいまやカメラによってなされるのでアートは感情を表現しなければならない、と言った。[13] 同様の例は現在に至るまでどの時期からでも引用できる。一九九八年に（パリの）ポンピドー・センターの館長が述べたように、「二〇世紀は絵画でなく、写真に属している」のである。[14]

このような発言は、芸術――少なくともルネサンス以来の西洋の伝統における芸術――の文献にざっとでも目を通したことのある者にはなじみがある。それと言うのも、この種の発言は、模倣などの表現形態に関わりがなかったり模倣が目的ではなかったりする芸術には明らかに当てはまらないからだ。こうした発言には明らかな真実がある。しかし、私の考えでは、われわれの世紀において伝統芸術が技術に対して挑んだ戦いに敗れたもう一つの有力な理由がある。それはヴィジュアル・アートがかかわった生産手段であり、作者がそれから逃れられないものである。つまり、オリジナルな作品は手作業で生み出され、しかもまったく同じ手法をたどらない限りまったく同じものを複製することは不可能だった。たしかに、理想的な芸術作品は完璧に複製不可能だと考えられている。なぜならその独自性は署名と由来によって本物であることを証明されているのであるから。もちろん、技術によって複製されるためにデザインされた作品の中には、大きな経済的可能性を含む大きな可能性があったが、しかし一度限りの、そして唯一の作者に帰す唯一無二の作品は、ハイクラスのヴィジュアル・アートおよびハイクラスの「アーティスト」という地位の基盤であり続けた。このようなハイクラスの「アーティスト」は、職人や「下請け」とははっきり異なるものだった。そしてアヴァンギャルド画家もまた、自らのアーティストとしての特別な身分を強調した。今日に至るまで、画家の評価は彼らの描く絵を取り囲む額縁のサイズに比例しがちである。このような生産形式は典型的に、パトロネージ社会や顕示的出費で競争する小さいグループから成る社会に属するものであり、そしてこれらが依然として、莫大な富を生み出すアート取引の基盤となっている。しかし、一人あるいはごく少数の個人の需要によって成り立つ経済ではなく、何千、いや何百万の需要によって成り立つ今世紀の大衆経済にとっては、こうした生産形態はまったくふさわしくない。

他の芸術はそれほどこの問題によって激しく苦しめられてはいない。建築は、われわれも知っているように、パトロネージに依拠する芸術であり続けている。それが、近代技術の使用の有無にかかわらず、特大サイズの無二の驚異的建築物を嬉々として生産し続けている理由だ。建築は明らかに、絵画の心配の種である偽造の影響も受けることはない。舞台芸術は、技術的には非常に時代遅れであるとはいえ、その性格上、数の大きな大衆の前での繰り返される上演、いわば再生産性に依拠している。同様のことが音を再生する近代技術が口から耳への直接のコミュニケーション範囲を超える利用を可能にした以前についてさえも言えるのだ。音楽作品の標準的なものはシンボル符号で表現されており、その本来的な機能は繰り返しの演奏を可能にする。もちろんこのような芸術においては、正確な機械的再生産が可能になった二〇世紀より前の時代には、「不変」な繰り返しは可能でもなければ高く評価もされなかった。最後に、文学は何世紀も前に再現性の時代の芸術の問題を解決していた。印刷が書家やその下位の階層の筆耕者を解放したのだ。一六世紀におけるポケットサイズの装丁本というすばらしい発明が、例外なく持ち運びできて増刷できる形式をあたえ、本にとって代わるだろうと思われていた近代技術の数々――映画、ラジオ、テレビ、オーディオ・ブック、そして特別な目的の場合を除いてCD－ROMやコンピュータスクリーンなど――の挑戦をこれまで撃退してきた。

したがって、ヴィジュアル・アートの危機は、これまで他の芸術によって経験された二〇世紀の危機とは違ったものだ。文学は決して言語の伝統的な使用を放棄しないし、また、詩においては韻律の制約さえ放棄しない。『フィネガンズ・ウェイク』[†1]のようにこれらを破ろうとした短い孤立した実験は、周縁的な存在にとどまるか、ダダイストのラウル・ハウスマンの「音声的ポスター詩」[†2]のようにまったく文学として扱われていない。文学においては、モダニストの革命は技術的連続性と両立していた。音楽においては、アヴァンギャルドの作曲家は一九世紀の表現形式から劇的に離脱したが、しかし音楽好きな大衆の大部分は一九世紀のワーグナー以後の同化された改革者たちに補われながらクラシック音楽に忠実なまま留まった。クラシック音楽は、人気の高い演奏レパートリーを実質上独占してきたし、いまだにそうである。つまり、定番のレパートリーはほとんどすべて墓場から来ているのである。ヴィジュアル・アート、とりわけ絵画においてのみ、かつての模倣という慣習的な形式に則った一九世紀のサロン芸術が事実上姿を消した。これは、大戦間期のアート市場における価格のほとんど垂直的と言っていい下落を見ても明らかだった。アート取引業者のあらゆる努力にもかかわらず、今日に至ってもそれは回復していない。アヴァンギャルド絵画にとってよかったことは、それが都市における唯一の生きた遊びだったことである。悪かったことは、大衆がそれを好まなかったということである。抽象画は、なかなかまともな価格で売れなかったが、ヒトラーとスターリンが抽象画に対して敵意を持っていたということが幸いして、冷戦時代に入ると値を上げるようになった。それゆえに、抽象画は全体主義に対抗する自由主義世界の公的な芸術のようになった。ブルジョワ的因習の敵としては奇妙な運命だ。

伝統的なヴィジュアル・アートの本質、いわゆる表象するということが放棄されない限り、これはさしたる問題ではなかった。実のところ、一九世紀の終わりまで、音楽とヴィジュアル・アートのアヴァンギャルドたち、すなわち印象派、象徴主義、後期印象派、アール・ヌーヴォーなどは古い言語を放棄するというよりはむしろ拡大し、アーティストによって扱われうる主題の範囲を広げていた。逆説的なことに、ここでは写真との競争が刺激的だと証明された。画家たちはいまだ色彩に独占的な権利を持っており、印象派からフォービズム（野獣派）まで、けばけばしいとは言わないまでも、ますますヴィヴィッドな色彩になっていったのは偶然ではありえない。それらはもっとも一般的な意味での「表現主義」の独占も続けていたように思われる。そしてファン・ゴッホやムンクに見るように、自然主義の縛りが一度緩められると、なおいそう力強い感情で現実を満たす能力を活用した。実際、後に映画技術がこれに競合する力を示していくことになる。

ここでも再び、アーティストたちは技術に対抗する科学に訴えることで、知覚されるリアリティに機械をしのいで近づくように努めるかあるいは近づけると、少なくとも主張することができる。少なくとも、それがセザンヌ、スーラ、ピサロのようなアーティストが主張し、またゾラやアポリネールのようなプロパガンディストがこれらアーティストのために言ったことである。[15]この過程の欠点は、目が見るもの、つまり対象に当たる常に変化し続ける光やまたは平面と形の関係や地質構造を物理的に知覚することから、空や木々、人びとがどのように見えると想定されているかという慣例に乗っ取ったコードへと絵画を引き離してしまったことだ。それでもキュビスムまでは、その距離はそれほど大きくなかった。一九世紀後期のアヴァンギャルド――後期印象主義までを含む――は、芸術として許容されてきた集合体の一部となった。事実、この芸術という言葉が絵画にあてはめられる限りにおいては、アヴァンギャルドのアーティストたちは純粋に大衆の人気を手に入れた。ブルデューが一九七〇年代に行ったフランス人の趣味に関する質問では、ルノワールとファン・ゴッホが、研究者と「アート・プロデューサー」（そこではゴヤとブリューゲルがルノワールを四位へと落とし込んでいた）[16]を除けばすべての社会職業階層で群を抜いて人気が高かった。一般大衆とアーティストとの真の乖離は新世紀とともにやってきた。たとえば、ブルデューのサンプルによれば、ファン・ゴッホはもっともハイブロウな集団の中でさえ、ジョルジュ・ブラックの四倍もの人気を維持していた。この集団の四三パーセントが好きだと主張するくらい抽象画の社会的名声が高かったにもかかわらずだ。オランダ人のファン・ゴッホを選んだ人と、著名な生粋のフランス人キュビストであるブラックを選んだ人の割合は、いわゆる「大衆階層」では一〇対一、中産階級では七対一だった。上流階級においてさえもヴァン・ゴッホは五対一で難なくブラックを破っていた。

一九〇五年から一九一五年のあいだに、アヴァンギャルドがなぜ意図的に過去とのこの連続性を断ち切ったかという問いに対して私は満足に答えられない。しかし、一度そうなってしまったら、それは必然的にたどり着く先はない。一度、伝統的な表象言語を放棄してしまったら、または因習的な様式から遠く隔たりそれを理解不能のものにしてしまったら、絵画には何ができるのであろうか。それは何を伝えられるのであろうか。新しい芸術はどこに行こうとしていたのか。野獣派フォービズムからポップ・アートまでの半世紀はこの質問に答えるための新たなスタイルやそれに関連した、しばしば不可解なマニフェストの終わりない絶望的な一連の試みで満たされている。よく抱かれている信念に反して、それらにはアーティストであることが重要であるという確信の他は何も共通なものはない。

それは、いったん表象がカメラに任せられてしまうと、アーティストがそれを個人的な創造物であると主張する限りすべてがアートとして認められるという確信でもある。短い期間を例外とすれば、表現から抽象、または内容から形式、色彩へ、といった一般的なトレンドを定義するのすら不可能である。ハイエ・ザッハリヒカイト〔新即物主義〕とシュルレアリスムはキュビスムの以前ではなく、以降に到来した。ある鋭敏な批評家は、特に優れた抽象主義表現者であるジャクソン・ポロックについて、「もし彼が七〇歳まで生きたとしたら……中年時代初期に一度抽象的な段階があった、基本的には写像主義のアーティストとして見られるであろう」、と語った。[17]

こういった不確実性はアヴァンギャルドの歴史にある種の自暴自棄の雰囲気を与えている。アヴァンギャルドたちは常に過去――ほんの昨日という過去でさえも――の芸術に、または古い定義におけるいかなる芸術にさえも未来はないという確信と、「アーティスト」と「天才」としての古い社会的役割において彼らがなしていることは重要であり彼らは過去の偉大な伝統に根差しているのだ、という確信の間で引き裂かれている。マリネッティは喜ばないであろうが、キュビストはごく自然に「プーサン、アングル、そしてコローの伝統主義を敬愛している」のだ。[18]もっと馬鹿げたことには、故イヴ・クラインは、ペンキ屋のように自分のすべてのキャンバスや他の対象をすべて一様に青に塗った。これは、アーティスト活動の帰謬法ともみられるかもしれないが、彼は〔フィレンツェ派の〕ジョットとチマブーエを引合いに出し、彼らが狙いとしたのも「単彩画」であったということでこれを正当化した。[19]また、最近の「センセーション」展[†3]のカタログは、ジェイク・アンド・ディノス・チャップマン〔ロンドン出身のアーティスト、過激な題材を扱う〕のようなアーティストのためにジェリコー、マネ、ゴヤ、ボッシュの地位を利用していた。

それにもかかわらず、新しい自由〔な創作手段〕はヴィジュアル・アートでできることの範囲をおおいに広げた。それは、特に前例のない世紀は前例のない方法で表現されなければならないと信じていた人びとにとっては、刺激的であり開放的でもあった。一九九六年から一九九七年の偉大なるベルリン・モスクワ展のような、芸術における英雄的な時代の記録から放出される真の興奮と活気を共有せずにいるのは、ほとんど不可能というものである。とはいえ、こうしたことも次の二つのことは隠すことができない。第一に、古い時代の絵画と比べれば、貧弱になった新たな絵画言語で伝達できるものはずっと少ないということである。このことがコミュニケーション可能な形で「時代を表現する」ということをよりいっそう困難にし、不可能にさえした。ブルームズベリー・グループの有名な言葉であるが、「意味のある形態」の訓練、または主観的な感情表現を越えるものは何であれ、かつてないほどに小見出しやコメンテータを必要とした。言ってみれば、いまだ慣習的な意味を持つ言葉を必要としたのだ。W・B・イェーツは詩人として彼の風変わりでどこか難解な考えを表現するのに何の困難もなかった。しかし、モンドリアン〔オランダ出身のモダニスト画家〕やカンディンスキーの中に、彼らアーティストたちが非常に強く心に抱き、また常軌を逸した世界観を表現したがっていることを発見するのは、言葉なしでは不可能だ。第二に、新世紀はそれ自身の新たなメディアでより効果的に表現され得る。端的に言えば、アヴァンギャルドが試みたことが何であったにせよ、それは不可能であるか、または他のメディアに依拠しなければうまくいかないものであったのだ。このために、アヴァンギャルドの革命的主張のほとんどはレトリックかメタファーにすぎなかったと言える。

一度ならず「二〇世紀でもっとも革命的で影響力がある」[20]と評されたアヴァンギャルドであるキュビスムを考えてみよう。他の画家たちに関係する限りにおいて、少なくとも一九〇七年から第一次世界大戦までの期間はこの評価は正しかったかもしれない。しかし私が思うに、芸術全体としては後のシュルレアリスムのほうがより影響力を持つことになったといえるだろう。それはおそらくシュルレアリスムの主たるインスピレーションが視覚的なものではなかったからである。しかしとはいえ、プロの画家のものだけでなくわれわれの世界観を変革したのはキュビスムだったのではないだろうか。キュビスムは、たとえば通常は静物や人の顔であるものにいわば多角的な視点を与えることで対象のさまざまな側面を同時に表現すると主張した（実際にわれわれがキュビスムの分析段階の絵画を見るときに、これが彼らの意図していたことだと教えてもらう必要がいまだにある）。しかし、キュビスムとほとんど同時期に、つまり一九〇七年以降のことだが、映画がこういった多視点、変化する焦点やカットのトリックといったテクニックを開発しはじめた。それらのおかげで、膨大な大衆——実際のところ私たちのすべて——は、現実のさまざまな側面を同時、あるいは少なくともほぼ同時に知覚することを通じて現実を理解するということに違和感がなくなった。そしてこれには説明の必要などなかった。さらに、おそらくロトチェンコの写真にあるように[21]、インスピレーションが直接的にキュビスムからきたものであっても、ピカソの同種の絵画よりもより効果的に革新の感覚を率直に伝えられるのは、写真のほうなのである[22]。

だからこそ、プロパガンダのための道具としてフォトモンタージュが非常に有力だということが証明されることになっていく。ただし私はもちろんピカソとロトチェンコの美的価値を比べようとしているのではない。

つまり、二〇世紀芸術の真の革新はモダニズムのアヴァンギャルドによって達成されたのではなく、かつて「芸術」として認識されていた範疇の外でなされたということは否定できない。それは技術と大衆市場の複合的理論つまり美的消費の民主化によってなされたのだ。そして主としてそれをなしたのは、写真の落とし子で二〇世紀の中心的芸術である映画であった。ピカソの『ゲルニカ』は芸術として比類なく表現豊かであるが、技術的に言えば、セルズニックの『風と共に去りぬ』はより革新的な作品だ。そういうことならディズニーのアニメも、モンドリアンの簡素な美には劣るであろうが、油絵よりも改革的でそのメッセージを伝えるのに長けていた。広告業者やジャーナリスト、技術者たちによって開発された広告や映画は、日常生活を美的経験で一杯にするばかりでなく、視覚認識において大衆を思い切った改革へと向けていった。それによりイーゼルの革命家たちは、時代遅れで孤立した、ほとんど的外れのものと化してしまった。台の上の一台のカメラは未来派バッラによるキャンバス画よりもスピードの興奮をうまく伝えられる。真に革新的な芸術の要点は、この芸術は大衆と伝えあわなければならなかったからこそ大衆に受け入れられたということである。アヴァンギャルド芸術のなかにおいてのみ、メディアはすなわちメッセージだった。しかし実生活においては、メディアはメッセージのために変革されたのだ。

アヴァンギャルドにこのことを理解させるためには、一九五〇年代の近代主義の消費社会の勝利が必要だった。一度彼らがそれを理解してしまうと、彼らの正当化の理由は失われてしまった。

一九六〇年代以降、すなわちポップ・アートの時代からのアヴァンギャルドの諸派は、改革的芸術の分野には存在せず、その破産宣言に従事していた。だからこそコンセプチュアル・アート（概念芸術）やダダイズムへの奇妙な回帰がみられたのである。一九一四年のオリジナルなアヴァンギャルドやそれ以後において、コンセプチュアル・アートやダダイズムは芸術改革の手法として考えられていたのではなく、芸術を廃止したり、または少なくともその不適切さについて宣言したりする手法とみなされていた。たとえば、マルセル・デュシャンがモナ・リザに口髭を描いたり、自転車の車輪を「アート作品」として扱ったりしたように。これらの作品を大衆が理解できずにいると、彼は自分の小便器に自分がでっち上げたアーティストのサインを入れて展示したのである。デュシャンがこれを行ったのが、彼が数多くの賢く知的な道化者の一人でしかなくアーティストとして何の地位もなかったパリではなく（カルティエ＝ブレッソン〔フランスの写真家〕が言ったように、彼は「全然よいアーティストなどではなかった」）、ニューヨークだったのは幸運であった。この地でデュシャンは有名になった。ダダはそのもっとも絶望的なジョークにおいてすら真剣であった。このジョークには、クールで皮肉的で呆れ気味のところなどは皆無だった。ダダは芸術を、第一次世界大戦を引き起こした世界の一部としてのブルジョア階級とともに破壊したかったのだ。ダダは世界を受け入れなかった。ジョージ・グロスがアメリカに移住し、忌み嫌わないですむ世界を見つけたとき、彼はアーティストとしての力を失ってしまった。

一方、ウォーホルやポップ・アーティストたちは何かを、ましてや世界を破壊したいとも改革したいとも願っていなかった。反対に彼らは世界を受容し、好んですらいた。彼らはただ、消費社会においては、もちろんお金儲けの手段としてのアートはあるにせよ、伝統的にアーティストが作り上げたヴィジュアル・アートのための場所はないと認識していた。覚醒している時間のすべてがサウンド、イメージ、シンボル、共通経験と目される混沌で溢れかえっている現実世界は、特別な活動としてのアートを廃業に追い込んでいる。ウォーホルの重要性は、あるいは彼の奇妙で不愉快な像の偉大さといってもよいのだが、それは、自分自身をメディアの飽和状態を通じて経験される世界の暗渠を受け入れる受動体とする以外のことすべてを拒み続ける一貫性にある。何ものにも形態が与えられない。毛沢東やマリリン・モンロー、キャンベルのスープ缶といった彼の機械的に繰り返されるアイコンの選択と、おそらくは彼が死のことで頭がいっぱいであることが暗示される点を除いて、目くばせも肘つつきもなく、皮肉もなく、感傷もあからさまな説明も何もない。逆説的なことに、彼の一つ一つの作品の中でなく、この心をかき乱すような作品の集合体の中で、私たちは現代のアメリカ人が生きる「時代の表現」に近づくのだ。しかしこれは伝統的な意味での芸術作品の創造によって達成されたものではない。

事実上、それ以来、アヴァンギャルド絵画がすべきことは何も残されていない。ダダイズムは戻ってきたが、今回は耐え難い世界に対する絶望的な抗議としてではなく、売名行為のための旧ダダイストの土産物として、である。イーゼルを使う絵画そのものも退却している。コンセプチュアリズムは、人気がある。なぜならそれは簡単で技能を持たない人でもでき、ビデオカメラにはできないものだからだ。つまりアイディアを必要とするということだが、そのアイディアも特に良いとか興味深いものである必要はない。ついでに、今年のターナー賞から実際の絵画がすべて消えたということに触れておく。

それでは、二〇世紀のアヴァンギャルドの歴史はまったく常人には理解不可能なものであったのであろうか。その影響は完全に自己充足的なアート世界に限定されてきたのであろうか。彼らは二〇世紀を表現し変容させようというプロジェクトに完璧に失敗したのであろうか。完全にというわけではないだろう。アーティストが自己満足のためだけに、複製不可能な生産物としての芸術の有害な伝統と決別する方法はあった。それは産業社会の生活と生産の論理を認識するということによってであった。なぜなら、もちろん、生産やマーケティング・宣伝活動が双方を必要とするからにせよ、産業社会は技術革新だけでなく美的革新も必要であることを認識できたからだ。「モダニスト」が提した基準は産業デザインと機械化された大量生産にとって実際的な価値を持った。アヴァンギャルドのテクニックは広告において効果的であった。これらの考えが二〇世紀初期のアヴァンギャルドからきているという限りにおいて、われわれはアヴァンギャルドによって形成された視覚環境のなかで生きているといえる。常にというわけでもかならずというわけでもなかったが、実際アヴァンギャルドがこの環境を形成したのだ。戦間期イギリスにおけるアヴァンギャルドのもっとも独創的な作品は、芸術作品として作られたのではまったくなく、情報をいかに表現するかという問題への効果的な技術的解決法として生産された。ロンドン地下鉄網地図のことである。付言しておけば、アヴァンギャルドの破綻は、今年の「センセーション」展においてサイモン・パターソン[23]がこの地図を無意味に作品に用いたことに生々しく表わされている。

一つのアヴァンギャルドの伝統は一九世紀と二〇世紀の世界をたしかに連結させはした。これは、ニコラス・ペヴスナーが正しく認識していたように[24]、ウイリアム・モリスからアーツ・アンド・クラフツ運動、アール・ヌーヴォー、バウハウスへと導き、少なくとも一度は産業生産、工学技術および流通へのそれまでの敵意を振り落としてきた。ジョン・ウィレット〔ブレヒトを英訳した翻訳家〕はバウハウスが一九二〇年代初期にどのようにこれを成したかを示した。バウハウスのなかでロシア構造主義によって強化されたこの伝統の強みは、難解な技術的問題を抱えた個人的な天才的クリエイターとしてのアーティストの関心事によってではなく、より良い社会の建設者としてのアーティストの関心事によって力を得たということだった。短命だったハンガリー・ソヴィエト共和国から、その挫折後に亡命してきたモホイ゠ナジが言ったように、「構成主義はヴィジョンの社会主義だ」ということである。この種の一九一七年以後のアヴァンギャルドは一九〇五年から一九一四年のノンポリの、または反政治的ですらあったアヴァンギャルドを越えて、一八八〇年代から一八九〇年代初期の社会的にコミットした運動へとさかのぼる。新しい芸術は再度、新しい社会、または少なくとも向上した社会の建設と切り離せないものとなっていた。その機動力は美的なものであると同時に社会的なものであった。だからこそ、このプロジェクトにおいては建築が中心的なのだ。建築を意味するドイツ語がバウハウスの名称の由来である。

したがって、「機械の時代」の美学は修辞学的な意味以上のことを意味する。一九二〇年代においては、人間の生活の仕方を変えるプログラムはこの目的に直接的に寄与できるアーティストにアピールしたが、それは公的なプランニングと技術的ユートピアの融合であることが多かった。それは自動車がまったくなかったところに自動車を供給したいと願ったヘンリー・フォードと、浴室がまったくなかったところに浴室を供給しようとした社会主義的な行政機関の熱望とが結びついた姿であった。

それぞれがそれぞれなりに一番詳しい専門家であると主張した。双方とも普遍的な改善をめざし、個人的な選択には優先権を与えなかった（「どんな色でもお求めになれます、黒であれば」〔フォードが言ったとされる言葉〕）。ル・コルビュジエが家の建築のモデルとした車と同様に、[25]家や都市でさえも、産業生産の普遍的な論理による生産物として認識された。「機械の時代」の基本原理は、人間の環境や住まい（「住むための機械」〔ル・コルビュジエの有名な言葉〕）に、限られた空間利用、人間工学そして対費用効果を最適化するための複合的な問題の解決法を見つけることで応用できる。それは、多くの人びとの生活をより良いものにする善良な理想であった。たとえそのシテ・ラデュース（輝く都市）〔コルビュジエによる都市計画〕のユートピア的向上心が、世界の富裕国においてさえも、質素なニーズと限られた資力の時代に属するものであるにしても。それはつまり、あり余るほどの豊かさとはほど遠く、それゆえ消費者の選択肢の限られた、私たちの時代に属している。

それにもかかわらず、バウハウスですら悟ったように、社会を変えるということは芸術やデザインの各派だけで達成可能なものではない。そして実際それは達成されなかった。バウハウスがその創造性の頂点にあった時（一九二四年）、そこから遠くないところでパウル・クレーが行った「モダン・アートについて」の講演の最後の悲しい文を引用することで締めくくらせてほしい。「われわれは、人びとの支援を得ていない。しかしわれわれは人びとを探し求めている。あそこ、バウハウスはそのように始まったのだ。われわれは、自らの持てるものをすべて与えたコミュニティとともに出発した。われわれはそれ以上何もできない[26]」。そして、それは十分ではなかったということなのである。

＊本章の初出は、Eric Hobsbawm, *Behind the Times: The Decline and Fall of the Twentieth-Century Avant-Gardes*（Thames and Hudson, 1998）である。

原註

1 John Willett, *The New Sobriety: Art and Politics in the Weimar Period 1917-1933*（London: Thames and Hudson, 1978）, p. 76 より引用。

2 Cited in Linda Nochlin（ed.）, *Realism and Tradition in Art, 1848-1900: Sources and Documents*（Englewood Cliffs: Prentice-Hall, 1966）, p. 53.

3 'French Artists Spur on American Art', *New York Tribune*, 24 October1915.

4 L. Brion-Guerry（ed.）, *L'Année 1913: Les forms esthétiques de l'oeuvre d'art à la vielle de la première guerre mondiale*（Paris: Éditions Klinksieck, 1971）, p. 89 n. 34 より引用。

5 *Catalogue of Exhibition Berlin-Moskau 1900-1950*, pp. 118（fig. 1）, 120-1.

6 Brion-Guerry（ed.）, *L'Année 1913*, p. 86 n. 27.

7 *The Economist*, Pocket Britain in Figures: 1997 Edition（London: Profile Books, 1996）, pp. 194, 195.

8 Theodore Zeldin, *France 1848-1945: Intellect, Taste and Anxiety*（Oxford: Clarendon, 1977）, p. 446.

9 Pierre Nora（ed.）, *Les lieux de mémoire II: La Nation*（Paris: Gallimard, 1986）, vol. III, p. 256.〔谷川稔監訳『記憶の場――フランス国民意識の分化：社会史』（第2巻）岩波書店、二〇〇三年〕

10 Gisèle Freund, *Photographie und bürgerliche Gesellschaft*（Munich: Verlag Rogner & Bernhard, 1968）, p. 92.

11 Brion-Guerry（ed.）, L'Année 1913 より引用。

12 Catalogue Paris-Berlin. 1900-1933（Pompidou Centre, 1978）, pp.170-1.

13 Charles Harrison and Paul Wood（eds）, Art in Theory1900-1990: An Anthology of Changing Ideas（Oxford: Blackwell, 1992）, p.576 より引用。

14 Suzy Menkes, 'Man Ray, Designer behind the Camera', *International Herald Tribune*, 5 May 1998 より引用。

15 Zeldin, *France 1848-1945*, pp. 480, 481.

16 P. Bourdieu, *La Distinction: critique sociale du jugement*（Paris: Éditions de Minuit, 1979）, p. 615. 回答者は、ラファエル、ビュッフェ、ユトリロ、ヴラマンク、ワトー、ルノワール、ゴッホ、ダリ、ブラック、ゴヤ、ブリューゲル、カンディンスキーのなかから選ぶよう求められた。

17 Robert Hughes, *American Visions: The Epic History of Art in America*（London: Harvill, 1997）, pp. 487-8.

18 Brion-Guerry (ed.), *L'Année 1913*, p. 297 n. 29.

19 Harrison and Wood (eds), *Art in Theory 1900-1990*, p. 804.

20 Alan Bullock and Oliver Stallybrass (eds), *The Fontana Dictionary of Modern Thought* (London: Fontana, 1977), entry: 'Cubism'.

21 アレクサンドル・ロトチェンコの「アーティストアレクサンドル・スヴェンチェンコの肖像」（一九二四）は多次元的効果をねらって二重撮影を行っている。

22 Pablo Picasso, *Cubist Portrait of Daniel-Henry Kahnweiler*, 1910.

23 サイモン・パターソン「大熊座」（一九九二）オフセット印刷。

24 Nikolaus Pevsner, *Pioneers of Modern Design: From William Morris to Walter Gropius* (1936; London: Penguin, 1991, revised edn).〔白石博三訳『モダン・デザインの展開――モリスからグロピウスまで』みすず書房、一九五七年〕

25 Brion-Guerry (ed.), *L'Année 1913*, p. 86 n. 27.

26 Paul Klee, *Uber die moderne Kunst* (Bern: Verlag Benteli, 1945), p. 53.

訳註

†1　ジェームズ・ジョイスによる独特の言語表現の文学作品。邦訳に柳瀬尚紀訳『フィネガンズ・ウェイク』（全四巻）河出文庫、二〇〇四年など。

†2　ハウスマンはポスター用の木版活字を用いて詩作しそれを自身で吟じ踊るというパフォーマンスで知られる。

†3　一九九七年ロンドンのロイヤル・アカデミーにて開催された若手アーティスト中心のラディカルなグループ展。

第4部
Part IV

芸術から神話へ
From Art to Myth

第21章 ポンと飛び出す芸術家——ポップ化する芸術家、爆発する文化

Pop Goes the Artist

かの気高い動物、馬の社会史は芸術を研究する者にも関係がなくはない。かつて世界における馬の機能はたしかなものだった。あまりに確たるものだったため、今日に至るまで馬は「馬力」(horsepower)という語によって」その全力を基準とした観念的な尺度を提供している。馬は人を運び、物を引いた。そして人間の生活においてそれほど目立たぬ役割——土地持ちの富豪にとってはステータス・シンボル、土地を持たぬ貧者にとってはギャンブルや休日の言い訳、画家や彫刻家にとっては賞賛の対象といった役割——は、基本的には馬が日常の生活に実質上不可欠だったことから生じていた。今日、それは失われてしまった。わずかな低開発国や特別な地域の外では、馬ははるかに速く走る自動車と、はるかに重い荷物を引くトラクターにすっかり取って代わられてしまっている。もっぱ

ら贅沢品として生き残っているのみである。その結果、輸送の問題と馬の機能についての人間の考え方も、たんに修正するに止まらず、根本的に変えなければならなくなった。これらの主題についての馬時代の考え方の大半は的外れか無駄なものになってしまったからである。

二〇世紀における芸術を取り巻く状況もこれに似ている。芸術も技術進歩によって過多となり、批評の第一の任務として、この変化がどのように生じたのか、そして厳密に何が芸術に取って代わったのかを見つけなければならない。これまでのところ芸術の実践者や芸術について書く者の大半はこの状況とありのままに向き合うことに乗り気ではない。一つには、小説――スリラーものでも――はいまだ実際にコンピュータで書かれてはいないという口実があるからだが、何より、どのような部類の人であっても自分たち自身の死亡記事を書くことに熱心な人はいないというのが一番の理由である。さらに、古風な手工芸や職人の手による作品は、郊外外縁の高級住宅街で飼われているポニーのように贅沢品として栄えており、しかも古風な手工芸のたぐいを扱う芸術家は、機械化された大量生産に馬よりもうまく順応してきた。それでも経済的現実は決定的である。プロの作家たちは、いわば力織機が入り込んできた後の手織り職工の立場に置かれている。作家の三分の二から四分の三は稼ぎがタイピストの収入より低く、本の売り上げのみで生活できる作家の数はさほど大き過ぎない部屋一つに収まってしまうくらいだろう。広告の代理店や編集者なら誰でも知っているように、今日高い報酬を意のままにしているのは「芸術家」ではなくカメラマンである。

物質的な生産における産業革命と同様に、精神活動の生産において起こった産業革命にも二つの原因がある。手先の熟練に取って代わった技術進歩と、その手仕事をそもそも無力にしてしまった大需要である。この産業革命で重要なのは、たんに個々の創作物を大量に再生産できる能力ではなく——さまざまな形態の印刷機は執筆の性格を本質的に変えることなく長らくこれを実現してきたし、蓄音機も音楽を根本的には変えていない——、創造活動に取って代わる能力である。ヴィジュアル・アートは、静止画、動画双方の写真術によって大きく変容してきた。もっと最近では音楽が人工音の領域に入ってきた。これはたぶん織物における人工繊維に相当するだろう。もっとも著作活動は、科学者たちが効果的な翻訳機の開発に精力を注いでいるにもかかわらず、いまだ真の機械化にはあらがっている。しかし、事実上、芸術の「産業的」性格を決定づけるのは、実際に機械装置を採用しているかどうかではなく、アダム・スミスのかの有名なピン工場の例に示されるように、単独の創作活動の工程がばらばらにされ細かい専門部分に分けられることである。それは個人の制作者が溶解し、監督や管理者によって調整される共同体へと変化することを意味する。小説には著者がいるが、新聞にはいない。「記事」が下請けに出され、生の素材や幾分手を加えられた素材から書き直されたり編集されたりする新聞の場合は、複数の著者と呼べるような存在すらないかもしれない。

このような産業手法は、大衆からの先例のないほどの需要を完全に満たすためには必要不可欠である。その大衆は娯楽や芸術に、時折の活動としてではなく、技術文化のもっとも理にかなった産物である放送に見られるように水のごとく途切れることのない流れとして、親しんでいる。売れることを目的とした小説のような特定の文学ジャンルにおいては手工業生産は持続するが、それは需要が比較的小さく永続的でより断続的だからというだけでなく、その市場が大量の臨時雇いの労働力と、いつでも三文文士になる用意のあるプロの作家たちの存在に依存できるからでもある。それでも、産業のペースに合わせて著作を生み出そうと純粋に試みる個々の職人は、エドガー・ウォレス〔イギリスの大衆小説家〕のように過労でまいってしまうか、シムノン〔ベルギー生まれ、フランスの小説家。メグレ警部もので知られる〕のようにしばらくしてその試みを放棄してしまうかのどちらかである。産業化時代の新しい産物である芸術――映画や放送やポピュラー音楽――は、始めから入念な分業体制を取り入れている。それは、特に建築や舞台芸術といった本質的に集合的・協働的であるたぐいの芸術が常に行ってきたことでもある。

そのような産業的・準産業的生産から生じるのは、伝統的な手工業型の「芸術品」とは明らかにかけ離れたものであり、それと同じ方法で評価することはできない。そうは言っても一流映画のように、革新的なタイプの「作品」とみなされうるものの同時に古いやり方で評価されうるものがいまだ存在するかもしれない。それがそうした映画を評価する最良の方法であるかどうかは定かではないが。また、独自の文学的才能を持った作家たちが――ハメット〔アメリカの推理小説作家〕やシムノンのように――基本的には三文文学といってよいジャンルから現れる場合のように、いわば偶然によって生み出される古いタイプの芸術作品もあるかもしれない。もっとも、現代の犯罪小説はサム・スペード〔ハメット作品に登場するハードボイルド探偵〕ではなく、伝統的批評の空白地帯であるペリー・メイソン〔E・S・ガードナーの推理小説シリーズの主人公である弁護士〕で評価される必要がある。一方、極端かつますます馴染みの深くなりつつあるケースは、新聞、テレビ・シリーズ、漫画、ポピュラー音楽量産者の作品であり、こうした過去の追憶すらないかもしれない。『ガン・スモーク』〔アメリカのテレビ・シリーズの西部劇　一九五五～七五年〕をヘミングウェイに適用される分析で評価しようというのはばかげたことだろう。同様に、アンディ・キャップ〔イギリスの『デイリー・ミラー』紙掲載の漫画の主人公。労働者階級の典型として描かれる〕をホガース用の分析で、ローリング・ストーンズをフーゴー・ヴォルフ〔オーストリアの作曲家〕やあるいはコール・ポーター〔アメリカのミュージカルの作詞・作曲家〕に適した分析ですら評価することもばかげている。反対に、西部について描いた小説や映画のうち、伝統的な意味で卓越した「優れた」芸術作品とみなされているものが何一つないからと言って、西部劇の業績が損なわれるものではない。産業化によって、古風な評論家たちが古風な芸術家たちと同じ程度まで不要になったにすぎない。

　この状況に対してまずすべきは、それを受け入れる――だからと言って賛同を意味するわけではないが――ことである。この状況が消え去ることを願うのはごく自然とはいえ無駄な態度というものである。ウンベルト・エーコ〔イタリアの記号論学者・小説家〕は、そのラテン的な明快さをもってこう述べている。

> 問題は産業化前の状態にどうやって戻るかではない。どのような条件下で人と生産サイクルの関係によって人がシステムへの従属を余儀なくされるのか、そして反対に、どうやって人を支配するシステムとの関係において新しい人のイメージを作り上げるべきか、自分たち自身に問うことである。それはすなわち、機械から解放された人間ではなく、機械との関係において自由な人間のイメージである。[1]〔強調は原文〕

マスメディア世界の受け入れを拒絶することも、無批判に受け入れることも役には立たないだろう。二つの態度のうち後者は、少なくとも先例のない状況に対し新たな分析を行う必要性を認識する能力が垣間見られる分、無益さがほんのわずか少ないと言えるが。

産業文化を知的に甘受しようとしてきた試みには、大きく言って三つの主要なアプローチがある。アメリカ人は発見し、描写し、評価した。ヨーロッパ大陸の人びと——特にフランス人とイタリア人——は分析し、理論化した。イギリス人は道徳的に説明した。主として社会学分野におけるアメリカ人の業績はかなりよく知られている。イタリア‐フランスの業績はエドガール・モランの秀逸な『スター』[†1]という例外の可能性を除いては、事実上世に知られていない。モラン自身の『時代精神』[†2]も、二年以上前〔一九六二年〕に出版されたもののイギリスではほぼ知られないままである。また、女性ファッションで使われる専門用語の意味を分析しようというロラン・バルトの試み[†3]や、『女性誌』[†4]（パリ、一九六三年）を探ろうとするエヴリーヌ・シュルロ〔フランスのフェミニスト〕の試みもまったく知られていない。ウンベルト・エーコ自身の『終末論者と取り込まれた者』（*Apocalittici e integrati*）——不必要なまでに凝った書名であるが——は、スティーヴ・キャニオン〔アメリカの漫画家 M. Caniff の同名の漫画 *Steve Canyon* の主人公。退役軍人で紛争調停人〕やスーパーマン、チャーリー・ブラウン、ポピュラー・ソング産業やテレビについてのその緻密な分析をもって、イタリアの論者たちが過去五年ほどのあいだに大衆文化に捧げてきた知的な取り組みに読む者をいざなうことだろう。このきわめて才気あふれる書物の大半は重版やすでに発表済みの研究から成る。

イギリスにおけるこの分野の批評は長らく事実上自国の新左翼が独占していた。つまりそれはリーヴィス主義がポスト産業化の文化を拒絶している点は除いて、リーヴィス〔二四九頁†2参照〕を色濃く反映し、それよりはずっと少ないがマルクスと、「労働者階級の文化」に対する深い郷愁、民主主義に対して広がる情熱、強い教育的な衝動とそれと同じくらい強く善を為そうとする衝動も映している。実際それは非常にイギリス的である。だからこそ大衆文化についての私たちの研究は、知的には非体系的であり、ときには素人的であるものの、実践的な力でその理論的欠陥を相殺しているのだ。イギリスのテレビと海外のテレビとの比較が明らかにするように、たんに実際大衆メディアの改善に貢献してきただけでなく、私たちイギリスの観察者は、学術的には勢力が強いがそれほど流行に通じてはいないフランスやアメリカの社会学者に比べ、もっと以前からそしてもっと敏感に特定の――たとえばティーンエイジャーにおける――風潮に関心を抱いてきた。

スチュアート・ホールとパディ・ファネルによる『大衆芸術』[2]（*The Popular Arts*, 1964）――文化理論学者としてのホールの目覚ましい経歴における初期の出版物の一つである――には、このイギリスにおける伝統の長所が見られる。それは本質上、批判的かつ教育的であり、この本の核である「研究のテーマ」を実践的な教材で補強している。主なテーマとしては、「よい」大衆文化形態と芸術家、たとえばブルース、西部劇、ビリー・ホリデー〔アメリカのジャズ歌手〕の研究や、暴力、探偵、ロマンス、恋愛、「大衆」、若者の大衆、そしてそのような研究には馴染みのある主題である広告産業の論じ方といった研究が含まれる。そこには参考書目と、上質な映画とジャズ・レコードの特に役立ちそうなリストが掲載されている。筆者たちの趣旨は適切であり、その議論と結論は見事であるし、審美眼はすばらしく、社会的発展に対する感受性も非の打ちどころがない。そうは言っても、大衆メディアについての多くのイギリス人の議論と同様に、彼らは伝統的なタイプの「標準」が本当に題材に合うのかという問題に正面から向き合うことはほとんどない。一方の極端な態度においては、彼らはとうてい手に入れ難いもの、すなわち低俗な大衆芸術に対抗するものとしてのよい大衆芸術を探し求めがちである。それはときに「その手のものとしてはよい」という、論点を巧みにかわすような資格付きの芸術である場合もある。

しかし、『大衆芸術』の理想的な読者である、それほど学習要件の厳しくない総合中等学校の教師だったら、アニタ・オデイ〔アメリカのジャズシンガー〕の方がヘレン・シャピロ〔イギリスの歌手・俳優〕より優れており、そのシャピロはスーザン・モーン〔イギリスの歌手。一九六二年に *Bobby's Girl*（『ボビーに首ったけ』）がヒットした〕より優れているということや、『Zカーズ』〔*Z-Cars* イギリスのテレビドラマ　一九六二〜七八年〕は『コンパクト』〔*Compact*　イギリスのソープ・オペラ。一九六二〜六五年〕より好まれてしかるべきである、ということをいかに生徒たちに示すべきかについてのアドバイスを歓迎するかもしれないが、そのようなアドバイスは現実を曖昧なものにしてしまう。つまり、今日のポピュラー音楽の世界におけるビリー・ホリデーは、グリーティング・カードに詩が載せられている書き手たちの中のランボー〔フランスの象徴派詩人〕よりはるかに変人であるということや、低俗な大衆芸術は（「低俗な」ものと「よい」ものが等しく意味を為さない分類である場合には）よい大衆芸術と同じくらい効果的かもしれず、あるいは（「低俗な」ものと「よい」ものが意味のある分類である場合には）よい芸術よりさらに効果的であるかもしれないといった事実を見えにくくしてしまうということである。

もう一方の極端な姿勢において、イギリスの大衆芸術研究は、定義によって好ましいものとされている「大衆」を写し出しているものについては無批判に受け入れる傾向にあると言えそうだ。リチャード・ホガートはその名高い『読み書き能力の効用』[†5]の中で時折こうした傾向に寄っている。『ペグズ・ペーパー』[†6]に示された人間模様の詳細な描写に重要性を見出していることからもそれがわかる。[3]同様のことは洗剤の広告か何かについても言えるかもしれない。大衆芸術に対するこれら両極のアプローチに共通する本質的な弱点は、人間の価値がとどのつまりは周縁に置かれている状況においてなお、大量生産に優先するべきその価値を見出そうと心に決めていることである。しかしとうに社会から消えた馬がエンジンのしまわれているはずのボンネットの下から首を出して外を見渡そうとすることなどありえない。

しかし、馬がいないのだとしたら、そこにいるのは何だろうか。産業文化の流れは個人の一心の集中力を必要とする「作品」を生み出すわけではなく、あるいは生み出すにしてもほんの偶然によるにすぎず、新聞、漫画、あるいは延々と続く西部劇や犯罪もののシリーズといった、継続的な人工の世界を生み出す。生み出されるのはフォーマルなバレエといった特別な場ではなく、間断なく流れ提供され続ける舞踏室であり、情熱ではなく気分、よい建築物ではなく市街、限定的で特別な経験ですらなく同時多発的な多様性である。すなわち、ニュースでは雑多な見出しが一度に並び、カフェではジュークボックスから雑多な音楽が流れ続け、ドラマにはシャンプーの広告が散りばめられている。これは完全に新しい状況というわけではない——かつてヴァルター・ベンヤミンは、これが建築の分野で経験される伝統的なあり方、つまり個々の建物の総計ではなく全体的な生活環境としてのあり方だと指摘した——が、今日の社会において支配的となった。従来の審美的批評はこの状況にそぐわない。なぜなら、文化的産業化の産物は芸術の技巧を無視し、生活様式を高める方向に直接向かうからである。刊行物やテレビが私たちの眼前で展開する終わりのない日常的長編ドラマで主役を務める典型が「有名人」であるのにも、大衆文化の役者において「スターの資質」が才能や技巧より大切なとりえとされるのにも、それなりの理由がある。特定の人物や伝統的な小説に「基づいた」テレビ・シリーズが、このプロセスのよい例である。

きわめて逆説的ではあるが、この超現代的な発展は芸術のもっとも古風な機能である、神話と道徳の創造的加工に私たちを連れ戻す。モランが『スター』[4]の中で言っているように、

想像の構造は原型に従う。人間の精神には、夢、特に神話とロマンスのテーマである合理化された夢を求めるパターンが見られる。……文化産業が行うのは、原型を固定概念に変えることによって偉大なロマンスのテーマを標準化することである。

「芸術」という言葉はこのプロセスに当てはまるかもしれないし、当てはまらないかもしれない。実際上は、この新しいオリュンポス山は新聞や雑誌で日々私たちに提示される人物たちによる配役構成で成り立っているのだろう。ゴシップ欄に登場するスターに見られるように、彼らは映画から新聞や雑誌へと足を踏み入れることもある。また、いまでは人びとの記憶から忘れ去られてしまったソラヤ元〔イラン〕王妃〔モハンマド・レザー・パフラヴィ国王と結婚したが、一九五八年に離婚後、女優となっ

た〕や、あるいはそういうことならもっと最近で言えば〔故〕ダイアナ妃は、反対の方向に移動した例である。[†7]

この分析から二つの重要な問いが生じてくる。この文化思潮の生産活動を私たちはどのように判断し、おそらくは改良すればよいのだろうか。そして芸術や個人的創作活動という価値観にどのような余地が残されているのだろうか。「よい」大衆映画と「低俗な」大衆映画を対比させる人たちや、ポピュラー音楽に「その手のものとしてはよい」ことを求める人たち、あるいは新聞の体裁やレイアウトの不備についてとやかく言う人たちはこの二つの問いを混同しやすい。一つ目の問いにおいて問題なのは大衆文化の内容、それもとりわけ道徳的な内容である。低俗な漫画は名人の製図工が描いたとしてもよくはならない。たんに批評家たちにより受け入れられやすくなるだけである。ポップ・アートに対する根本的な批評はそれが推奨する生活の理想と質に対する批評である。ホールとファネルが示すように、すでに忘れ去られたテレビ・シリーズの『第三の男』[†8]に対する異議の理由は、その月並みさではなくそれが欲深さを理想化していることである。これは、たとえ当然受け入れ可能な道徳――たとえば人種的寛容の必要性を説くようなもの――が付け加えられたとしても変わりはないだろう。そして、産業化した文化は競争相手をすべて駆逐し、大多数の人びとに届く唯一の精神的伝達〔情報〕となるのだが、その真に危険な点は、それが大量生産の世界に代わる選択肢を何も残さないことである。それは望ましくない世界である。エーコ氏がぞっとするほど才気あふれる分析を施しているアメリカの漫画『スーパーマン』〔*Superman*　初登場は一九三八年〕のように、たとえ産業文化の産物が一般に流布する公の主潮を完全に受け入れてはいなかったとしても、そうした主潮から逃れることはできない。『リル・アブナー』[†9]は、他に称賛する対象を見つけるのに苦労しているアメリカの知識人たちからはその異議申し立ての批判精神を賞賛されているが、エーコ氏が指摘するように、「R・L・スティーヴンソン風の革新主義の中でもっとも優れて進んだものであり、その作者もまた同様である。純粋さを求める彼の探究において、作者が唯一気づいていないのは、純粋さが完全なる政府の転覆そして体制の否定という形をとるかもしれないということだ」[5]。大衆文化に向けられる主な非難は、それが閉じた世界を作り出し、そしてその過程で人間の本質的な要素、つまり完全なるよい世界への希求という人類の偉大なる望みを取り除いてしまうということである。

その望みは排除されてはいないが、大衆文化においてはファンタジー、それもたいていは虚無主義のファンタジーという、否定的でとらえどころのない形をとる。ダダイストとシュルレアリストたちはこの事態を予測していたがために、芸術分野で発展を遂げてきた正統派系列の中で、現代大衆文化に中心的な貢献を果たすおそらくは唯一の代表となっている。すべてではないがアニメーション化されたいくつかの漫画やこの幻の革命主義を制度化した他の形態のうち、マルクス兄弟〔アメリカの喜劇映画俳優の四兄弟〕や『グーン・ショー』[†10]の出演メンバーたちの存在はあるものの、大衆芸術は現実を真っ向から否定するファンタジーというますます大きくなりつつある要素をいまだ適切に反映してはいない。こうしたファンタジーは、特に専門化が進む若者のサブカルチャーにおいて大衆生活の明らかな一部となっているのだが。広告業者のみがこの要素をコマーシャルに取り込むことによって骨抜きにしてしまう作業にすでに取りかかっている。

奇想天外かつ予測不可能でときに非理性的なものは、大衆文化の中に古風な「芸術」が逃げ込めるもっともわかりやすい避難場所を提供してもいる。理にかなったことであるが、古風な芸術はいまだ機械化できない活動に引きこもる傾向がある。「ミッキー・マウス音楽」を流す機械に対抗して即興演奏を始めたジャズ・ミュージシャンたちはこの領域の開拓者である。今日ジャズ・ミュージシャンたちの後に続いているのは、ポータブル・カメラ、台本や事前準備なしで行うテレビの討論番組のたぐい、そして何より舞台の即興パフォーマンスである。事実、一九五〇年代における舞台芸術のめざましい復活は、多くの点で、産業化の勝利に対する芸術家の意図的な反応と言える。と言うのも、ジャズ・セッションにおける場合のように、舞台上ではクリエーターが歯車の一つにされてしまうことはありえないのだ。なぜなら正確に繰り返すことのできる演出効果など一つもありはしないし、その危険と躍動感に満ちた予測不可能な即時性から生じる芸術家と大衆の関係もまた同様だからである。

それにもかかわらず、即興は何の解決策も生み出すことはできない。せいぜいたんなる一時しのぎにすぎないのだ。即興と産業文化の関係は、レジャーと産業化した生活の関係に対応する。すなわち、強制と退屈な日課の占める広大な領土における、ときに扇動的な自由の飛び地である。芸術家の古《いにしえ》の資源である手工芸の技術とプライドはもっと満足のいくものであるが、それはそうした技術やプライドが産業文化の中で機能できるからである。しかし、芸術家が手にすることのできる最良の解決は、産業そのものがモランの呼ぶところの「正の方向に機能するための負の電極」、つまり真の創造のための一定の余白を必要としている事実に見出すことができる。その余白のみが産業が加工することのできる原料を提供しうるのだ。このことは特に新素材の供給に当てはまる。新素材が実際の生産工程内で芸術家に授ける余地は非常に限られているが、そのもっとも成功したジャンル、とりわけ映画は常に――ハリウッドにおいてさえ――一定の余白的な自由を斟酌してきた。その一方で他の映画産業の財務構造は創作のためのさらに大きな自由を可能にしてきた。

それでもやはり、結局のところ、大衆芸術をそれが伝統的芸術に供する余地によって判断するわけにはいかない。西部劇はジョン・フォード監督がその慣習の範囲内でよい映画を作ってきたから重要なのではない。よい映画が生み出されたのは西部劇流行の二次的な結果にすぎない。西部劇が獲得したのはある心の風景である。すなわち数百もの不出来な物語や映画、テレビ・シリーズから生み出され、それらのゆえに生き延びたのではなくそれらを通じて生き延びてきた精神、神話、道徳的世界から成る風景である。そのような事実を認めたのがホールとファネルの著書のような本の強みである。一方、その弱みは――少なくとも一九六〇年代においては――その事実が暗示するものにたじろいだことである。こうした本は今もって大衆芸術の「良し悪し」を見極める指南書であり続けている。そして大衆芸術と折り合いをつけるのはまだこれからのことである。

＊本章の初出は、「ポンと飛び出す芸術家」（Pop Goes the Artist）というタイトルで *Times Literary Supplement*, no. 3277, 17 December 1964 に掲載された。本文中には一九六四年以降に発表された研究書やダイアナ妃に関する言及などもあり、初出の文章が加筆されている。

原註

1　Umberto Eco, *Apocalittici e integrati: comunicazioni di massa e teorie della cultura di massa* (Milan: Bompiani, 1964).

2　Stuart Hall and Paddy Whannel, *The Popular Arts* (London: Hutchinson, 1964).

3　Richard Hoggart, *The Uses of Literacy: Aspects of Working Class Life* (London: Chatto and Windus, 1957), pp. 86-7.

4　Edgar Morin, *Les Stars* (Paris: Éditions de Minuit, 1957).

5　Eco, *Apocalittici e integrati*, pp. 180-1.

訳註

†1　*The Stars.* フランス語原著 *Les Stars*, 1957.〔渡辺淳・山崎正巳訳、法政大学出版局、一九七六年〕

†2　*L'Esprit du Temps*, 1962.〔宇波彰訳『時代精神Ⅰ　大衆文化の社会学』法政大学出版局、一九七九年。なお、一九七九年には第二部が出版されている。宇波彰訳『時代精神Ⅱ　できごとの社会学』法政大学出版局、一九八二年〕

†3　*Système de la mode*, 1967.〔佐藤信夫訳『モードの体系――その言語表現による記号学的分析』みすず書房、一九七二年〕

†4　*La presse féminine.*

†5　*The Uses of Literacy*, 1957.　邦訳　香内三郎訳『読み書き能力の効用』晶文社、一九七四年。

†6　*Peg's Paper.* イギリスで一九一九～四〇年の期間に発行された、労働者階級の若い女性向けのロマンス小説雑誌。

†7　新聞や雑誌のゴシップ欄をにぎわせていたダイアナ妃を題材にした二〇一三年の映画 *Diana* を指すものと考えられる。

†8　*The Third Man.* このテレビ・シリーズは一九五九～六五年放送。

†9　*Li'l Abner.* アメリカの漫画家 Al Capp の連載漫画（一九三四～七七年）。南部の田舎者を主人公とするこの風刺漫画は、多くの新聞に掲載された。

†10　*The Goon Show.* 一九五〇年代に放送されたＢＢＣラジオのコメディー・ショー。超現実的なユーモアで人気を博し、また多くの人気キャラクターを生み出した。

第22章 アメリカン・カウボーイ——国際的な神話？

The American Cowboy

アメリカで創られたかの有名な伝統、カウボーイについて考察するに当たり、テキサスの範囲にとどまらない関連の疑問を一つ二つ挙げるところから始めよう。馬に跨って家畜を追い集めている人びとが、かならずとは言わないまでもたいていの場合、強固かつ典型的な英雄神話の主題となるのは何故だろうか。そしてこの種の神話が数多くある中で、一九世紀のアメリカにおいて二〇年ほどのあいだに盛衰を味わった根無し草のプロレタリアートの放浪者という、社会的にも経済的にも周縁的な集団によって作られた神話が、かくも驚異的で唯一無二の世界的成功を収めているのは何故だろうか。

私は一つ目の疑問に答えることはできない。というのも、それにはユング心理学でいう元型という深淵な藪の中に入り込むことになるだろうし、そこではきっと私は方向を見失ってしまうだろうから。

ところで、馬に乗った牧童たちがそういった英雄的イメージを作り出す能力はそう普遍的なものではない。フンやモンゴルあるいはベドウィンといった遊牧民にまで当てはまるかどうかは疑わしいところだ。別個のコミュニティとしてそうした遊牧の民と共存しなければならない定住者の目には、彼らは何よりもまず社会的危険として映りやすい。必要な存在ではあるが脅威である。英雄的な神話をもっともたやすく生み出す集団は、乗馬を得意としつつも、ある意味において社会のその他の住民とも結びつきを持つ人びとではないかと思う。少なくとも、農民の子や町の子が、カウボーイやガウチョやコサックになりたいという憧れを心に抱きうる、という意味においてである。それに比べて中華帝国の役人がモンゴルの騎手のようにふるまう観光牧場など考えられるだろうか。おそらく否、である。

しかし、そもそも何故神話なのだろうか。馬は明らかに強い感情的・象徴的な力を有した動物であるが、神話におけるその役割は何なのだろう。あるいは、馬上の人間が象徴するケンタウロスの役割とは？　さまざまな疑問があるものの、一つ明らかなことがある。この神話は本質的に男らしさを売りにしているということだ。大戦間期の大西部ショー〔カウボーイや先住民の離れ業を呼び物としたサーカス〕やロデオにはカウガールが登場し人気を博した――女らしさと大胆さの組み合わせはドル箱であるから、おそらくはサーカスのアクロバットとの類推で生み出されたものだろう――とはいうものの、彼女たちはその後姿を消してしまった。実際ロデオは実に男っぽいものとなった。ヴィクトリア朝イギリスにおいて、そして自殺行為とも言えるようなスタイルのキツネ狩りがはやっていたアイルランドにおいては特に、馬に熟知し男性並みに勇ましく馬を乗りこなし――女性の場合は横乗りしなくてはならなかったのだから実際のところ男性以上に勇敢だったわけだが――猟犬をけしかけて狩りをする上流階級の女性の存在はよく知られていた。だからといって誰も彼女たちの女らしさを疑いはしなかった。意地の悪い言い方とはいえ、男が今日に至るまでセックスよりも馬と酒に対する情熱を高めてきたとされている島国においては、馬に親しんでいることが女らしさの売りだったとさえ言えるかもしれない。それでもやはり馬乗りの神話は本質的に男らしさを強調するものであり、麗しい女性の乗り手でさえ、敬意をこめつつ勇猛果敢なアマゾン族にたとえられたのである。この神話は、戦闘中の戦士や攻撃者、野蛮人を、そして暴行される側より暴行する者を描く傾向にある。おもには貴族の将校や王子たちの任務であった一八、一九世紀におけるヨーロッパの騎兵隊の制服デザインが、コサック〔Cossacks〕、軽騎兵〔hussars　もとは一五世紀のハンガリーの軽騎兵〕、散兵部隊〔pandurs　一八世紀中葉に設立された、ハプスブルク朝の（外国人）散兵部隊〕といった、実際にそのような騎兵隊の非正規の外人部隊を形成していた少々野蛮な馬乗りたちの衣服に刺激を受けたものだった、ということはきわめて特徴的である。

今日、そのような荒野の馬乗りや牧童たちは世界中の数多くの地域に存在する。そのうちのいくつかはカウボーイにきわめて似通っている。たとえば、ラテン・アメリカの〔アルゼンチン、ウルグアイ、パラグアイ、チリよりなる〕サザン・コーン地帯の平原にいるガウチョ。コロンビアやヴェネズエラのジャネーロ〔llaneros（西）〕。ブラジル北東部のヴァケール〔vaqueiros（葡）〕もおそらくそうだろうし、周知のように、現代のカウボーイ神話のコスチュームとカウボーイの仕事に関わる語彙のほとんどが直接由来するメキシコのバケーロ〔vaqueros（西）〕は無論である。ムスタング〔mustang　小型野生馬〕、投げ縄〔lasso, lariat〕、（馬の一群または「交代馬」を意味する）レムーダ〔remuda（西）〕、ソンブレロ

〔sombrero　つば広帽子〕、やつ・相棒〔chaps（chaparro（西））〕、鞍帯〔cinch〕、〔西部の半野生馬を指す〕ブロンコ、レムーダの世話をする調教師〔wrangler（caballerango（西）馬の牧童）〕、ロデオ、あるいは〔カウボーイと同義の〕バカルー〔buckaroo（vaquero（西））〕さえもそうした語彙に含まれる。カウボーイと類似の集団はヨーロッパにも見られる。ハンガリーの平原プスタ〔puszta（ハンガリー語）〕のチコーシュ〔csikos（ハンガリー語）〕、牛の放牧地帯にいる、おそらくはその華やかで大胆な振る舞いが「フラメンコ」という言葉の初期の意味を与えたアンダルシア人の馬乗りたち、そして南ロシアやウクライナ平原のさまざまなコサックの共同体がそうである。ここでは、馬に乗らない他のさまざまな形態の牧童やもっと規模の小さい牛飼いの共同体、あるいはヨーロッパの重要な家畜商人の一団も勘定に入れていない。ただし、家畜商人の機能はまさにカウボーイの機能に相似している。すなわち、家畜を辺鄙な飼育地域から市場に連れて行くという機能である。一六世紀には、ハンガリーの平原からアウグスブルク、ニュルンベルク、ヴェネチアといった市場都市に続く、ちょうどチザム交易路〔テキサス州サン・アントニオからカンザス州アビリーンをつないで家畜輸送に使われた〕に匹敵する輸送路があった。また、扱っているのは牛より羊の方が多いが、基本的に畜産国家であるオーストラリアの広大な奥地については語る必要もないだろう。

このように、西側世界はカウボーイ神話を生み出す可能性にはこと欠かない。そして実際、上述したほとんどすべての集団は、男らしく英雄的でやや野蛮とも言える神話を一、二種類ほどはそれぞれの国において、あるいはときには国を越える範囲において生み出している。私が思うに、巨大で変化に富む大西部と表現されるにはもっとも似つかわしくないコロンビアにおいてさえ、東部の平原の馬乗りたちは——特にその数が消えつつある現在——作家や映画プロデューサーにインスピレーションを与えるのではないだろうか。現在までの彼らの主要な文学上の金字塔は、一九四八年から五三年にかけての暴力の時代〔violencia（西）〕に自由党牧場経営者たちの指導の下に行われた牧童たちのゲリラ戦についての壮大な記述である。これをまとめた彼らの指導者は、端正な顔立ちで、背の低いがっちりとした体格のがに股の紳士である。彼は昨年ボゴタで開かれた、暴力の時代についての学究的な会議にボディーガードとともに参加した。この本とはすなわちエドゥアルド・フランコ・イサーサの『平原のゲリラ』[1]〔*Los guerrilleros del llano*〕である。

さらに、アメリカ合衆国の歴史においては実際のカウボーイはなんら政治的な重要性を持たなかった——だから大西部の神話に登場する町というのは真の都会や州都ですらなく、アビリーンやカンザス州のドッジ・シティといった、さびれた片隅の窪みなのである——が、他国の荒野の馬乗りたちは、自国の発展において重要でときには決定的な要素であった。一七、一八世紀におけるロシアの農民大反乱はコサックの辺境地域で始まったのであるし、また反対にコサックは後の帝政の親衛隊となった。バルカン半島の無法者の追いはぎで愛国的なゲリラでもある神出鬼没のハイドゥーク〔haiduks〕については別のところ[†1]で書いているが、その名前は「牛追い」すなわちカウボーイを意味するハンガリー語に由来する。

アルゼンチンでは、偉大な指導者ロサス〔アルゼンチンの政治家・独裁者〕のもと荒馬の騎兵隊として組織されたガウチョが独立後の一世代に渡って国を牛耳った。アルゼンチンを現代的な文明国家に変容させることは、本質的にプレーリーに対する都市の、ガウチョに対する教養ある商業エリートの、そして野蛮さに対する文化の戦いとみなされた。ウォルター・スコットのスコットランドのように、サルミエント〔アルゼンチンの政治家・作家〕のアルゼンチンにおいてもこの戦いの悲劇的な要素ははっきりと見て取れた。それと言うのも文明の進歩とは、気高く英雄的で賞賛に値するが歴史的には命運を絶たれたものとみなされる価値観の滅亡を暗に意味したからだ。得るものがあれば失うものもあった。一つの国としてウルグアイは実質的にアルティガス〔ウルグアイ建国の父とされる〕率いるカウボーイ革命によって形成されたが、ウルグアイを「ラテン・アメリカのスイス」と呼ばれるようになる国にしていった民主的自由と民衆の福祉をめざす動きは、この起源から獲得されたのである。この状態は一九七〇年代に軍司令官たちがすべてに終止符を打つまで続いた。同様に、パンチョ・ビージャ〔メキシコの革命家。パンチョ・ビリャの表記もある〕の革命軍の馬乗りたちは牧畜や鉱山の開拓地から出てきた者たちだった。

オーストラリアは、アルゼンチンやウルグアイのように急速に都市化した社会となった――実際、おそらくは一九世紀において小さなヨーロッパの域外でもっとも都市化した社会だった。しかし純粋に面積の点で言えば、オーストラリアは大西部地帯とその一方の端にくっついた二つの都市で成り立っていたにすぎない。そして経済の面で言えばアメリカのどの時代と比べてもはるかにずっと家畜農場の生産物に依存していた。したがって、そのような家畜農場に関わる集団が神話を作り出したというのは驚きには当たらない。たとえば、オーストラリアの奥地は、そこで放浪しながら仕事を担うプロレタリアートの牧童や羊毛刈り職人やその他の渡り労働者とともに、いまだにオーストラリアの国家的神話の真髄となっている。そしてなるほどそうした流れ者を歌った「ワルツィング・マティルダ」はオーストラリアの国民歌である。しかしこうした流れ者たちの誰一人として真に国際的な人気を博する神話を生み出してはいないし、ほんのうっすらとでも北アメリカのカウボーイの成功に匹敵するような神話など言うまでもない。いったい何故だろうか。

その答えについて考えをめぐらす前に、まずは簡単に一言二言、これらアメリカ以外のカウボーイ神話について述べておきたい。それらの共通点に目を向けるためという目的も一部にはあるが、おもにはそのような神話や「創られた伝統」のイデオロギー的・政治的柔軟性に注意喚起するためである。「創られた伝統」については後ほどすぐに戻ってアメリカの文脈において検討しよう。カウボーイ神話の共通点は明白である。すなわち、タフさ、勇敢さ、武器の携帯、苦難を与えたりそれに耐えたりする用意が整っていること、秩序の無さ、そして野蛮な要素が強く、あるいは少なくとも表面的な洗練が欠如していて、次第にそれが気高い未開人の地位へつながっていくこと、である。またおそらくは、騎乗の者が歩兵に対して抱く侮蔑、牧童が農場主に抱く侮蔑、そしてその優越性を示すような肩で風を切って歩くさまや服装も共通の特徴だろう。明白な非知性やさらには反知性といった要素も付け加えられるべきだろう。それらすべてが都会の教養ある中産階級の男を一人ならず刺激してきた。カウボーイとは――真夜中のカウボーイたちですら[†2]――なかなかに手荒な商売だ。しかしこのこと以上に、カウボーイたちは彼らの社会の神話と現実を反映している。たとえばコサックは、放埒な男たちではあるが、社会的に根を下ろし「居場所を持つ」。コサック版の「シェーン」〔一九五三年のアメリカ映画『シェーン』の流れ者の主人公〕など、想像もつかない。オーストラリア奥地の神話――そして現実――は、階級意識を持ち組織化されたプロレタリアートのものだ。〔一九〇五年にシカゴで結成された戦闘的な〕世界産業労働組合員たちによって組織されたとした場合に考えられる大西部の神話と言ってもよい。その際牛飼いたちは白人ではなくアボリジニの場合もあるだろうが、オーストラリア版のカウボーイと言える流れ者の羊毛刈り職人たちは労働組合員だった。馬やラバやおんぼろ自動車に乗って奥地を渡り行く一見したところ浮浪者の集団の中から男たちの一団が雇われた場合——それは今でも同じなのだが——、彼らが最初にするのは労働組合の集会を開き、雇主と交渉するスポークスマンを選ぶことだっただろう。これはオーケー牧場やその周辺のカウボーイたちの流儀ではなかった。[†3] 彼らがイデオロギー上の左派でなかったことも付け加えておきたい。一九一七年、オーストラリア、クイーンズランドの奥地で多くの流れ者たちが集会を開いて一〇月革命を称揚し、評議会《ソヴィエト》を要求したとき、——少々手間をかけつつ——多くが逮捕され、政府の転覆を図るような印刷物がないか捜索を受けた。当局はそのような破壊分子的な文献は何一つ、あるいはそもそもどのような文献もこうした男たちから見つけることはなかった。彼らの多くがポケットに忍ばせていた、こんなメッセージが書かれたチラシを除いては。「水が長靴を腐らせるようなら、胃にはどんな悪さをするだろうか?」

要するに、カウボーイ神話にはさまざまなバリエーションの余地がある。ジョン・ウェイン〔アメリカの俳優、西部劇スター〕はたんに一つの特別な型にすぎない。後述するように、アメリカ合衆国においてさえ、彼はたんに地域神話の一つの特異な型にすぎないのだ。

アメリカン・カウボーイ神話が他のカウボーイ神話に比べこれほどまでに強力なのは何故なのか、その理由をどのように見つけ出そうか。できるのはただあれこれと推測することだけである。まず、ヨーロッパの内外において、現代的な意味での「ウェスタン」――つまりカウボーイ神話――は、ずっと昔に深く根付いたイメージ、すなわち大西部一般のイメージが変化した最新の異種であるという事実から話を始めよう。最初の著作を出版するなりヨーロッパで瞬く間に人気となったフェニモア・クーパー〔アメリカの小説家〕――ヴィクトル・ユーゴーは彼を「アメリカのウォルター・スコット」と評した――が、このもっとも馴染みのある例である。そして彼はいまだ死に絶えてはいない。レザーストッキング〔クーパーの小説の主人公ナッティ・バンポーのあだ名〕の記憶なくしてイギリスのパンクたちはモヒカン・スタイルの髪形を創り出しただろうか。

大西部の原型イメージには二つの要素が含まれると考えられる。自然と文明の対立、そして自由と社会的制約の対立である。文明とは自然を脅かすものである。そして始めのうちはそれほど明らかではないが、みてわかるとおり、人びとの従属や束縛から独立への動き、それが一八世紀から一九世紀初期における急進的なヨーロッパの理想としてのアメリカの真髄を形作っているのだが、それこそが大西部に文明を持ち込み、その結果大西部を破壊するものなのだ。平原に切り込んだ犂《すき》はバッファローとインディアン〔ママ〕の終焉を意味する。ここで私が提唱したいのは、ヨーロッパが抱いた大西部の原型イメージは、自由を求める集団的な探究、すなわち入植地の開拓部落には実質的になんら注目していなかった、ということである。シャーロック・ホームズを考えていただきたいのだが、たとえばモルモン教徒たちが物語にはおもに悪党として登場する――少なくともヨーロッパにおける扱いでは――ことからも明らかである。

原型の大西部叙事詩における多くの白人主人公たちはある意味「文明」における異分子であり、そこからの亡命者であることは明らかだ。しかしそれは彼らを取り巻く状況の本質ではないと私は考える。彼らは基本的に二種類のタイプに分けられる。他の場所では見つけられない何か——そして金は優先順位がもっとも低いのだが——を求めている探検家や訪問者。そしてもう一つは、こうした荒野の中に人間の形あるいは人間以外の形で存在する自然との共生関係を作り上げた男たち。彼らはその自意識と装備を持ってやってくるという意味以外では、現代世界を持ち込んではいない。訪問探索者のもっとも劇的な例としては、一七九〇年代にノース・ダコタ州に住む先住民族であるマンダン族が本当にウェールズ語を話すのか、そしてコロンブスのはるか以前にアメリカを発見したとされる伝説のウェールズ王子マドックの子孫であるのかを確かめに出発した、かの若きジャコバン派のウェールズ人がいる（これについてはグウィン・ウィリアムズによる見事な分析〔Gwyn Williams, *Madoc: The Making of a Myth* (Oxford University Press, 1979)〕があるが、ジェファーソンを含め広範囲の人びとに信じられた物語である）。ジョン・エヴァンズはたった独りでミシシッピ川とミズーリ川を遡り、——ああ、なんということだろうか——私たちみながその肖像を知る高貴な顔立ちの人びとがウェールズ語を話さないことを知り、ニューオーリンズに戻る途中、二九歳という若さで酒を飲みすぎて亡くなった。

このように、西部の原型の神話は、アメリカ自体の神話同様に、ユートピア的なものだった。しかし西部の場合、ユートピアとは失われた自然の再生についてのものだった。西部の真の英雄はインディアンであり、インディアンとともにインディアンのように生きることを学んだハンターだった。つまり、レザーストッキングとチンガチグックである。[†4] それは生態系のユートピアと言えた。西部が旧北西部地方、すなわち未来の中西部内の西部を指していた頃は、カウボーイは無論、そこに入ることはできなかった。しかし、西部という壮大な舞台のキャストに加わってからも、カウボーイはたんに鉱夫やバッファロー・ハンター、合衆国騎兵、鉄道建設員やその他とともに、舞台上の人物の一人にすぎなかった。国際的な西部神話の基本テーマは、一八九〇年代にその重厚な三部作『ヴィネトゥー』[†5]が出版されて以来、ドイツ語圏の少年たちがみな読んで育ったカール・マイ〔ドイツの小説家〕の小説によく示されている。私がカール・マイについて触れるのは、彼が大西部の数あるヨーロッパ版の中でも飛び抜けて影響力を持っていたし、いまなおそうだからである。ついでながら、『ヴィネトゥー』を原作に一九六〇年代初期にドイツで（というよりユーゴスラビアのロケ地で）作られた映画の大成功が、イタリア人やスペイン人プロデューサーたちにマカロニ・ウェスタン大量生産のアイデアを授け、それによってクリント・イーストウッドはひと財産を築き、西部のイメージはいま一度変容したのである。

　マイの描く西部の由来はもっぱら、彼が刑務所の図書館員を務めていた時代に読んだ文学にある。それには純旅行文学や民俗学文献が含まれる。彼は大変才能豊かな空想家であり、その作り話の才は、彼を創造的な文筆活動に向かわせる前は詐欺の道に走らせていたのだ。彼の西部は基本的には、西部で道を切り開いていくことを学ぶ感受性豊かな教養あるヨーロッパ人と気高い未開人との密接な関係についてであり、己の理解できないこの生態系の楽園を冒涜し破壊するアメリカ人《ヤンキー》とは対抗的な関係に置かれている。ドイツ人のヒーローとアパッチ族の戦士は義兄弟となる。物語は悲劇的な結末を迎えざるをえない。気高くきわめて美男子のヴィネトゥーは死なくてはならないのだ。なぜなら西部そのものが破滅の運命にあるからだ。この点についてだけはヨーロッパ版の神話は後のアメリカ版西部劇と共通している。しかし、このヨーロッパ版神話においては、真の野蛮人は赤い肌ではなく白い肌を持っている。もちろんカール・マイはアメリカについて執筆してからずいぶん経つまで実際にアメリカに足を踏み入れることはなかった。世界の他の地域に舞台を置いたマイの冒険小説、特に有名なところでは彼がそこを舞台に何巻もの小説を執筆したイスラム圏が挙げられるが、それらの小説には『ヴィネトゥー』と類似のテーマはまったくみられない。

偶然にも『ヴィネトゥー』（第一巻は一八九三年に書かれた）が大変な人気を博したちょうどその頃、アメリカの支配階級は理想化されたカウボーイを発見もしくは構築した。オーウェン・ウィスター〔アメリカの小説家〕、フレデリック・レミントン〔アメリカの画家。西部の生活を写実的に描いた〕、セオドア・ローズヴェルトの見たカウボーイ像である。しかし〔時期的には一致するものの〕、両者に共通項はいっさいない。かろうじて両者ともに帝国主義と結びつけることができるかもしれない。というのも、この手のジャンルを手掛ける他のヨーロッパ人の専門家たちと同様に、カール・マイ（彼はどちらかと言えば平和主義者の傾向があったにもかかわらず、ヒトラーに熱烈に崇拝されていた）は、異国情緒あふれる舞台を得意に思っており、赤い肌の男と義兄弟であろうとなかろうと、疑いなく白人、いや厳密にはドイツ人の一定の優越性を当然のことと考えていたからだ。

一八九〇年代に異なる大陸でそれぞれに西部が大流行したことになんらかのつながりがあるとすれば、それはほぼ間違いなくバッファロー・ビルによってもたらされたものである。ビルの率いた大西部ショーは一八八七年に世界巡業を始め、行く先々で瞬く間にカウボーイやインディアンなどに対する大衆の関心を高めた。カール・マイはよく知られていたジャンルの最たる成功例にすぎない。このジャンルの著作の大半は、『アーカンソーの罠猟師』（*Les Trappeurs de l'Arkansas*）[2] といったフランス人作家ギュスターヴ・エマール〔フランスの小説家。「フランスのフェニモア・クーパー」と呼ばれる〕の作品のように、すでに忘れ去られて久しい。こうした作品について言及したのはたんに、イギリスのポピュラー音楽の多くがブロードウェーのヒット曲に由来するのとは異なり、ヨーロッパ版の大西部神話がアメリカに起源を持つのではないという点を強調したかったからにすぎない。ヨーロッパ版の神話は、少なくともフェニモア・クーパーに遡るまで、そして実際にはもっと以前から、アメリカ版の神話と同時期に存在していた。ヨーロッパ版の西部がアメリカ版の派生物となったのは、二〇世紀初期に西部劇映画のみならずクラレンス・マルフォード[†6]、マックス・ブランド〔アメリカの大衆小説家。西部ものを量産した〕、そして何よりゼーン・グレー〔アメリカの西部劇作家（一八七五～一九三九年）〕の作品のような亜流西部劇小説に寄生するようになってからである。そのような派生の初期の著名な例は、ベラスコ〔アメリカの劇作家、プロデューサー〕の超大作をもとにした、真にホース・オペラ《西部劇》の名にふさわしい最初で唯一の作品、プッチーニの『西部の娘』（*La Fanciulla del West*, 1907）だろう[†7]。

すでにみたように一八九〇年代に現れやがて――少なくとも半世紀かそこらのあいだに――原型の母国生まれの西部の国際的伝統を飲み込み吸収してしまった、創られたアメリカン・カウボーイの伝統についてはどうだろうか。あるいはこの特定の文学あるいは亜流文学のトポスはとてつもなく順応性があり柔軟であることから、〔アメリカン・カウボーイに限定するのではなく〕創られたカウボーイの伝統と言ってもよい。この創られた伝統の登場がアメリカ史におけるある決定的な瞬間にあることを証明するにはおよばないだろう。それは奇しくも一八九三年のシカゴ万博において、F・J・ターナー〔アメリカの歴史家〕がそのフロンティア論文[†8]を揺籃期のアメリカ歴史学協会〔一八八四年創設〕で発表する一方で、外ではバッファロー・ビルがもはや自然の状態で歩き回ることのできない西部の動物たちのサファリ・パークを展示するという偶然によってさらに劇的な瞬間となったと言ってよい[†9]。

カウボーイはたしかに一八七〇年代・一八八〇年代に三文小説や大衆メディアにおいて標準的なテーマとなった。しかし、ロン・テイラーが明らかにしているように、このカウボーイのイメージは、英雄的資質を排除することはないものの複雑に入り組んでいた。一八八〇年代にはそれはどちらかと言えば反社会的なものになった。すなわち「乱暴で、危険で、手に負えず、向こう見ずで個人主義的」[3]なものだった——少なくとも定住した入植社会と彼が衝突する際はそうだったのである。その新しいイメージは農場経営に深く関わる東部の中産階級によってつくられたものであり、大いに文学的なものだった。それを明らかにしているのは、たんにカウボーイとトマス・マロリー〔イギリスの著述家。アーサー王伝説をフランス語から翻訳し集大成した〕の描いた中世の勇敢な騎士が似通っていること、そしておそらくは二人の闘士による真昼の決闘——騎士の決闘のようなものだ——の人気が高いこと、のみではない。西部劇に見られるいくつかのトポスは実際にヨーロッパに起源を持つことから明らかなのだ。ミステリアスな過去を負ってどこからともなく現れる孤高のガンマンは、すでにアイルランド人作家メイン・リード〔アイルランドの少年文学作家。アメリカに移住した後文筆活動に入る。主要作品の発表時期は一八五〇年代・六〇年代〕が使っていた。「男は為すべきことを為さなければならぬ」という考えは、スペイン艦隊と単身で戦うサー・リチャード・グレンヴィルについて謳った、テニスンのいまはもうあまり知られていない詩「リヴェンジ号」〔'The Revenge' テニスンの詩集 *Ballads and*

Other Poems, 1800 収録の詩〕の古典的なヴィクトリア朝的表現の中に見出すことができる。

文学的な系統で言えば、創られたカウボーイは後期ロマン派の産物だった。しかし、社会的な趣旨の点では、カウボーイには二つの機能があった。彼はまず、フロンティアの終焉と大企業の到来によって逃げ場のない牢屋に押し込まれてしまった個人主義的自由の理想を体現していた。自身による挿絵付きで一八九五年に発表されたレミントンの記事について、とある評者が言っているように、カウボーイは「山の岩壁に追いやられもうまもなく頂上付近で期限切れとなってしまいそうな猶予期間中の自由をアメリカ人がまだ享受できるかもしれない場所」をうろつき回っていた。あと知恵で考えると、西部はそのようなものとみなすことができた。この感傷的な、西部劇映画初の大スター、ウィリアム・S・ハート〔アメリカの俳優。映画転向後、愛馬 Paint とともに名声を得た〕にとってそう思えたように。ハートは、牧畜や鉱山のフロンティアは「この国にとって……国民生活の真髄を意味する。……実質的にこの国中がフロンティアだった時代からまだほんの一世代余りしか経っていない。したがってその精神はアメリカの国民性と密接に結びついている」[4]と考えた。計量的な発言としてはこれはまったく事実にそぐわないが、その意味するところは象徴的である。そして西部という創られた伝統は、相対的にほんの一握りの周縁の人びとの経験を一般化しているという意味で完全に象徴的なものである。結局のところ、一八七〇年から一八八五年のあいだにすべての主要な家畜売買の町――ウィチタ、アビリーン、ドッジ・シティ、エルズワース〔いずれもカンザス州〕――で生じた銃殺事件数を合わせても四五件、言い換えれば家畜取引のシーズン毎に平均一・五件だけであったこと[5]や、西部の地方新聞の紙面を占めていたのは酒場での乱闘ではなく、不動産価格やビジネス・チャンスについての記事だった、ということをいったい誰が気に留めるだろうか？

しかし、カウボーイはもっと危険な理想も表していた。何百万の単位で押し寄せてくる下級人種の移民に対し、アメリカ生まれのワスプすなわちアングロ・サクソン系新教徒の流儀を守ろうというものだ。それゆえ、原型の非イデオロギー的な西部——たとえばバッファロー・ビルのショー——にはいまだ登場しているメキシコ人やインディアンや黒人の要素はこっそり外された。カウボーイがひょろりと背の高いアーリア人になったのはこの時点のことであり、このような次第による。換言すれば、創られたカウボーイの伝統は、人種隔離と反移民的人種差別両方の高まりの一部であり、これは危険な遺産である。無論、アーリア人のカウボーイが完全に神話上の産物というわけではない。おそらく、大西部が実質的に南西部の現象ではなくなり、さらにはテキサスの現象でさえなくなり、景気のピーク時にはモンタナ州やワイオミング州、南北ダコタ州といった地域にまで拡大するにつれ、メキシコ人やインディアンや黒人の割合はたしかに減少していった。後の畜産物景気の時期には、相当数の都会育ちのヨーロッパ人、おもにイギリス人がカウボーイたちに加わり、東部育ちの大学卒業者たちがそれに続いた。「極西部の家畜業に従事している者の一〇人のうち九人は紳士だと言って差し支えないだろう」[6]。と言うのも、付け加えておけば、創られたカウボーイの伝統にはそれほど入り込んでいない畜産経済の現実の一側面として、西部の牧牛農場にヴィクトリア朝イギリスの資本が相当流れ込んでいたことが挙げられるからだ。

当初、アーリア人のカウボーイはヨーロッパ人たちを特段魅了するものではなかった。ただし西部劇の人気は大変なものであり、実際かなりの数の西部劇がヨーロッパで作られた。ヨーロッパ人はいまだカウボーイだけではなくインディアンに強い関心を抱いており、ドイツでは一九一四年以前に『モヒカン族の最後』[†10]が映画化され、インディアンのヒーローは驚くべきことにベラ・ルゴシ〔ハンガリー生まれのアメリカの俳優。『ドラキュラ』の舞台や映画で名声を得た〕が演じている。

カウボーイの新しい伝統は二つのルートで世界に進出していった。西部劇映画と、それよりはるかに過小評価されている西部劇小説や亜流小説である。後者は当時多くの外国人にとって、現在探偵スリラーものが占めるに至った存在に相当した。西部劇小説は新しい西部の発明とともに現れた。それについては特に触れるつもりはないが、ただ、こんな例だけ引用しておこう。イギリスの鉱夫組合の戦闘的なメソジストのリーダーが一九三〇年に亡くなった時、金はほとんどなかったが、ゼーン・グレーの小説の膨大なコレクションを残したそうである。ところでグレーの『紫の野の馬乗りたち』[†11/7]は一九一八年から一九四一年のあいだに四回映画化された。映画について言えば、一九〇九年頃までには西部劇のジャンルがしっかりと根付いたことは周知のとおりである。大衆向けショー・ビジネスのあり方を考えれば、映画版のカウボーイが二つの亜種を作り上げていったことは驚くには当たらないだろう。すなわち、W・S・ハートやゲイリー・クーパー〔アメリカの俳優。『真昼の決闘』などに主演〕、ジョン・ウェインに代表されるロマンチックで強く、シャイで物静かな行動力の男と、バッファロー・ビルのたぐいのカウボーイ・エンターテイナーである。後者は疑いなく勇敢ではあるが、本質的には自分の技をひけらかす傾向にあり、そういう存在としてたいていの場合特定の馬と結びついている。間違いなくトム・ミックス[†12]はそのプロトタイプであり、ずば抜けた成功例だった。ついでに再度述べておきたいのだが、――フート・ギブソン〔アメリカのロデオ・スター、映画俳優〕のタイプ〔すなわち、トム・ミックスのタイプ〕の西部劇に対抗するものとしての――野心的な西部劇における文学の影響は、大衆向けのセンチメンタルな一九世紀の文章にはっきりと見てとることができる。このことは、グリフィス〔アメリカの映画監督。一九一五年制作の『国民の創生』はアメリカ映画初の長編作品〕作品を除いては初のハリウッド製叙事詩である一九二三年の『幌馬車』（*The Covered Wagon*）にかなり明白であり、『駅馬車』（*Stagecoach*, 1939）ではきわめて明らかである。なお、『駅馬車』は無論、モーパッサンの『脂肪の塊』（*Boule de Suif*, 1880）[8]をもとにしている。

しかし、私は〔すでに情報があふれるなか、〕西部劇映画発展の詳細をここでいま一度繰り返したくはないし、ホース・オペラ《西部劇》が本来そういうものではなかった国民的叙事詩へと変容していったさまを簡単にでもたどることすらしたくはない。西部劇は明らかにD・W・グリフィスの関心を本格的に誘うものではなかったが、『幌馬車』はたしかにたんなる娯楽作品以上のものとして扱われた。この映画が丹念に研究されたこともその一例である。そして一九三〇年代、ヨーロッパ人が古典的な西部劇のテーマに目を向け、『サッターの金』[†13]の場合にみられるように反資本主義精神で解釈するようになると、ハリウッドは『幌馬車』の作者に同様のテーマでさらに愛国的な作品を作るよう求め、これが一九三六年に公開されたのである。

創られた伝統についての本検討のまとめに当たり、私は西部劇映画の発展史を記述する代わりに、ある興味深い事実に読者の注意を喚起したい。すなわち、レーガンのアメリカという確立した神話として、私たちのこの時代にカウボーイの伝統が再び創られたという事実である。これは本当にごく最近のことである。たとえば意外に思えるかもしれないが、カウボーイが物を売るための本格的な媒体となったのは一九六〇年代になってからのことだった。マールボロ・カントリー[†14]は、アメリカの男たちが自己をカウボーイと同一視することの大変な可能性を示した。そのカウボーイはもちろん、ますますもって馬乗りの牧童ではなくガンマンとみなされるようになっている。「私は常にカウボーイのように独りで行動してきた……馬に跨って村や街に独りで乗り込んでいくカウボーイのように……。カウボーイはただ行動するのみだ」と言ったのは誰だろうか？　一九七二年にオリアーナ・ファラーチ〔イタリアのジャーナリスト〕に語ったヘンリー・キッシンジャー[†15]その人である。[9] 一九七〇年代以前にリーダーがその指揮を下している人びとによって「馬に跨って群れを見張っている」などと形容されることなど想像できるだろうか？　この神話の語るに落ちた例を引用してみよう。これは一九七九年に遡る。

西部。それはたんに駅馬車やヤマヨモギの荒れ地を指すのではない。それは実在する誇り高き男たちのイメージ。私たちみなが感じたい自由と独立のイメージ。ラルフ・ローレンはこれらすべてをその新しい男性用コロン Chaps に表現した。Chaps は擦り切れた革のジャケットやジーンズのように男性がごく自然に身に付けることのできるコロンだ。Chaps. それは西部。あなたが自分自身の中に感じたい西部。[10]

アメリカの政策を左右する大衆現象としての西部という、実体として創られた伝統は、ケネディ、ジョンソン、ニクソン、レーガン[†16]の時代の産物である。そしてもちろん、テディ〔セオドア〕・ローズヴェルト以降初めて故意にウェスタンと馬上の自己イメージを作り出した初の大統領であるレーガンは、自己の戦略を十分に了解していた。アメリカの富の南西部への移転を、レーガン版カウボーイがどの程度反映していたのかについては他者に判断を委ねなければなるまい。

このレーガン主義の西部神話は国際的な伝統を負っているだろうか。私はそうではないと考える。まず何より、創られた西部を普及させたアメリカの主要メディアが消え去っているからだ。西部劇小説や亜流小説は、すでに示したように、かつてゼーン・グレーの時代にそうだったような国際的な現象ではもはやない。探偵小説がヴァージニア人を駆逐してしまったのだ[†17]。ラリー・マクマートリー〔アメリカの小説家。その小説は西部を舞台に描かれている。『愛と追憶の日々』（一九七五年）など〕や同類の作家たちは、たとえアメリカ文学における立場がどのようなものであれ、母国を出ればほとんど無名に等しい。西部劇映画について言えば、これはテレビに圧倒されてしまった。そして西部もののテレビシリーズは、おそらくは真に国際的かつ大衆的な成功を収めた最後の創られた西部だったのだが、子ども向け番組のただの添え物になり果て、やがてこれも消滅してしまった。ホパロン・キャシディ〔同名の西部劇小説に登場するカウボーイ。テレビシリーズは一九四九～五四年に放映〕やローン・レンジャー〔西部劇の主人公。テレビシリーズは一九四九～五七年。六〇年代後期にはテレビアニメ化もされた〕、ロイ・ロジャーズ〔アメリカの歌手、西部劇俳優〕、『ララミー牧場』〔*Laramie*　一九五九～六三年放映〕や『ガン・スモーク』〔*Gunsmoke*　一九五五～七五年放映〕の登場人物たちなど、一九五〇年代の子どもたちが観ながら成長した彼らはどこに行ってしまったのだろう？　真正の西部劇映画は意図的にインテリ向けで、一九五〇年代の社会的・道徳的・政治的な重要性を伝える媒体となり、やがてはそれ自身の重みに耐えかねて衰退してしまった。制作者やスターたち——ジョン・フォード〔アメリカの映画監督。『駅馬車』（*Stagecoach*, 一九三九年）、『怒りの葡萄』（*The Grapes of Wrath*, 一九四〇年）など〕やジョン・ウェインやゲイリー・クーパー——の寄る年波にも勝てなかったのだが。何もそうした西部劇を批判しているわけではない。それどころか私たちの誰もがまた観たいと思うような西部劇は実質的にすべて（一九三九年に封切られた）『駅馬車』以降のものである。しかし、西部を五大陸の人びとの心と家庭に届けたのはオスカー〔アカデミー賞〕や批評家たちの拍手喝采を狙って作られた映画ではなかった。さらに、いったんレーガン主義による——あるいはイデオローグとしてのジョン・ウェイン[†18]による——影響を受けるようになると、後期の西部劇映画はあまりにもアメリカ的に傾き過ぎ、世界の残りはほとんどその内容の核心をつかむことができないか、あるいはできたにしてもそれを好きにはならなかった。

少なくともイギリスにおいては、「カウボーイ」という言葉には二次的な意味があり、マールボロの広告に登場する男を指す元来の意味よりもずっとよく知られている。それは主として、どこからともなく現れて屋根修理のたぐいのサービスを申し出ておきながらすべき作業のことがろくにわからないか、あるいは法外な値段を吹っ掛けること以外は気にも留めないような人物を意味する。たとえば「悪徳業者《カウボーイ》の配管工」や「やっつけ仕事《カウボーイ》の煉瓦積み」である。（a）この二次的な意味がどのようにシエーンやジョン・ウェインのようなステレオタイプから引き出されたのか、そして（b）それが〔一九六〇年代以降に人口が増加し、アメリカの政治経済面で重要となったヴァージニア州からカリフォルニア州にかけての〕サンベルトにいる都会のカウボーイハットをかぶったレーガン主義者の現実をどれくらい反映しているのかについては、読者の推測に任せよう。私はこの言葉が初めてイギリスの用法に登場したのがいつなのかを知らないが、一九六〇年代中盤より前でないことはたしかだ。この二次的な意味のカウボーイの役目は、ただ私たちから金品をだまし取り、西部劇のエンディング・シーンさながらに夕日に向かって消えていくことだ。

さらに、ジョン・ウェインのイメージの西部に対抗するヨーロッパの巻き返しがある。それは再興した西部劇映画のジャンルである。マカロニ・ウェスタンが何を意味するにしろ、この西部劇はアメリカの西部神話に徹底的に批判的であり、逆説的ではあるがそのことによって、ヨーロッパにおいてもアメリカにおいてもいまだどれだけ大人の中に古きガンマンに対する需要があるのかを示した。西部劇はセルジオ・レオーネ〔イタリアの映画監督。マカロニ・ウェスタンの代表的存在と言える〕やさらに言えば黒澤明を通して、つまり西部の知識と映画に精通しながらもアメリカの創られた伝統に懐疑的な非アメリカ人の知識人を通じて、再興されたのだ。

〔レーガン主義の西部神話が国際的な伝統ではない〕二つ目の根拠として挙げられるのは、ごく単純に外国人はアメリカの保守派やそれどころか一般のアメリカ人にとって西部神話がどのような結びつきを持つのか理解できないということである。たしかに誰しもジーンズははく。しかし、ジーンズをはいたときに多くのアメリカの若者が感じる、想像上の馬のつなぎ杭にもたれかかり太陽に向かって目を細めてみるといった、ごくかすかとはいえわれ知らず湧き上がってくる衝動を抱くことはない。野心的な金持ちでさえテキサス・ハットをかぶってみたいなどと感じることは決してない。ジョン・シュレジンジャー[†19]の〔都会で翻弄されるテキサス出身のノンヒーローの若者を描いた〕『真夜中のカウボーイ』(*Midnight Cowboy*, 1969)を観て冒涜された気分になる者もいない。つまり、マールボロ・カントリーに住んでいるのはアメリカ人だけなのである。ゲイリー・クーパーが冗談の的になることは決してなかったが、『ダラス』〔*Dallas*　一九七八～九一年。巨大な権益と家族の愛憎を描いた人気ソープ・オペラのシリーズ〕に登場する広大な観光牧場のJR〔*Dallas* の登場人物で石油王の J. R. Ewing〕やその他の成金の住民たちは物笑いの種である。こうした意味において、西部はもはや国際的な伝統とは言えない。

しかし、かつては国際的な伝統だったのだ。そして、この短い考察の結論に当たり、私はいま一度同じ疑問に立ち返ろう。何故なのだろう？　カウボーイの何がこれほどまでに特別だったのだろう？まず、明らかに、世界中が目にすることのできる一九世紀の世界の中心であった国に登場したということが挙げられるだろう。アメリカは一九世紀の世界のいわばユートピア的な要素を成していた――読者の考えるユートピアが何であれ、少なくとも一九一七年以前の時代におけるユートピアを。つまりアメリカは実在した夢だった。アメリカで起こったことはなんでも、たとえ実際にはそうでなくてもより大きく、より極端で、よりドラマチックかつ無限に思われた。そしてもちろん実際そのとおりであることが多かった。カウボーイの場合は違ったのだが。二つ目には、西部神話に対する純粋に地域的な流行が、産業的な都会の世界においてもっとも独創的で創造的だったアメリカ大衆文化の全世界的な影響によって、そして西部神話を運びアメリカが独占していたマス・メディアによって、誇張され国際化したからである。ついでに付け加えさせてもらえば、西部神話は直接世界に進出したのみでなく、ヨーロッパの知識人たち――西部神話によってアメリカへと引き寄せられた者もいれば、距離を置いていた者もいたのだが――を通じ、間接的な形でも進出したのである。

　こうして考えれば、何故カウボーイがバケーロやガウチョよりもよく知られているのかたしかに説明がつくだろう。しかし、カウボーイたちが引き起こす、あるいはかつて引き起こしていた国際的な躍動の隅々まで十分に説明できているとは思えない。これはアメリカ資本主義に本来備わったアナーキズムによるものではないだろうか。私が言っているのは市場のアナーキズムのことだけではなく、国家権力によるいかなる強制をもってしても支配することのできない個人という理想のことである。多くの点において一九世紀のアメリカは国家不在の社会だった。アメリカの西部神話とカナダのそれとを比較してみればよい。一方は、免許を持ったガンマンや無免許のガンマン、自警団、またときには騎兵隊の突撃といった個人や集団の自助によってのみ和らげることのできる、ホッブズ主義で言う自然状態の神話である。もう一方はカナダ版の騎乗の英雄、王立カナダ騎馬警察隊の隊員によって象徴される、統治の押し付けと公の秩序という神話である。

　個人主義的アナーキズムは二つの顔を持つ。富裕な権力者にとっては、法や国家より利潤が優先されることを意味する。たんに法や国家が金で買えるからというだけでなく、買えない場合でもそれらには利己や利潤に比べ何の道徳的合法性もないからである。富も権力も持たない者にとっては、個人主義的アナーキズムは自主独立と、平凡な人間が尊敬され、自分のできることを示す権利を意味している。私は、古典的な創られた西部における理念型のカウボーイという英雄が誰にも借りのない一匹狼であったことは偶然ではないと思う。また、彼にとって金が重要ではなかったとも思わない。ただ、トム・ミックスも言っているように、「俺は自分の馬と鞍と馬勒を携えてある土地に乗り込んでいく。

自分の買った喧嘩じゃないが、誰かのために正しいことをしてやっかいごとに巻き込まれる。ことがすべて収まっても金銭的な報酬を得ることはないのさ」[11]ということだったのだ。私は、一匹狼個人に対する賛美ではなく、男臭いギャングに対する賛美となっている最近の西部劇については議論したくない。そうした最近の西部劇が何を意味しているにせよ――そしてホモセクシュアルの要素は外せないのであるが――それらはこのジャンルの変容を表すものである。

ある意味、一匹狼は、ただ一匹狼であったからこそ想像の上で自己同一視するのに役立った。決闘の場のゲイリー・クーパーやサム・スペード[†20]になりきるためには、ただ自分が一人の男であることを想像しさえすればよいが、一方ドン・コルレオーネやリコ〔いずれも『ゴッドファーザー』（映画版第一作一九七二年）の登場人物〕、ましてヒトラーになりきるには、自分につき従う人びとの総体を想像しなければならず、こちらの方が現実味はない。私は、カウボーイが極端に個人主義的な社会、すなわちブルジョワの時代に真のブルジョワのルーツを持たなかった唯一の社会の神話であったがために、それは夢をみること――それが私たちのほとんどが無限の機会に恵まれた形で手に入れるすべてなのだが――をきわめて効果的に伝達する手段であったのではないかと考える。独りで馬に乗る方が、多くの部下を従える将軍になるのを夢みるよりは現実味があるというものだ。

＊本章は初出である。講義に基づく。

原註

1 Eduardo Franco Isaza, *Los guerrilleros del llano: testimonio de una lucha de cuatro años por la libertad* (Bogotá: Mundial, 1959).

2 Gustave Aimard, *Les Trappeurs de l'Arkansas* (Paris: Amyot, 1858).

3 Lonn Taylor and Ingrid Maar (eds), *The American Cowboy*, vol. 39, issue 2 of *American Studies in Folklife* (Library of Congress: American Folklife Centre, 1983), p. 88.

4 William S. Hart, 1916, quoted in George Fenin and William Everson, *The Western: From Silents to the Seventies* (Harmondsworth: Penguin, 1977).

5 Robert A. Dykstra, *The Cattle Towns* (New York: Alfred A. Knopf, 1968), p. 144.

6 Robert Taft, *Artists and Illustrators of the Old West 1850-1900* (New York: Scribners, 1953), pp. 194-5, quoting 'Ranching and ranchers of the Far West', *Lippincotts Magazine*, 29 (1882), 435.

7 Zane Grey, *Riders of the Purple Sage* (New York: Harpers & Brothers, 1912).

8 Guy de Maupassant, 'Boule de Suif', first published in *Les Soirées de Médan* (1880).

9 このくだりの全文は以下のとおりである。「カウボーイは馬に跨って独りで進んでいき、愛馬の存在を除いてはまったくの独りで町や村に乗り込んでいく。おそらくピストルさえも持たないことだろう。銃を撃つことはないからだ。カウボーイはただ行動するのみだ……独りでいることは常に私のスタイル、またはテクニックと言ってもいいのだが、その一部であるからこそ、このすばらしくロマンチックな人物像は私にうってつけなのだ」。'Chagrined Cowboy', *Time Magazine* (8 October 1979) 参照。

10 この広告は *New York Magazine* や *Texas Monthly* を含め、さまざまな雑誌に掲載された。〔商品名に使われた chaps とはカウボーイが身に付ける革ズボンの一種の名称〕

11 Fenin and Everson, *The Western*, p. 117.

訳註

†1 *Primitive Rebels: Studies in Archaic Forms of Social Movement in the 19th and 20th Centuries*, 1959.〔水田洋他訳『素朴な反逆者たち——思想の社会史』社会思想社、一九八九年〕、および *Bandits*, 1969.〔船山榮一訳『匪賊の社会史』筑摩書房、二〇一一年他〕

†2 一九六九年のアメリカ映画『真夜中のカウボーイ』に登場するような、富と栄光を求めて田舎から出てきたにもかかわらず都会の生活に翻弄される若者を指す。

†3 一八八一年アリゾナ州のオーケー牧場を舞台に繰り広げられた銃撃戦を指す。この事件は一九五七年に映画化されて有名になった。

†4 クーパーの「レザーストッキング」シリーズに登場するモヒカン族の族長で、主人公ナッティ・バンポーの友。

†5 *Winnetou.*〔カール・マイ著　山口四郎訳『カール・マイ冒険物語一三――アパッチ族の酋長ヴィネトゥー一』エンデルレ書店、一九七八年他〕

†6 アメリカの西部劇作家。彼の『ホパロング・キャシディ』シリーズはラジオ・テレビドラマ、映画化され、架空のカウボーイ、ホパロング・キャシディはアメリカの国民的ヒーローとなった。

†7 プッチーニはニューヨークでベラスコの『黄金なる西部の娘』（*The Girl of the Golden West*）を観劇し、この芝居をオペラ化して『西部の娘』を作曲した。なお、実際にはベラスコの芝居を観劇したのが一九〇七年のようである。

†8 'The Significance of the Frontier in American History'. この論文でターナーは、フロンティアの存在こそがアメリカ人の国民性の発展に寄与したことを示した。

†9 シカゴ万博の一環としてアメリカ歴史学協会の特別集会が開かれ、ターナーが講演した。一方バッファロー・ビルは会場内での場所提供を拒まれ、会場外で展示を行った。

†10 *The Last of the Mohicans.* 一八二六年出版のクーパーの小説で、五篇にわたるいわゆる革脚絆《レザーストッキング》物語の第二作。アメリカにおいては一九二〇年と九一年に映画化された。邦訳は、ジェイムズ・フェニモア・クーパー著　犬飼和雄訳『モヒカン族の最後』学習研究社、一九七四年　のちハヤカワ文庫、一九九三年他。

†11 *Riders of the Purple Sage,* 1912.〔ゼーン・グレイ著、仙名紀訳『ユタの流れ者』中央公論社、一九八四年〕

†12 アメリカの映画俳優。一九〇六年に大西部ショーに参加し、荒馬乗りのヒーローとして一九一〇年にスクリーンデビューを果たした。愛馬Tonyもミックスと同様に人気を得た。

†13 *Sutter's Gold,* 1936. ゴールドラッシュのきっかけとなった、サッター鉱山での金発見の余波を描いたフィクション映画。『幌馬車』と同じくJames Cruze監督が指揮した。

†14 アメリカ、Phillip Morris社の煙草Marlboroの宣伝に使われた西部のイメージ。この一連の宣伝で男性をターゲットにすることにより、Marlboroは急成長した。

†15 このインタビュー当時は、ニクソン大統領の国家安全保障問題補佐官を務めていた。後に国務長官（一九七三〜七七年）。

†16 大統領在任期間は、ケネディ　一九六一〜六三年、ジョンソン　一九六三〜六九年、ニクソン　一九六九〜七四年、（フォード　一九七四〜七七年、カーター　一九七七〜八一年を挟んで）、レーガン　一九八一〜八九年。

†17 オーウェン・ウィスターの小説 *The Virginian,* 1902 を指す。三文小説のたぐいを除いて初の本格的西部劇小説とされる本作は、ゼーン・グレーら後出の西部劇作家たちに影響を与えた。

†18　ウェインは自他ともに認める愛国主義者であり、ベトナム戦争を支持する映画『グリーン・ベレー』（*The Green Berets*, 1968）を制作したりした。

†19　イギリスの映画監督。『真夜中のカウボーイ』はシュレジンジャーの手掛けた初のアメリカ映画で、アカデミー賞を獲得した。

†20　アメリカの推理小説作家ダシール・ハメット原作の探偵小説『マルタの鷹』（一九三〇年。映画化は三一年と三七年）などに登場する主人公の探偵。ハードボイルドの典型とされる。

訳者あとがき

E・J・ホブズボーム（一九一七年六月九日生まれ、二〇一二年一〇月一日逝去）は、日本で最もよく知られた歴史家の一人といってよいであろう。彼の著作の多くは、日本語に訳されてきている。とりわけ、一八世紀末以降の歴史を扱った四部作、『市民革命と産業革命――二重革命の時代』（岩波書店、一九六八年、原題は『革命の時代――ヨーロッパ 1789-1848』）、『資本の時代 1848-1875』（みすず書房、一九八一～八二年）、『帝国の時代 1875-1914』（みすず書房、一九九三、九八年）、『20世紀の歴史――極端な時代』（三省堂、一九九六年、原題は『極端な時代――短い二〇世紀 1914-1991』）は、いずれも浩瀚な本であるが、近現代史についての必読書として、広く読まれている。また、ナショナリズムの歴史性を考えるためには彼の『ナショナリズムの歴史と現在』（大月書店、二〇〇一年）が基本文献の一つとなるし、彼が編集した『創られた伝統』（紀伊国屋書店、一九九二年）で展開した「伝統の創造」論は、近代史を見る重要な視角として、今では常識となっているといってよい。

ホブズボームが自伝として書いた『わが20世紀・面白い時代』（三省堂、二〇〇四年）にも示されているように、彼は一九三〇年代初めにまずベルリンで共産主義にめざめ、三三年にイギリスに移り住んだ後も、生涯社会主義者としての立場を守り続けた歴史家である。資本主義社会の矛盾に鋭い眼を向け、社会変革の可能性を探る彼の基本的な姿勢は一貫していた。

ただし、彼は教条的で硬直的なマルクス主義とは無縁であった。ホブズボームと親しかった社会思想史家水田洋の言葉を借りれば、「ロマン主義とマルクスとの関係を、多少動揺しながらではあるが重視する、例外的なマルクス主義者」であった。そして彼は、マルクス主義の図式で言えば上部構造にあたる文化の問題に、なみなみならぬ関心を抱いていた。なかでも彼はジャズに詳しく、彼がフランシス・ニュートンという筆名で書いた『抗議としてのジャズ』（合同出版、一九六八、六九年、原題は『ザ・ジャズ・シーン』）は、アメリカの黒人が作り出したジャズの社会的意味を多面的に論じた著作である。ジャズに限られず、文化に関する彼の関心がさまざまなジャンルに広がっていた点は、これまでの著作の中でも、十分にうかがうことができる。たとえば、『資本の時代』の最後に近い二つの章は、「科学、宗教、イデオロギー」および「芸術」にあてられていたのである。

そのホブズボームが文化の諸相について主として晩年に行った議論を集めた本が、この訳書である。彼の没後半年たってから出版されることになった本書は、文化という面から二〇世紀という時代の歴史的性格を浮き彫りにした作品として、彼の器の大きさと力量をよく示している。

本書のねらいは、一九世紀から二〇世紀初めにヨーロッパで成熟したブルジョワ文化が、第一次世界大戦以降（すなわち彼のいう「短い二〇世紀」）に、戦争や革命、そして特に大衆消費社会の発展によって解体していった様相を描き、二一世紀初頭の文化がどういう地点に立っているかを問うことである。扱われている対象は、芸術、宗教、科学など多岐にわたり、芸術についての議論は、文学、音楽、美術、建築とあらゆるジャンルをカヴァーしている。ホブズボームのこれまでの著作同様、議論の中心となっているのは、あくまでも彼が事情に通暁している欧米、特にヨーロッパの事象であり、非欧米世界の問題は副次的な位置を占めるにすぎないということは指摘できるものの、それは、文化を通して二〇世紀社会の変容を映し出した本書の価値を損なうものではない。

本書に収録されている論考（そのいくつかは、ザルツブルク音楽祭などでの講演原稿である）には、半世紀前の一九六四年の作品（第21章）も含まれているものの、ほとんどは一九九〇年代から二〇〇〇年代に発表されたもので、なかには二〇一二年、すなわち逝去の年に執筆されたものもある。本書の初出作品の内、第12章は二〇一一年から一二年にかけて書かれているし、第17章は執筆時期の明示がないものの、原註の資料データから判断して一一年暮れもしくは一二年に書かれたことは確かである。言いかえれば、七〇歳台半ばから九〇歳台の作品が本書の大半を占めているのである。それらが年齢を全く感じさせないみずみずしさと迫力を持っていることは、驚くほどである。

また、言及されている内容と初出年代とにずれがみられる章がいくつもあるが、それは、かつて発表されたものに本書準備の過程で加筆したためと考えられる。たとえば、第14章は二〇〇六年が初出であるが、二〇一二年に話題となったヒッグス粒子について触れられているのである。こうした点も、最後まで旺盛な知的活動を続けたホブズボームの姿を示している。

第二部にはユダヤ人問題を扱った章がおさめられているが、ホブズボーム自身がユダヤ系であり、ユダヤ人の社会的な位置と文化への貢献について、特によく注意を払っていた様相を、そこからうかがうことができる。また崩れていったブルジョア文化の一つの中心地ウィーンは、ホブズボームが育った街であったが、そこでの個人的な体験への言及がいくつかの個所でなされていることにも注意しておきたい。

本書ではまた、文化変容の一環として社会のなかでの知識人の位置と役割の変化も扱われており、消費社会の拡大によって、知識人が政治的反対派の顔となった時代が過去のものとなったことが指摘されている。ホブズボーム自身まさに社会変革にコミットする知識人の代表的存在だったのであり、二〇一二年秋における彼の逝去は、そうした時代の変化を改めて示す意味をもったといえるかもしれない。

本書の翻訳は、東京大学教養学部の専門課程、教養学科イギリス分科の出身者である訳者四人の共同作業として進められた。訳業は、それぞれの担当章を設けたうえで、各人の訳稿を他の三人が検討して加筆、修正し、それをもとに担当者が仕上げていくという形をとった。訳者のなかでの年長者である筆者がホブズボームの本を翻訳するのは、『反乱と革命——同時代的論集2』(未来社、一九七九年、斉藤孝氏との共訳で、*Revolutionaries: Contemporary Essays* (Pantheon Books, 1973) という原題の本の邦訳二冊本の下巻) 以来であるが、はるか昔のその時も感じたように、彼の英文は訳しやすいとは決していえない。今回は、三人の気鋭の研究者と共訳作業を行ったわけであるが、なお思い違いや不適当な訳文があるかもしれない。読者のご指摘を待ちたい。原著のタイトル *Fractured Times* をどう訳するかについては、訳者一同頭をひねった結果、あるまとまりのあったブルジョワ文化が解体していった様相とそれをとりまく社会の激しい変化を示すため、日本語としてはあまり馴染みはないかもしれないものの、そうしたイメージを喚起する力を持つと思われる「破断」という表現を用いることとした。

なお、本訳書の裏表紙に用いられている写真は、二〇一三年四月二四日にロンドン大学本部棟(セネット・ハウス）で開かれたホブズボーム追悼集会（バークベック・コレッジ主催）のために作られた小冊子、*Remembering Eric Hobsbawm. Extraordinary historian, colleague, friend* の裏表紙に使われていたものである。ご家族の撮影になるこの写真の使用を許可し、提供して下さった、ホブズボーム夫人マーレーンさんと令嬢ジュリアさんに、心からお礼を申し上げたい。

この小冊子には、三七年来の友人で追悼式の中心となった歴史家ロイ・フォスターが、ホブズボームの九〇歳の誕生日の時、彼の人生の到達点を示すものとして思いついた「極致の時代」（Age of Apotheosis）という表現のふさわしさが、彼の死でさらにはっきりしたとする追悼文を載せている。また同僚や友人など、式での発言者の短い自己紹介的コメントも印刷されているが、その中には、夫人と令嬢も含まれる。子どもたちに音楽を教える夫人が家で演奏会を開くに際して、ホブズボームは譜面台をすばやく立てるエクスパートであった、というエピソードなども盛り込まれている。ホブズボームが周囲から愛される人物であったということが伝わってくる小冊子であるといってよい。

この翻訳にあたっては、当初から慶應義塾大学出版会の宮田昌子さんに大変お世話になった。原著を踏まえての、訳稿に対する鋭い指摘など、五人目の訳者といってよい作業をしていただいたことに、訳者一同深く感謝の意を表したい。

二〇一五年一月一〇日

木畑洋一

破断の時代
——20世紀の文化と社会

2015年３月30日　初版第１刷発行

著　者————エリック・ホブズボーム
訳　者————木畑洋一、後藤春美、菅靖子、原田真見
発行者————坂上　弘
発行所————慶應義塾大学出版会株式会社
〒108-8346　東京都港区三田2-19-30
TEL〔編集部〕03-3451-0931
〔営業部〕03-3451-3584〈ご注文〉
〔　〃　〕03-3451-6926
FAX〔営業部〕03-3451-3122
振替00190-8-155497
http://www.keio-up.co.jp/
装　丁————耳塚有里
組　版————株式会社キャップス
印刷・製本——中央精版印刷株式会社
カバー印刷——株式会社太平印刷社

Printed in Japan ISBN978-4-7664-2200-9

著者

エリック・ホブズボーム（Eric Hobsbawm）

イギリスの歴史家。1917年エジプトのアレキサンドリアでユダヤ人の家庭に生まれ、幼年時代をオーストリアのウィーンやドイツのベルリンで過ごした。ドイツでヒトラーが政権を掌握したことにより、1933年に渡英。ケンブリッジ大学で学び、第二次世界大戦後、ロンドン大学バークベック・コレッジで教鞭をとりつつ、社会主義知識人としてさまざまな活動を行った。2012年10月、ロンドンで死去。多数の著作があるが、特に18世紀末以降の歴史を扱った4部作、『市民革命と産業革命——二重革命の時代』（岩波書店、1968年）、『資本の時代 1848-1875』（みすず書房、1981-82年）、『帝国の時代 1875-1914』（みすず書房、1993、98年）、『20世紀の歴史——極端な時代』（三省堂、1996年）がよく知られている。これらで提唱した「長い19世紀」（フランス革命から第一次世界大戦まで）、「短い20世紀」（第一次世界大戦から冷戦終結まで）という時代区分や、編著『創られた伝統』（紀伊国屋書店、1992年）での「伝統の創造」論などは、近現代史研究に大きな影響をおよぼした。

訳者

木畑洋一（きばた　よういち）

成城大学法学部教授、東京大学名誉教授。専門は、国際関係史・イギリス帝国史・国際関係論。東京大学大学院社会学研究科博士課程中退。

主な著作に『帝国のたそがれ——冷戦下のイギリスとアジア』（東京大学出版会、1996年、大平正芳記念賞受賞）、『イギリス帝国と帝国主義——比較と関係の視座』（有志舎、2008年）、『二〇世紀の歴史』（岩波書店〈岩波新書〉、2014年）など、翻訳に、カール・ポランニー『経済の文明史』（共訳、筑摩書房〈ちくま学芸文庫〉、2003年）など。

［序文、第1章、第2章、第5章、第16章、第17章］

後藤春美（ごとう　はるみ）

東京大学大学院総合文化研究科教授。専門は、国際関係史、イギリス帝国史。東京大学大学院総合文化研究科博士課程単位取得満期退学。オクスフォード大学大学院近現代史研究科博士課程修了（D.Phil.）。

主な著作に、『アヘンとイギリス帝国——国際規制の高まり 1906-43年』（山川出版社、2005年）、『上海をめぐる日英関係 1925-1932年——日英同盟後の協調と対抗』（東京大学出版会、2006年）など。

［第6章、第8章、第11章、第13章、第15章、第19章］

菅　靖子（すが　やすこ）

津田塾大学学芸学部准教授。専門は、近現代イギリス史、デザイン史。東京大学大学院総合文化研究科博士課程単位取得満期退学。ロイヤル・カレッジ・オヴ・アート博士課程修了（Ph.D.）。

主な著作に、『イギリスの社会とデザイン——モリスとモダニズムの政治学』（彩流社、2005年）、『モダニズムとデザイン戦略——イギリスの広報政策』（ブリュッケ、2008年）、*The Reimann School: A Design Diaspora*（London: Artmonsky Arts, 2014）など。［第4章、第7章、第10章、第12章、第18章、第20章］

原田真見（はらだ　まみ）

北海道大学大学院メディア・コミュニケーション研究院准教授。専門は、ニュージーランド史、地域研究。東京大学大学院総合文化研究科博士課程単位取得満期退学。

主な著作に、「ニュージーランド女性の国際意識と帝国——二十世紀の幕開けから両大戦間期まで」『帝国の長い影』（ミネルヴァ書房、2010年）など。

［第3章、第9章、第14章、第21章、第22章］

索　引

［欧文・数字］

BBC　42, 220
CNN　36
DNA の構造　DNA, structure of　235
EU（ヨーロッパ連合）　39, 120, 129
IRA（アイルランド共和軍）　41, 234
UNESCO　255
WOMAD（音楽と舞踏の世界）基金　56
『Z カーズ』　*Z-Cars*　362
1848年革命　revolutions of 1848　53, 117, 125, 267, 269

［ア行］

アイスラー，ゲオルク　Eisler, Georg　186-7, 189, 191
アイデンティティ・クライシス（という用語）　identity crisis (the term)　300
アイデンティティ・ポリティクス　identity politics　203
アイルランド　Ireland　41, 282, 372
アイルランド系アメリカ人　Irish-Americans　41
アイルランド自由国　Irish Free State　218
アインシュタイン，アルバート　Einstein, Albert　98, 240
アヴァンギャルド　avant-garde　第18章, 322, 第20章
アウステルリッツ，フリードリヒ　Austerlitz, Friedrich　181
アシュビー，チャールズ・ロバート　Ashbee, Charles Robert　167
アタテュルク，ケマル　Atatürk, Kemal　290, 316, 325
アーツ・アンド・クラフツ運動　arts and crafts movement　166, 168, 174, 175, 305, 347
アーツ・アンド・クラフツ中央学校　Central School of Arts and Crafts　168
アッシュ，ティモシー・ガートン　Ash, Timothy Garton　120
アッパー・トゥーティング　Upper Tooting　173
アナキスト・イヴニング・エンタテイメント　Anarchist Evening Entertainment　55
アナン，ノエル　Annan, Noel　219
アーノルド，マシュー　Arnold, Matthew　146
アフガニスタン　Afghanistan　63
アフリカ　Africa　280, 294, 296-7, 300
アーミッシュ　Amish　301
アムステルダム　Amsterdam　85, 166
アメリカ合衆国　United States of America
——における芸術　art in　333, 345
——のベル・エポック　belle époque　176
——とカウボーイ　神話　and cowboy myth　第22章
——と創造主義　and creationism　64, 275, 286
——文化の論評者　cultural commentators　360-1
——の文化的ヘゲモニー　cultural hegemony　xiii
——の文化ヘリテージ　cultural heritage　211
——の経済的覇権　economic hegemony　44
——における教育　education　138, 148
——と歴史的真実　and historical truth　206

——と知識人　and intellectuals　270, 272
——と両大戦間期の資本主義　and inter-war capitalism　239-40
——のユダヤ人　Jews in　86, 94-5, 101, 283
——と核戦争　and nuclear war　236
——と慈善活動　and philanthropy　70
——と宗教　and religion　278, 282-7, 289, 292, 294-8, 300
——と科学　and science　64
——とスーパー・リッチ　and the super-rich　273-4
——におけるテニス選手権　tennis championships　134
——における失業　unemployment　223
アメリカ革命　American Revolution　271, 278, 283
アメリカ独立宣言　American Declaration of Independence　4
アラビア語　Arabic　204, 294
アラブ・ナショナリズム　Arab nationalism　289
アラブの春　Arab Spring　272
アリアンス・イスラエリット・ユニヴェルセール　Alliance Israelite Universelle　91
アリガー大学　Aligarh university　294
アルカイダ　Al Qaeda　279, 293
アルジェリア　Algeria　47, 269, 291
アルゼンチン　Argentina　100, 375-6
アルチュセール，ルイ　Althusser, Louis　270
アルティガス，ホセ・ヘルバシオ　Artigas, José Gervasio　376
アール・デコ　art deco　176, 324
アルドゥス・マヌティウス　Aldus Manutius　19
アール・ヌーヴォー　art nouveau　147, 第10章, 332, 348
アレクサンドル，アーロン　Alexandre, Aaron　85
アロン，レイモン　Aron, Raymond　270
アンウィン，レイモンド　Unwin, Raymond　168
アンカラ　Ankara　325
アンコール・ワット　Angkor Wat　46
イェーツ，W. B.　Yeats, W. B.　96, 342
医学　medicine　87, 106, 138
イギリス国教会の教義　Anglicanism　257
「イギリスのモメント（覇権的契機）」　'Britain's Moment'　289
イサーサ，エドゥアルド・フランコ　Isaza, Eduardo Franco　375
イーストウッド，クリント　Eastwood, Clint　381
イスファハン　Isfahan　46
イスラエル　Israel　94, 98-101, 279, 283
イスラム　Islam　84, 105, 204, 277, 280, 285-6, 289-94
イスラム芸術　Islamic arts　24
イスラム原理主義運動　Islamist movements　291
イタリア　Italy
——における芸術と権力　art and power in　317, 319, 323-6
——の教育　education　90, 138
——におけるユダヤ人　Jews in　85-8, 90, 95
——とオペラ　and opera　52-54
——と宗教　and religion　288, 292, 298
イタリア共産党　Italian Communist Party　288, 298
イタリア系アメリカ人　Italian-Americans　40, 43
イタリア語　Italian language　204
イディッシュ　Yiddish　92-3, 97, 106, 108, 124-5
イビサ島　Ibiza　34
イプセン，ヘンリック　Ibsen, Henrik　41

イブン・ハルドゥーン　Ibn Khaldun　293
移民
　大量——　mass migration　39-42, 108
イラク　Iraq　289, 291
イラン　Iran　253, 278, 301
『イル・マニフェスト』紙　*Il Manifesto*　3
『イングリッシュ・ペイシェント』　*English Patient, The*　17
印刷　printing　16, 199, 337, 357
印象派　Impressionists　24, 305, 339
インゼル文庫出版社　Insel Bücherei　149
インターネット　internet　18, 22, 36, 45, 57, 78, 275, 301
インド　India　44, 74
　——と宗教　and religion　277, 279, 289, 294
インドネシア　Indonesia　280
インド料理店　Indian restaurants　44
ヴァイダ，アーネスト　Vajda, Ernest　120
ヴァイニンガー，オットー　Weininger, Otto　141
ヴァン・ド・ヴェルド，アンリ　van de Velde, Henry　168
ヴィヴァルディ，アントーニオ　Vivaldi, Antonio　55
ヴィクトリア女王　Victoria, Queen　133
ヴィシェグラード・グループ　Vyšehrad Group　120
ヴィジュアル・アート　visual arts　16, 23-5, 36, 97, 202, 357
　20世紀の——における危機　twentieth-century crisis in　第20章
ウィスター，オーエン　Wister, Owen　382
ヴィーテプスク　Vitebsk　310-11
ヴィトゲンシュタイン，ルートヴィヒ　Wittgenstein, Ludwig　180, 258
ウィリアムズ，グウィン　Williams, Gwyn　380
ウィルキンス，モーリス　Wilkins, Maurice　247
ウィレット，ジョン　Willett, John　348
ウィーン　Vienna　xii, 117, 123-8, 325
　——とアール・ヌーヴォー　and art nouveau　159, 164, 168, 174-5
　——のユダヤ人　Jews in　87-8, 91-4, 110, 113, 125
　カール・クラウスと——　Karl Kraus and　第11章
ウィーン学団　Vienna Circle　258
ウィーン学団のマニフェスト　Manifesto of Vienna Writers　88
ウィーン国立歌劇団　Vienna State Opera　22
ウィーン精神分析協会　Vienna Psychoanalytical Society　136
ウィンチェスター，サイモン　Winchester, Simon　254, 256, 259, 262
ウィーン都市鉄道　Vienna Stadtbahn　161
ウィーン分離派　Vienna Sezession　330
ウィーン方言　Viennese dialect　127
ウェイン，ジョン　Wayne, John　378, 387, 391
ウェスタン(西部劇)　westerns　361, 368, 379, 386-7
　マカロニ・——　spaghetti westerns　381, 392
ウェストウッド，ヴィヴィアン　Westwood, Vivienne　6
ウェッブ，シドニー　Webb, Sidney　171, 219, 256
ウェッブ，フィリップ　Webb, Philip　161
ウェッブ，ベアトリス　Webb, Beatrice　147, 154, 171, 219, 256
ヴェネチア　Venice　19, 25, 34, 46, 88, 208, 374
ウェーバー，マックス　Weber, Max　275
ウェルギリウス　Virgil　18
ヴェルサイユ条約　Treaty of Versailles

119
ヴェルサーチ，ジャンニ　Versace, Gianni　26
ウェルズ，H. G.　Wells, H. G.　143, 171, 219, 230
ウェールズ人のアイデンティティ　Welsh identity　282
ヴェルディ，ジュゼッペ　Verdi, Giuseppe　52
ヴェルトフ，ジガ　Vertov, Dziga　309, 311-2
ヴェルナン，ジャン＝ピエール　Vernant, Jean-Pierre　31
ヴェルビエ音楽祭　Verbier Music Festival　55
ヴェレシュマルティ，ミハーイ　Vörösmarty, Mihály　126
ウォーホル，アンディ　Warhol, Andy　209, 211, 345
ヴォリニア（ヴォルィーニ）　Volhynia　86
ウォール街株価大暴落　Wall Street Crash　176
ヴォルフ，フーゴー　Wolf, Hugo　359
ウォレス，エドガー　Wallace, Edgar　358
ヴォーン＝ウィリアムズ，レイフ　Vaughan Williams, Ralph　72
ウッジャー，J. H.　Woodger, J. H.　259
馬　horses　355, 372
ウルグアイ　Uruguay　376
ウルフ，ヴァージニア　Woolf, Virginia　216, 219
ヴルフリツキー，ヤロスラフ　Vrchlický, Jaroslav　126
ウルフ，レナード　Woolf, Leonard　219
映画（原語　シネマ）　cinema　19, 43, 54, 95, 149, 220, 343-4, 368
　イタリア——　Italian　319
　ソヴィエト——　Soviet　308-9, 325
　ワイマール——　Weimar　333
映画（原語　フィルム）　films　16, 36, 54, 77, 100, 333-4
　アヴァンギャルド——　avant-garde　199, 333
　ハリウッド——　Hollywood　28, 38, 41, 152, 333, 368, 388
　——と産業化時代　and industrial age　357-8
　大衆——　popular　365
　ソ連——　Soviet　308-9
　　→西部劇も参照
映画館　cinemas　73-4, 199, 324
映画祭　film festivals　50
映画産業　film industries　74-5, 211, 368
　フランスの——　French　61-2, 66
英語　English language　18, 45, 127-8, 204
エイゼンシュテイン，セルゲイ　Eisenstein, Sergei　309, 311, 325
英仏博覧会（1908年）　Anglo-French Exposition (1908)　132
エイミス，キングズリー　Amis, Kingsley　75
エヴァンズ，ジョン　Evans, John　380
エクアドル　Ecuador　37
エクスター，ユリウス　Exter, Julius　311
エーコ，ウンベルト　Eco, Umberto　359-60, 366
エジプト　Egypt　279, 289, 291
エッフェル塔　Eiffel Tower　201, 317
エドワード七世　Edward VII, King　257
エプスタイン，ジェイコブ　Epstein, Jacob　97
エマール，ギュスターヴ　Aimard, Gustave　383
エリオット，ジョージ　Eliot, George　149
エリオット，T. S.　Eliot, T. S.　xiv, 148
エルギン・マーブル　Elgin marbles　66
エルミタージュ美術館　Hermitage Museum　75
演劇　theatre　52-3, 65, 149, 151, 220
エンゲルス，フリードリヒ　Engels,

Friedrich　232, 320
エンプソン，ウィリアム　Empson, William　252
オヴァリー，リチャード　Overy, Richard　第13章
オーウェル，ジョージ　Orwell, George　219, 236
王室の儀礼　royal rituals　319
王立カナダ騎馬警察隊　Royal Canadian Mounted Police　394
王立協会　Royal Society　238, 254
オースティン，ジェーン　Austen, Jane　144, 149
オーストラリア　Australia　39, 374, 376-7
オーストリア　Austria　127, 138, 168
——のユダヤ人　Jews in　95, 100, 127
カール・クラウスと——　Karl Kraus and　186-7, 189-194
オスロ　Oslo　116
オタバロ先住民　Otavaleños　37
オッペンハイマー，ロバート　Oppenheimer, Robert　243
オデイ，アニタ　O'Day, Anita　362
オーデン，W. H.　Auden, W. H.　233
オバマ，バラク　Obama, Barack　272
オペラ　opera　50-3, 58-9, 65, 71, 200, 210
オペラハウス　opera houses　20-1, 65, 71, 161, 202
オランダ　Netherlands　87
オリンピック　Olympic Games　50, 132, 198, 317, 319
オルタ，ヴィクトール　Horta, Victor　166, 170
オルテガ・イ・ガセット，ホセ　Ortega y Gasset, José　331
オールドバラ音楽祭　Aldeburgh Festival　53, 79
オルビー，ロバート　Olby, Robert　232
音楽　music　16, 21-2, 36, 46, 337-8
前衛——　avant-garde　338
室内楽　chamber　54, 126, 128
クラシック——　classical　xiii, 21-2, 55-59, 65-6, 72, 96, 128, 200
——と産業化時代　and industrial age　356-9
国民楽派　national schools of　52, 90
ポピュラー——　popular　95, 100, 338, 358, 383
ロック——，ポップ——　22, 27, 38, 42, 79, 162
ワールド・ミュージック　world　56
音楽祭　music festivals　49, 50-60

［カ行］

絵画　painting　16, 19, 24-5, 46, 76, 166
——とアヴァンギャルド　and avant-garde　第20章
——と権力　and power　323, 326
買い物　shopping　171-2
カウツキー，カール　Kautsky, Karl　108
ガウディ，アントニ　Gaudí, Antoni　160
カウボーイ　cowboys　第22章
カヴール，コンテ・ディ　Cavour, Conte di　88
科学　science
——の進歩　advance of　239-40
——と芸術　and the arts　251-2
共産主義——者　communist　244-5
——基礎研究　fundamental research　64
——と個人の名声　and individual reputations　247
ユダヤ人と——　Jews and　97-9
——と公的な場　and public arena　240-1, 255
——と宗教　and religion　286-7, 301
女性と——　women and　138
核戦争　nuclear war　223, 236, 269
核非武装運動　Campaign for Nuclear Disarmament　269
『風と共に去りぬ』　*Gone With the Wind*

38, 344
ガーディナー，マーガレット　Gardiner, Margaret　234
ガードナー，イザベラ・スチュワート　Gardner, Isabella Stewart　145
カナダ　Canada　284, 298
カナルプリュス　Canal-Plus　61
カネッティ，エリアス　Canetti, Elias　112, 123
カフカ，フランツ　Kafka, Franz　96
ガボ，ナウム　Gabo, Naum　309, 310
カミュ，アルベール　Camus, Albert　269–70
ガリツィア　Galicia　87, 92, 123, 124
ガリバルディ，ジュゼッペ　Garibaldi, Giuseppe　320
ガリマール，ガストン　Gallimard, Gaston　68
カルティエ＝ブレッソン，アンリ　Cartier-Bresson, Henri　345
カールマーン，エメリヒ　Kálmán, Emmerich　127
カーンヴァイラー，ダニエル＝ヘンリー　Kahnweiler, Daniel-Henry　68
観光，旅行，ツーリズム　tourism　31–4, 201
→文化ツーリズムも参照
韓国　Korea　172, 295
カンディンスキー，ワシリー　Kandinsky, Wassily　311, 342
カント，イマニュエル　Kant, Immanuel　108, 111
寛容勅令　Toleranzedikte　106
キケロ　Cicero　18
キシュ，ダニロ　Kiš, Danilo　120
キース，サー・アーサー　Keith, Sir Arthur　219
キーツ，ジョン　Keats, John　253
キッシンジャー，ヘンリー　Kissinger, Henry　389
キツネ狩り　fox-hunting　372
ギブソン，フート　Gibson, Hoot　387
騎兵隊の制服　cavalry uniforms　373
キャバレー・ヴォルテール　Cabaret Voltaire　3
キューバ・ミサイル危機　Cuban missile crisis　269
キュビスム　Cubism　6, 306, 331, 340–3
キュリー，マリ　Curie, Marie　134
教育　education
——とブルジョワジー　and bourgeoisie　146, 150, 152
——と文化　and culture　45–6, 50–1, 208
——の拡大　expansion of　xiii, 17, 50, 266
高等——　higher　50, 74, 90, 94, 200, 271–2
——と知識人　and intellectuals　266–7, 272
——とナショナル・アイデンティティ　and national identity　205–6
——と民族言語　and national languages　89–90
女性と——　women and　136–8, 144, 146–9
→教員，大学も参照
教員，教師　teachers　99, 145, 266
共産主義（の終焉）　communism, end of　59, 273
『共産党宣言』　*Communist Manifesto, The*　3, 8–9
教養　Bildung　122, 143, 146, 208, 267
『極端な時代』　*Age of Extremes, The*　10, 330
ギリシャ　Greece　31–2
キリスト教　Christianity　84, 105, 280, 293
——福音主義　evangelical　280, 294–8
ギルバート・アンド・サリヴァン・オペラ　Gilbert and Sullivan　205
金本位制　Gold Standard　223
グァテマラ　Guatemala　297
空港　airports　21, 39

クノップフ，アルフレッド　A. Knopf, Alfred A.　68
クーパー，ゲイリー　Cooper, Gary　387, 391, 393
クーパー，ジェイムズ・フェニモア　Cooper, James Fenimore　379, 383
クライスラー・ビルディング　Chrysler Building　176
クライバー，カルロス　Kleiber, Carlos　28
クライン，イヴ　Klein, Yves　7, 341
クラウス，カール　Kraus, Karl　101, 119, 142, 150, 179-195
グラスゴー　Glasgow　162
グラムシ，アントニオ　Gramsci, Antonio　224, 266
クリスティ，アガサ　Christie, Agatha　199
クリック，フランシス　Crick, Francis　235, 247
グリフィス，D. W.　Griffith, D. W.　388
グリマーグラス・オペラ祭　Glimmerglass opera festival　51
クリムト，ギュスタフ　Klimt, Gustav　180
グリーンウッド，ウォルター　Greenwood, Walter　221
クルーグ，アーロン　Klug, Aaron　235
グルジア　Georgia　206
クルジュ　Cluj　116
クールベ，ギュスターヴ　Courbet, Gustave　330
クルレジャ，ミロスラフ　Krleža, Miroslav　119
クレイン，ウォルター　Crane, Walter　167
グレゴリー夫人　Gregory, Lady　145
クレショフ，レフ　Kuleshov, Lev　309
グレー，ゼーン　Grey, Zane　383, 387, 390
グレーツ，ハインリヒ　Graetz, Heinrich　93
クレー，パウル　Klee, Paul　9, 349
クレミュー，アドルフ　Crémieux, Adolphe　88
グレンヴィル，サー・リチャード　Grenville, Sir Richard　384
クロアチア　Croatia　41, 206, 292
グローヴァー，エドワード　Glover, Edward　219
黒澤明　Kurosawa, Akira　392
グロス，ジョージ　Grosz, George　191, 345
グロスマン，ヴァシリー　Grossman, Vassili　285
グローバリゼーション　globalisation　xiii, 37-9, 44-5, 62, 271, 275, 299
　——と文化フェスティヴァル　and cultural festivals　56
『グーン・ショー』　Goons, the　366
クンデラ，ミラン　Kundera, Milan　120
ゲイツ，ビル　Gates, Bill　70
啓蒙主義　Enlightenment　83-84, 101, 271
ゲイ，ルース　Gay, Ruth　108-9
ケインズ，ジョン・メイナード　Keynes, John Maynard　146, 219, 223, 267
ゲオルゲ，シュテファン　George, Stefan　150
劇場　theatres　52-3, 73, 125-6
ゲッデス，パトリック　Geddes, Patrick　168
ゲーテ，ヨハン・ヴォルフガング・フォン　Goethe, Johann Wolfgang von　108, 111, 128
　『若きヴェルテルの悩み』　The Sorrows of Young Werther　19
ケニア　Kenya　296
ケネディ，ジョン　F. Kennedy, John F.　389
ケベック　Quebec　298
ゲーリー，フランク　Gehry, Frank　202
ゲルツェン，アレクサンドル　Herzen, Alexander　320

『ゲルニカ』　Guernica　20, 318, 344
原子爆弾　atom bombs　236, 242–3
建築　architecture　20–1, 23, 74, 98, 198, 202, 322–4, 334, 337, 363
ケンドリュー，ジョン　Kendrew, John　229
ケンブリッジ「使徒会」　Cambridge 'Apostles'　142
原理主義　fundamentalism　292–301
　――とナショナリズム　and nationalism　289–90
　――と科学　and science　286–7, 301
コヴェントリー空爆　Coventry, bombing of　236
郊外化　suburbanisation　163
後期印象派　post-Impressionism　6, 305, 339
交響曲　symphonies　58, 72, 128
「公共圏」，公的領域　'public sphere'　18, 52, 133–136, 143, 266
孔子　Confucius　184, 257
構成主義　Constructivism　308, 324, 331, 348
合理主義者出版連盟　Rationalist Press Association　257
国営宝籤《くじ》　National Lottery　65, 70
国際ホテル　hotels, international　21, 35–6
国際連盟協会　League of Nations Union　219
コクトー，ジャン　Cocteau, Jean　332
国民国家　nation states　xiii, 203
ココシュカ，オスカー　Kokoschka, Oskar　180, 186
コサック　Cossacks　372–5, 377
国家社会主義　National Socialism　181, 193, 268
ゴヤ，フランシスコ　Goya, Francisco　340, 342
コーラン　Koran　64, 294
ゴランツ，ヴィクター　Gollancz, Victor　219–20
コリーニ，ステファン　Collini, Stefan　251
コール，G. D. H.　Cole, G. D. H.　219
コルトレーン，ジョン　Coltrane, John　55
コロンビア　Colombia　373
コンズ，エマ　Cons, Emma　145
コンセプチュアル・アート　conceptual art　7, 9, 25, 71, 210, 345
ゴンチャローワ，ナターリヤ　Goncharova, Natalia　311
コーン，ノーマン　Cohn, Norman　217
コンラッド，ジェルジ　Konrád, György　120

［サ行］

サヴォイア公国　Savoy, kingdom of　88
サウジアラビア　Saudi Arabia　293
サーカス　circuses　210
サクステッド　Thaxted　257
サッカー　football　xii, 34, 39, 199
作家著作権協会　Performing Right Society　69
サッチャー，マーガレット　Thatcher, Margaret　299
ザッパ，フランク　Zappa, Frank　55
サハロフ，アンドレイ　Sakharov, Andrei　269
ザ・マル　Mall, The　319
サラエボ　Sarajevo　185
サリヴァン，ルイス　Sullivan, Louis　162
サルスエラ　zarzuelas　205
ザルツブルク音楽祭　Salzburg Festival　28, 33, 50, 54, 59
サルトル，ジャン＝ポール　Sartre, Jean-Paul　269–70
サルミエント，ドミンゴ・ファウスティーノ　Sarmiento, Domingo Faustino　376
サンクトペテルブルク　St Petersburg (Petrograd)　116, 325, 326

産児制限　birth control　222, 282, 288, 301
サン・シモン主義者　Saint-Simonians　98
ザンビア　Zambia　297
ジェイク・アンド・ディノス・チャップマン　Chapman, Jake and Dinos　341
シェークスピア，ウィリアム　Shakespeare, William　17, 188, 247
シェパード，ディック　司教座聖堂参事会員　Sheppard, Canon Dick　219
ジェファーソン，トマス　Jefferson, Thomas　380
ジェームソン，ストーム　Jameson, Storm　219
シェリー，パーシー・ビッシュ　Shelley, Percy Bysshe　253
シェーンベルク，アルノルト　Schoenberg, Arnold　101, 180, 186
シオニズム　Zionism　98, 110, 111, 182, 279
シカゴ　Chicago　162, 383
識字率　literacy　17, 89-90, 266
宗教　religion　第17章
ジダン，ジネディーヌ　Zidane, Zinedine　47-8
シチリア　Sicily　204
失業　unemployment　223
室内装飾　interior decoration　145, 147
シドニー・オペラハウス　Sydney Opera House　21, 202
シナゴーグ　synagogue　106
シムノン，ジョルジュ　Simenon, Georges　358
社会主義運動　socialist movements　98, 101
社会主義リアリズム　socialist realism　312
シャガール，マルク　Chagall, Marc　97, 308, 310-1
写真　photography　24, 77, 98, 325, 339, 357
ジャズ　jazz　49, 54-5, 58, 96, 199, 361, 367
シャピロ，ヘレン　Shapiro, Helen　362
シャレック，アリス　Schalek, Alice　187
宗教改革　Reformation　292
住宅地域　housing estates　176
出版　publishing　67-9, 74
シュテットル　shtetls　87, 91, 109, 124
シュテレンベルク，ダヴィト　Shterenberg, David　307, 312
シュトラウス，ヨハン　Strauss, Johann　28, 95, 127
シュニッツラー，アルトゥール　Schnitzler, Arthur　92, 101, 142, 180
シュピッツァー，ダーニエル　Spitzer, Daniel　182
『シュルハーン・アールーフ』　*Shulchan Aruch*　85
シュルレアリスム　Surrealism　6, 9, 343, 366
シュルロ，エヴリーヌ　Sullerot, Evelyne　360
シュレジンジャー，ジョン　Schlesinger, John　392
ジョイス，ジェームズ　Joyce, James　96
　『フィネガンズ・ウェイク』　Finnegans Wake　338
ショーヴィニズム　chauvinism　47
状況主義者　Situationists　5
「小協商」　'little entente'　119
小説　novels
　キャンパス――　campus　74
　推理――　detective　358
　歴史――　historical　205
　――と産業化時代　and industrial age　356-8
　西部劇――　western　381-5, 387, 389-91
象徴主義　Symbolists　339
叙勲制度　honours system　135
ジョージ五世　George V, King　227
ショー，ジョージ・バーナード　Shaw,

George Bernard　96, 219
ショスタコーヴィチ・ドミートリイ　Shostakovich, Dmitri　72
女性　women
——芸術家　artists　132, 306
——と文化　and culture　144-54, 168, 170
——解放　emancipation　89, 第 9 章, 170, 288
——と馬　and horses　372-3
——と宗教　and religion　294-5, 300
——と科学　and science　138
——のセクシュアリティ　sexuality　136, 142
——選挙権　suffrage　134, 139-40
——と大学　and universities　137-40, 148
女性嫌い　misogyny　141-2
女性参政権運動　suffragette movement　140
女性労働協議会　Women's Industrial Council　133
ジョット　Giotto　341
ショッピング・センター　shopping centres　21, 271
書道　calligraphy　16
ジョーンズ，アーネスト　Jones, Ernest　219
ジョンソン，リンドン　Johnson, Lyndon　389
ジョン・マレー社　John Murray　68
シラー，フリードリヒ　Schiller, Friedrich　51, 91, 109, 123
シリア　Syria　289, 291
ジンギス・カーン　Genghis Khan　266
人権宣言　Declaration of the Rights of Man　4
人種差別主義　racism　47, 122, 386
神聖ローマ帝国　Holy Roman Empire　117
ジンナー，M. A.　Jinnah, M. A.　289
シンフォニー・コンサート　symphony concerts　143
新聞　newspapers　35, 357, 363-4, 385
詩　poetry　16, 166, 338
叙事——　epic　16, 57
水泳プール　swimming baths　160, 165
水晶の夜　Kristallnacht　112
スイス　Switzerland　138
水平派　Levellers　255
ズヴェーヴォ，イタロ　Svevo, Italo　123
数学　mathematics　84
スエズ危機　Suez crisis　269
ズーカー，アドルフ　Zukor, Adolph　95
『スクルーティニー（精査）』　*Scrutiny*　258
スコット，ウォルター　Scott, Walter　376, 379
スコットランド　Scotland　206, 285
スタイナー，ジョージ　Steiner, George　260
スタジアム　stadiums　21, 39, 319
スターリングラード　Stalingrad　116
スターリン，ヨシフ　Stalin, Josef　194, 244, 258, 285, 312
——と芸術　and art　317, 322-7, 338
スーダン　Sudan　289
ズットナー，ベルタ・フォン　Suttner, Bertha von　134
スーティン，シャイム　Soutine, Chaïm　97
ステパーノワ，ワルワラ　Stepanova, Varvara　308-9
ストープス，マリー　Stopes, Marie　222
ストリンドベリ，オーグスト　Strindberg, August　141
スノウ，C. P.　Snow, C. P.　246, 251-2
スピノザ，バーリューフ　Spinoza, Baruch　106
スプレーグ，アイリーン　Sprague, Eileen　234
スペイン　Spain　85, 106, 202

——における芸術と権力　art and power in　318, 322, 324, 326
スペイン乗馬学校　Spanish Riding School　59
スミス，アダム　Smith, Adam　357
スーラ，ジョルジュ　Seurat, Georges　339
スロヴァキア　Slovakia　125, 128
「生産主義者」　Productivists　311
精神分析　psychoanalysis　96, 98
青年期（若者）　youth　150, 170-1
西部劇（ホース・オペラ）　horse opera　383, 388
世界人権宣言　UN Declaration of Human Rights　4
セザンヌ，ポール　Cézanne, Paul　339
セシル，ロバート　Cecil, Lord Robert　219
世俗化　secularisation　281-9, 291
セルズニック，デヴィッド　Selznick, David O.　344
セローフ，ヴァレンチン　Serov, Valentin　306
戦争記念碑　war memorials　23, 320, 334
宣伝（広告）　advertising　70, 152-3, 267, 344, 347, 356, 366
　——とカウボーイ　and cowboys　389-90
聖ジェンナーロ　San Gennaro　288
『装飾芸術評論』　*Revue des Arts Decoratifs*　170
即興　improvisation　367
ソラヤ王妃　Soraya, Queen　364
ソルジェニーツィン，アレクサンドル　Solzhenitsyn, Alexander　269
ソルバ，カルロッタ　Sorba, Carlotta　53
ソ連，ソヴィエト連邦　Soviet Union　64, 193, 280
　——における芸術と権力　art and power in　317-8, 321-7
　——とアヴァンギャルド　and avant-garde　第18章
　——と知識人　and intellectuals　267-9
　J. D. バナールと——　J. D. Bernal and　232-3, 237, 240-7
　——と核戦争　and nuclear war　236
　——における科学　science in　244-8, 255
ソロス，ジョージ　Soros, George　69, 74

［タ行］

タイ　Thailand　292
ダイアナ妃　Diana, Princess of Wales　365
第一次世界大戦　First World War　ix, xv, 4, 23, 117, 134, 137, 176, 315, 321
　——とアヴァンギャルド　and avant-garde　307-8, 343
　——と知識人　and intellectuals　268
　カール・クラウスと——　Karl Kraus and　第11章
大学　universities　xi, 57, 74, 90, 100, 294
　——と知識人　and intellectuals　266-7, 270
　女性と——　women and　136-40, 148
大恐慌　Great Depression　176, 223-4, 241
大衆消費社会　mass consumer society　xiii, 10, 16, 175, 209, 271
『タイタニック』　*Titanic*　38
第二次世界大戦　Second World War　23, 112, 139, 208-9, 271, 317
　科学と——　science and　235-6, 242
ダーウィン，レナード　Darwin, Leonard　219
タオルミーナ　Taormina　56
堕胎　abortion　295
ダダイズム　Dadaism　4-5, 26, 210, 331, 335, 338, 345, 366
タトリン，ウラジーミル　Tatlin, Vladimir　308-9, 312
ターナー，テッド　Turner, Ted　70
ターナー賞　Turner Prize　24, 346
タルムード　Talmud　85, 106, 109
ダントン，ジョルジュ　Danton, Georges

320
チェコスロヴァキア　Czechoslovakia　119–120, 127–8, 269
チェス　chess　85
チェルノヴィッツ　Czernowitz　128
チェルノヴィッツ大学　University of Czernowitz　125
地図学　cartography　116–7
チトー，ヨシップ・ブロズ　Tito, Josip Broz　120
チマブーエ　Cimabue　341
中欧　Mitteleuropa　109, 第 8 章
中国　China　39, 254, 256–7, 260–1, 272, 278, 295
抽象画　abstract art　340
チュニジア　Tunisia　290
超高層ビル　skyscrapers　20
彫刻　sculpture　16, 23, 212
　——とアヴァンギャルド　and avant-garde　332–4
彫刻（モニュメント，彫像）　statuary　23, 319–20, 334
朝鮮戦争　Korean War　253
チョムスキー，ノーム　Chomsky, Noam　270
チリ　Chile　297
チルバ，フレデリック　Chiluba, Frederick　298
ツァトキン，オシプ　Zadkine, Ossip　97
ディアギレフ，セルゲイ　Diaghilev, Sergei　306, 311, 333
ディキンソン，G. ロウズ　Dickinson, G. Lowes　219
ディケンズ，チャールズ　Dickens, Charles　17
『帝国の時代』　*Age of Empire, The*　169, 172
ディズニー，ウォルト　Disney, Walt　344
ディズレーリ，ベンジャミン　Disraeli, Benjamin　86
ティッセン＝ボルネミッサ美術館　Thyssen-Bornemisza museum　202
ディミトロフ，ゲオルギ　Dimitrov, Georgi　120
ティムール　Tamerlane　266
テイラー，ロン　Taylor, Lonn　384
ディーリアス，フレデリック　Delius, Frederick　150
デ・ステイル　De Stijl　6
テックス・メックス　Tex-Mex cuisine　44
鉄道　railways　161, 163–4
鉄道の駅　railway stations　21, 161, 310
テート・ブリテン　Tate Britain　202
テート・モダン　Tate Modern　72, 202
テニス選手権　tennis championships　134
テニスン，アルフレッド　Tennyson, Lord Alfred　384
デュヴィーン，ジョゼフ　Duveen, Sir Joseph　68
デュシャン，マルセル　Duchamp, Marcel　xv, 9, 25, 210, 345
デリダ，ジャック　Derrida, Jacques　270
テレビ　television　16, 19, 35, 77, 79, 198, 337, 358, 364, 368
ドイツ　Germany
　——とアール・ヌーヴォー　and art nouveau　167
　——における芸術と権力　art and power in　316–7, 319–25
　——とアヴァンギャルド　and avant-garde　306–7, 311
　——の教育　education　xi, 90, 100, 138
　——におけるユダヤ人　Jews in　64, 88, 90, 95, 100–1, 第 7 章, 225
　——とカール・クラウス　and Karl Kraus　179–80
　——と中欧　and Mitteleuropa　116–120
　——と宗教　and religion　281, 292
ドイツ共産党　German Communist Party　111
ドイツ銀行　Deutsche Bank　112
ドイツ語　German language　92, 108–9,

113, 122–3, 128
トインビー, アーノルド　Toynbee, Arnold 219
道教　Daoism　257
同性愛　homosexuality　295, 301
ドゥブロヴニク　Dubrovnik　116
（東方）正教会　Orthodox Christianity 283
トゥホルスキー，クルト　Tucholsky, Kurt 186
トゥーリン，V.　Turin, V.　326
ド・ウルフ，エルシー　de Wolfe, Elsie 145
特殊創造説（創造に関する聖書の記述を正しいと信じる説）　creationism　64, 275, 286–287, 297
都市計画　town planning　163–4, 173
図書館　libraries　77, 165
ドナウ連邦　Danubian federation　119–120
ドニエプル・ダム　Dnieper Dam　325
ドニゼッティ，ガエタノ　Donizetti, Gaetano　55
トムスン，E. P.　Thompson, E. P.　269
トランスナショナリティ　transnationality　33
ドリュモー，ジャン　Delumeau, Jean 217–8
トルコ　Turkey　279, 316
ドレフュス事件　Dreyfus affair　101, 110, 268
トロツキイ，レフ　Trotsky, Leon　311

［ナ行］

ナイジェリア　Nigeria　299
ナウマン，フリードリヒ　Naumann, Friedrich　117
ナショナリズムの台頭　nationalism, rise of　126–7
ナデルニー・フォン・ボルティン，シドニー　Nádherný von Borutin, Baroness Sidonie　181
ナポレオン・ボナパルト　Napoleon Bona-
parte　285
ニクソン，リチャード・M　Nixon, Richard M.　389
ニーダム，ジョゼフ　Needham, Joseph 232, 第15章
ニーダム，ドロシー　Needham, Dorothy 256, 259
ニーチェ，フリードリヒ　Nietzsche, Friedrich　141, 150, 306
日本　Japan　39, 74, 240
ニュー・スコットランドヤード　New Scotland Yard　160
『ニュー・ステーツマン』　*New Statesman* 219–20
ニューヨーク　New York　37, 41, 66, 122, 162–3, 176, 199, 331, 345
ニュルンベルクでのナチス党大会　Nuremberg rallies　327
ヌーン，ジェフ　Noon, Jeff　7
ネオ・ナチ　neo-Nazis　45, 48
ネルー，ジャワハルラール　Nehru, Jawaharlal　289
ネルダ，ヤン　Neruda, Jan　126
ノイエ・ザッハリヒカイト　Neue Sachlichkeit　341
『ノイエ・フライエ・プレッセ（新自由新聞）』　*Neue Freie Presse*　183, 184, 192
ノエル，コンラッド　Noel, Conrad　257
ノエル＝ベイカー，フィリップ　Noel-Baker, Philip　219
ノーベル賞　Nobel prizes　99, 113, 134, 247, 252
ノルマンディー上陸作戦　Normandy landings　236

［ハ行］

ハイエク, フリードリヒ・フォン　Hayek, Friedrich von　224–5, 259
パイエルス，サー・ルドルフ　Peierls, Sir Rudolf　110

ハイダー，イェルク　Haider, Jörg　48
ハイドゥーク　haiduks　375
ハイネ，ハインリヒ　Heine, Heinrich　86, 128
ハイネマン，マーゴット　Heinemann, Margot　234, 238
バイロン　Byron, Lord　68
バウアー，オットー　Bauer, Otto　110
ハヴェル，ヴァーツラフ　Havel, Václav　120
パウケル，アーノルド　Paucker, Arnold　83, 107
ハウスマン，ラウル　Hausmann, Raoul　338
バウハウス　Bauhaus　175, 330, 348-9
パキスタン　Pakistan　289
ハクスリー，オルダス　Huxley, Aldous　217, 219, 258
ハクスリー，ジュリアン　Huxley, Julian　219
ハシェク，ヤロスラフ　Hašek, Jaroslav　119, 190
ハースト，デイミアン　Hirst, Damien　75, 210
パターソン，サイモン　Patterson, Simon　347
バッファロー・ビル　Buffalo Bill　382
バッラ，ジャコモ　Balla, Giacomo　344
ハーディー，ケア　Hardie, Keir　203
バティスティ，チェザーレ　Battisti, Cesare　186
ハート，ウィリアム　SHart, William, S.　385
バート，シリル　Burt, Cyril　219
ハートフィールド，ジョン　Heartfield, John　331
パトロネージ（支援，庇護）　patronage　26, 59, 75-7, 145, 198-9, 337
バーナム，P. T.　Barnum, P. T.　209
バナール，J. D.　Bernal, J. D.　第14章，253-4
バーネット，ヘンリエッタ　Barnett, Dame Henrietta　167
ハーバーマス，ユルゲン　Habermas, Jürgen　18, 52
ハプスブルク帝国　Habsburg Empire　53, 87, 100, 108, 111, 113, 118-120, 123-5, 129, 267
　——とアヴァンギャルド　and avant-garde　306
　カール・クラウスと——　Karl Kraus and　189-93
　——における文学　literature under　120, 126-7, 190-1
ハムステッド・ガーデン・サバーブ　Hampstead Garden Suburb　167-8
ハメット，ダシール　Hammett, Dashiel　358
パリ　Paris　23, 161, 165, 174, 306, 325, 345
　記念像　commemorative statuary　321
　万国博覧会　international exhibitions　132, 162, 170, 175, 317-8
ハリウッド　Hollywood　40, 69, 74, 95
ハリウッド映画　Hollywood films　28, 38, 152, 333, 368, 388
パリの地下鉄　Paris Métro　160
バーリン，アーヴィング　Berlin, Irving　95
パルヴス，アレクサンドル・ルヴォヴィチ　Parvus, Alexander Lvovich　108-109
バルカン連邦　Balkan federation　120
パルザー，ピーター　Pulzer, Peter　107, 109-11
バルザック，オノレ・ド　Balzac, Honoré de　17
バルセロナ　Barcelona　67, 162, 173
バルトーク，ベラ　Bartók, Béla　126
バルト，ロラン　Barthes, Roland　360
バール，ヘルマン　Bahr, Hermann　180, 182
バレエ　ballet　71, 199, 210, 333, 363
パレスチナ　Palestine　84, 125, 275
バレンシアガ，クリストバル　Balencia-

ga, Cristóbal　26
ハロッズ　Harrods　160
ハワード，エベネザー　Howard, Ebenezer　167
ハンガリー　Hungary　89, 101, 120, 267, 307, 348
パンク　punks　379
『パンチ』　Punch　173
反ユダヤ主義　anti-Semitism　101, 110, 112, 216
ビアフラ内戦　Biafran civil war　299
ピカソ，パブロ　Picasso, Pablo　20, 46, 343
ピカビア，フランシス　Picabia, Francis　331
ピサロ，カミーユ　Pissarro, Camille　97, 339
ビージャ，パンチョ　Villa, Pancho　376
美術学校　art schools　145, 167
美術館（ギャラリー）　museums and galleries　65, 72, 75, 167, 200
美術市場　art market　67, 70, 198, 202, 336
美術博覧会　art exhibitions　33
ビスマルク，オットー・フォン　Bismarck, Otto von　117
ビーチャム，トマス　Beecham, Sir Thomas　150
ヒッグス粒子　Higgs boson　247
ヒトラー，アドルフ　Hitler, Adolf　64, 101, 118, 193, 216, 241, 271
　――と芸術　and art　317, 319, 322, 326, 338
　――とドイツのユダヤ人　and German Jews　107–8, 110–2, 122, 124, 225
　――と西部劇　and westerns　382, 395
百貨店　department stores　161, 172
ヒューズ，ロバート　Hughes, Robert　24, 210, 333
表現主義　Expressionism　6, 24, 180, 311, 339
ヒールズ　Heal's　147, 171
ビルバオ　Bilbao　20, 67, 75, 202
ヒルファーディング，ルドルフ　Hilferding, Rudolf　108
ヒル，ローズマリー　Hill, Rosemary　160
ヒンドゥー教　Hinduism　279
ビン・ラディン，オサマ　Bin Laden, Osama　293
ファシズム　Fascism　94, 322, 326
『ファッケル（炬火）』　*Die Fackel*　182–3, 185, 189, 193
ファッション　fashion　10, 26, 285, 298, 360
ファネル，パディ　Whannel, Paddy　361, 365, 368
ファラーチ，オリアーナ　Fallaci, Oriana　389
ファラデー，マイケル　Faraday, Michael　261
ファン・ゴッホ，フィンセント　Van Gogh, Vincent　339
ファルンハーゲン，ラヘル　Varnhagen, Rahel　90
フィヒテ，ヨハン・ゴットリープ　Fichte, Johann Gottlieb　111
フィリピン　Philippines　295
フィールズ，グレイシー　Fields, Gracie　220
フィレンツェ　Florence　34, 46
フィロン　Philo the Jew　106
フォークナー，ウィリアム　Faulkner, William　333
フォースター，E. M.　Forster, E. M.　150, 152, 219, 269
フォード，ジョン　Ford, John　368, 391
フォード，ヘンリー　Ford, Henry　36, 240, 348
フォービズム（野獣派）　Fauvism　339
フォームビー，ジョージ　Formby, George　220
フォンターネ，テオドール　Fontane, Theodor　90
不義　adultery　143

ブコヴィナ　Bukowina　93, 121, 124
フーコー，ミシェル　Foucault, Michel　270
ブダペスト　Budapest　124, 161, 173
ブッカー賞　Booker Prize　76
仏教　Buddhism　292
プッチーニ，ジャコモ　Puccini, Giacomo　383
プドフキン，フセヴォロド　Pudovkin, Vsevolod　325
ブハーリン，ニコライ　Bukharin, Nikolai　311
ブライアン，ウィリアム・ジェニングズ　Bryan, William Jennings　297
ブラウン，アンドリュー　Brown, Andrew　231, 237, 245, 248
ブラケット，P. M. S.　Blackett, P. M. S.　235
ブラジリア　Brasilia　325
ブラジル　Brazil　296–7
ブラッカー，チャールズ　Blacker, Charles　218
ブラック，ジョルジュ　Braque, Georges　340
ブラティスラヴァ　Bratislava　125, 128
プラド美術館　Prado museum　202
フラナガン，バド　Flanagan, Bud　220
プラハ　Prague　162, 185
フランクフルト議会　Frankfurt Parliament　88
フランクフルト書籍見本市　Frankfurt Book Fair　68
フランクリン，ロザリンド　Franklin, Rosalind　139, 235, 237, 247
フランコ，フランシスコ（将軍）　Franco, General Francisco　324
フランス　France
　――とアール・ヌーヴォー　and art nouveau　168, 172
　――における芸術と権力　art and power in　138, 320–1
　――の文化批評家　cultural commentators　361
　――における教育　education　xi, 137–8, 145
　――のファッション産業　fashion industry　298
　――の映画生産　film production　61–2
　――と歴史的真実　and historical truth　206
　――における移民　immigration　44, 46
　――の知識人　intellectuals　267–9
　――のユダヤ人　Jews in　87–88, 95, 100
　――と宗教　and religion　281, 294
　――におけるテニス選手権　tennis championships　134
フランス革命　French Revolution　x, 87–8, 106, 271, 278, 283, 320
フランス語　French language　62, 66, 91, 122
フランツォース，カール・エーミール　Franzos, Karl Emil　90–1, 121, 123
フランツ・フェルディナント大公　Franz Ferdinand, Archduke　185, 187
フランツ・ヨーゼフ皇帝　Franz Joseph, Emperor　100, 118, 125, 190–1
ブランド，マックス　Brand, Max　383
ブリック，オシップ　Brik, Osip　308
ブリテン，ヴェラ　Brittain, Vera　219
ブリテン，ベンジャミン　Britten, Benjamin　53, 269
フリードマン，ジョルジュ　Friedmann, Georges　239
フリードリヒ，カスパー・ダーヴィト　Friedrich, Caspar David　45–6
ブリュッセル　Brussels　162, 166
フルシチョフ，ニキータ　Khrushchev, Nikita　245
ブルジョワ生活　bourgeois living　147, 152, 168, 173
プルースト，マルセル　Proust, Marcel

101, 151
ブルックナー，アントン　Bruckner, Anton　126, 209
ブルデュー，ピエール　Bourdieu, Pierre　270, 340
フルトヴェングラー，ヴィルヘルム　Furtwängler, Wilhelm　108
ブルトン，アンドレ　Breton, André　5
プルードン，ピエール＝ジョセフ　Proudhon, Pierre-Joseph　330
ブルーノ，ジョルダーノ　Bruno, Giordano　261
ブルーマ，イアン　Buruma, Ian　38, 43
ブレイク，ウィリアム　Blake, William　253, 261
ブレジネフ，レオニード　Brezhnev, Leonid　194
ブレヒト，ベルトルト　Brecht, Bertolt　5, 179–80, 194
プロイセン　Prussia　88, 90, 99, 124, 267
フロイト，ジークムント　Freud, Sigmund　101, 137, 142, 239
フロイト主義　Freudianism　232–3
ブローディ　Brody　92, 124–5
ブロノフスキー，ジェイコブ　Bronowski, Jacob　253
フロメール，ヤコブ　Fromer, Jakob　109
文化　culture
　——の意味変化　changed meaning of　28
　——と産業化　and Industrialisation　第21章
　——と市場　and the market　第５章
　労働者——　working-class　361
文化遺産　cultural heritage　第12章
文学　literature　16, 18, 46, 74–6, 205
　——書物の読者数　book readership　220
　——ハプスブルク帝国の　under Habsburgs　119–20, 190–1
　——と産業の時代　and industrial age　356–7
　ユダヤ人と——　Jews and　43, 94–7
　——と権力　and power　321, 326
　——と出版産業　and publishing industry　67–9
　翻訳——　in translation　17, 128, 204
　女性の——　women's　144, 148–9, 153
文化自由会議　Congress for Cultural Freedom　269
文化賞　cultural prizes　71
文化ツーリズム　cultural tourism　35, 50, 58, 67, 79
文化フェスティヴァル　cultural festivals　35, 第４章
文芸フェスティヴァル　literary festivals　50–1
分子生物学　molecular biology　232, 235–7, 246
ヘイ・オン・ワイ文芸フェスティヴァル　Hay-on-Wye festival　51
ベイリス，リリアン　Baylis, Lilian　145
「平和の誓い連合」　Peace Pledge Union　219
ペヴスナー，アントワーヌ　Pevsner, Antoine　308, 310
ペヴスナー，ニコラス　Pevsner, Nikolaus　165, 167, 174, 347
ペーザロ・ロッシーニ音楽祭　Rossini opera festival　53
ベートーヴェン，ルートヴィヒ・ヴァン　Beethoven, Ludwig van　46
ベトナム戦争　Vietnam War　269
ヘネシー，ピーター　Hennessy, Peter　222
ヘブライ語　Hebrew　86, 91, 109
ヘミングウェイ，アーネスト　Hemingway, Ernest　333, 358
ベラミー，エドワード　Bellamy, Edward　167
ペルー　Peru　299
ベルギー　Belgium　52, 167
ヘルコマー，サー・フーバート　Herkomer, Sir Hubert　306

ヘルシンキ　Helsinki　116, 162, 173
ヘルダーリン，フリードリヒ　Hölderlin, Friedrich　128
ヘルツフェルデ，ヴィーラント　Herzfelde, Wieland　335
ヘルツル，テーオドール　Herzl, Theodor　110, 182
ベルラーヘ，ヘンドリック・ペトルス　Berlage, Hendrik Petrus　166
ベルリン　Berlin　3, 20, 65, 161, 164, 185, 319
——のユダヤ人　Jews in　88, 90, 112
ベルリン空輸　Berlin Airlift　243
ベルリン・モスクワ展　Berlin/ Moscow Exhibition　97, 342
ベルリン・ユダヤ博物館　Berlin Jewish Museum　202
ベーレンス，ペーター　Behrens, Peter　176
ベロー，ソール　Bellow, Saul　43
ヘロドトス　Herodotus　17
ペンギン（出版社）　Penguin Books　220
ベンヤミン，ヴァルター　Benjamin, Walter　5, 16, 180, 199, 335, 363
放送　broadcasting　98, 358
→ラジオ，テレビも参照
ホガース，ウィリアム　Hogarth, William　359
ホガート，リチャード　Hoggart, Richard　220, 363
ホグベン，ランスロット　Hogben, Lancelot　232, 258
ポスター　posters　161, 338
ポーター，コール　Porter, Cole　359
ホックニー，デヴィッド　Hockney, David　75
ボッチョーニ，ウンベルト　Boccioni, Umberto　335
ホッパー，エドワード　Hopper, Edward　333
ポップ・アート　Pop Art　6, 10, 340, 344, 365
ホーニマン，アニー　Horniman, Annie　145
ホブソン，J. A.　Hobson, J. A.　219
ホフマンスタール，フーゴ・フォン　Hofmannsthal, Hugo von　150, 180
ポポーワ，リュボーフィ　Popova, Lyubov　308
ポーランド　Poland　88-9, 94, 120, 124
——と宗教　and religion　280, 283, 292
ボリショイ・バレエ団　Bolshoi Ballet　308
ホリデー，ビリー　Holiday, Billie　362
ポリティカル・コレクトネス　political correctness　63 , 206
ポーリング，ライナス　Pauling, Linus　230, 245
ホール，スチュアート　Hall, Stuart　361, 365, 368
ホールデン，J. B. S.　Haldane, J. B. S.　232, 253, 254, 256
ポロック，ジャクソン　Pollock, Jackson　335, 341
ホワイト，アンドリュー　D. White, Andrew D.　287
ポンソンビー，アーサー　Ponsonby, Lord Arthur　219

［マ行］

マイ，カール　May, Karl　381-2
マイモーン（マイモニデス），モーシェ　Maimonides, Moses　85, 86, 106
マウントバッテン卿　Mountbatten, Lord　229
マクドナルド　McDonald's　37
マグリス，クラウディオ　Magris, Claudio　123
マチュ・ピチュ　Machu Picchu　46
マッセイ，レイモンド　Massey, Raymond　231
マッツィーニ，ジュゼッペ　Mazzini, Giuseppe　88

マーティン，キングスレー　Martin, Kingsley Matinů　219
マニン，ダニエーレ　Manin, Daniel　88
マハーバーラタ　Mahabharata　64
マフィア　Mafia　43
マメット，デヴィッド　Mamet, David　96
マヤコフスキー，ウラジーミル　Mayakovsky, Vladimir　306-7
マーラー，グスタフ　Mahler, Gustav　101, 126
マラヤーラム語　Malayalam language　84
マリネッティ，フィリッポ　Marinetti, Filippo　5, 341
マリノフスキ，ブロニスワフ　Malinowski, Bronisław　219
マルクーシ，ルイ　Marcoussis, Louis　97
マルクス，カール　Marx, Karl　ix, 86, 98, 107-8, 281, 306, 320, 361
マルクス兄弟　Marx Brothers　366
マルクス，グルーチョ　Marx, Groucho　180
マルクス主義　Marxism　98, 232, 262, 305
　――とアヴァンギャルド　and avant-garde　305-6
マルクス＝レーニン主義　Marxism-Leninism　64
マルティヌー，ボフスラフ　Martin, Bohuslav　72
マルフォード，クラレンス　Mulford, Clarence　383
マルフレフスキ，ユリアン　Marchlewski, Julian　108
マルロー，アンドレ　Malraux, André　23
マレーヴィチ，カジミール　Malevich, Kazimir　xv, 308, 311-2, 331
マレー，ギルバート　Murray, Gilbert　219
マロリー，トマス　Malory, Thomas　384
『マン・オン・ワイヤー』　*Man on Wire*　10
漫画　comic strips, cartoons　18, 358, 363, 365-6
マン，トーマス　Mann, Thomas　96, 151
ミウォシュ，チェスワフ　Milosz, Czeslaw　120
ミックス，トム　Mix, Tom　387, 394
南アフリカ　South Africa　99-100, 297
ミュージカル　musicals　95, 359
ミュージックホール　music halls　73, 164
ミュラー，ハンス　Müller, Hans　188
ミュンヘン　Munich　160-2, 306
ミラー，アーサー　Miller, Arthur　96
未来派　Futurists　6, 306, 322, 332, 344
ミル，ジョン・スチュアート　Mill, John Stuart　xiv
民主主義　democracy　315-6, 318, 361
ムーア，ヘンリー　Moore, Henry　269
ムージル，ローベルト　Musil, Robert　119, 142, 190, 192
無神論　atheism　278, 287-8
ムスリム同胞団　Muslim Brotherhood　279, 291
ムッソリーニ，ベニート　Mussolini, Benito　288, 317, 319, 322-3
ムテジウス，ヘルマン　Muthesius, Hermann　168
ムンク，エドヴァルド　Munch, Edvard　339
メイエルホリド，フセヴォロド　Meyerhold, Vsevolod　308-9
メイヤー，ルイス・バート　Mayer, Louis B.　95
メキシコ　Mexico　334
メシエ，M　Messier, M.　61
メソポタミア　Mesopotamia　265
メッテルニヒ，クレメンス・フォン　Metternich, Prince　89, 121
メディチ家　Medici, the　59
メディチ社　Medici Society　149
メビウス，ポール・ユリウス　Möbius,

Paul Julius　141
メルロー゠ポンティ，モーリス　Merleau-Ponty, Maurice　270
メンデルスゾーン，フェリックス　Mendelssohn Bartholdy, Felix　86
メンデレーエフ，ドミートリイ　Mendeleyev, Dmitri　247
毛沢東　Mao Zedong　260, 272, 285, 346
モスクワの地下鉄　Moscow Metro　323-4
モダニズム　modernism　71, 96, 167, 173-4, 180, 307, 321-4, 347
→アヴァンギャルドも参照のこと
モーツァルト，ヴォルフガング・アマデウス　Mozart, Wolfgang Amadeus　247
モッセ，ヴェルナー　Mosse, Werner　107
モッセ，ルドルフ　Mosse, Rudolf　93
モディリアーニ，アメデオ　Modigliani, Amedeo　97
『モナ・リザ』　*Mona Lisa*　38, 46, 209, 345
モーパッサン，ギ・ド　Maupassant, Guy de　388
モホイ゠ナジ，ラースロー　Moholy-Nagy, László　330, 348
モーム，シリー　Maugham, Syrie　145
モラヴィア・オストラヴァ　Moravská Ostrava　185
モラン，エドガール　Morin, Edgar　360, 364, 367
モリス，ウィリアム　Morris, William　145, 147, 161, 166-8, 171, 175, 347
モーリタニア　Mauretania　279
モルモン教徒　Mormons　297, 379
モーン，スーザン　Maughan, Susan　362
モンドリアン，ピエト　Mondrian, Piet　342, 344

[ヤ行]

ヤナーチェク，レオシュ　Janáek, Leoš　126
ヤボチンスキー，ウラジーミル　Jabotinsky, Vladimir　91
ヤルタ会談　Yalta conference　120
優生学　eugenics　218, 222
郵便局　post offices　73
ユークリッド　Euclid　86
ユーゲントシュティール　Jugendstil　147, 150, 171, 176, 180
ユーゴー，ヴィクトル　Hugo, Victor　379
ユーゴスラビア　Yugoslavia　119-20, 127
ユーストン駅　Euston Station　199
ユダヤ人　Jews　42-3, 64, 139, 191-2
——東方系と西方系の対比　eastern v. western　92-3, 110-11, 124
——の教育と言語　education and languages　88-9, 107-8
——の解放　emancipation　第 6 章, 106-110
——と中央ヨーロッパ　and Mitteleuropa　121-9
——と政治　and politics　110-1
——の宗教と政治　religion and politics　278, 282-3
——の世俗化　secularisation　88-9, 110
学問世界の中の——　academia, Jews in　98-101
ユネスコ→UNESCO
ヨーカイ，モール　Jókai, Mór　126
ヨーゼフ二世　Joseph II, Emperor　106
ヨーロッパ連合（EU）　European Union　39, 120, 129

[ラ行]

ライト，フランク・ロイド　Wright, Frank Lloyd　162
ラインハルト，オスカー　Reinhardt, Oskar　151, 200
ラーゲルレーヴ，セルマ　Lagerlöf, Selma　134
ラザフォード，アーネスト　Rutherford, Ernest　218, 234

ラサール，フェルディナント　Lassalle, Ferdinand　107-8
ラサ　Lhasa　38-9, 43
ラジオ　radio　16, 19, 198, 220, 337
ラスカー，エマヌエル　Lasker, Emmanuel　93
ラスキン，ジョン　Ruskin, John　166, 168
ラッセル，バートランド　Russell, Bertrand　219, 269
ラティガン，テレンス　Rattigan, Terence　148
ラデク，カール　Radek, Karl　108
ラテン語　Latin　18
ラプラス，ピエール＝シモン　Laplace, Pierre-Simon　285
ラリオーノフ，ミハイル　Larionov, Mikhail　311
ラング大主教，コスモ　Lang, Archbishop Cosmo　219
ランボー，アルチュール　Rimbaud, Arthur　362
リヴィウ（レンベルク）　Lviv (Lemberg)　116, 128
リーヴィス，F. R.　Leavis, F. R.　231, 252, 258, 361
リカード，デイヴィッド　Ricardo, David　86, 99, 107
リキテンスタイン，ロイ　Lichtenstein, Roy　209
離婚　divorce　288, 295
リシツキー，ラザル・マルコヴィッチ　Lissitzky, Lazar Markovich　97, 308, 309, 312
リスト，フリードリヒ　List, Friedrich　117
リード，メイン　Reid, Mayne　385
リバティ　Liberty's　147, 173
リバティ・スタイル　Liberty style　160
リーバーマン，マックス　Liebermann, Max　97
リヒトホーフェン姉妹　Richthofen sisters　142
リヒノフスキー，大公妃　Lichnowsky, Princess　181
リプシッツ，ジャック　Lipchitz, Jacques　97
リベスキンド，ダニエル　Libeskind, Daniel　75, 202
「リベラル・エスタブリッシュメント」　'liberal establishment'　272-3
リュブリャナ　Ljubljana　116
料理　cuisine　43-4, 127
リルケ，ライナー・マリア　Rilke, Rainer Maria　151, 181
理論生物学クラブ　Theoretical Biology Club　259
リンカーン・センター　Lincoln Center　200
ルイセンコ，T. D.　Lysenko, T. D.　237, 243
ルカーチ，ジェルジ　Lukacs, György　151
ル・カレ，ジョン　le Carré, John　18
ルクセンブルク，ローザ　Luxemburg, Rosa　108, 154
ルゴシ，ベラ　Lugosi, Bela　387
ル・コルビュジエ　Le Corbusier　349
ルター，マルチン　Luther, Martin　326
ルッピン，アルトゥール　Ruppin, Arthur　93-4
ルナチャルスキー，アナトリー　Lunarcharsky, Anatoly　307, 308, 311, 322
ルナン，エルネスト　Renan, Ernest　206
ルネサンス　Renaissance　332, 336
ルノワール，ピエール＝オーギュスト　Renoir, Pierre-Auguste　340
ルーマニア　Romania　119, 127
レヴァント　Levant　91
レオーネ，セルジオ　Leone, Sergio　392
レオ・ベック研究所　Leo Baeck Institute　107
レーガン，ロナルド　Reagan, Ronald　388-9

歴史とナショナル・アイデンティティ　history, and national identity　205-7
レーゲンスブルク　Regensburg　282
レサビー，ウィリアム　Lethaby, William　168
レジェ，フェルナン　Léger, Fernand　331
レッシング，ゴットホルト・エフライム　Lessing, Gotthold Ephraim　108, 128
レッチワース田園都市　Letchworth Garden City　168
レッツォリ，グレゴアール・フォン　Rezzori, Gregor von　121
レーニン，ウラジーミル・イリイッチ　Lenin, Vladimir Ilyich　3, 109, 239-40, 309-10, 320-1
レーニン廟　Lenin Mausoleum　325
レハール，フランツ　Lehár, Franz　127
レーピン，イリヤー　Repin, Ilya　306
レフト・ブック・クラブ　Left Book Club　221
レミントン，フレデリック　Remington, Frederick　382, 385
レントゲン，ヴィルヘルム　Roentgen, Wilhelm　247
レンブラント　Rembrandt　209
労働運動　labour movements　165-6, 224, 288
ロウ，マーカス　Loew, Marcus　95
魯桂珍　Lu Gweijen　256
ロサス，フアン・マヌエル・デ　Rosas, Juan Manuel de　375
ロシア　Russia
　——とアヴァンギャルド　and avant-garde　第18章
　——と知識人　and intellectuals　268, 272
　——と宗教　and religion　280
　——における女性教育　women's education　136-8
　——におけるユダヤ人　Jews in　87, 94, 100
　→ソヴィエト連邦も見よ
ロシア革命　Russian Revolution　94, 240, 278, 309, 320-1, 378
ロース，アドルフ　Loos, Adolf　180, 323, 334
ローズヴェルト，セオドア　Roosevelt, Theodore　382, 389-90
ロスキレ・フェスティヴァル　Roskilde Festival　55
ロスチャイルド家　Rothschilds　86, 151
ロス，フィリップ　Roth, Philip　43
ロサンゼルス　Los Angeles　122, 200
ロタ市の炭鉱社会　Lota mining communities　297
ロックフェラー・センター　Rockefeller Center　176
ロトチェンコ，アレクサンドル　Rodchenko, Aleksander　308-9, 311, 343
ロート，ヨーゼフ　Roth, Joseph　119, 125, 190
ローマ　Rome　319, 326
（ローマ）カトリック　Roman Catholicism　138, 204, 218, 291, 298
（ローマ）カトリック教会　Roman Catholic Church　282, 292, 298
ローマ帝国　Roman Empire　318
ロマのバイオリン弾き　gypsy fiddlers　96, 127
ローリング・ストーンズ　Rolling Stones, The　359
ローレンス，D. H.　Lawrence, D. H.　145
ロンドン　London　163-4
　——空襲　air raids　237
　——科学史国際会議　history of science congress　255
　——のミュージックホール　music halls　73
　——の小学校　primary schools　41
　——の劇場地区　theatreland　163
ロンドン市議会　London County Council　165, 168
ロンドン・スクール・オブ・エコノミクス　London School of Economics　224

ロンドン地下鉄　London Underground 161, 174, 323, 347
ロンブローゾ，チェザーレ　Lombroso, Cesare　141

［ワ行］

ワイマール映画　Weimar cinema　333
ワイマール共和国　Weimar Republic　94, 118, 128, 321, 324
ワイルド，オスカー　Wilde, Oscar　96
ワーグナー，オットー　Wagner, Otto 159, 175
ワーグナー, リヒャルト　Wagner, Richard 150, 333
ワシントン　Washington　325
ワディントン，C. H.　Waddington, C. H. 232, 253, 259
ワトソン，ジェームズ　D. Watson, James D.　235, 247
ワルシャワ　Warsaw　92
「ワルツィング・マティルダ」 'Waltzing Matilda'　376-7
ワールドカップ　World Cup　50
ワールド・フェア　World Fairs　317